Liza Marklund, geboren 1962, wuchs in Nordschweden auf. Bevor sie die Schriftstellerei zu ihrem Beruf machte, arbeitete sie jahrelang als Journalistin für verschiedene Zeitungen und Fernsehsender. Sie lebt mit ihrem Mann und drei Kindern in Stockholm und ist nach wie vor als Reporterin tätig. Mit ihren preisgekrönten Romanen ist sie zur internationalen Bestsellerautorin geworden.
Im Rowohlt Verlag liegen vor: »Olympisches Feuer« (rororo 22733), »Das Paradies« (rororo 23104) und »Studio 6« (rororo 22875).

Liza Marklund
mit Maria Eriksson

MIA
EIN LEBEN IM VERSTECK

Deutsch von
Susanne Dahmann

Rowohlt Taschenbuch Verlag

Die Originalausgabe erschien 1995
unter dem Titel »Gömda«
im Albert Bonnier Förlag, Stockholm;
die überarbeitete und aktualisierte Ausgabe
2001 im Piratförlag, Stockholm
Published by agreement with
Bengt Nordin Agency, Värmdö, Schweden,
und Agentur Literatur, Berlin

4. Auflage Juni 2006

Veröffentlicht im Rowohlt Taschenbuch Verlag,
Reinbek bei Hamburg, März 2004
Copyright © 1995/2001 by Liza Marklund und Maria Eriksson
Für die deutschsprachige Ausgabe Copyright © 2002
by Hoffmann und Campe Verlag, Hamburg
und Rowohlt Taschenbuch Verlag, Reinbek bei Hamburg
Umschlaggestaltung any.way, Cathrin Günther
(Foto: Howard Winter)
Druck und Bindung Clausen & Bosse, Leck
Printed in Germany
ISBN 13: 978 3 499 22988 6
ISBN 10: 3 499 22988 9

Vorwort

Dies ist eine wahre Geschichte, ein Dokumentarroman. Er handelt von einer ganz normalen und klugen Frau: Maria Eriksson – Mutter von zwei Kindern, Reihenhausbesitzerin, Bankangestellte.
Im Februar 1992 kam ich in Kontakt mit Mia Eriksson und ihrer Familie. Mia rief mich aus einer Telefonzelle an. Sie hatte etwas gelesen, das ich in der Zeitung *Expressen* geschrieben hatte. Zu diesem Zeitpunkt hatten die Erikssons schon fast zwei Jahre völlig versteckt gelebt. Seither habe ich die Familie begleitet und bin lange Zeit ihr einziger Kontakt zur Außenwelt gewesen.
Das Buch »Mia. Ein Leben im Versteck« ist im Winter 1993/94 entstanden. Mia hat erzählt, ich habe geschrieben. Der Grund lag auf der Hand: Die Familie war im Begriff kaputtzugehen, weil es keine Perspektive gab, dass ihre Isolation je ein Ende haben würde. Die Behörden verwalteten, Jahr um Jahr. Das alles noch einmal zu durchleben und aufzuschreiben wurde zu einer Methode, Mia am Leben zu erhalten.
Am Ende ist es ein sehr hoffnungsvolles Buch geworden. Es zeigt, dass ein ganz gewöhnlicher Mensch fast alles durchstehen und doch noch ein gutes Leben haben kann, wenn alles vorüber ist. Und es enthüllt die völlig Unfähigkeit unserer Gesellschaft, mit Problemen wie Verfolgung von und Gewalt gegen Frauen umzugehen.

Stockholm, im Dezember 1999   Liza Marklund

Prolog

Plötzlich war er wieder da.
Er stand in der Dunkelheit am Fußende des Bettes und starrte mich an. Man sah ihn kaum, aber ich wusste, dass er da war.
Kein Laut war zu hören. Das Licht der Straßenlaterne schimmerte durch das Laub unserer Birke und ließ Flecken entstehen, die über sein Gesicht tanzten.
Ich bewege mich nicht, dachte ich. Wenn ich ganz still liege, denkt er vielleicht, ich schlafe. Ich versuchte die Augen zu schließen, doch es ging nicht. Sein Blick hatte sich in meinen festgebrannt. Ich versuchte etwas zu sagen, mir eine Entschuldigung auszudenken. Aber was hatte ich falsch gemacht? Ich wusste es nicht. Dann bewegte er sich durch den Raum, schwebend, lautlos. Mein Herz schlug immer schneller und lauter, schon bald wurde das ganze Zimmer von dem Geräusch ausgefüllt.
Sein wahnsinniger Wirrwarr von Drohungen wurde lauter und dann wieder leiser. Trotzdem konnte ich nicht sehen, dass er den Mund bewegte. Ich fing an zu schwitzen und suchte verzweifelt nach etwas, das ich sagen könnte. Aber ich konnte nicht, meine Kehle war ausgetrocknet.
Er zog mir die Decke weg, riss mich aus dem Bett. Ich schrie, aber kein Laut war zu hören. Er drehte mir die Arme auf den Rücken. Es knackte in meiner linken Schulter.
Der erste Schlag brach die unterste Rippe auf der rechten Seite. Der zweite traf die linke Augenbraue, warmes Blut durchtränkte mein Blickfeld. Dann schlossen seine Hände

sich um meinen Hals. Sie waren trocken und fest, genau wie früher.
Und ich wartete darauf, dass alles schwarz werden würde.

Ich erwachte von meinem eigenen Schrei. Anders hielt mich im Arm und wiegte mich wie ein Kind. Sein warmer Atem auf meiner Wange, seine Lippen an meinem Haar; beruhigende, bedeutungslose Worte zum Trost.
»Jaja, Mia, es ist alles gut, Liebling, ich bin ja hier ...«
Ich weinte die verzweifelten, erleichterten Tränen eines Menschen, der begriffen hatte, dass alles nur ein schlimmer Traum war. Ich weinte lange, schielte zum Fußende des Bettes, wo natürlich nichts zu sehen war, nur das Schattenspiel der Straßenlaterne und der Birke.
»Es ist vorbei, Mia«, sagte Anders. »Morgen heiraten wir, und dann wird er dir nie wieder etwas antun.«
Geliebter Anders, wunderbarer, liebevoller Mann! Er meinte es so gut und dachte wirklich, dass alles vorüber sein würde. Er wusste nicht, wie sehr er sich irrte.
Es hatte gerade erst angefangen.

TEIL 1

ERSCHRECKT

1

Manchmal frage ich mich, ob es ein Fehler war, damals ja zu sagen. Vielleicht wäre alles anders gekommen, wenn ich nein gesagt hätte, vielleicht hätte er mich in Frieden gelassen, wenn ich nicht geheiratet hätte.
»So darfst du nicht denken«, sagte Anders jedes Mal mit Nachdruck, wenn ich das Thema ansprach. »Du bist meine Frau, und ich liebe dich über alles in der Welt. Ich werde dich nie verlassen, ganz egal, was geschieht. Wir dürfen nicht zulassen, dass er unsere Familie zerstört.«
»Aber du hättest ein ganz normales Leben führen können«, entgegnete ich dann. »Robin hätte wie alle anderen Kinder aufwachsen können. Was ist das denn schon für ein Leben? Ist es nicht selbstsüchtig von mir, dich hier mit reinzuziehen? Soll Robin sein ganzes Leben lang leiden müssen, nur weil er die falsche große Schwester hat?«
An dem Punkt angelangt, fing ich immer an zu weinen, und Anders tröstete, küsste, wiegte mich.

Doch davon wussten wir noch nichts, als wir uns vor dem Pfarrer meiner Heimatgemeinde das Jawort gaben. Hier war ich getauft und konfirmiert worden. Jetzt würde ich hier den wunderbarsten Mann der Welt heiraten.
Das war am 18. März 1989, dem ersten richtigen Frühlingstag des Jahres. Emma war damals zweieinhalb Jahre alt. Robin, unser gemeinsamer Sohn, ein paar Monate.
Zur Kirche fuhren wir in einer Limousine mit Chauffeur, die wir eigens für diesen Tag gemietet hatten. Die Kirche leuchtete kalkweiß vor dem strahlend blauen Frühlingshim-

mel. Kein Mensch war zu sehen. Alle waren schon hineingegangen und hatten sich in die Kirche gesetzt.
Als die Glocken über unseren Köpfen zu läuten begannen, wurde ich von einem starken und unwirklichen Glücksgefühl ergriffen. Alles drehte sich, es rauschte mir in den Ohren, und ich hatte das Gefühl, vor Glück zu schweben.
»Ich liebe dich«, flüsterte ich.
Drinnen wurde jetzt der Hochzeitsmarsch von Mendelssohn gespielt. Anders nahm meine Hand und führte mich in die Vorhalle. Mein Rock raschelte in der Türöffnung.
Dutzende erwartungsvoller Blicke waren auf uns gerichtet, als wir die Kirche betraten. Ein leises Raunen ging durch die versammelte Gemeinde. Wie schön sie sind! Alle lächelten uns an, und ich musste selbst lächeln. Ich konnte gar nicht mehr aufhören.
Schon bald wurde mein Blick von Tränen verschleiert, aber durch den Nebel sah ich all unsere Verwandten und Freunde in den Kirchenbänken: Katarina und Lars und ihren Sohn, Sisse und Henrik mit ihren Kindern Kajsa und Moa, Mona, meine kleine Schwester, und Staffan, meine ältere Schwester und ihre Familie, die Eltern von Anders, meine Eltern, Marianne in ihrem Rollstuhl und ihren Mann neben der Kirchenbank und viele andere.
Wehmütig dachte ich an alle, die aus unterschiedlichen Gründen heute nicht hier sein konnten: Helena, Familie G., mein Großvater und meine Stiefgroßmutter.
Wir waren am Altar angekommen. Die Musik verstummte.
»Wir haben uns heute hier versammelt …«
Der Pfarrer war jung. Wir hatten uns einige Tage zuvor mit ihm getroffen und den Ablauf besprochen und was während der Trauung passieren konnte. Wenn mein ehemaliger Verlobter erfahren würde, dass wir heirateten, würde er sicher etwas tun, um die Zeremonie zu zerstören.
Deshalb änderten wir so kurzfristig wie möglich den

Hochzeitstermin: Zwei Tage vorher verlegten wir ihn vom 19. auf den 18. März. Zumindest, was das Wetter anging, war es eine kluge Entscheidung, denn am 19. regnete es den ganzen Tag.

Emma war bei uns vorn am Altar. Sie hatte dort zusammen mit meiner Mutter gewartet. Jetzt stand sie da, ernst und mit großen Augen, und umklammerte ihren kleinen Strauß mit rosa Rosen und einem Stück Brautschleier. Sie war so schön in ihrem rosa Spitzenkleid, vom Augenblick ergriffen.
Der Pfarrer sprach über die ewige Liebe. Heute kann ich mich kaum noch erinnern, was er sagte. Die Erinnerung an meine Hochzeit ist geprägt von dem Kirchenraum, meinem Kleid aus naturweißer Thaiseide, dem blauen Anzug von Anders und meiner Sorge, dass *er* trotz allem von der Hochzeit erfahren haben und jeden Moment hereinstürmen und alles kaputtmachen könnte.
Dann versprach mein Mann, mich zu lieben, und ich versprach, ihn zu lieben, in guten und in schlechten Zeiten, bis der Tod uns scheide.
»Sie dürfen die Braut jetzt küssen«, sagte der Pfarrer.
Es war vorüber. Und es hatte geklappt!

Auf der Kirchentreppe hagelten die Reiskörner auf uns herab. Alle riefen und wünschten uns Glück, Emma hüpfte und jubelte vor Freude in dem Reisregen.
»Herzlichen Glückwunsch, Mia, und viel Glück!«
Meine Mutter umarmte mich, und ich sah, dass sie vor Rührung weinte.
»Jetzt wird alles gut, Mama«, sagte ich und lächelte sie an.
Wir hatten es nicht eilig. Die Sonne schien wie verrückt und ließ uns alle auf den Hochzeitsbildern blinzeln. Wir posierten auf der Kirchentreppe, mit Pfarrer, ohne Pfarrer, mit Emma und Robin, ohne Robin, aber mit Emma, mit

meinen Eltern und seinen Eltern, mit all unseren Geschwistern.
Schließlich wurde es dann doch etwas kalt. Hinten beim Friedhof, im Schatten hinter den größten Grabsteinen, lag immer noch etwas Schnee.
Jemand hatte Dosen an die Limousine gebunden, die laut hinter uns herklapperten. Es klang, als hätten wir die hintere Achse verloren. In einem langen Korso fuhren wir zu dem Restaurant, wo wir unser Hochzeitsessen bestellt hatten.
Die Kellner servierten Champagner als Willkommensgetränk, und mein Vater begrüßte alle Hochzeitsgäste.
Die Hochzeitsgeschenke standen auf einem Tisch im Vestibül aufgereiht.
»Sollen wir sie jetzt aufmachen?«, fragte ich meine Freundin Sisse. »Es sind so viele, das wird ja ewig dauern!«
»Na klar, ihr müsst sie aufmachen! Reiß sie einfach alle auf!«, sagte Sisse.
Gesagt, getan. In rasender Geschwindigkeit packten wir alle Geschenke aus. Sie waren wunderbar. Wir schwärmten und schrien und umarmten immer wieder alle Leute.
Als die Geschenke ausgepackt waren, öffnete die Bar. Aus den Lautsprechern des Restaurants erklang der Hochzeitswalzer, und ich drehte mich mit Anders, so gut es ging, im Kreis. Er hat wirklich viele Qualitäten, aber ein Baryschnikow ist er nicht!
Wir tanzten bis in den frühen Morgen. Nach und nach machten die Kinder schlapp. Emma konnte mit meinen Eltern nach Hause fahren. Robin, der noch gestillt wurde, musste natürlich bei mir bleiben.
»Was für ein wunderschönes Fest«, flüsterte meine Schwester, ehe sie mit ihrem Staffan nach Hause ging. »Ich hoffe, meine Hochzeit wird auch so schön!«
Ich lächelte sie an.
»Das wird sie bestimmt ...«

Wir nahmen ein Taxi nach Hause. Ich stillte Robin, ehe ich ihn in sein Bettchen legte. Natürlich hatte ich etwas vom Champagner genascht, aber so wenig, dass es kaum in die Milch gehen würde.
Als ich vom Schlafzimmer hinaufkam, hatte Anders im Wohnzimmer den Kaffeetisch gedeckt.
»Komm, meine Frau«, sagte mein Mann und zog mich auf das Sofa. »Was für ein schönes Kleid Sie da haben, Frau Eriksson. Darf man mal sehen, was darunter ist?«
Der Kaffee wurde kalt.

2

Am Montag nach der Hochzeit kehrte der Alltag zurück. Eigentlich hatten wir eine richtige Hochzeitsreise machen wollen, aber Anders wurde in der Firma gebraucht.
»Du wirst deine Flitterwochen später bekommen, bei höchstem Zinssatz«, flüsterte Anders und umarmte mich, ehe er an diesem Morgen zur Arbeit fuhr.
Im selben Moment kam Emma die Treppe aus der unteren Etage herauf, wo unsere Schlafzimmer lagen. Sie trug ihren rosafarbenen My-little-Pony-Schlafanzug, und die Haare waren ganz zerzaust.
»Ich will auch schmusen!«, rief sie fröhlich und rannte zu uns.
Anders lachte und hob das Mädchen hoch.
»Hallo. Hast du so lange geschlafen?«, fragte er und kitzelte sie am Bauch.
Die Kleine kreischte vor Vergnügen und wand sich wie ein Wurm.
Mein Mann stellte das Mädchen wieder auf den Boden. Sie rollte sich wie ein kleiner Ball um sein Bein und hielt den Schuh fest im Griff.
»Du darfst nie gehen!«, rief sie.
»Ja, aber«, sagte Anders erstaunt und versuchte sein Bein zu befreien. »Was habe ich denn da am Bein? Das ist ja ein großer Fisch!«
Er schüttelte heftig das Bein, und das Kind kreischte vor Lachen.
Am Ende wickelten wir das Mädchen von Anders' Bein ab. Es beruhigte sich, als ich sagte, der Kakao sei jetzt fertig.

Anders zog sich den Mantel an und nahm seine Tasche. Instinktiv sah ich aus dem Küchenfenster auf den kleinen Vorplatz vor unserem Reihenhaus hinaus. Mein Blick wanderte den Kiesweg hinunter zum weiß gestrichenen Zaun mit dem kleinen Gartentor und auf die Straße davor – niemand da.
»Ruf mich an, sowie du etwas hörst oder siehst«, sagte mein Mann plötzlich sehr ernst und küsste mich.
»Keine Angst«, erwiderte ich und lächelte. »Ich denke, du hast Recht. Jetzt hat er aufgegeben.«
»Hoffentlich«, meinte Anders.
Wir winkten uns durchs Fenster zu.

Ich räumte das Geschirr weg und goss mir den letzten Kaffee ein. Emma saß im Wohnzimmer und spielte mit ihren Puppen. Mit der Tasse in der Hand drehte ich eine Runde durch die anderen Schlafzimmer in der oberen Etage und räumte ein wenig auf. Als die ersten Sonnenstrahlen durch die großen Fenster im Wohnzimmer fielen, kam ich wieder hinunter. Ich hatte vor einem Monat neue Vorhänge genäht und alle Pflanzen umgetopft. In einer Geschenkboutique in der Stadt, wo man getrocknete Blumen und Ähnliches verkaufte, hatte ich für alle Pflanzen einheitliche Übertöpfe besorgt. Ich lehnte mich an den Türrahmen und trank den letzten Schluck kalten Kaffee.
Wir werden es gut haben, dachte ich. Natürlich kann er unangenehm sein, aber er wird uns nicht mehr schaden. Hier werden wir wohnen, hier werden unsere Kinder aufwachsen. Ich lächelte bei dem Gedanken an die leeren Schlafzimmer oben. Hier war Platz für noch mehr. Zwar hatten wir das Haus nur gemietet, doch wir fühlten uns heimisch. Es war einfach perfekt für uns. Die Miete war niedrig, in der Umgebung wohnten viele Familien mit Kindern, und nur fünf Häuser weiter wohnten unsere bes-

ten Freunde Henrik und Sisse und ihre Mädchen Kajsa und Moa.
Ich ging in die Küche, leerte die Kaffeetasse aus und stellte sie auf den Abtropfständer.
»Mama«, rief Emma und kam in den Flur gelaufen.
»Ja, Liebes?«
»Ich will zu Kajsa gehen!«
Ich nahm das Mädchen auf den Schoß.
»Ja, wir werden rübergehen. Wir warten nur, bis Robin aufwacht. Und dann musst du dich anziehen! Du kannst ja wohl nicht im Schlafanzug rausgehen, oder?«
»Neiiiin«, sagte sie, als ob das das Verrückteste sei, was sie je gehört habe. »Komm, wir ziehen uns an!«
Wir gingen zusammen die Treppe zur unteren Etage hinunter, wo unsere Schlafzimmer lagen.

Als wir unten in den Flur kamen, machte ich erst einmal die Tür zu unserem Schlafzimmer zu, wo Robin in seinem Bettchen schlief. Dann gingen wir in das Zimmer nebenan, das Emma gehörte.
»Ich will den rosa Pullover!«, sagte sie.
Nach einigem Hin und Her hatte ich sie schließlich angezogen. Als wir das geschafft hatten, war sie wieder bestens gelaunt. Jetzt wollte sie malen.
»Dazu kannst du dich nach oben in die Küche setzen«, sagte ich.
Schnell sammelte ich Farben, Papier, Pinsel, Wasserglas und einen großen Umhang zusammen.
»Mama ist draußen im Flur«, sagte ich zu ihr. »Kommst du mal kurz allein zurecht?«
Sie antwortete nicht, sondern tauchte nur ihren Pinsel ins Wasser und fing an, den ersten Bogen mit Farbe zu füllen.
Wenn ich noch etwas schaffen wollte, ehe Robin aufwachte, dann musste ich jetzt loslegen.

Ich musste einfach mit den Gläsern anfangen.
Von meiner Jugend an habe ich Glaskunst geliebt. Seit meinem achtzehnten Geburtstag habe ich von meiner Mutter jedes Jahr einen Gegenstand aus Glas geschenkt bekommen. Jetzt, zu meiner Hochzeit, hatten sie uns zwei wunderschöne Kerzenständer aus Glas geschenkt. Sie waren das erste Hochzeitsgeschenk gewesen, das ich auspackte. Ich stellte die beiden Kerzenständer zwischen die anderen Glassachen auf dem langen weißen Regal im Flur. Während Emma in der Küche malte und sang, packte ich eine schöne Sache nach der anderen aus. Mir wurde ganz warm ums Herz, als ich an das Wohlwollen dachte, das diese Hochzeitsgeschenke bewiesen. Was für wunderbare Freunde wir hatten!
Robin wurde wach. Ich hob Emma vom Stuhl in der Küche, wusch ihr Hände und Gesicht und ging hinunter, um den Kleinen zu holen. Dann setzte ich mich mit ihm auf das Sofa im Wohnzimmer, um ihn zu stillen. Emma spielte derweil ein wenig mit ihren Puppen auf dem Fußboden. Dann kletterte sie mit einem Max-Buch in der Hand zu mir auf das Ledersofa.
»Mama, lesen!«
So blieben wir lange sitzen, und ich las ein Buch nach dem anderen. Ich erzählte, stillte mein Baby, spielte mit ihm und genoss den Frieden und die fröhliche Stimmung in meinem Zuhause.
So sollte es immer sein!

Nach dem Mittagessen gingen wir hinaus. Ich legte Robin in den Kinderwagen und hob Emma auf einen kleinen Sitz, den Anders an dem Wagen angeschraubt hatte. Ehe ich die Haustür öffnete, schaute ich den Kiesweg hinunter, konnte aber nichts sehen. Auf der Straße warf ich einen schnellen Blick nach rechts und nach links. Nicht, weil ich die Straßenseite wechseln wollte, sondern um sicher-

zugehen. Ich ging die paar Meter hinüber zu Sisse und Henrik.
»Hallo, hallo! Geht ihr mit in den Park?«, rief ich durch die Tür, die einen Spalt offen stand.
»Na klar!«, rief Sisse vom Schlafzimmer herunter.

Der Dienstag verging, ohne dass wir etwas von ihm hörten. Ich schrieb Karten an unsere Freunde und dankte ihnen für das Fest und die Geschenke.
»Glaubst du, er hat nicht mitgekriegt, dass wir geheiratet haben?«, fragte ich, als wir am Dienstagabend im Bett lagen.
»Vielleicht, vielleicht auch nicht«, meinte Anders. Er legte seinen Arm um meine Schultern und zog mich auf sich.
»Ich liebe Sie, Frau Eriksson«, flüsterte er.

Am Mittwoch war unser Hochzeitsfoto in der Zeitung. Kurz vor Mittag rief er an.
»Hure!«, war das Erste, was er brüllte.
»Hallo«, erwiderte ich.
»Du mieses Luder.«
Ich schluckte.
»Beruhige dich. Ich nehme an, du hast unser Hochzeitsfoto in der Zeitung gesehen.« Ich klang ganz ruhig.
»Glaub bloß nicht, dass du mit mir machen kannst, was du willst!«, schrie er in den Hörer.
»Hör mal«, begann ich, wurde aber sogleich unterbrochen.
»Ich werde Emma kriegen«, tönte er. »Ich werde meine Tochter kriegen. Sie ist meine Tochter. Ich kenne meine Rechte. Ich bin ihr Vater. Ihr Vater!«
Ich wurde ganz schwach.
»Du weißt, dass du Emma treffen kannst, wann immer du willst«, sagte ich beruhigend, aber er hörte nicht zu.
»Verdammte Hure!«, schrie er. »Ich werde sie dir wegneh-

men! Sie soll nicht bei dir und deinem verdammten Bock aufwachsen.«
»Du weißt, dass du Emma treffen kannst«, sagte ich. »Wenn du willst, können wir gleich mit Mona vom Jugendamt einen Terminplan machen ...«
»Ich werde keinen verdammten Terminplan machen. Ich komme jetzt und hole sie mir!«
»Sie schläft gerade, du kannst nicht einfach kommen und sie dir holen«, sagte ich und hörte, dass meine Stimme brüchig und ängstlich wurde.
»Ich hole das Kind, wenn es mir passt. Das ist mein gutes Recht als ihr Vater!«
»Aber sie kennt dich doch gar nicht«, flehte ich ihn an.
»Sie hat dich in all den Jahren nie kennen lernen können. Du bist doch nie gekommen, wenn du sie hättest holen sollen ...«
»Ich bin ihr Vater!«, schrie er. »Die Blutsbande! Wenn sie mich sieht, wird sie gleich wissen, dass ich ihr Vater bin. Sie wird es spüren. Das sind die Blutsbande! Die Blutsbande!«
Ich hörte, dass er am anderen Ende der Leitung jetzt völlig durchdrehte.
»Bitte«, flehte ich ihn an und flüsterte dabei fast nur noch.
Ich sank mit der Hand vor dem Mund auf einen Stuhl, während sein Wutanfall mir ins Ohr dröhnte. Jetzt hatte es keinen Sinn, noch weiter zu versuchen, an ihn heranzukommen. In diesem Stadium waren alle vernünftigen Argumente sinnlos.
»Du gottverdammte Hure, ich werde dich aufschlitzen, hörst du? Zerstückeln werde ich dich, in kleine Stücke hacken und den Geiern vorwerfen, dich und dein verdammtes Hurenkind, erwürgen werde ich sie, das kleine Luder, das verdammte Hurenluder, in den Libanon soll sie, und wenn ich sie hinschleifen muss ...«

Mit zitternden Händen zwang ich mich aufzulegen. Nach fünf Sekunden klingelte es wieder.
»Hure!«, brüllte er.
Ich zog den Stecker heraus. Robin schrie unten im Schlafzimmer. Wahrscheinlich hatte das Klingeln des Telefons ihn geweckt.
Ich saß eine Weile mit dem Telefonstecker in der Hand da und sammelte mich, ehe ich zu dem Jungen hinunterging. Mein Herz pochte, und es summte in meinem Kopf, so als hätte ich zu lange laute Musik gehört.
Auf der Treppe merkte ich, dass mir die Knie zitterten. Reiß dich zusammen, dachte ich. Das ist doch nur Geschwätz. Wie oft hatte er nicht schon versprochen, mich umzubringen, mich zu zerstückeln, mir die Kehle durchzuschneiden. Und ich lebte immer noch.

Emma zu seinen Verwandten in den Libanon zu schicken würde auch schwieriger werden, als er es sich vorstellte. Einmal blieb er mit seinem Versuch schon bei der Gemeindesekretärin stecken, ein anderes Mal rief mich ein Angestellter vom Einwohnermeldeamt an und fragte nach meiner aktuellen Adresse, damit er die Dokumente für einen Reisepass schicken könnte.
»Reisepass?«, fragte ich. »Ich brauche keinen Reisepass.«
»Für Ihre Tochter Emma«, sagte der Beamte, »damit sie vor der Abreise noch ihren Pass bekommt.«
Ich begriff gar nichts.
»Aber wir haben nicht vor zu verreisen.«
Der Beamte seufzte. Dass die Leute sich aber auch nie entscheiden konnten.
»Emmas Vater war gestern Morgen hier und wollte die Unterlagen für einen Reisepass für Ihre Tochter Emma, weil sie ins Ausland reisen würde. Wir baten ihn, einfach kurz zu warten, bis wir fertig wären. Er hat keine Adresse hinterlassen, und deshalb rufe ich jetzt an, um zu kontrol-

lieren, ob wir auch die richtige Adresse haben, damit Sie die Unterlagen bis morgen kriegen.«
Es klang durch, dass der Beamte fand, er ginge weit über das hinaus, was seine Pflichten erforderten. Sein Ton ließ mich wissen, dass ich dankbar sein sollte.
Während er redete, fiel bei mir der Groschen. Als mir sein Plan klar wurde, traf mich dies wie ein Faustschlag in die Magengrube. Am Tag zuvor hätte Emma sich nachmittags mit ihrem Vater treffen sollen. Wir hatten uns vor einem Lokal verabredet, in dem ich früher einmal gearbeitet hatte. Emma sollte ihren Vater kennen lernen und zunächst fünf Stunden mit ihm verbringen – ein erster Schritt auf dem Weg zu einem ernsthaften Kontakt zwischen Tochter und Vater.
Doch er kam nicht, und jetzt wusste ich auch, warum.
Es war gar nicht seine Absicht gewesen, sich mit Emma für ein paar Stunden zu beschäftigen. Er hatte nicht vorgehabt, sie wieder nach Hause zu bringen, sondern wollte seine Drohungen wahr machen und sie zu seinen Verwandten in den Libanon schicken.
Der Boden unter mir schwankte. Ich musste mich hinsetzen. Als ich antwortete, klang meine Stimme seltsam, irgendwie anders, als würde sie nicht mir gehören.
»Wollen Sie damit sagen, dass Sie einen Antrag auf einen Pass für meine Tochter ausgeschrieben haben und vorhatten, den Pass ihrem Vater auszuhändigen? Sind Sie nicht ganz bei Trost? Ich habe das alleinige Sorgerecht, er hat sich geweigert, die Vaterschaft anzuerkennen, und jetzt weigert er sich, Kontakt zu ihr herzustellen. Sie dürfen niemandem außer mir ihren Pass geben! Das müssen Sie doch um Himmels willen wissen!«
Ich merkte, dass ich hysterisch wurde. Der Beamte war gleichzeitig sprachlos und sauer.
»Das können wir doch nicht ahnen. Er hat gesagt, das Mädchen solle eine Ferienreise unternehmen.«

»Zerreißen Sie den Antrag«, sagte ich, »und schreiben Sie nie wieder einen aus, wenn er nicht für mich ist.«
Hinterher zitterte ich am ganzen Körper. Ich hätte nie gedacht, dass er seine Drohungen wahr machen und sie fortschicken könnte.
Das war nun über ein Jahr her, und seither hatte er keinen weiteren Versuch mehr unternommen, einen Pass für sie zu erwirken – jedenfalls nicht bei schwedischen Behörden. Und ein Treffen, bei dem er das Mädchen hätte kennen lernen sollen, wurde nie wieder vereinbart.

Robin war weinerlich und hatte eine nasse Windel, als ich ihn aus dem Gitterbettchen hob. Ich hielt ihn fest umarmt, atmete seinen sanften Babyduft ein und streichelte ihm den Kopf.
»Mein kleiner Süßer«, flüsterte ich, »keiner darf böse zu dir sein, und keiner darf böse zu Emma sein.«
Das Baby legte seine Arme um meinen Hals und sog sich an meinem Kinn fest. Manchmal meinte ich, das sei seine Art zu schmusen. Er lachte und zog mich am Haar. Dafür, dass er erst ein halbes Jahr alt war, hatte er kräftige Händchen.
Als ich ihn gestillt und gewickelt hatte, steckte ich das Telefon wieder ein. Ich rief Anders im Büro an und erzählte ihm von dem Anruf, den ich erhalten hatte.
»Ich komme nach Hause«, sagte er nur.
Ich protestierte schwach, aber Anders unterbrach mich.
»Ich wollte sowieso gerade zu Mittag essen. Gibt es zu Hause etwas Essbares? Wir könnten doch zusammen essen.«
»Ja klar«, sagte ich, »ich mache etwas Rührei mit Wurst.«
Wir legten auf, und ich ging mit dem Jungen in die Küche.
Da klingelte das Telefon.
»Hure!«, brüllte er.
Ich seufzte, legte auf und zog den Stecker wieder heraus. Wie lange würde er diesmal durchhalten?

Eine halbe Stunde später kamen Anders und mein Vater.
»Ich habe gehört, er macht wieder Ärger?«, sagte Papa.
Ich nickte.
»War er sauer, weil wir geheiratet haben?«, fragte Anders.
»Ich weiß nicht«, antwortete ich ehrlich. »Wahrscheinlich ist er einfach nur ausgerastet.«
»Was hat er gesagt?«, fragte mein Vater.
Ich erwiderte nichts, und wir aßen schweigend. Nur Robin plapperte in seiner Wippe.
»Ich bleibe heute Nachmittag hier«, sagte mein Vater.
»Danke«, antwortete ich nur.
Das Telefon blieb für den Rest der Woche ausgesteckt. Jedes Mal, wenn wir jemanden anrufen wollten, steckten wir es ein und zogen es hinterher wieder heraus.
Einmal hatte ich das vergessen. Es dauerte zwei Stunden, dann rief er an. Es war am Samstagvormittag, kurz vor elf. Diesmal schrie er nicht, sondern sagte bloß:
»Jetzt komme ich und hole sie.«
Dann war er es, der auflegte.
Ich weiß nicht, wer von uns an diesem Morgen vergessen hatte, die Haustür abzuschließen. Vielleicht war ich es, als ich die Polster für die Gartenstühle aus dem Schuppen holte. Vielleicht war es Anders, nachdem er Milch gekauft hatte. Vielleicht hatte Emma es geschafft, sie in einem unbeobachteten Moment aufzuschließen.
Es war ungefähr halb zwei, als er kam. Ich war unten in unserem Schlafzimmer und hatte gerade beide Kinder nach dem Mittagessen schlafen gelegt. Robin schlief in seinem Gitterbettchen, Emma hatte sich in die Kissen im großen Bett gekuschelt und war eingeschlafen.
Als Erstes hörte ich ein Brüllen, das ich nicht einordnen konnte. Dann folgte das Geräusch von zersplitternden Möbeln. Ich schoss vom Bett hoch, aus dem Zimmer heraus und schloss die Tür hinter mir ab.
Ich kam in dem Moment in den Flur, als er meine glä-

sernen Kerzenständer zerschmetterte. Er hatte sich einen Holzstuhl gegriffen, der im Durchgang zwischen Küche und Flur stand, und schwang ihn wie einen Baseballschläger gegen die eine Wand, dann gegen die andere. Die Stuhlbeine gingen ab, die Rückenlehne splitterte.

Anders und ich warfen uns gleichzeitig auf ihn, ich hielt immer noch das Buch in der Hand, aus dem ich Emma vorgelesen hatte. Er tobte wie ein wildes Tier und wollte Anders auf den Kopf schlagen, verfehlte ihn aber. Mit einem Schwung fegte er all meine Glassachen von dem weißen Regal und raste ins Wohnzimmer. Er verschanzte sich hinter dem Sofa, schob es wie eine Mauer vor sich.

»Pass auf!«, rief Anders, als er versuchte, mich in eine Ecke zu drängen.

Anstatt auszuweichen, sprang ich auf das Sofa und fing an, auf seine Schulter einzuschlagen.

»Raus hier, du Schwein!«, schrie ich und schob ihn in Richtung Flur.

Anders bekam einen seiner Arme zu fassen und zog daran. Er warf mit dem einen Bein einen Sessel um und wollte Anders im Nacken packen.

Gemeinsam gelang es uns, ihn durch den Flur zur offenen Haustür zu zerren. Er stolperte auf die Treppe hinaus und fiel zu einem fluchenden, brüllenden Haufen zusammen.

»Zieh die Tür zu!«, rief ich.

Anders zog verzweifelt an der Tür und hätte es fast geschafft, sie zuzuziehen, aber er bekam einen Fuß dazwischen.

»Komm und hilf mir!«, schrie Anders, und ich warf mich nach vorn. Gemeinsam drehten wir seinen Fuß um, so weit es ging. Er brüllte wie am Spieß, bekam eine Hand hinein, dann noch eine, stemmte sich mit dem anderen Fuß gegen die Wand und bekam die Tür wieder auf. Er schaffte es bis in die Küche, ehe wir ihn zu Boden werfen konnten.

»Nimm die Arme, dann nehme ich die Beine«, rief Anders.
Ich weiß nicht, woher ich die Kraft nahm, aber es gelang mir, ihn hochzubekommen, durch den Flur und hinaus auf den Kiesweg zu bugsieren.
»Schließ ab, schließ ab!«
Ich drehte den Schlüssel in dem Moment herum, als die Klinke wieder heruntergedrückt wurde.
In dem ganzen Durcheinander hatte ich kein Wort von dem, was er gebrüllt hatte, verstanden. Jetzt stand er da, presste seine Nase gegen die Scheibe und brüllte die üblichen Phrasen.
»Ich werde dich umbringen, du alte Hure. Dein Hurenbalg werde ich in Stücke schneiden!«
»Sei still, du mieser Kerl!«, schrie ich außer mir vor Wut zurück. »Verschwinde von hier, du dreckiges Schwein. Denk ein einziges Mal an etwas anderes als dich selbst!«
»Ich werde Emma holen! Du wirst sie nicht behalten!«
»Ich rufe die Polizei!«, schrie ich. »Verschwinde, ehe ich die Polizei rufe!«
Er ging vom Fenster an der Haustür weg und begann stattdessen gegen das Küchenfenster zu hämmern. Ich rannte in unser Schlafzimmer hinunter und schloss die Tür auf. Dort stand Emma, den Daumen im Mund, still, die Wangen von Tränenspuren gezeichnet, die Augen groß wie schwarze Brunnen; sie zitterte und schlotterte. Sie musste von der Schlägerei wach geworden sein und gemerkt haben, dass sie eingeschlossen war.
»Liebling«, flüsterte ich, »wir müssen schnell die Rollläden herunterlassen.«
Ich lief an dem Kind vorbei, ließ die Rollläden herunter, zog die Gardinen zu und knipste die Nachttischlampe aus, die wir angehabt hatten, als ich vorgelesen hatte.
Das Mädchen sagte kein Wort, sondern starrte mich nur mit leerem Blick an.

Ich nahm sie auf den Schoß und setzte mich auf das Bett, wiegte und schaukelte, sang und streichelte sie, leise, ganz leise, damit er nichts hörte, wenn er da draußen war.
»Mamas kleines Mädchen, Mamas liebe Emma, das liebste und beste kleine Mädchen der Welt«, sang ich; sinnlose kleine Liedchen, die ich mir ausgedacht hatte, als sie noch ein Baby gewesen war.
Sie sagte nichts, zitterte nur ein wenig.
In gleichmäßigen Abständen schlug er an die Fensterscheibe. Offenbar ging er ein ums andere Mal ums Haus und hämmerte dann jedes Mal gegen die Scheibe. Nach etwa einer halbe Stunde wurde es still. Emma holte tief Luft, ihr Körper entspannte sich, und sie fing an, leise zu weinen.
»Es ist gut, Liebes, jetzt ist er weg, keine Angst, Mama ist ja da ...«

Robin wurde wach. Ich stillte ihn im Bett, Emma fest an mich gedrückt. Währenddessen hörte ich Anders oben arbeiten. Möbel wurden gerückt, Glas knirschte, der Staubsauger brummte.
Obwohl er schon fast mit der Küche fertig war, als ich mit den Kindern raufkam, bekam ich einen kleinen Schock.
»Wenn du willst, kann ich erst alles aufräumen und du gehst mit den Kindern so lange runter«, sagte Anders.
Ich schüttelte nur den Kopf. Flur und Wohnzimmer waren völlig verwüstet. Alle Glassachen waren zerbrochen. Ich betrachtete die Reste der Kerzenständer, meines wunderbaren Hochzeitsgeschenks. Splitter und Teile des zerschlagenen Holzstuhls lagen überall herum. Alle Möbel waren umgeworfen, doch soweit ich sehen konnte, war nur der Stuhl kaputtgegangen. Ein Blumenständer mit drei Etagen war im Wohnzimmer umgekippt. Die drei Töpfe waren zerbrochen, aber die Pflanzen würde man sicher umtopfen können. Zwei Ölgemälde, die meine Schwester

und ich während einer Spanienreise einem wandernden Künstler abgekauft hatten, waren auch kaputt. Wie durch ein Wunder war meine Spiegelwand heil geblieben, wofür ich dankbar war.

»Mia, geh runter«, bat Anders. »Wir können die Kinder zwischen all den Glasscherben sowieso nicht lassen. Ich räume auf, und dann müssen wir reden.«

Ich drehte mich um und ging ins Schlafzimmer zurück. Ich wollte nicht, dass er die Tränen sah, die mir in den Augen brannten. Es war irrational, aber dass die Kerzenleuchter zerschlagen waren, quälte mich am meisten. Nicht nur, weil sie so schön waren, sondern vor allem wegen ihres symbolischen Werts: Sie waren ein Hochzeitsgeschenk, ein Symbol für meine Ehe, für mein neues Leben. Er hatte sie zertrümmert. Würde er es auch schaffen, unsere Ehe zu zerschlagen?

»Niemals«, sagte ich laut, warf den Kopf in den Nacken und holte Emmas Wasserfarben heraus.

»Komm, Liebes, wir malen Blumen.«

Anders räumte und putzte bis zum Abend. Bis dahin hatte Robin bereits eine Weile geschlafen, und Emma war müde und quengelig vor Hunger. Ich briet ein paar Hamburger, die wir noch in der Tiefkühltruhe hatten. Dann setzten wir uns zusammen und aßen vor dem Fernseher. Wir sprachen nicht viel, und keiner von uns hatte richtig Appetit. Emma nahm kaum einen Bissen. Stattdessen rollte sie sich zwischen uns auf dem Sofa zusammen und schlief ein.

»Mia«, sagte Anders, »wir können ihn nicht so weitermachen lassen. Wir müssen ihn anzeigen.«

Ich antwortete nicht.

»Er lässt uns einfach nicht in Ruhe«, fuhr er flehend fort. »Es hat nichts geholfen, dass wir geheiratet haben und du ihm gezeigt hast, dass du ihm nicht mehr gehörst. Stell dir vor, was passiert, wenn er Emma wirklich einmal in die

Hände bekommt. Willst du so lange warten, ehe du etwas unternimmst?«

Die Tränen liefen, ohne dass ich etwas dagegen tun konnte. Ich schlug die Hände vors Gesicht und weinte hemmungslos.

Anders zog mich zu sich und wiegte mich.

»Das darf so nicht weitergehen«, sagte er mit fester Stimme. »Wir müssen diesen Teufel irgendwie stoppen.«

»Aber nicht mit der Polizei«, sagte ich. »Ich kann nicht riskieren, dass er sich über meine Eltern hermacht.«

»Dann muss die Polizei sie eben schützen!«, erwiderte Anders.

»Ja, genau. So, wie sie mich all die Jahre geschützt hat. Nein, danke«, sagte ich und schnäuzte mich in eine Serviette.

»Was glaubst du, was passiert, wenn wir ihn anzeigen?«, fragte Anders.

»Das weiß ich bereits!«, brach es aus mir heraus. »Man muss sich doch nur ansehen, was das letzte Mal passiert ist. Es kam ja sogar zu einem Gerichtsverfahren nach dem Mordversuch. Er hat gesagt, er werde meine Eltern totfahren, mich umbringen und Emma entführen, wenn ich nicht alles zurücknehmen würde. Der Prozess war die reinste Farce, das weißt du. Er saß da und grinste die ganze Zeit, und ich hatte solche Angst, dass ich kein Wort herausbekam.«

»Aber er kam ins Gefängnis«, meinte Anders.

»Ja, wegen des medizinischen Gutachtens und weil der Staatsanwalt einen Zeugen für einen Schlag aufgetrieben hatte, den ich einmal bekommen habe.«

»Blauschwarze Blutergüsse am Hals, Verletzungen am Kehlkopf«, zitierte Anders aus dem Gedächtnis. »Nein, das konnte man allerdings schwerlich damit erklären, dass du versehentlich gegen einen Türpfosten gelaufen seist.«

»Wir werden nicht zur Polizei gehen!«, sagte ich. »Ich habe ein Kind mit ihm bekommen, nicht meine Eltern. Sie sollen nicht für meine Fehler leiden müssen.«
Wütend und entschlossen stand ich auf, sammelte die Reste vom Couchtisch zusammen und ging in Richtung Küche.
»Willst du einen Kaffee?«, rief ich vom Flur aus über die Schulter, um meine Worte ein wenig abzumildern.
»Ja, danke«, seufzte Anders. Es war ein tiefer Seufzer, und ich war glücklich. Ich musste lächeln.

Wir saßen an dem Abend noch lange zusammen und ließen ein Programm nach dem anderen vorbeiflimmern. Einen Spielfilm, eine Soap, einen Krimi. Ich holte etwas Käse heraus. Wir aßen Knäckebrot und Sellerie dazu.
Anders erwähnte die Anzeige bei der Polizei nicht wieder. Wir waren einfach unterschiedlicher Ansicht.
Gegen Mitternacht machten wir den Fernseher aus und trugen das Mädchen ins Bett. Vorsichtig zog ich Emma ihren weißen Schlafanzug über, stand still da und betrachtete mein kleines Mädchen, das in seinem neuen Bett lag. Warum konnte er nicht begreifen, was für ein Schatz dieses kleine Mädchen war? Warum konnte er sich ihr nicht als einem kleinen Menschen nähern, statt sie als sein Eigentum zu betrachten, das ihm weggenommen worden war. Anders stellte sich hinter mich und legte seine Arme um meine Schultern.
»Was machst du?«, flüsterte er.
»Sie ist so schön«, murmelte ich. »Es ist doch schade, dass er keinen normalen Kontakt zu ihr haben kann.«
Wir schliefen sofort ein, waren völlig erschöpft.

Der Radiowecker auf Anders' Nachttisch stand auf 02.38, als der Schlag kam. Die Dunkelheit wurde zerrissen, die Stille explodierte.
Menschen, die ein Erdbeben erlebt haben, berichten, dass

sie alles wie im Zeitraffer erlebt haben. So ähnlich erging es uns in dieser Nacht. Ich schoss hoch und wachte erst richtig auf, als ich schreiend auf dem Bett stand.
»Anders! Er ist da! Oh, Gott, hilf uns! Hilf uns!«
Zuerst begriff ich nicht, was den Lärm machte. Es klang, als würde etwas explodieren. Die Wände wackelten, und das Baby schrie. Das Licht der Straßenlaterne, das durch die Birke fiel, tanzte über die Wände. Ich riss das Baby aus dem Bett und presste es fest an mich.
»Anders, was ist das bloß?!«
Wieder ein furchtbarer Krach, diesmal aus Emmas Schlafzimmer. Das Donnern drang durch die Wände bis in unser Schlafzimmer. Die Wand wurde so erschüttert, dass die Gardinen sich bewegten.
»Emma!«, schrie ich.
Das Klirren herunterrieselnden Glases erfüllte das Haus.
»Die Fenster!«, schrie Anders und lief in den Flur hinaus. Er riss die Tür zum Schlafzimmer des Mädchens auf.
Ein eiskalter Wind schlug uns entgegen, als die Tür aufflog. Anders machte das Licht an. Es blendete mich. Zwei schwarze Löcher starrten uns von der gegenüberliegenden Wand entgegen. Die Gardinen wehten traurig um das, was einmal die Fenster in Emmas Schlafzimmer gewesen waren.
Ich wurde vor Angst fast ohnmächtig.
»Emma!«, schrie ich. Meine Stimme brach, wurde zu einem Schrei im Falsett.
»Oh, Gott, Emma! Emma!«
Emmas Bett stand direkt unter dem linken Fenster. Die Splitter des großen, dreifach verglasten Fensters lagen wie ein glitzernder Mantel auf der Decke. Ich sah den Kopf des Mädchens, sah ihre schwarzen Locken auf dem weißen Kissen. Sie lag ganz still.
Ich schrie auf, sank am Türrahmen zusammen, hielt das Baby krampfhaft umarmt.

»Oh, Gott, sie ist tot, er hat sie getötet ...«
Anders lief barfuß über die Glasscherben zum Bett. Bei den letzten Schritten hinterließ er rote Flecken auf dem Fußboden.
»Emma«, sagte Anders bekümmert und strich ihr übers Haar. »Emma, Liebes, wir sind da.«
Er zog die Decke vorsichtig herunter, damit die Glasscherben nicht auf das Kind fielen. Emma lag regungslos auf der Seite, den Daumen im Mund, und starrte mit leerem Blick geradeaus. Vorsichtig schob Anders seine Hände unter das Mädchen, nahm ein Stück Glas von seiner Schulter und hob sie in seinen Arm. Sie reagierte nicht.
Er kehrte zurück, der Teppich färbte sich rot.
»Nimm sie«, sagte er zu mir. »Ich habe einen Glassplitter im Fuß ...«
Ich legte das schreiende Baby auf den Fußboden im Flur, nahm Emma in den Arm und versuchte herauszubekommen, ob sie verletzt war.
»Alles in Ordnung, Emma? Tut dir etwas weh?«
Ich versuchte mich zu beruhigen, um das Kind nicht noch mehr zu erschrecken.
Emma sah mich mit leerem, nach innen gewandtem Blick an. Sie weinte nicht, sondern sog nur schweigend an ihrem Daumen.
»Zeig es mal der Mama, tut dir etwas weh?«
»Wir müssen die Kinder nach oben schaffen. Hier unten wird es eiskalt werden«, sagte Anders.
Er hielt ein blutiges Glasstück hoch.
»Gib mir Emma, ich trage sie. Nimm Robin, Mia, hörst du, was ich sage? Nimm jetzt Robin und gib mir Emma, Mia! Nimm den Jungen! Die Kinder müssen nach oben!«
Wie betäubt ließ ich das Mädchen los und nahm das Baby vom Fußboden auf. Anders nahm Emma auf seinen linken Arm und schloss mit der anderen Hand ihre Zimmertür.
»Schnell, Mia!«

Wir liefen, jeder mit einem Kind auf dem Arm, in den obersten Stock, in die leeren Schlafräume dort oben. Gott, war es erst Sonntagmorgen?
Oben setzte Anders das Mädchen in einem der Zimmer auf ein Feldbett. Dann ging er zum Fenster, zog die Vorhänge auf und den Rollladen hoch. Er legte die Hand an die Scheibe, um in die Dunkelheit hinaussehen zu können.
»Es sind zwei!«, rief er plötzlich. »Ich sehe sie! Einer von ihnen hinkt. Das muss er mit seinem Kumpel sein. Wir haben ihm wohl ganz schön den Fuß in der Tür geklemmt!«
»Kommen sie her?«, flüsterte ich.
»Nein, sie verschwinden. Sie laufen weg. Jetzt springen sie über den Zaun ...«
Ich saß zusammengekauert auf dem Feldbett und hielt Emma fest im Arm.
»Ich rufe deinen Vater an«, sagte Anders.

Vater war vor Müdigkeit und Sorge grau im Gesicht.
»Wie geht es euch? Seid ihr auch unverletzt?«, fragte er.
Ich schluckte, die Tränen stiegen wieder hoch.
»Ich weiß nicht«, erwiderte ich. »Ich glaube, ich muss mit Emma ins Krankenhaus.«
»Lass mich sie mal ansehen«, sagte mein Vater.
Vorsichtig betrachtete er ihren kleinen Körper.
»Sie hat keine Schnittwunden«, sagte er schließlich. »Mia, sie hat es überstanden. Sie ist unverletzt.«
Gemeinsam trugen wir sie ins Badezimmer und duschten den Glasstaub aus ihrem Haar.
Mein Vater tätschelte mir die Wange.
»Ich gehe runter und helfe Anders beim Fegen«, sagte er.
Ich blieb sehr lange mit dem kleinen Mädchen im Arm sitzen. Am Ende entspannte sie sich und fiel in einen leichten Schlaf. Ich legte sie auf eine Bettcouch und stellte zwei Stühle davor, damit sie nicht herunterfiel. Robin lag noch, umgeben von Kissen, auf dem Feldbett. Anschließend ging

ich nach unten, wo bereits alles ausgekühlt war. Draußen war es einige Grad unter null. Mein Vater und Anders trugen Mäntel und grobes Schuhwerk.
»Mia, zieh dich an«, sagte mein Vater. »Und setz Kaffee auf.«
Wie betäubt tat ich alles, was mir gesagt wurde. Ich kochte eine große Kanne Kaffee und erwärmte ein paar Zimtschnecken in der Mikrowelle. Während das Wasser in der Kaffeemaschine blubberte und zischte, schlich ich zu den Kindern hinauf. Sie schliefen ruhig.
»Habt ihr ein paar große Pappen, mit denen man die Fenster bedecken könnte?«, fragte mein Vater, als ich mit dem Kaffeetablett herunterkam.
»Ich sehe mal nach«, sagte Anders und ging hinaus in den Schuppen.
Ich setzte mich auf die Treppe und goss meinem Vater eine Tasse Kaffee ein. Ich spürte, dass er mich ansah.
»Wird das denn nie ein Ende haben?«, fragte er.
»Doch, das wird es«, erwiderte ich. »Er ist sauer, weil ich geheiratet habe. Jetzt hat er sich abreagiert. Ich glaube, das Schlimmste ist vorüber.«
Mein Vater betrachtete mich eingehend.
»Wirst du ihn anzeigen?«
»Bei der Polizei, meinst du? Nein, ich glaube nicht, dass das eine gute Idee wäre«, sagte ich und konzentrierte mich darauf, den Kaffee einzugießen. Ich zitterte immer noch ein wenig.
»Wir können doch nicht beweisen, dass er es war«, fuhr ich fort. »Bestimmt hat er ein Alibi, bekräftigt durch mindestens fünf Kumpels, die bestätigen, dass sie die ganze Nacht lang am Computer gespielt haben.«
»Du darfst nicht unseretwegen die Polizei anlügen«, sagte Vater.
Ich stellte die Kaffeekanne ab, holte tief Luft und sagte:
»Papa, er ist mein Problem, nicht eures. Ihr habt wirklich

alles getan, was in eurer Macht stand, um mir zu helfen. Ich kann eure Sicherheit nicht aufs Spiel setzen. Ich habe mir diese Suppe selbst eingebrockt, nun muss ich sie auch auslöffeln.«

Ich lächelte gequält, aber mein Vater lächelte nicht zurück.

»Du musst dem ein Ende machen, Mia«, sagte er nur.

»Er hat doch nichts getan«, entgegnete ich. »Er will uns doch nur erschrecken.«

»Das ist ihm gelungen, nicht wahr?«, erwiderte mein Vater.

Im selben Augenblick kam Anders mit dem Karton zurück, in dem unsere Spülmaschine angeliefert worden war.

»Er muss die Fenster mit einem Vorschlaghammer eingeschlagen haben«, sagte Papa. Er hob die Fenster aus ihren Angeln und strich mit der Hand außen über die Holzverschalung.

»Hier hat er vorbeigeschlagen und die Wand getroffen. Das müssen furchtbare Schläge gewesen sein.«

Ich nickte stumm, zog mir ein paar Handschuhe über und ging zu Emmas Bett.

»Wir müssen die Bettwäsche waschen«, sagte Anders. »Überall sind Glassplitter.«

Ich trug Emmas Bettwäsche in die Waschküche. Anders rief den Glaser-Notdienst an.

»Das kriegt ihr ja hoffentlich von der Versicherung wieder, oder?«, fragte Vater.

»Ich denke schon«, meinte ich.

»Der Glaser kommt gleich morgen«, sagte Anders und setzte sich an den Tisch.

Schweigend aßen wir ein paar Zimtschnecken und tranken dazu Kaffee. Jeder hing seinen Gedanken nach.

Wie konnte es nur so weit kommen?, fragte ich mich. Wie bin ich bloß in diesem unglaublichen Mist gelandet?

»Na ja, dann werde ich mal nach Hause fahren«, sagte mein Vater.
»Danke, dass du gekommen bist«, sagte ich leise.
Ich brachte ihn zur Tür und umarmte ihn fest.
»Denk daran, was ich dir gesagt habe, Mia«, sagte Papa.
»Die Sache muss ein Ende haben.«
Ich nickte nur und war zu müde, um zu antworten.
Als mein Vater gegangen war, ging ich zu den Kindern. Ich nahm die Kissen weg, die ich um Robin drapiert hatte, legte mich neben ihn und schlief augenblicklich ein.

Als wir aufwachten, war es schon hell.
Anders und die Kinder gingen sofort zu Henrik und Sisse.
Ich wusste, Sisse würde dafür sorgen, dass sie Frühstück bekamen.
Dann putzte ich stundenlang. Ich sammelte alle großen Scherben vom Boden auf, wischte Fußböden und Möbel, saugte Leisten, Bücher und Tapeten und wischte über die Bücherregale. Überall lag ein mikroskopisch feiner Glasstaub. Ich wusch alle Spielsachen, die Wasser vertrugen, alle Schmusetiere kamen in die Waschmaschine.
Um eins kam der Glaser mit den Fenstern zurück.
»Muss ja ein Riesenknall gewesen sein«, sagte er, als er sie in die Angeln hob.
»Ja, stimmt«, murmelte ich.
Als er gegangen war, stand ich da und starrte durch die neu montierten, fleckigen Fensterscheiben. Der Daumenabdruck des Glasers war auf der Innenseite der äußersten Scheibe noch zu sehen. Draußen wurde es Frühling. Die Birken würden bald ausschlagen, neues Leben würde sich regen.
Ich lehnte meine heiße Stirn an das eiskalte Glas.
»Guter Gott, hilf uns«, betete ich. »Lass meine Kinder leben. Mach, dass er uns in Ruhe lässt.«
Wie hatte es nur so weit kommen können?

TEIL 2

BEDROHT

3

Ich begegnete ihm zum ersten Mal bei einer Freundin, kurz vor Weihnachten 1984. Damals war ich dreiundzwanzig Jahre alt, arbeitete bei einer Bank und wohnte in einer kleinen Dreizimmerwohnung in der Stadt. Er war ein staatenloser Flüchtling aus dem Libanon, der in Syrien geboren war, das war nichts Besonderes.
Als ich ihn kennen lernte, war ich schon seit langem Teil eines ganz Schweden umspannenden Netzwerks, das Flüchtlinge versteckte. Ich hatte praktisch jeden Tag mit Flüchtlingen, Ausländern und Einwanderern zu tun. Er war nur einer unter vielen. Natürlich sah er sehr gut aus, aber das taten viele. Sein Fall war nicht mitleiderregenderer als die anderen, auch wenn er sehr einsam war.
Deshalb verliebte ich mich nicht in ihn.
In meiner Heimatstadt gab es damals, zu Beginn der Achtzigerjahre, viele Flüchtlinge. Menschen aus allen Brennpunkten der Welt landeten in unserer kleinen Stadt. Natürlich gab es Menschen in der Umgebung, die auf die Flüchtlinge herabsahen und sich über sie ärgerten, doch viele begegneten ihnen auch mit Neugier und Mitgefühl.
Viele der Flüchtlinge kamen aus dem Nahen Osten oder aus Lateinamerika. Da ich Spanisch sprach, bekam ich schnell guten Kontakt zu mehreren südamerikanischen Familien. Einige von ihnen veränderten mein Leben, genauso, wie ich in hohem Maße das ihre veränderte.
Einer Familie kam ich besonders nah. Sie waren keine heldenhaften Kämpfer für eine bessere Welt, und mit ihrer Flucht aus ihrem Heimatland hatte es nichts Besonderes

auf sich. Es war einfach ein trauriges kleines Grüppchen Menschen, das versuchte, ein einigermaßen erträgliches Leben zu führen. Ich lernte viel, indem ich ihren Kampf verfolgte. Vielleicht überlebten deshalb meine Familie und ich später auch unsere eigene Isolation.

An einem lauen Sommertag im Juli 1984 klingelte es an meiner Tür. Ich war ein wenig erstaunt, denn ich hatte mit den Leuten, die davor standen, noch nie zu tun gehabt. Dennoch wusste ich recht gut, wer sie waren. Familie G. hatte einen ausgesprochen schlechten Ruf in unserer Stadt. Alle anderen Flüchtlinge verachteten sie, was dazu führte, dass die Familie mehrere Zimmer allein bewohnen konnte. Niemand wollte die Wohnung mit ihr teilen.
Ich kannte auch den Grund. Der Mann der Familie war angeblich Mitglied der Spezialtruppen Pinochets gewesen. Die Flüchtlinge in der Stadt behaupteten, seine Truppe sei eine Mörderschwadron gewesen und er sei einer der verhassten Soldaten gewesen, die Türen einschlugen und Menschen mitten in der Nacht verschleppten.
Jetzt stand er zusammen mit seiner sechsjährigen Tochter und der jungen Ehefrau vor meiner Tür. Ihre Gesichter waren angespannt, beunruhigt und traurig.
»Entschuldigen Sie bitte, dass wir Sie einfach so stören«, sagte der Mann nervös.
»Das macht nichts«, erwiderte ich. »Wollen Sie nicht reinkommen?«
Der Mann und die Frau nickten eifrig und dankten. Sie warfen einen schnellen Blick über die Schulter und huschten dann in meine Wohnung.
Wir setzten uns ins Wohnzimmer. Die indianische Herkunft war ihnen deutlich anzusehen. Sie waren beide sehr klein gewachsen. Das Mädchen war sehr dunkelhäutig.
Der Mann fasste sich ein Herz.
»Es ist so, dass wir Hilfe bei einer Übersetzung bräuchten.

Es geht um ein schwedisches Dokument, das wir nicht verstehen. Das Sie uns vielleicht freundlicherweise übersetzen könnten, damit wir wissen ...«
Es wurde wieder still. Beim staatlichen Einwanderungsamt waren natürlich auch Dolmetscher und Übersetzer tätig. Der natürliche Weg für Herrn G. wäre gewesen, sich mit seiner Anfrage dorthin zu wenden. Aus irgendeinem Grund wollte der Mann jedoch nicht, dass das Personal in der Behörde sein Dokument sah.
Das konnte nur eins bedeuten: Herr G. fürchtete, dass das Papier ein Ausweisungsbescheid war. Der abschlägige Bescheid eines Antrags, entweder vom Einwanderungsamt oder von der Regierung, die zu jener Zeit die endgültige Entscheidung traf.
»Wenn Sie mir das Papier zeigen, werde ich Ihnen sagen, was drinsteht«, sagte ich.
Als der Mann keine Anstalten machte, etwas herauszuholen, fügte ich hinzu: »Ich werde niemandem etwas über den Inhalt des Papiers erzählen. Aber wenn Sie heute etwas mit der Post bekommen haben, dann sollten Sie wissen, dass das gleiche Dokument gleichzeitig an die zuständige Behörde gegangen ist. Es dauert gewöhnlich zwei Tage, bis sie einen Dolmetscher gebucht und Sie für eine Durchsicht des Dokuments vorgeladen haben. Aber wenn Sie es mir jetzt zeigen, erfahren Sie bereits heute Abend, was drinsteht.«
Da zögerte der Mann nicht länger. Er zog den Reißverschluss an der Handgelenktasche auf und holte ein braunes DIN-A5-Kuvert heraus, das ein wenig kaputt war, weil er es so hastig aufgerissen hatte. Er reichte es mir wortlos.
Schnell überflog ich den Brief, eine einzige Seite, die das Schicksal der Familie G. besiegelte.
»Es ist ein Ausweisungsbescheid der schwedischen Regierung«, sagte ich. »Ihr Antrag auf Asyl wurde abgelehnt.

Wenn keine neuen Gründe vorliegen, gibt es keine Möglichkeit des Einspruchs.«
Zum ersten Mal sprach die Frau.
»Ist das das Ende?«, fragte sie.
»Ich fürchte, ja«, erwiderte ich.
Der Mann jammerte, als hätte er sich wehgetan, fiel neben meinem Couchtisch auf die Knie und reckte die Hände gen Himmel.
»Oh, mein Gott, Jungrau Maria, heilige Mutter Gottes, tu uns das nicht an!«, rief er. Die Frau ließ das Mädchen los und fiel neben ihrem Mann auf die Knie, der hemmungslos weinte und zitterte. Die Frau flüsterte ihm etwas zu, das ich nicht verstand. Das Mädchen saß währenddessen schweigend auf dem Sofa und starrte seine Eltern an.
Ich blieb sitzen und wartete, dass seine Verzweiflung sich legen würde. Langsam versiegten seine Tränen, und seine Schultern zuckten nicht mehr. Schließlich erhob sich die Frau aus der unbequemen Stellung. Der Mann setzte sich neben sie und starrte mit leerem Blick auf den Teppich hinab.
»Ich bin kein Mörder«, sagte er, sah auf und begegnete meinem Blick. »Aber sie wollten, dass ich einer werde. Sie wollten mich befördern. Ich sollte Gefängniswärter werden, Verhöre mit politischen Gefangenen durchführen. Wissen Sie, was das heißt?«
Er wartete meine Antwort nicht ab.
»Sie wollten mich zwingen zu foltern. Ich weigerte mich, aber das tut man nicht ungestraft. Ich flüchtete zuerst. Es musste sein. Meine Frau und mein Kind kamen nach. Wir sind jetzt seit ungefähr zwei Jahren in Schweden. Wir müssen einfach hier bleiben dürfen! Wir können nicht zurück! Sie werden mich schon auf dem Flughafen festnehmen. Was soll aus meiner Frau werden? Aus dem Mädchen?«
Er fing wieder an zu weinen.
»Ich bin kein Mörder!«, rief er. »Wenn ich ein Mörder ge-

wesen wäre, hätten wir nicht fliehen brauchen! Wir hatten alles! Wir hatten ein Haus, Auto, Essen und Wein. Wir hätten nicht in dieses Land auf der anderen Seite der Erde kommen müssen, wenn man uns nicht dazu gezwungen hätte. Warum glaubt uns denn niemand?«
»Es spielt keine Rolle, ob man Ihnen glaubt oder nicht«, sagte ich ruhig. »Selbst wenn Sie die Wahrheit sagen und man Ihnen glaubt, dürften Sie nicht in Schweden bleiben. Einen militärischen Posten in einem anderen Land nicht anzunehmen wird als Kriegsdienstverweigerung betrachtet. Kriegsdienstverweigerung ist aber in Schweden kein Asylgrund. Es spielt keine Rolle, dass der militärische Posten beinhaltet, dass Sie Menschen foltern oder töten müssen. Denn darum geht es ja eigentlich bei allen militärischen Aktionen, oder?«
Er starrte mich an.
»Heißt das, Sie denken, dass ich den Befehl hätte befolgen sollen? Hätte ich junge Menschen verstümmeln oder meinen Schäferhund darauf drillen sollen, schwangere Frauen zu vergewaltigen?«
»Das habe ich nicht gesagt«, antwortete ich ruhig, doch der Mann hörte mich nicht mehr. Er fiel auf die Knie, begann erneut, die Jungfrau Maria anzurufen, und weinte schrecklich.
Als seine Atmung sich plötzlich veränderte und in ein krampfhaftes Keuchen überging, wurde mir klar, dass ich Hilfe holen musste. Ich packte die Frau an den Schultern und sah ihr direkt in die Augen.
»Ihr Mann muss ins Krankenhaus. Sofort. Ich werde einen Krankenwagen anrufen.«
»Nein!«, rief sie.
Das Röcheln des Mannes wurde schlimmer. Es klang, als würde er eine Herzattacke oder einen Asthmaanfall erleiden.
»Ich begleite Sie ins Krankenhaus«, versicherte ich. »Es

besteht keine Gefahr, noch nicht. Bisher kennen nur Sie und der Leiter der Flüchtlingsunterkunft den Abschiebungsbeschluss.«
»Und Sie«, sagte die Frau. »Sie kennen ihn auch.« Sie maß mich mit einem Blick.
»Ja«, sagte ich, »aber ich werde nichts sagen.«
Sie erhob keinen Einspruch, als ich den Hörer nahm und den Notruf wählte.

Wir mussten stundenlang im Korridor des Krankenhauses warten. Das sechsjährige Mädchen schlief auf dem Schoß seiner Mutter ein. Die Frau wiegte es. Vor Müdigkeit und Erschöpfung war sie weiß im Gesicht, die jungen Gesichtszüge waren bereits von Falten durchzogen.
»Ich bin schwanger«, sagte sie plötzlich, »im dritten Monat.«
Oh, nein, dachte ich, auch das noch!
»Ich würde das Kind so gern behalten«, sagte sie und sah mich an. »Es ist ein Wunschkind. Wir hätten so gern einen Sohn.«
Sie schaute auf ihre schlafende Tochter hinab.
»Ein Mädchen muss niemals Soldat werden«, meinte sie. »Das Mädchen wird man nie zwingen, andere zu töten. Mit einem Jungen ist das anders. In Pinochets Chile läuft er Gefahr, genau wie sein Vater, zum Mörder gemacht zu werden. Verstehen Sie?«
Sie wartete meine Antwort nicht ab, sondern fuhr fort:
»Ich bin keine gebildete Frau. Meine Eltern sind Bauern wie seine Eltern. Wir haben niemals Macht gehabt. Wir hatten immer nur unser Leben, unsere Erde, unser Land, unsere Sprache, unsere Zukunft. All das ist uns genommen worden. Wir besitzen nichts mehr. Das Einzige, was uns blieb, war die Hoffnung auf eine neue Chance, ein neues Leben. Heute haben wir auch das verloren. Ihr Land hätte meinen Kindern, den geborenen und den un-

geborenen, die Möglichkeit auf ein Leben in Freiheit geben können. Man hat sie uns verweigert, weil mein Mann kein Folterknecht werden wollte.«
»Ich weiß«, sagte ich nur.
Ich konnte nicht zulassen, dass diese Familie unterging.

Es war schon nach Mitternacht, als uns ein müder Mann in einem weißen Kittel in sein Zimmer winkte. Wir weckten das Mädchen, das quengelte und ein wenig weinte.
»Was ist mit dem Mann passiert?«, fragte der Arzt ohne Umschweife.
»Er wurde krank, hatte plötzlich Probleme, zu atmen«, erwiderte ich.
»Der Mann ist zutiefst deprimiert, ich würde sagen, in einem Schockzustand. Irgendetwas muss diesen Anfall ausgelöst haben.«
Ich dachte an das Versprechen, das ich der Frau gegeben hatte.
»Er hat heute einen sehr tragischen Bescheid erhalten«, antwortete ich lediglich.
Der Arzt sah mich schweigend an und sagte dann:
»Er muss eingewiesen werden. Er benötigt psychiatrische Betreuung und Medikamente. Außerdem erfordert sein Zustand Ruhe und Entspannung. Besteht die Möglichkeit, ihm das zu verschaffen, was meinen Sie?«
»Im Moment nicht«, sagte ich.
»Aha«, antwortete er.
Wir schwiegen wieder. Er verstand, was los war, und wusste genau, was passieren würde, sobald die Polizei die Familie fand. Sie würden in das Flüchtlingsgefängnis Karlslund in Upplands-Väsby, zwanzig Kilometer von Arlanda, dem Stockholmer Flughafen, entfernt, gebracht werden, um dort auf das nächste Flugzeug nach Santiago zu warten.
»Hat die Familie einen Ort, wo sie hingehen kann?«, fragte er schließlich.

»Ja, ich denke schon.«
»Gut«, sagte der Arzt. »Wir entlassen den Mann sofort. Ich werde Ihnen die nötigen Psychopharmaka für den Patienten auf Vorrat mitgeben. Es wird Ihre Aufgabe sein, darauf zu achten, dass er sie in den angegebenen Mengen nimmt und nicht überdosiert. Es besteht eine gewisse Gefahr, dass er dies versuchen wird, falls er die Gelegenheit bekommt. Habe ich mich deutlich ausgedrückt?«
»Absolut«, erwiderte ich.

Wir nahmen ein Taxi zu mir nach Hause und richteten für die ganze Familie Betten in meinem Arbeitszimmer.
Ich bat die beiden, die Dinge zu beschreiben, die sie aus der Wohnung, in der sie die vergangenen zwei Jahre verbracht hatten, mitnehmen wollten. Daraufhin öffnete der Mann zum ersten Mal, seit wir nach Hause gekommen waren, den Mund.
»Ich will unsere Sachen selbst packen«, sagte er.
»Wie Sie wollen«, meinte ich. »Wir gehen jetzt gleich.«

Die Wohnung lag im obersten Stock. Es war eine große Dreizimmerwohnung, gut möbliert und penibel sauber. Eigentlich war sie als Aufenthaltsort für bedeutend mehr Flüchtlinge als ein Paar mit einem Kind gedacht gewesen.
Wir gingen in das Schlafzimmer, das dem Mädchen gehörte.
»Im Schrank ist eine Tasche«, sagte der Mann. »Packen Sie ein, was hineinpasst.«
Er selbst ging in das elterliche Schlafzimmer.
Abgesehen von ein paar wunderschönen Pflanzen am Fenster gab es nicht sonderlich viele persönliche Dinge in dem Zimmer. Das Mädchen besaß fast kein Spielzeug. Schnell packte ich alles, was ich fand, in die Stofftasche, machte das Licht aus und ging hinaus. Doch im Türrahmen blieb

ich stehen. Irgendetwas fehlte. Mein Blick ruhte auf dem Bett des Mädchens. Mit einem Schritt war ich dort und zog die Decke zur Seite.
Ungeheuer fürsorglich zugedeckt ruhte ein kleiner zerschlissener Teddy gleich neben dem großen Kissen. Er hatte eine eigene kleine gehäkelte Decke. Ein Ohr fehlte, der eine Arm war kahl. Dieser kleine Kerl war sicher schon lange dabei, bestimmt schon von Chile mitgekommen. Schnell stopfte ich das Kuscheltier in die Tasche.
Der Mann hatte seine Kleider und die seiner Frau in eine große Reisetasche gepackt, die er in den Flur hinausgetragen hatte. Im Wohnzimmer sammelte er noch die Bücher ein, die im Regal standen. Es waren nur drei Stück, eins davon eine Bibel.
»Das ist alles«, sagte er.
»Sind Sie sicher?«, fragte ich ungläubig. Es sah so dürftig aus. Eine Reisetasche. Eine Stofftasche. War das alles, was diese Menschen besaßen?

Am folgenden Tag, der zum Glück ein Samstag war, wachten wir alle recht spät auf. Draußen regnete es, und es sah richtig herbstlich aus. Das schlechte Wetter kam fast gelegen, denn so machte es nichts, dass alle Gardinen zugezogen und die Rollläden heruntergelassen werden mussten.
Ich gab dem Mann seine Medikamete und machte in der Küche zusammen mit der Frau Frühstück. Das Mädchen spielte im Wohnzimmer wilde Spiele mit seinem Vater.
»Sie ist Papas Liebling«, sagte die Frau und lächelte. »Er liebt sie, seit er sie zum ersten Mal gesehen hat.«
»Wann kommt das neue Baby?«, fragte ich.
»Ach, das dauert noch lange. Nicht vor Neujahr, hat die Hebamme gemeint.«
Die Stimmung am Frühstückstisch war nett, fast ausgelassen. Familie G. hatte den Schritt ins Unbekannte gemacht,

sich dem Zugriff von Polizei und Behörden entzogen. Plötzlich gab es wieder eine wenn auch ungewisse Zukunft, die voller Möglichkeiten, aber auch Fallgruben war.
Während die Eheleute das Geschirr spülten, ging ich in mein Schlafzimmer und schloss die Tür hinter mir. Ich nahm den Hörer ab und wählte eine Nummer in der Stadt.
»Ich habe einige Freunde, die Hilfe benötigen«, sagte ich nur, als am anderen Ende der Hörer abgenommen wurde.
»Woher?«, fragte die Stimme.
»Chile. Die Familie heißt G. Der Mann ist Kriegsdienstverweigerer und ist geflohen, um keine Menschen foltern zu müssen. Sie sind jetzt bei mir, müssen aber so bald wie möglich weg.«
»Kommen Sie zu mir, dann sehen wir, was sich machen lässt.«
Ich ging wieder zu dem Ehepaar.
»Brauchen Sie etwas aus dem Laden?«, fragte ich. »Wie Sie sich denken können, ist es das Beste, wenn Sie nicht rausgehen.«
»Nein, danke, uns fehlt nichts«, sagte die Frau.
Als ich mich umdrehte, um zu gehen, sah ich im Augenwinkel, wie das Mädchen seine Mutter an der Hand zog und ihr etwas zuflüsterte.
»Was ist denn?«, fragte ich die Kleine freundlich. »Möchtest du etwas aus dem Laden?«
Sie wurde schüchtern und drehte das Gesicht zum Bauch der Mutter.
»Heute ist Samstag«, erklärte die Mutter. »Da kriegt sie sonst immer eine Tüte Bonbons.«
Das Mädchen brachte mich zur Tür und winkte, als ich hinausging. Jetzt hatte ich eine Freundin gewonnen!

Ich holte mein Rad aus dem Fahrradkeller, schlug die Kapuze meiner Regenjacke hoch und strampelte los. Es reg-

nete noch stärker, aber glücklicherweise hatte ich es nicht weit.
Ich fuhr zu einer der Kirchen in der Stadt, lehnte das Fahrrad gegen den Zaun und ging einen säuberlich geharkten Kiesweg hinauf.
»Was für ein Wetter!«, sagte der Pfarrer.
»Ich brauche so schnell wie möglich ein Versteck«, sagte ich bloß.
Der Pfarrer wandte sich ab und blieb verdächtig lange stehen.
»Was ist denn?«, fragte ich.
»Ich habe mich über Familie G. erkundigt«, sagte er, und sein freundlicher Blick war verschwunden.
»Und?«, fragte ich.
»Ich denke, Sie sollten sich nicht mit ihnen einlassen«, meinte er ernst.
Jetzt begriff ich gar nichts mehr.
»Warum denn nicht?«, fragte ich. »Sie brauchen Hilfe. Der Mann kann nicht nach Chile zurück. Er wird verfolgt, weil er aus Pinochets Armee desertiert ist. Seine Frau ist schwanger. Sie haben auch noch eine Tochter, die ungefähr sechs oder sieben Jahre alt ist. Der Mann ist sehr labil, die Frau ist stärker. Sie müssen sofort versteckt werden.«
»Er ist ein Mörder«, sagte der Pfarrer kalt. »Folterknechten helfen wir nicht. Außerdem sagen meine Quellen, dass er ein Spion sein könnte.«
Ich traute meinen Ohren nicht. Hier stand ein Pfarrer, ein Verkünder des Wort Gottes, und verurteilte Menschen, mit denen er ganz sicher noch nie gesprochen hatte.
»Woher wollen Sie wissen, dass er ein Mörder ist? Haben Sie schon mal mit ihm geredet? Oder ist es so, dass der Herr Pfarrer Menschen nach dem Hörensagen beurteilt? Ein Spion? In dem Fall sollten wir dem Mann sofort Asyl geben und ihm ein Engagement am Theater verschaffen!

Gestern ist er fast an einem Asthmaanfall gestorben, als er den Abschiebungsbescheid bekam. Glauben Sie, dass er simulierte?«
»Werfen Sie diese Leute raus«, sagte der Pfarrer. »Sie verdienen Ihre Hilfe nicht.«
»Das kann doch wohl nicht wahr sein«, sagte ich.
»Unsere Möglichkeiten sind nicht unerschöpflich. Selbst wir müssen eine Auswahl treffen. Mörder und Folterknechte stehen nicht auf der Liste derer, denen wir helfen.«
Ich merkte, wie sich mir der Hals zuschnürte. Die Sache entwickelte sich nicht so, wie ich es mir vorgestellt hatte. Wohin sollte ich mich wenden, wenn mein üblicher Kontakt nicht mitspielte?
»Also reicht die Güte der Kirche nur bis hierher und nicht weiter. Wie war das noch, was Jesus über das verlorene Schaf gesagt hat? Dass ein bekehrter Sünder im Himmel mehr Freude spendet als neunundneunzig Gerechte?«
Der Pfarrer sah mich schweigend an.
»Das habe ich sowieso nie geglaubt«, sagte ich, machte auf dem Absatz kehrt und ging.

Der Regen wurde immer stärker. Das war wirklich nicht mein Tag. Als ich zum Zaun kam, entdeckte ich das nächste Unglück: Mein Fahrrad war geklaut worden.
»Verdammte Scheiße aber auch!«, schrie ich, ohne daran zu denken, wo ich mich befand, und stampfte mit dem Fuß in eine Pfütze, so dass die Hosenbeine schmutzig wurden. Erschöpft von den Ereignissen der Nacht, pitschnass vom Regen, traurig über den Pfarrer, begann ich zu weinen.
»Verdammter Gott«, schrie ich zu dem Kreuz auf der Kirche hinauf. »Warum machst du das? Warum lässt du zu, dass die Menschen sich gegenseitig umbringen? Warum kannst du es nicht hinkriegen, dass die Leute die Fahrräder von anderen in Ruhe lassen?«

Dann riss ich mich zusammen. Ich konnte ja nicht den ganzen Tag hier stehen.
Die Frau öffnete mir. Sie sah sofort, dass etwas schief gegangen war.
»Was ist passiert?«, fragte sie. »Gibt es Probleme?«
»Ja, ein wenig«, sagte ich aufrichtig. »Mein Freund kann zurzeit leider keine weiteren Gäste aufnehmen. Ich werde mich bei anderen umhören müssen.«
Sie faltete die Hände und rieb sie gegeneinander.
»Keine Angst«, sagte ich mit einer Ruhe, die ich selbst nicht empfand. »Es wird schon alles werden.«
Ich rief bei der Polizei an und meldete mein Fahrrad als gestohlen. Weil ich es nicht abgeschlossen hätte, würde ich keinen Pfennig von der Versicherung bekommen, sagte man mir. Vielen Dank.
»Hast du Lust, mir beim Mittagessen zu helfen?«, fragte ich das Mädchen.
Es nickte und sprang auf.
Ich nahm ein Hähnchen aus der Kühltruhe und holte Kartoffeln aus der Speisekammer.
»Schau mal«, sagte ich und gab dem Mädchen einen Backpinsel und eine kleine Schale. »Du kannst das Hähnchen mit Soja, Butter und Kräutern bestreichen. Das wird ganz lecker!«
»Ich mag gern Hähnchen«, sagte das Mädchen. »Großmutter hat Hühner. Ich helfe ihr immer, sie zu rupfen.«
Ich war etwas baff. Sie sagte es, als wäre das etwas, was sie jeden Tag machte – nicht, als wäre es über zwei Jahre her.
»Magst du deine Großmutter?«, fragte ich vorsichtig.
»Natürlich mag ich meine Großmutter!«, erwiderte sie vorwurfsvoll.
Der Mann kam in die Küche. Er sah übernächtigt und etwas aufgedunsen aus.
»Papa, wir kochen Essen!«, sagte das Mädchen.
»Haben Sie mit Ihren Freunden gesprochen?«

»Ja«, sagte ich ruhig. »Sie können Sie im Moment leider nicht aufnehmen. Ich werde mit anderen reden.«
Seine Unterlippe begann zu zittern, die Augen füllten sich mit Tränen. Es ging ihm wirklich nicht gut.
»Sie wollen uns nicht helfen, weil ich beim Militär war«, sagte der Mann mit gebrochener Stimme.
Ich dachte an die Worte des Arztes, dass dieser Mann Ruhe und Entspannung brauche. Deshalb log ich schnell.
»Ihre militärische Vergangenheit ist denen egal. Meine Freunde verstehen Ihre Situation. Es ist nur eine Frage der Zeit, bis sich etwas ergibt. Bis dahin können Sie bei mir bleiben. Ihre Tochter und ich sind schon richtig gute Freunde geworden«, sagte ich und lächelte dem Mädchen zu. »Vielleicht will ich sie ja gar nicht mehr weglassen!«

4

Am Sonntag war das Wetter besser. Nach einem gemeinsamen Frühstück, das mit Herrn G.s Einnahme seiner Medikamente endete, beschloss ich, die Familie während des Tages sich selbst zu überlassen.
»Ich werde ein paar Freunde besuchen«, erklärte ich ihnen. »Bedienen Sie sich aus dem Kühl- und Gefrierschrank. Ich komme am späten Nachmittag wieder zurück.«
»Ich will mit dir gehen!«, rief das Mädchen sofort. »Ich will in den Park!«
»Tut mir Leid«, sagte die Mutter schnell, »aber wir müssen heute drinnen bleiben.«
Ich beeilte mich zu gehen. Die Familie brauchte Zeit, um ihre neue Situation besprechen zu können. Wie erklärte man einem kleinen Mädchen, dass es auf absehbare Zeit nicht hinausgehen durfte? Das war doch furchtbar.
Natürlich ahnte ich damals noch nicht, dass mir ein paar Jahre später dasselbe blühen würde.

Ich traf mich mit meiner Schwester, ihrem Freund Staffan, meiner Freundin Helena und zwei anderen Männern, die ich zuvor noch nie gesehen hatte, vor dem Haus meiner Schwester. Sie waren gerade dabei, Kühltaschen, Wasserski und alle möglichen Wassersportgeräte in den Citroën des einen Mannes zu packen, als ich kam.
»Heute gibt Mia ihre Premiere auf dem Wasser«, scherzte der Freund meiner Schwester, als er mich sah.
»Ja ja, das glaubst auch nur du«, lachte ich.
Es wurde ein unglaublich lustiger, erholsamer Tag. Meine

Schwester und ihre Freunde fuhren Wasserski und sausten wie die Verrückten auf dem Wasser herum. Einer der Typen, der mit dem Citroën, war nicht gerade ein Ass. Er war mehr unter Wasser als darüber. Ich saß auf einer Decke am Strand und behauptete, auf die Kühltaschen aufpassen zu müssen. Die Luft war nicht warm. Zwar schien die Sonne, doch es blies kühl vom Wasser her.
Kannte ich jemand, der vielleicht Zugang zu einer Flüchtlingsorganisation haben könnte, zu einem Netzwerk, das nicht nur größer, sondern auch toleranter war als mein eigenes?
»Was ist los, Mia?«, fragte meine Schwester mit blau gefrorenen Lippen und einer Haut, die vor Kälte und Wind rot angelaufen war.
Ich drehte mein Gesicht aus der Sonne und blinzelte sie an. Sie zerrte ein großes Badelaken aus einer der Taschen.
»Du musst aufpassen, dass du dich nicht erkältest«, sagte ich. »Es muss schweinekalt sein, so halb nackt auf dem Wasser herumzufahren.«
»Ist was passiert?«, beharrte sie.
Ich seufzte, wandte das Gesicht wieder der Sonne zu und schloss die Augen. Nein, ich konnte meine kleine Schwester da nicht mit reinziehen. Noch nicht, nicht jetzt jedenfalls. Aber ich konnte sie auch nicht anlügen. Wir haben uns in unserer Familie immer sehr nahe gestanden. Sie würde es merken, wenn ich sie anlog.
»Ja«, sagte ich deshalb, »es ist was passiert, aber es ist nichts Schlimmes, und ich habe nicht vor, darüber zu reden.«
Sie hatte den Badeanzug ausgezogen und schlüpfte gerade in ein riesengroßes Sweatshirt. Als ihre Augen aus dem Kragen auftauchten, sahen sie mich auffordernd an.
»Keine Chance«, sagte ich und lächelte ein wenig. »Es ist schon in Ordnung. Du wirst es noch erfahren.«
»Sag Bescheid, wenn du Hilfe brauchst«, sagte sie nur und

goss sich eine Tasse dampfenden Kaffee aus einer Thermoskanne ein.
»Na klar.«

Als ich nach Hause kam, war die Stimmung in der Wohnung sehr gedrückt. Das Mädchen saß zusammengekauert in einer Sofaecke und umarmte seinen zerschlissenen Teddybär. Sie war erschöpft, verheult und schniefte. Offenbar hatten die Eltern ihr gesagt, dass sie nicht mehr rausgehen durfte, meine Wohnung ein Gefängnis war und ich ihr Gefängniswärter.
»Magst du Hamburger?«, fragte ich.
Sie tat, als würde sie mich nicht sehen.
»Du kannst jetzt ein paar Tage hier bleiben«, sagte ich.
»Dann fährst du woandershin. Ich finde es schön, dass du mein Gast bist, und hoffe, dass du mich noch oft besuchen wirst. Dann spielen wir den ganzen Tag lang zusammen im Park.«
Ich fuhr ihr durch die Haare.
»Komm, wir essen Hamburger und trinken Cola dazu«, sagte ich.
Nach dem anspruchslosen Essen ging Familie G. in ihr Zimmer. Ich machte mir eine Tasse Tee und kroch in mein Bett. Dann nahm ich das Telefon auf die Knie und rief die Auskunft an.
»Ich hätte gern die Nummer vom Kloster Alsike.«
Schwester Marianne war selbst am Telefon. Ich erklärte die Situation, beschönigte nichts, erzählte alle Details. Sie hörte geduldig zu, zögerte aber etwas zu lange, ehe sie antwortete.
»Tut mir Leid«, sagte sie. »Wir können sie nicht aufnehmen.«
»Schon gut«, sagte ich und wusste Bescheid.
Wenn Schwester Marianne nicht wollte, wer dann?
Wieder rief ich die Auskunft an. Diesmal wollte ich die

Nummer einer chilenischen Interessengemeinschaft in Stockholm. Dort fand man deutlichere Worte.
»Militaristen helfen wir nicht«, sagte man mir geradeheraus.

Der Montag war ein gewöhnlicher Arbeitstag. Normalerweise fuhr ich mit dem Fahrrad zur Arbeit, doch jetzt musste ich laufen. Mein lilafarbenes Fünfgangrad würde ich nie wieder sehen.
Als ich am Nachmittag nach Hause kam, saß die ganze Familie G. vor dem Fernseher.
»Hallo«, sagte ich, »wie war es heute?«
Da klingelte es plötzlich lange an der Tür. Wir erstarrten alle vier. Ich schaltete den Fernseher ab.
»Schnell«, zischte ich, »in Ihr Zimmer. Und machen Sie die Tür zu.«
Die Familie huschte schnell weg. Die Türklingel schrillte erneut.
Die Familie stolperte in das Zimmer und schloss leise die Tür. Ich lief schnell zum Eingang. Als ich aufschließen wollte, fiel mein Blick auf die Garderobe. Dort hingen die Jacke des Mannes, der Mantel der Frau und die pelzbesetzte Jacke des Mädchens.
Die Türklingel dröhnte ein weiteres Mal, mir direkt ins Ohr. Ich riss alle Kleider herunter, warf sie ins Badezimmer, kickte die Schuhe hinterher und öffnete die Tür. Im Treppenhaus stand ein Mann, ein chilenischer Flüchtling aus der Flüchtlingsunterkunft.
Das Herz schlug mir bis zum Hals. Ich leckte mir die Lippen und versuchte, nicht erschrocken auszusehen.
»Guten Tag«, sagte der Mann auf Spanisch.
»Guten Tag«, antwortete ich, und meine Stimme klang normaler, als ich zu hoffen gewagt hätte.
»Ja, ich komme aus der Unterkunft, wir sind uns da schon mal begegnet ...«

»Ja, und?« Ich lächelte etwas angestrengt.
Die Gedanken wirbelten in meinem Kopf herum. Die chilenische Kolonie schien gemerkt zu haben, dass Familie G. verschwunden war.
»Geht es um ein Dokument, das Sie nicht verstehen?«, fragte ich, und es gelang mir, noch etwas mehr zu lächeln.
»Nein, nein«, sagte der Mann. »Ich wollte nur wissen, ob Sie in der letzten Zeit Familie G. gesehen haben.«
»Familie G.?«, fragte ich und runzelte die Stirn. »Familie G. – sind das nicht die, wo er Folterknecht war?«
Gott und Herr G. mögen mir meine Verallgemeinerung vergeben, dachte ich.
»Ja, genau!«, sagte der Mann, und sein Gesicht hellte sich auf. »Kennen Sie die? Haben Sie sie gesehen?«
»Nein«, sagte ich. »Wann habe ich sie zuletzt gesehen? An Ostern, glaube ich, oder war es bei der Walpurgisfeier? Beim Maifeuer?«
Ich sah zu Boden und tat, als würde ich nachdenken.
»Sie sind nicht zufällig bei Ihnen?«, fragte der Mann plötzlich und versuchte über meine Schulter hinweg in die Wohnung zu schauen.
Mir wurde klar, dass ich immer noch meine Jacke anhatte.
»Nein«, sagte ich, »ich kann mich nicht erinnern, wann ich sie das letzte Mal gesehen habe, und nun müssen Sie mich entschuldigen, denn ich muss mich beeilen. Ich wollte gerade los, als Sie klingelten.«
Ich zog meine Schuhe an und trat ins Treppenhaus hinaus.
»Warum fragen Sie nach ihnen?«, fragte ich und schloss die Tür hinter mir.
»Sie sind weg«, sagte der Mann mit leiser Stimmer. »Wir Chilenen passen aufeinander auf. Wir wussten, dass er auf einen letzten Abschiebungsbescheid wartete. Sie müssen ihn am Freitag bekommen haben. Seither hat man sie nicht mehr gesehen.«

»Na, weit können sie ja nicht gekommen sein«, sagte ich.
»Es versteckt doch keiner einen Mörder.«
»Sage ich ja auch!«, tönte der Mann fröhlich.
Leider schien er wirklich Recht zu haben.
Ich lächelte dem Mann freundlich zu, als wir uns an der Haustür trennten, winkte zum Abschied und ging die Straße hinunter. Nach fünfzig Metern wurde mir klar, dass ich keine Ahnung hatte, wohin ich wollte.

Der Dienstag war schwer. Ich hatte Kopfschmerzen und musste mich anstrengen, um bei der Arbeit freundlich zu sein. Auf dem Weg nach Hause kaufte ich ein – Gemüse, Fleisch, Eis und eine Barbiepuppe. Sosehr ich auch nachdachte, kam ich doch auf keine Lösung. Bald würde ich radikal handeln müssen.
Das Mädchen freute sich riesig über die Barbiepuppe. Noch nie hatte sie etwas Vergleichbares besessen. Sie setzte sich mit ihrem Vater auf das Sofa und zog die Puppe an und aus, während ich mit ihrer Mutter in der Küche das Essen zubereitete.
Mein Blick fiel auf das Radio, das auf dem Fensterbrett stand. Plötzlich erinnerte ich mich an eine Debatte im lokalen Radiosender, die ich vor einigen Jahren gehört hatte. Ein Mädchen, das bei den Anonymen Alkoholikern arbeitete, hatte an einer Debatte über Flüchtlinge und Flüchtlingsunterkünfte in unserer Stadt teilgenommen. Sie fand, die Menschen würden viel zu schnell abgewiesen. Wie hieß sie noch gleich – Lena? Wenn sie mir nun helfen könnte!
Sie ging beim zweiten Klingeln an den Apparat.
»Ich heiße Mia Eriksson«, sagte ich. »Ich habe ein Problem und wollte fragen, ob Sie mir vielleicht helfen können.«
»Ja, wenn ich kann ...«
»Es geht nicht um Alkohol oder so«, beeilte ich mich zu sagen. Schließlich rief ich ja bei den Anonymen Alkoholikern an.

»Wobei soll ich Ihnen denn helfen?«, fragte Lena leise.
»Eigentlich brauche nicht ich Hilfe, sondern Freunde von mir«, sagte ich.
»Vielleicht sollten wir uns treffen«, meinte sie. »Können Sie in einer halben Stunde in meiner Wohnung sein?«
»Klar«, sagte ich und bekam die Adresse.
Gedankenverloren legte ich auf. Das musste klappen! Es war meine letzte Chance, der Familie zu helfen.
Als ich aus meinem Zimmer kam, standen sie im Flur und sahen so herzerweichend schuldbewusst aus, dass ich lachen musste.
»Ich habe gerade mit einem meiner Freunde gesprochen«, sagte ich. »Ich muss ihn gleich treffen. Essen Sie schon, warten Sie nicht auf mich.«
Ich konnte gar nicht schnell genug meine Jacke überziehen.

»Ich weiß nicht, ob Sie überhaupt die Möglichkeit haben, mir zu helfen«, sagte ich. »Sie können es ruhig gleich sagen, wenn ich auf dem Holzweg bin. Aber es ist so, dass ich ... ich kenne ein paar chilenische Flüchtlinge, die irgendwohin müssen.«
Lena sah mich aufmerksam an.
»Was sind das für Leute?«, fragte sie.
Ich erzählte von Familie G. und ihrem Hintergrund, vom Abschiebungsbescheid und ihrem Verschwinden in der Nacht zum Samstag.
»Wie sicher sind sie da, wo sie sich jetzt aufhalten?«, fragte Lena.
»Überhaupt nicht, fürchte ich.«
Sie leerte ihre Kaffeetasse.
»Ich denke, das wird sich regeln lassen«, sagte sie. »Ich muss ein wenig telefonieren. Schreiben Sie Ihre Telefonnummer auf den Block im Flur, dann rufe ich Sie heute Abend an.«

»Die Tatsache, dass der Mann beim Militär war – wird das Probleme bereiten?«, fragte ich an der Tür.
»Nicht bei uns«, sagte sie und lächelte.
Guter Gott, lass es bloß klappen!

Das Gespräch mit Lena erwies sich als Glückstreffer. Sie schleuste mich in eine Kette von Telefonnummern und Kontakten ein. Nach mehreren Telefonaten war ich mit einer Privatperson aus Dalarna verbunden, die uns am Samstagmorgen an der Tankstelle in Y. treffen wollte.
»Es ist alles geregelt«, sagte ich zu der Frau, die neben mir stand. »Wir fahren morgen Abend.«

Es dauerte nicht lange, die Sachen der Familie zusammenzupacken. Das Mädchen wollte seinen Bär und seine Barbiepuppe in einer eigenen kleinen Plastiktasche mitnehmen. Um elf Uhr abends verließen wir meine Wohnung.
»Schnallen Sie sich bitte an«, sagte ich, als wir zum Auto kamen, das ich mir unter einem fadenscheinigen Vorwand von meinem Vater geliehen hatte. »Das ist Vorschrift, und wir wollen doch nicht von der Polizei angehalten werden, weil wir nicht angeschnallt sind.«
Ich lächelte ein wenig, aber die Familie fand das gar nicht lustig.
Ich fuhr in einem großen Bogen aus der Stadt heraus.
Wir fuhren viele Stunden. Das Mädchen schlief ein, sobald wir die großen Straßen erreicht hatten, der Mann kurz darauf. Er schnarchte, mit dem Kopf gegen den Fahrersitz gelehnt.
Gegen zwei Uhr hielten wir an einem einsamen Rastplatz. Alle stiegen aus und vertraten sich die Beine, sogar das Mädchen, das aufs Klo musste. Wir aßen im Auto bei offenen Türen. Es war das letzte Mal für viele Monate, dass die Familie im Freien sein konnte.
Dann fuhren wir weiter durch die Sommernacht. Die

Wälder wurden dunkler, die Bäume höher, die Häuser seltener, die Straßen enger. Ich nahm die großen Straßen, denn ich hatte keine Lust, mich zu verfahren. Ich hielt mich an die Geschwindigkeitsbegrenzungen und ließ mich auf keine halsbrecherischen Überholmanöver ein.
Um zehn vor vier erreichten wir die Tankstelle in Y. Eine Frau um die fünfzig stieg aus einem wartenden Auto und kam auf unseren Wagen zu.
»Mia?«, fragte sie. Ich erkannte die Stimme vom Telefon.
»Guten Abend oder, besser gesagt, guten Morgen!«, begrüßte ich sie und stieg aus.
Die Familie öffnete vorsichtig die Autotüren und stellte sich hinter mich.
»Familie G.?«, fragte die Frau, und die drei nickten.
»Willkommen in Dalarna! Ich heiße Sonja. Wir werden gut für Sie sorgen«, sagte sie in gebrochenem Spanisch.
»Wie weit ist es noch?«, fragte ich ein wenig missmutig.
»Fünfundvierzig Kilometer«, sagte die Frau.
Das letzte Stück ging besser als erwartet. Alle Touristen mit Wohnwagen waren offenbar abgebogen und hatten sich hingelegt. Um fünf Uhr morgens fuhren wir auf einen Hof in einer kleinen Stadt im südlichen Dalarna. Sonja ging direkt zum Haus und öffnete die unverschlossene Haustür.
»Willkommen!«
Noch eine Frau um die fünfzig kam auf uns zu. Wir gaben uns die Hand.
»Ich heiße Berit«, wandte sie sich an die Familie und sagte in mühsamem Spanisch: »Sie werden bei mir wohnen.«
Die Chilenen nickten und dankten ihr.
»Kommen Sie doch bitte mit«, sagte sie.
Wir gingen eine Treppe hinunter, die in einen kleinen Flur mündete. An der Decke hing keine Lampe, das einzige Licht kam aus der Türöffnung oben. Wir standen vor drei verschlossenen Türen.

»Hier ist der Heizungskeller und da die Waschküche«, sagte Berit und zeigte auf zwei Türen. »In der Waschküche gibt es eine Dusche, ein Waschbecken und eine Toilette«, erklärte sie.
Sie ging auf die letzte Tür auf der rechten Seite zu und öffnete sie. In dem Raum herrschte kompakte, undurchdringliche Dunkelheit.
»Hier ist es«, sagte sie und drehte an einem Lichtschalter. Eine Reislampe an der Decke tauchte das unterirdische Zimmer in schummriges Licht. Es war ungefähr vierzig Quadratmeter groß, fast quadratisch und fensterlos. An der gegenüberliegenden Wand standen vier Betten, drei davon waren provisorische Feldbetten, eines ein Doppelbett aus Spanplatten. Die Einrichtung wurde durch ein dreisitziges Sofa in braunem Cord mit einer orange karierten Decke und zwei unförmige Sessel ergänzt, die um einen niedrigen Teakholztisch standen. Neben der Tür standen ein kleiner weißer Schreibtisch, ein Schrank und ein Bücherregal. Ein Farbfernseher älteren Modells stand in das Bücherregal gezwängt. Schließlich gab es noch einen Esstisch mit Resopalplatte und vier dazu passende Stühle. Es war ein gutes Versteck, nicht einsehbar und so sicher, wie ein Versteck nur sein konnte. Trotzdem war es natürlich furchtbar – ein fensterloses Gefängnis weit draußen in der Wildnis.
Ich sah auf dem Gesicht der Frau alle Gefühle einander ablösen – Erleichterung, Hoffnungslosigkeit, Verzweiflung, Dankbarkeit und Resignation. Hier würde sie leben, hier würde sie vielleicht ihr Kind zur Welt bringen müssen.
»Danke«, flüsterte sie. »Vielen herzlichen Dank. Es ist so ... schön.«
»Wollen Sie etwas frühstücken oder sich erst ein wenig ausruhen?«, fragte Berit.
Da die Familie nicht antwortete, sagte ich:
»Ich glaube, wir ruhen uns erst ein wenig aus.«

Ich verließ das Haus in Dalarna um zwei Uhr nachmittags. Es lag so friedlich in dem kleinen Dorf, von Sommergrün, Apfelbäumen und Fliederbüschen umrahmt.
Aus irgendeinem Grund ist der Rückweg immer kürzer als der Hinweg, obwohl die Strecke gleich lang ist. So war es auch an diesem Samstag im Juli 1984. Ich fuhr ohne Umwege in meine Heimatstadt zurück und hielt nur einmal an, um zu tanken und auf die Toilette zu gehen. Während ich durch Schweden fuhr, waren meine Gedanken bei den Menschen in dem unterirdischen Raum.
Wie lange würden sie das aushalten? Was geschah mit einem Kind, das gezwungen wurde, in einem Versteck zu leben? Eingesperrt? Eines Tages würde ich die Frage selbst beantworten können. Ich bin froh, dass ich das damals noch nicht ahnte.

Der Montag kam und damit der Alltag. Es tat gut, wieder in einen normalen Rhythmus zu kommen. Ich traf mich mit meiner Schwester, trank mit meiner Nachbarin Katarina Kaffee, ging mit Sisse tanzen und sonnte mich und badete, wenn das Wetter es zuließ.
Einmal in der Woche rief ich in dem kleinen Dorf in Dalarna an. Ich konnte zwar nicht mit jemandem aus der Familie sprechen, denn im Keller gab es keinen Telefonanschluss, aber ich bestellte Grüße und erfuhr, wie es ihnen ging.
Ihm ging es nicht so gut, sagte man mir. Er weinte oft und wurde langsam von seinen Medikamenten abhängig. Die Frau würde Besuch von einer Hebamme bekommen. Das Mädchen aß zu wenig, schien die Situation im Übrigen aber ganz gut zu verkraften. Berit versuchte ihr etwas Schwedisch beizubringen.
Ende August fuhr ich noch einmal nach Dalarna. Es war schon Nachmittag, als ich ankam. Die Sonne schien schräg auf die alten Holzhäuser in dem kleinen Dorf. Ich

fragte mich, wie viele in diesem Dorf ahnten, wer in Berits Keller wohnte. Berit machte mir sanft lächelnd die Tür auf.
»Herzlich willkommen, Mia. Wollen Sie einen Kaffee?«
Ich streckte mich und nahm das Angebot gern an.
»Wir sollten uns ein wenig unterhalten, ehe wir zu ihnen hinuntergehen«, meinte Berit. »Der Mann macht mir Sorgen. Er weigert sich, mich die Medikamente einteilen zu lassen.«
»Haben Sie mit seiner Frau geredet?«, fragte ich. »Sie kann doch darauf achten, dass er keine Überdosis nimmt.«
»Ich habe es versucht«, sagte Berit und biss in eine Zimtschnecke. »Können Sie mir vielleicht helfen? Mein Spanisch ist so schlecht.«
»Natürlich«, sagte ich. »Wie sieht es mit der Entbindung aus?«
Jetzt lachte Berit zufrieden.
»Ja, das muss ich Ihnen erzählen. Sie wird ihr Kind im Krankenhaus zur Welt bringen, in einem Kreißsaal, genau wie Sie und ich. Anschließend darf sie auf der Wöchnerinnenstation liegen, bis es mit dem Stillen klappt.«
Ich hob verwundert die Augenbrauen. Berit lachte.
»Man kann so viel organisieren«, sagte sie. »Aber ich habe es der Frau noch nicht erzählt. Wenn im letzten Moment etwas schief geht, wäre sie sonst nur enttäuscht. Natürlich kann sie das Kind auch hier zusammen mit einer Hebamme zur Welt bringen, aber wir finden es besser, wenn sie es im Krankenhaus bekommt. Vielleicht können Sie ihr einfach sagen, dass sie sich keine Sorgen zu machen braucht.«
Wir gingen die Treppe hinunter in die Dunkelheit und klopften an die rechte Tür.
»Herein«, rief die Frau leise.
Der Mann lag im Doppelbett und döste. Die Frau saß auf

dem Sofa und strickte. Das Mädchen saß auf dem Fußboden und spielte mit der Barbiepuppe. Aus dem Transistorradio quäkte Popmusik.
»Mia, wie schön!«, sagte die Frau warmherzig.
Ich sah, dass sie es ernst meinte. Dann ging ich zu dem Bett, auf dem ihr Mann lag. Erst da bemerkte er, dass ich gekommen war, und setzte sich auf; das Haar war zerzaust. Er sah erstaunt, erfreut und etwas peinlich berührt aus, glättete sein Haar und die Kleider und versuchte sich zu sammeln.
»Was für eine schöne Überraschung«, murmelte er.
»Wie geht es Ihnen?«, fragte ich.
Er zuckte die Schultern, lächelte etwas unsicher.
»Sie müssen auf sich aufpassen«, sagte ich und sah ihm in die Augen. »Sie sollen lange in unserem Land wohnen und arbeiten. Bald werden Sie zwei Kinder haben, um die Sie sich kümmern müssen. Viele Menschen brauchen Sie.«
Er nickte verwirrt.
»Ja«, sagte er, »ich muss stark sein.«
Ich verbrachte den ganzen Abend mit der Familie in ihrem unterirdischen Gefängnis. Sie erzählten lange von ihrem Leben in Chile, von ihren Freunden, Verwandten und Nachbarn, dem Essen, ihrem Haus, ihren Liedern, ihren Feiertagen und Traditionen. Sie hatten großes Heimweh.

Nach dem Mittagessen am nächsten Tag verließ ich das Haus in Dalarna.
Als ich meine Wohnung zu Hause betrat, klingelte das Telefon. Noch im Mantel und mit der Tasche über der Schulter nahm ich ab.
»Hier ist die Polizei«, sagte eine Stimme.
Ich wäre fast gestorben.
»Wir haben Ihr Fahrrad gefunden.«

5

Das Leben ging weiter. Ich arbeitete, putzte, besuchte die Flüchtlingsunterkunft, ging zum Sport und traf mich mit Freunden. Ich lebte allein und war zufrieden damit. Meine kleine Wohnung gefiel mir, und ich genoss es, selbstständig zu sein.
Eine meiner engeren Freundinnen war Helena. In jenem Sommer hatten wir viel miteinander unternommen, waren tanzen gegangen und hatten Kaffee getrunken. Sie war ein fröhliches Mädchen, rotblond und gut gebaut. Sie redete und lachte laut und gern und liebte es, stundenlang zu telefonieren.
Ungefähr zur gleichen Zeit, als ich Besuch von Familie G. bekam, hörte sie auf, mich anzurufen. Damals fiel es mir nicht weiter auf, denn ich hatte anderes im Kopf. Doch nachdem die Familie in Dalarna untergebracht war und meine Zeit wieder mir selbst gehörte, begann ich ihre fröhlichen Anrufe zu vermissen. Seit dem Tag, an dem wir Wasserski gefahren waren, hatte ich sie nicht mehr gesehen. Ich rief sie ein paar Mal an, doch entweder war sie nicht zu Hause oder war gerade im Begriff, das Haus zu verlassen. An einem graukalten Samstag Anfang November wurde mir klar, warum sie nie anrief.
Ich kam gerade aus dem Supermarkt, als sie mir begegnete.
»Mensch, wir haben uns ja wirklich lange nicht gesehen«, rief ich froh. »Wie schön, dich zu sehen! Hast du es eilig, oder sollen wir einen Kaffee trinken gehen?«
Helena lachte über meinen Eifer, umarmte mich und warf dann einen schnellen Blick über ihre Schulter. Ich folgte ih-

rem Blick. Der Mann hinter ihr stand viel zu dicht, um nur eine oberflächliche Bekanntschaft zu sein. Helena wandte sich wieder mir zu und lächelte ein wenig angestrengt.
»Tut mir Leid, Mia, wir sind gerade auf dem Weg ... Aber können wir uns nicht bald mal treffen?« Offenkundig wollte sie mich nicht vorstellen.
»Klar«, sagte ich und wandte meinen Blick von dem Mann ab. »Ruf mich einfach an.«
»Das mache ich, Mia, bis bald.«
Und dann waren sie weg.

Sie rief mich am Montag nach dem ersten Advent an. Ich hatte das Wochenende in Dalarna verbracht und war ziemlich deprimiert. Der Familie ging es nicht gut. Die Selbstmedikation des Mannes hatte in einer schweren Tablettenvergiftung geendet. Man hatte ihn ins Krankenhaus bringen müssen, was natürlich sehr riskant war. Aber nach einer kurzen akuten Entgiftung durfte er wieder in sein Kellerloch kriechen.
Als ich jetzt Helenas fröhliche Stimme im Telefon hörte, war das wie eine Vitaminspritze. Ich hatte sie vermisst.
»Entschuldige, dass ich neulich nicht mit dir Kaffee trinken gehen konnte«, begann sie. »Wir hatten so viel zu erledigen.«
»Ja, das war mir schon klar«, antwortete ich.
Dann wurde es still in der Leitung. Sie klang etwas gedämpft, als sie fortfuhr:
»Ja, also der Typ, den ich dabeihatte, er heißt Mohammed. Wir haben uns im Sommer kennen gelernt, er wohnt im Asylantenheim. Er ist Moslem, aus dem Irak. Wir haben uns in letzter Zeit ziemlich häufig getroffen. Also, man kann schon sagen, dass wir jetzt zusammen sind ...«
»Ja, das habe ich schon kapiert«, sagte ich. »Wie ist er denn? Bist du verliebt?«
Sie lachte erleichtert.

»Ja, wahnsinnig verliebt! Ich wusste, dass du das verstehen würdest, Mia!«
Ich lachte auch.
»Natürlich verstehe ich das! Warum sollte ich nicht?«
Helenas Lachen erstarb.
»Nicht alle sind so«, sagte sie ernst. »Es gibt so viele blöde Vorurteile über Araber und Moslems.«
»Die gibt es gegenüber allen Einwanderern«, entgegnete ich.
»Ja, aber bei Moslems ist es besonders schlimm«, meinte Helena. »Leute, die ich gar nicht kenne, empören sich über uns. Das ist doch nicht normal. Aber darüber wollte ich eigentlich gar nicht reden. Ich mache ein Luciafest bei mir zu Hause und wollte fragen, ob du Lust hast zu kommen. So gegen sieben, etwas essen und ein bisschen Glitzer im Haar und so – hast du Lust?«
Ich lachte.
»Na klar, ich freue mich.«

Sie begrüßte mich mit offenen Armen und einer Luciakrone, die ihr schief auf dem Kopf saß.
»Komm rein, meine Liebe!«
Ich war etwas zu spät. Dem Schuhhaufen im Flur nach zu schließen, waren die meisten Gäste bereits da.
Im Wohnzimmer stand ein langer, festlich gedeckter Tisch. Helena hakte mich unter und übernahm fröhlich die Rolle der Gastgeberin.
»Hallo, alle mal herhören!«, rief sie laut.
Zwölf Augenpaare aus drei verschiedenen Erdteilen wandten sich uns zu. Einige kannte ich, die meisten waren mir völlig unbekannt.
»Meine Freundin Mia ist gekommen, und damit sind alle da«, sagte Helena. »Setzt euch bitte an den Tisch ...«
Ich wollte mich eben an die Längsseite des Tisches setzen, als Helena meinen Arm packte.

»Mia, Liebes, ich dachte, du könntest dich da drüben hinsetzen, neben den Freund von Mohammed.«
Ich war ein wenig sauer. Mohammeds Freund und ich waren anscheinend das Blind Date des Abends. Alle anderen am Tisch schienen Paare zu sein. Da saßen ein schwedisches und ein arabisches Paar, zwei Paare, bei denen er Araber und sie Schwedin war, und ein chilenisches Paar. Ich warf Helena einen schiefen Blick zu. Sie lachte bloß.
Als ich auf meinen Tischnachbarn zuging, stand er schnell auf, gab mir die Hand, stellte sich vor und zog meinen Stuhl hevor. Er war groß, viel größer als ich, und jung und schlank, ohne mager zu wirken. Er war sehr dunkel und sah unglaublich gut aus. Er schien stark zu sein und hatte schwarze Augen, blitzende schwarze Augen.
Er schob den Stuhl unter mich.
Den Rest des Abends versorgte er mich wie ein Butler. Er bot mir Brot an, etwas zu trinken, holte Servietten und Kaffee.
Er erzählte, dass er aus dem Libanon komme und politischer Flüchtling sei. Er wohne in der Flüchtlingsunterkunft und sei schon fast ein Jahr in Schweden. Nein, Asyl habe er noch nicht bekommen, aber das sei nur eine Frage der Zeit. Sein Fall sei sonnenklar. Deshalb habe er auch schon angefangen, Schwedisch zu lernen. Zweimal die Woche besuche er einen Abendkurs.
Ich erzählte, dass ich in der Bank arbeitete und in der Stadt wohnte. Er war sehr höflich und aufmerksam, überhaupt nicht überheblich oder schwierig. Trotzdem war ich zurückhaltend. Es fällt mir immer schwer, mitzuspielen, wenn andere versuchen, mich zu verkuppeln.
Nach dem Essen halfen wir Frauen, aufzuräumen und zu spülen.
»Findest du ihn nett?«, flüsterte Helena mir neugierig ins Ohr, während ich zusammen mit einer Frau aus Santiago Gläser abtrocknete.

Ich rieb konzentriert und etwas verlegen an dem Glas herum.
»Mohammeds Freund? Ja sicher, natürlich, sehr nett und sehr höflich, kommst du zur Hochzeit?«
Sie lachte und lief aus der Küche.
Die Männer saßen im Wohnzimmer und unterhielten sich. Sie tranken Kaffee und spielten Platten mit orientalischer Musik, die geheimnisvoll und sehr schön klang. Es waren moderne Instrumente, die auf der charakteristischen arabischen Dreivierteltonleiter spielten.
Als wir aufgeräumt hatten, leisteten wir den Männern im Wohnzimmer Gesellschaft. Sie rauchten, tranken noch mehr Kaffee und sprachen Arabisch. Ich setzte mich aufs Sofa und unterhielt mich mit dem Paar aus Santiago. Ihr Asylantrag war soeben angenommen worden, und sie würden jetzt wahrscheinlich fortziehen.
Zusammen mit ihnen brach ich auf. Wir dankten der Gastgeberin und sagten auf Wiedersehen, ich umarmte Helena. Als ich gerade zur Tür hinauswollte, kam er zu mir, gab mir die Hand und bedankte sich für den netten Abend. Er war sehr höflich, korrekt, wohl erzogen und hatte blitzende, fast brennende schwarze Augen.

Weihnachten feierte ich mit meiner Familie. An Heiligabend war ich zusammen mit meinen beiden Schwestern bei meinen Eltern.
Ich liebe das traditionelle Weihnachtsessen, vor allem den Weihnachtsschinken. Meine Mutter macht ein Weihnachtsessen wie niemand sonst. Heringssalat, Schweinskopfsülze, Stockfisch, Rotkohl und Grünkohl. Wir aßen die ganzen Feiertage. Nachmittags schauten wir uns Zeichentrickfilme im Fernsehen an, und abends machten wir die Geschenke auf.
Am ersten Weihnachtstag fuhren wir zu meiner älteren Schwester und aßen dort zu Mittag, spielten anschließend

Gesellschaftsspiele und aßen wieder. Spätabends rief ich in Dalarna an, und wir wünschten einander frohe Weihnachten.
Seit Helenas Fest hatte ich nicht ein einziges Mal an ihn gedacht.

Zwischen den Jahren arbeitete ich ganz normal. In einer Bank gibt es vor dem Jahreswechsel immer besonders viel zu tun. An Silvester war ich zusammen mit einigen Freunden zu einem großen Ball eingeladen, der vom Festkomitee der Asylbewerber organisiert wurde.
Sisse kam gegen drei Uhr zu mir nach Hause. In der einen Hand hatte sie einen Drahtbügel mit ihrem kleinen Schwarzen, das noch in der Plastiktüte von der chemischen Reinigung steckte, in der anderen baumelte eine Tüte vom staatlichen Alkoholgeschäft.
»Ich habe uns einen kleinen Nachmittagstrunk mitgebracht«, sagte sie und wedelte mit der Tüte. »Ich nehme mal an, dass du vergessen hast, was zu trinken zu kaufen.«
Ich lächelte entschuldigend.
»Woher weißt du das?«
Sie sah mich vielsagend an und schüttelte den Kopf.
»Arbeitet Henrik die ganze Nacht?«, fragte ich.
Sie seufzte.
»Wenigstens hatte er Heiligabend frei.«
Den Rest des Nachmittags schwelgten wir in einem Luxus, den sich nur Frauen zusammen gönnen können: Jede nahm ein langes Schaumbad, wir wickelten uns gegenseitig die Haare auf große Wickler, kicherten und kochten Tee.
Sisse war und ist meine beste Freundin. Wir kannten uns schon, als wir in die Schule kamen. Dann sind wir all die Jahre in dieselbe Klasse gegangen. Seit ich denken kann, war sie mit Henrik zusammen. Er arbeitete beim techni-

schen Büro der Gemeinde und fuhr immer in einem weißen Transporter durch die Gegend. Er hatte oft Schichtdienst und arbeitete viel mit der Feuerwehr zusammen, so auch in dieser Nacht.
Um halb acht nahmen wir uns ein Taxi zum Festsaal.
»Wenn ich Ihnen einen guten Rat geben darf«, sagte der Taxifahrer, als wir uns ins Auto setzten, »bestellen Sie jetzt schon einen Wagen für die Rückfahrt. Nach Mitternacht werden Sie sonst kein Taxi mehr bekommen.«
Sisse und ich sahen uns an.
»Ach«, sagte ich, »das wird schon klappen. Vielleicht nimmt uns jemand mit. Oder Henrik kann uns abholen.«
Der Taxifahrer zuckte die Achseln und legte den Gang ein.
»Okay, wie Sie wollen.«
Manchmal frage ich mich, was wohl passiert wäre, wenn wir an diesem Abend ein Taxi für die Rückfahrt vorbestellt hätten. Gut möglich, dass mein Leben völlig anders verlaufen wäre.

Der Festsaal war hell erleuchtet. Durch die geöffnete Tür drangen Stimmengewirr und Musik ins Freie. Ich merkte gleich, dass es ein lustiges Fest werden würde.
Der Saal, der sonst für einfachere Veranstaltungen wie Bingo oder Tanzkurse genutzt wurde, war mühevoll in einen Glitzerpalast verwandelt worden. Die Veranstalter hatten sich selbst übertroffen in dem Bemühen, Stilrichtungen, Kulturen, Jahreszeiten und Flaggen zu vermischen. Überall waren Menschen, Hunderte von festlich gekleideten Menschen, und fast keiner von ihnen war Schwede.
»Unglaublich, oder?«, sagte eine Stimme hinter unseren Köpfen.
Es war Helena, die sich für den Abend in ein knallrotes Festkleid mit einem atemberaubenden Ausschnitt geworfen hatte.

»Absolut fantastisch«, stimmte ich zu und musste lachen.
»Wie haben die das nur geschafft?«
»Wenn ihr Mohammed seht, sagt ihm, dass ich mich zur Toilette durchgedrängelt habe. Bis bald – falls ich überlebe.«
Sie verschwand in der Menge.
»Lass uns auch reingehen«, sagte Sisse.
Langsam wühlten wir uns durch die Menschenmenge. Am Saalende spielte auf einer provisorischen Bühne ein lose zusammengewürfeltes Orchester. Die Instrumente reichten von Synthesizer und E-Gitarre bis zur Ud, der bundlosen arabischen Laute. Es gab viele klassische arabische Instrumente wie die Oboe Nay, die Trommel Darabukka, die aussah wie eine Vase, und die Zither Qanun. Ein paar Männer aus Lateinamerika spielten Panflöte, zwei andere Gitarre, die große Guitarrón und die kleine Charangon. Schließlich gab es noch einen großen schwarzen Mann, der E-Bass spielte.
Die Kleidung der Gäste reichte von Nationalgewändern bis zu westlichen Anzügen und Cocktailkleidern. Und die Tänze würden sicher ebenso gemischt werden wie die Dekoration und die Kleidung – von der arabischen Zurna bis hin zur alten chilenischen Cueca und dem schwedischen Foxtrott.
»Ich wünsche einen schönen guten Abend«, sagte jemand auf Englisch in mein linkes Ohr.
Ich fuhr herum.
Es war Mohammeds Freund, mein Tischherr von Helenas Fest.
»Oh, guten Abend«, antwortete ich.
»Wie schön, Sie wieder zu sehen.«
»Ganz meinerseits«, erwiderte ich höflich.
Seine Augen blitzten schwarz.
»Wollen Sie mich nicht Ihrer Freundin vorstellen?«, fragte er.

»Natürlich«, sagte ich rasch und wandte mich Sisse zu. »Sisse, Mohammeds Freund Sisse, meine beste Freundin.«
Sie schüttelten sich die Hände. Sisse und ich machten Anstalten, uns weiterzuschieben.
»Kann ich den Damen etwas holen? Vielleicht ein Glas Sekt?«
Wir warfen uns rasch einen Blick zu.
»Natürlich, warum nicht?«, sagte ich.
Wir blieben stehen, während der Mann sich durch die Menge in Richtung Bar drängte.
»Was für Augen«, bemerkte Sisse.
»So schwarze Augen habe ich noch nie gesehen«, sagte ich.
Ich sah seinen Kopf, als er sich wieder durch die Menge schob. Er war größer als die meisten. Über sich balancierte er ein Tablett mit drei Sektgläsern. Ich musste grinsen.
»Auf das neue Jahr, meine Damen«, sagte er, als er die Gläser herunterreichte.
»Ich dachte, Sie würden keinen Alkohol trinken«, sagte ich.
Er ließ das Glas sinken und lächelte ironisch.
»Sehe ich etwa aus wie ein fanatischer Moslem?«
Ich merkte, dass ich rot wurde. Wie dumm von mir!
»Nein, ich meine, ich dachte ...«, stammelte ich.
Er überspielte meine Verlegenheit mit einem Lachen.
»Ich trinke tatsächlich nicht sehr viel«, sagte er. »Nur guten Sekt bei festlichen Anlässen. Auf das neue, das schwedische Jahr!«
Wir stießen an.
Die Musik war wirklich so gemischt, wie wir es vorhergesehen hatten. Auch die Qualität schwankte, doch das wurde von der guten Laune der Musiker aufgewogen. Ich tanzte den ganzen Abend. Bei den ausländischen Natio-

naltänzen fiel es mir natürlich schwer mitzuhalten, doch Sisse und ich ließen uns von der allgemeinen Feststimmung mitreißen.
Schlag zwölf versammelten sich alle Teilnehmer des Festes auf dem Hof vor dem Haus. Ich konnte Sisse nirgends entdecken. Nach einigen missglückten Versuchen gelang es dem Festkomitee, ein paar farbenfrohe Raketen auf den Weg zu bringen.
»Frohes neues Jahr, Maria.«
Ich hatte ihn eine Weile aus den Augen verloren, doch jetzt stand er wieder vor mir.
Er lächelte, und ich erwiderte sein Lächeln.
»Frohes neues Jahr.«
Eine Rakete mit roten Funken explodierte am Himmel hinter seinem Kopf. Das Licht des Feuerwerks ließ sein Gesicht völlig im Dunkeln verschwinden. Der Effekt war erstaunlich – aus seinem Kopf sprühten Kaskaden von roten Flammen. Trotz des Mantels fror ich.
»Hier«, sagte er, zog sein Jackett aus und legte es mir über die Schultern. Gleichzeitig erlosch der rote Blitz am Himmel, und sein Gesicht bekam wieder die bekannten Züge.
»Ich denke, ich gehe hinein«, murmelte ich.

Nach Mitternacht verließen viele Gäste das Fest. Die Familien mit Kindern gingen in ihre Zimmer und Wohnungen im Heim. Die ersten Taxis kamen, um ihre Kunden abzuholen. Das Orchester dünnte aus, der Sekt war alle.
»Welch ein Abend, Mia, welch ein Abend!«, schwärmte Helena und trocknete sich theatralisch einen unsichtbaren Schweißtropfen von der Stirn. Mohammed legte seine Arme um ihre runden Schultern. Sie flüsterte ihm etwas ins Ohr, er nickte kurz.
»Mia, können wir uns bald sehen? Sollen wir morgen Abend zusammen essen?«
»Klar«, sagte ich, »ich rufe an.«

Sie verschwanden fest umschlungen in der Menge.
Ich traf auf den Vorsitzenden des Festkomitees, einen kleinen, runden Mann aus Lateinamerika, der mehr einem Kämmerer als einem Festorganisator glich. Er war einer der allerersten Flüchtlinge, die Ende der Siebzigerjahre in unsere kleine Stadt gekommen waren. Seit einigen Jahren hatte er eine unbegrenzte Aufenthaltserlaubnis, war aber in der Stadt geblieben und hatte sich weiterhin für Asylbewerber engagiert.
»Maria«, sagte er und umarmte mich, »hattest du Spaß?«
»Ja, es war wunderschön«, antwortete ich.
»Ich möchte dir in dieser allerersten Stunde des Jahres für die Freundlichkeit, das Verständnis und die Hilfe danken, die du uns in den vergangenen Jahren geschenkt hast«, sagte er und ergriff meine Hand. »Dein Engagement hat dazu beigetragen, die Kluft zwischen Einwanderern und Einwohnern in dieser Stadt zu überwinden. Viele Menschen, vor allem aus der spanischsprachigen Gruppe, haben mir erzählt, dass sie dir zu großem Dank verpflichtet sind. Das wollte ich nur weitergeben und gleichzeitig mein herzliches Dankeschön aussprechen.«
Seine Worte rührten mich.
»Ich habe zu danken«, sagte ich und lächelte den kleinen Mann an. »Die Menschen, die in unsere Stadt gekommen sind, haben unsere Gesellschaft bereichert. Das beweist sich uns immer wieder aufs Neue – nicht zuletzt heute Abend. Das Komitee hat sich wirklich selbst übertroffen!«
»Schön, dass es dir gefallen hat, Maria. Aber jetzt sollte ich dir vielleicht helfen, ein Taxi zu bekommen.«
Als ich gerade meine Handschuhe überzog, kam der Vorsitzende des Komitees wieder.
»Es tut mir Leid, Maria«, sagte er entschuldigend, »aber alle Taxis in der Stadt sind bis sieben Uhr morgen früh vorbestellt. Wie kommst du jetzt nach Hause?«

Ich holte tief Luft und dachte nach. Es war draußen ungefähr fünf Grad unter null, und ich musste drei bis vier Kilometer laufen. Das würde nicht unbedingt lustig werden, war aber möglich.
»Gehen Sie zu Fuß nach Hause?«, fragte der Mann mit den brennenden Augen hinter mir.
»Ja, das sieht so aus«, sagte ich und lachte ihn an.
»Aber doch nicht allein? Mitten in der Nacht?«, fragte er.
»Das ist halb so wild«, sagte ich. »Ich bin ein großes Mädchen. Außerdem passiert in unserer Stadt nie etwas.«
»Kommt nicht in Frage«, sagte er bestimmt. »Ich begleite Sie.«
Ich protestierte nicht. Es war ein gutes Gefühl, Gesellschaft zu haben.
In der Damentoilette zog ich meine lange Unterhose und die Wollsocken unter das Cocktailkleid. Er wartete vor der Tür, hatte keine Mütze und keine Handschuhe und trug dieselben flachen Schuhe, in denen er getanzt hatte.
»Wollen Sie so gehen?«, platzte ich heraus.
Er lächelte.
»Ich bin jetzt bald schon ein Jahr hier. Ich bin abgehärtet.«
»Hier«, sagte ich, wickelte mein Halstuch ab und warf es ihm um den Nacken. »Nehmen Sie wenigstens das hier.«
Er lachte.
Wir gingen durch die Winternacht zu meiner Wohnung. Wir gingen rasch, ohne zu sprechen.
»Vielen Dank für die Begleitung«, sagte ich vor meiner Tür und drehte mich zu ihm um.
Da erst sah ich, wie sehr er fror.
»So ein Dummkopf!«, sagte ich. »Sie werden sich eine Lungenentzündung holen. Kommen Sie mit hinauf, dann koche ich einen Tee.«

Er kam mit, ohne etwas zu erwidern.
»Warum sind Sie nach Schweden geflohen?«, fragte ich, als wir, jeder mit einer Tasse Earl Grey in der Hand und Marmeladenbroten auf einer Serviette, einander gegenübersaßen.
Er zögerte kurz mit der Antwort.
»Ich bin aus der Armee desertiert«, sagte er schließlich.
»Am liebsten würde ich nicht darüber reden. Ich hoffe, dass Sie mir das nicht übel nehmen.«
Ich begegnete seinem Blick und sah ihn forschend an.
»Okay«, sagte ich.
Wir sprachen über das Fest, lobten die verrückte Dekoration des Saales und lachten darüber, sprachen über die verschiedenen Tänze, die Musik, die Menschen, seine Nachbarn und Freunde in der Unterkunft. Aber ich wollte die Frage nach seiner Herkunft nicht fallen lassen. Meine Neugier war geweckt.
»Was macht Ihre Familie im Libanon?«, fragte ich deshalb.
Er antwortete schnell und offen.
»Sie haben ein Uhrengeschäft. Verkaufen und reparieren Uhren.«
»Ein universelles Handwerk«, sagte ich und lächelte.
Da wir über Uhren sprachen, warf ich unwillkürlich einen Blick auf meine an der Küchenwand. Halb fünf! Himmel, wo war die Nacht geblieben?
»Oh!«, rief ich aus. Er folgte meinem Blick und hob ebenfalls eine Augenbraue.
»Jetzt muss ich aber wirklich gehen.«
»Frieren Sie auch nicht mehr?«, fragte ich.
Er lächelte.
»Schon lange nicht mehr. Hier ist es so warm.«
Seine Antwort kam mir irgendwie doppeldeutig vor. Ich brachte ihn in den Flur, suchte ein Paar dicke Wollhandschuhe und eine Mütze heraus, die er sich leihen konnte.

Schuhe, die ihm passen würden, hatte ich keine. Er musste in seinen Tanzschuhen nach Hause gehen.
»Sie werden alles zurückbekommen«, versprach er.
Da fiel mir plötzlich Helenas Vorschlag ein.
»Helena und Mohammed wollen sich mit mir treffen«, sagte ich einfach. »Vielleicht würden Sie ja auch gern kommen.«
Er freute sich, das merkte man ihm an.
»Sehr gern.«
»Wir hören voneinander«, sagte ich.
Er öffnete die Tür, dann wandte er sich um.
»Maria«, flüsterte er.
Mein Herz klopfte. Er hob die Hand und strich mir mit den Handschuhen übers Haar.
»Vielen Dank für heute Abend«, sagte er leise.
Mein Blut rauschte. Er beugte sich vor und küsste mich leicht. Dann war er weg.

Helena und Mohammed kamen als Erste. Helena trug ein langes, weiches Velourskleid, das an den richtigen Stellen eng anlag, um ihren schönen, kurvigen Körper zu betonen.
»Mia, das ganze Treppenhaus riecht nach Rosmarin! Sag nicht, dass du deinen Kräutereintopf gemacht hast! Ich werde mich dumm und dämlich essen!«
Er kam etwas zu spät, mit einem riesigen Strauß roter Rosen.
»Vielen Dank fürs Ausleihen«, sagte er leise und legte meine Wollhandschuhe auf die Hutablage.
Ich lächelte ihn an.
Wir aßen im Wohnzimmer. Ich hatte meinen Küchentisch hereingeholt, ihn mit einer Einlegeplatte verlängert und ein großes Leinentuch übergelegt.
»Sehr lecker«, sagte er, und sein Blick brannte sich in meinen.
Mein Herz pochte.

Als Nachtisch aßen wir eingemachte Birnen mit Eis und Karamellsoße. Zum Kaffee stellte ich eine Schachtel After Eight hin, was gut ankam.
Dann spülten Helena und ich, während die Männer eine letzte Tasse Kaffee tranken und eine Kassette laufen ließen. Dieselben schönen, geheimnisvollen Klänge, die wir schon auf Helenas Luciafest gehört hatten, füllten das Wohnzimmer und klangen gedämpft in die Küche hinüber, wo wir standen.
»Wie ist das mit euch, Mohammed und dir?«, fragte ich.
Helena holte tief Luft und ließ den Teller und das Handtuch sinken.
»Einfach fantastisch«, sagte sie leise. »Mit ihm zusammen zu sein ist, als würde man eine neue Welt betreten. Neue Musik, neue Werte, neue Sitten ... Ich liebe ihn wirklich.«
Dann wurde sie ernst.
»Ich weiß, dass er der Mann meines Lebens ist.«
Wir waren alle noch sehr müde vom Fest am Vortag, und als wir unseren letzten Kaffee getrunken und uns ein wenig unterhalten hatten, fing Helena an zu gähnen.
»Mohammed, Liebling, sollen wir gehen?«
»Wenn du willst«, sagte er.
Sie brachen auf und gingen in den Flur. Helena und Mohammed zogen ihre Mäntel an, bedankten sich für das Essen, Helena und ich umarmten uns, und schon waren sie weg.
Es wurde still, nachdem sie gegangen waren. Die brennenden Augen sahen in meine.
»Ich sollte wohl auch gehen«, sagte er leise.
Mein Flur war sehr eng. Wir konnten nicht umhin, ziemlich dicht beieinander zu stehen. Er war fast einen Kopf größer als ich. Sein Brustkorb spannte unter dem Pullover, die Schultern waren breit, die Arme kräftig.
»Ja, das solltest du wohl«, sagte ich, und meine Stimme war nur noch ein Flüstern.

»Maria, du bist so schön!«
Ich blickte auf und sah ihm in die Augen. Er fasste mich an den Schultern, zog mich zu sich heran und küsste mich.
»Andererseits könntest du heute Nacht auch hier bleiben«, sagte ich.
Er lächelte, und seine Augen blitzten auf.

6

Wenige Tage nach Neujahr brachte Frau G. in einem großen Krankenhaus in Mittelschweden ihr Kind zur Welt. Sie wurde von einer ganz bestimmten Hebamme in den Kreißsaal aufgenommen, die sie unter falschem Namen und mit falschen Angaben zur Person eintrug. Danach wurde sie wie jede andere Zweitgebärende behandelt. Es kannten noch ein paar Angestellte ihre wirkliche Identität und die Umstände, unter denen sie lebte, darunter der Geburtshelfer, der sie drei Tage später entließ.
Sie riefen mich am Nachmittag an, als ich gerade von der Arbeit kam.
»Es ist ein Junge«, sagte die Frau, und ihre Stimme klang, als würde sie jubeln.
»Ein Sohn, herzlichen Glückwunsch! Wie schön!«
Ich freute mich so, dass meine Augen sich mit Tränen füllten.
»Wie geht es Ihnen? Wie ist es gelaufen? War es anstrengend?«
Die Frau lachte sanft.
»Jetzt, da es vorbei ist, kommt es mir nicht mehr so schlimm vor«, sagte sie.
Der Junge wog dreieinhalb Kilo und war 51 Zentimeter lang, ein großes Baby für eine so kleine Frau. Ich gratulierte auch Herrn G. und musste über seinen stolzen Tonfall lächeln. Schließlich sprach ich noch einmal mit ihr, und als ich schon auflegen wollte, hörte ich, dass Sorge ihre Stimme färbte.
»Maria, was geschieht, wenn wir ausgewiesen werden?«,

fragte sie leise. »Der Junge ist doch nirgendwo registriert. Wenn man uns findet und zurückschickt, dann wird man ihn in Chile nicht hereinlassen. Es wird überhaupt keine Papiere für ihn geben. Ich kann vielleicht nicht einmal beweisen, dass er mein Sohn ist. Was mache ich dann bloß?«
»Man wird Sie nicht zurückschicken«, sagte ich beruhigend. »Und es wird Papiere für den Jungen geben, selbst wenn er im Moment nirgends registriert ist. Ihre Entbindung und die Pflege auf der Wöchnerinnenstation werden wie bei jeder anderen Geburt festgehalten. Der Unterschied in Ihrem Fall ist nur, dass die Papiere nicht archiviert werden. Sie werden Ihre Unterlagen mitbekommen, wenn Sie das Krankenhaus verlassen, und müssen Sie für den Moment aufsparen, wenn Sie eine Aufenthaltsgenehmigung für Schweden bekommen und den Jungen ganz normal bei den schwedischen Behörden anmelden können.«
»Werden die Leute im Krankenhaus, die mir geholfen haben, denn dann keine Schwierigkeiten bekommen?«
»Aber nein«, sagte ich. »Ihre Entbindung wird als Hausgeburt registriert. Niemand wird erfahren, dass Sie Ihr Baby im Krankenhaus zur Welt gebracht haben. Sie können ganz ruhig sein. Sie sind nicht der erste Flüchtling im Untergrund, dem in einem schwedischen Krankenhaus geholfen wird. Das passiert jeden Tag.«
Nach diesem Bescheid klang sie bedeutend ruhiger. Ich gratulierte ihr noch einmal, und dann beendeten wir das Gespräch. Jetzt würde ich Babykleidung kaufen!

Der Mann mit den schwarzen Augen kam immer öfter zu mir nach Hause und brachte jedes Mal etwas mit: Blumen, Schokolade, einen Schal oder einfach eine Tüte Salzlakritz. Er öffnete Türen, half aus dem Mantel und war auf eine Art und Weise aufmerksam, die ich noch nie zuvor erlebt hatte. Es war ungewohnt und ein wenig feierlich, aber es gefiel mir sehr gut.

Wir unternahmen viel zusammen mit Helena und Mohammed, gingen ins Kino, aßen zusammen oder trafen uns auf einen Kaffee in der Stadt. Helena rief mich wieder jeden Tag an. Wir redeten ewig lange über unsere Freunde, über Leute, die wir kennen gelernt hatten, über moslemische Sitten und Gebräuche, die für uns neu waren. Ich hatte also nicht nur einen Freund, sondern auch meine Freundin zurückgewonnen.

Eines Abends im Februar luden wir all seine Freunde bei mir zum Abendessen ein.
Helena und ich hatten tagelang gekocht. Es gab verschiedene Dips mit geschältem Gemüse und Maischips, dann Zitronenhuhn mit Knoblauchkartoffeln, eine große Schüssel mit Käse und Obst und schließlich kleine, klebrige Kuchen mit türkischem Kaffee.
»Das duftet wunderbar!«, sagte mein Liebster und küsste mich in den Nacken.
Ich wandte mich um, legte die Arme um ihn und erwiderte seinen Kuss. Sein Griff wurde fester, er atmete schwer.
»Die Gäste kommen gleich«, murmelte ich.
»Lass sie kommen«, flüsterte er und zog mich zum Schlafzimmer.
Ich lachte leise. Wie hätte ich protestieren können?

Wir hatten es gerade so geschafft, uns wieder anzuziehen, als Mohammed und Helena kamen.
»Alles klar?«, fragte Helena.
Ich strich mein Haar glatt und lachte.
Mein Liebster stand neben mir, als die Gäste kamen. Er stellte mich stolz all seinen Freunden vor.
Ich wusste nicht, dass die Arabisch sprechende Gemeinde in unserer Stadt so groß war und alle einander so gut kannten. Sie hießen Ali und Samir und Abdullah und Achmed und Mohammed. Einige der Männer hatten schwe-

dische Frauen oder Freundinnen, andere arabische. Die moslemischen Frauen waren ungewohnt, aber sehr schön gekleidet. Sie trugen große Kopftücher, massenhaft Goldschmuck – und dann Pumps. Alle küssten einander auf die Wangen, Männer und Frauen, und sprachen laut und mit großen Gesten Arabisch. Es war spannend und exotisch, zu sehen, wie sie sich alle in meinem kleinen Wohnzimmer drängten.
»Herzlich willkommen, bitte setzen Sie sich doch!«, rief ich über die versammelten Gäste hinweg.
Dann servierten Helena, ich und eine Frau, die Kristina hieß, das Essen.
»Das war wirklich unglaublich gut«, sagte mein Liebster und küsste mich, als wir den Kaffee aufgetragen hatten.
Ich lächelte ihn an.
»Wie schön, dass es dir gefallen hat!«
Nach dem Essen spielten die Männer arabische Musik. Alle lachten und scherzten, ein paar fingen an zu tanzen. Einige von den Frauen halfen beim Spülen, so dass auch Helena und ich ein wenig mit den Gästen zusammen sein konnten. Ich war richtig erledigt, als ich endlich in einen Sessel sinken durfte. Da spürte ich den Mund meines Geliebten an meinem Ohr.
»Komm, jetzt tanzen wir!«
Und wie durch ein Wunder hatte ich plötzlich neue Kraft und tanzte und lachte, bis der bleiche schwedische Wintermorgen zu dämmern begann.

Das geglückte Abendessen bei mir zu Hause erwies sich als Einladungskarte zu einer Reihe ähnlicher Feste innerhalb der arabischen Gemeinde in der Stadt. Der Unterschied zu vergleichbaren Zusammenkünften mit meinen schwedischen Freunden bestand im Fehlen von Schweinefleisch, Alkohol und männlicher Hilfe in der Küche. Das Einzige, was ich von diesen dreien wirklich vermisste, war das Schweinefleisch. Ich liebe Schweinefilet, Weihnachtsschinken und Koteletts. Doch das ließ sich verschmerzen, denn ich war ungeheuer verliebt in den Mann mit den brennenden Augen. Er umarmte mich, küsste mich und zeigte der ganzen Welt, dass ich das Beste war, was es gab. Natürlich war er stur. Wenn er etwas beschlossen hatte, gab es daran nichts mehr zu rütteln. Ich lachte oft über seine hartnäckige und kompromisslose Haltung in Kleinigkeiten. »Verrückter Kerl!«, sagte ich dann und fuhr ihm durchs Haar.

Anfang März wollte ich für ein Wochenende nach Dalarna fahren, um Familie G. und ihr neues Baby zu besuchen. Ich hatte sie nicht gesehen, seit der Junge geboren war. In den letzten Wochen hatte ich immer alarmierendere Berichte von Berit erhalten. Die ganze Familie ging in dem fensterlosen Raum langsam zu Grunde. Keiner von ihnen konnte mehr Tag und Nacht voneinander unterscheiden, und das Schreien des Babys machte die Sache auch nicht besser. Die Situation war einfach unhaltbar geworden.
Jetzt aber hatte Sonja, die Frau, mit der wir an der Tankstelle verabredet gewesen waren, ein anderes Versteck für die Familie gefunden. Berit erzählte, dass der neue Aufenthaltsort viel besser sei. Mehr wollte sie nicht verraten.
Es passte ihm nicht, dass ich wegfahren wollte.
»Mit wem triffst du dich da?«, fragte er misstrauisch.
»Mit ein paar Flüchtlingen, denen ich geholfen habe«, antwortete ich wahrheitsgemäß. »Sie sind meine Freunde geworden.«
»Männliche Freunde?«, fragte er drohend.
Ich lachte. Wie eifersüchtig er war! Er musste mich sehr lieben!
»Ja, wenn du es wirklich wissen willst«, sagte ich. »Zwei der Freunde sind tatsächlich männlich. Einer ist ein Familienvater von fünfunddreißig Jahren, der andere ist sein

Sohn, ein zwei Monate altes Baby. Die anderen Freunde sind seine Frau und seine Tochter.«
»Ich will nicht, dass du fährst«, sagte er sauer.
»Ich muss aber«, erwiderte ich. »Sonntagabend bin ich wieder zurück. Du kannst in meiner Wohnung bleiben, wenn du willst. Und vergiss nicht, dass ich dich liebe.«
Ich küsste ihn auf die Nase. Er küsste mich nicht zurück.

Verglichen mit dem Kellerraum, war das neue Versteck das reinste Paradies. Es lag in der oberen Etage eines großen Herrensitzes, der etwas außerhalb von einer kleinen Ortschaft lag; ungefähr eine Stunde Autofahrt von dem Haus in Dalarna entfernt. Die Besitzer des Herrensitzes, ein grauhaariges Paar um die sechzig, standen auf der blank gescheuerten Türschwelle und begrüßten uns, als wir auf den Hof fuhren. Um die breite Auffahrt herum gruppierten sich noch mehrere andere Gebäude und Schuppen.
Familie G. stieg zögernd aus dem Auto. Der Mann hielt das Mädchen an der Hand, die Frau hatte das Baby auf dem Arm.
»Herzlich willkommen, hatten Sie eine gute Reise? Schön, Sie zu sehen! Ich heiße Oscar, und das ist meine Frau Dagny.«
Es wurden Floskeln ausgetauscht, wir schüttelten uns die Hände, Sonja wurde umarmt. Offenkundig kannte sie diese Leute sehr gut.
Familie G. sah sich schüchtern um und machte sich bereit, ins Haus zu eilen.
»Keine Sorge«, sagte Oscar beruhigend, als er ihre Blicke bemerkte. »Hier ist niemand, der Sie sehen könnte. Bis zum Dorf ist es über einen Kilometer. Und selbst wenn jemand vom Dorf hier vorbeikommen sollte, wird er sich nicht wundern. Hier wohnen immer so komische Leute!«
Er lachte glucksend.
Ich übersetzte, und Familie G. sah den grauhaarigen

Mann voller Zweifel an. Durften sie sich im Freien aufhalten?

»Sie sollten vielleicht nicht unbedingt ins Dorf gehen und einkaufen«, sagte Dagny. »Aber hier können Sie so viel herumlaufen, wie Sie wollen. Im Sommer werden wir im Wald Beeren pflücken und Pilze suchen. Wenn Sie mir bitte folgen wollen, dann zeige ich Ihnen Ihre Wohnung.«

Sonja und ich holten die dürftigen Besitztümer von Familie G. aus dem Kofferraum des Autos und folgten den Gastgebern.

»Hier ist es«, sagte Oscar.

Er öffnete die Tür und ließ Familie G. vorgehen.

»Das ... das ist einfach fantastisch«, sagte der Mann.

Er trat zur Seite und ließ mich eintreten. Familie G. war wirklich ins Paradies gekommen. Ich betrat eine geräumige Dreizimmerwohnung mit eigener Küche und eigenem Bad. Die hohen Fenster tauchten die Räume in Licht. Die Möbel waren modern und antik, in einer geschmackvollen Mischung.

»Ja«, sagte ich, »das ist wirklich fantastisch.«

Ich drehte mich zu der Frau um, die schluchzte. Herr G. lächelte nur. Jetzt würde er seine Medikamente nicht mehr überdosieren müssen.

Es wurde Frühling. Meine neue Beziehung wurde immer etablierter. Er lernte meine Schwestern kennen, meine Eltern, all meine Freunde. Ich war immer noch sehr verliebt.

Wir verbrachten fast jede freie Minute bei mir zu Hause. Er durfte immer noch nicht arbeiten, weil seine Anerkennung als Asylberechtigter auf sich warten ließ.

»Ich verstehe nicht, warum das so lange dauert«, sagte er.

Mir blieb nur wenig Zeit für meine eigenen Freunde. Mit Sisse traf ich mich, so oft ich konnte. Wir gingen Kaffee trinken, wenn wir es schafften, und sonst telefonierten

wir miteinander. Henrik und sie zogen in dem Frühjahr in ein Haus, ein älteres Holzhaus außerhalb der Stadt. Auf dem wild bewachsenen Grundstück gab es Apfelbäume, eine Schaukel und eine Spielhütte.
»Und wann kommen die Kinder?«, zog ich sie auf.

Auch in diesem Juli konnte ich keinen Urlaub nehmen, so dass wir den Sommer in meiner Heimatstadt verbringen mussten. Wir sonnten uns, badeten und saßen in Straßencafés.
An einem warmen Samstag Mitte Juli wollten wir mit meiner Schwester und ihrem Freund schwimmen gehen. Ich packte gerade den Picknickkorb, als er in die Küche kam, mich von hinten umarmte und auf den Nacken küsste.
»Liebling«, sagte er und hauchte mir ins Ohr. »Ich möchte dich um etwas bitten.«
»Hm«, sagte ich zerstreut. »Kannst du mir bitte die Tüte mit den Äpfeln geben?«
Er reichte mir die Tüte.
»Ich möchte nicht, dass du heute am Strand einen Badeanzug trägst.«
Ich hielt mitten in der Bewegung inne, die Apfeltüte in der einen und den Kartoffelsalat in der anderen Hand.
»Warum denn nicht?«, fragte ich erstaunt. »Ich habe mir doch gerade einen neuen gekauft. Du warst doch dabei!«
Er legte beide Arme um meine Taille, lächelte, die Augen blitzten.
»Ich liebe dich wirklich, Mia«, sagte er. »Aber dieser Badeanzug ist nicht so richtig ... schmeichelhaft für deine Figur.«
Ich war völlig baff.
»Du hast doch selbst gesagt, dass ich toll darin aussehe. Warum sagst du denn jetzt etwas anderes?«
Er wandte seinen Blick von mir ab, und seine Gesichtszüge verhärteten sich.

»Dass du nicht ein Mal das machen kannst, was ich möchte.«
Ich zuckte mit den Schultern, begriff überhaupt nichts.
»Was soll ich denn sonst anziehen, wenn ich schwimmen gehe? Eine Schwimmweste?«
Er drehte sich um und verließ die Küche.
»Mit dir kann man nicht diskutieren«, sagte er.
»Aber hallo!«, sagte ich, und jetzt wurde ich wütend. »Was soll denn das?«
Er rauschte herum.
»Ich mag es nicht, wenn du dich halb nackt am Strand bewegst, so dass alle anderen Männer dich sehen können. Das gehört sich nicht!«
Ich warf den Kopf in den Nacken und lachte laut. Ach so, das war es bloß.
»Aber, mein Lieber«, sagte ich und legte die Arme um seinen Hals. »Du weißt doch, dass du keinen Grund hast, eifersüchtig zu sein. Ich liebe nur dich!«
Er stieß mich weg.
»Du liebst mich nicht!«, sagte er aufgebracht. »Nicht, wenn du nicht so einen Kleinkram wie einen Badeanzug für mich aufgeben kannst.«
Ich ließ die Arme sinken.
»Meinst du das wirklich ernst?«, fragte ich und konnte es immer noch nicht glauben.
Er starrte mich kalt an.
»Außerdem steht der Fetzen dir überhaupt nicht«, sagte er höhnisch. »Ich verstehe gar nicht, wie du ihn mit deinen Beinen kaufen konntest.«
Das ging zu weit.
»Und was ist jetzt an meinen Beinen verkehrt?«, schrie ich. »Wie kannst du mir so etwas sagen? Du fandest den Badeanzug doch selbst sehr schön!«
Er machte drohend einen Schritt auf mich zu und schäumte vor Wut. Es hatte den Anschein, als wollte er et-

was richtig Gemeines sagen, doch dann besann er sich offenbar, denn plötzlich machte er auf dem Absatz kehrt und ging hinaus.
»Wohin gehst du?«, rief ich und lief hinter ihm her. »Liebling, wohin gehst du?«
Er riss die Wohnungstür auf, drehte sich um und starrte mich eiskalt an.
»Ich werde irgendwohin gehen, wo man mich mehr schätzt«, sagte er und knallte die Tür hinter sich zu.
Ich war völlig perplex. Was um Himmels willen war denn bloß passiert?
Lange Zeit stand ich da und starrte auf die geschlossene Wohnungstür. Ich war vollkommen durcheinander, lief ins Schlafzimmer, weinte schrecklich und bemitleidete mich selbst. Dann setzte ich mich auf, trocknete die Tränen und dachte nach. Er war also eifersüchtig, wenn ich am Strand einen Badeanzug trug. In seiner Kultur war es natürlich nicht üblich, dass Frauen ein Sonnenbad nahmen, aber hatte er sich nicht selbst von der Denkweise fundamentalistischer Moslems distanziert? Der wahre Grund musste der Wunsch sein, dass nur er meiner nackten Haut nahe kommen dürfe. Ich schniefte. Das war ja nicht so schlimm. Allerdings hatte er sich seltsam ausgedrückt, obwohl es dann auch wieder fast ulkig war.
Ich stand auf, ging zum Schrank und holte meinen neuen aprikotfarbenen Badeanzug heraus. Nachdenklich sah ich ihn an. Vielleicht war die Farbe doch nicht so schön. Ich zog mich aus, zog den Badeanzug an und stellte mich vor den Spiegel im Flur. Der war doch völlig in Ordnung. Oder sahen meine Beine komisch aus? Während ich mich drehte und wendete, um das herauszubekommen, klingelte das Telefon.
»Wo bleibt ihr denn? Wir warten jetzt schon eine Dreiviertelstunde!«

Es war meine Schwester. Ich schluckte.
»Ist was passiert?«, fragte sie beunruhigt.
»Was? Nein, nein, wir haben uns nur ein wenig gestritten«, sagte ich.
»Nun, kommt ihr noch, oder sollen wir allein fahren? Die Sonne ist doch gleich weg!«
Ich holte tief Luft.
»Ich komme allein«, sagte ich. »In fünf Minuten bin ich bei euch.«
Ich warf mir ein Sommerkleid über den Badeanzug, nahm den fertig gepackten Picknickkorb und ging zu meinem lila Fahrrad.
Es war ein wunderbarer Sommertag. Massen von Menschen waren unterwegs und aßen Eis, saßen auf Parkbänken und tankten Sonne oder saßen im Gartencafé. Ich strampelte an allen fröhlichen Touristen vorbei, ohne sie wirklich zu sehen. Meine Schwester und ihr Freund waren ein wenig sauer, als ich endlich kam.
»Warum kommt denn dein Typ nicht?«, fragte meine Schwester.
»Er ist davongerauscht«, sagte ich. »Er war sauer, weil ich am Strand einen Badeanzug anziehen wollte.«
Meine Schwester sah mich skeptisch an.
»Machst du Witze?«, fragte sie.
Ich zuckte mit den Schultern.
Es blieb ein warmer und sonniger Sommer, doch aus irgendeinem Grund gingen wir nie wieder baden. Stattdessen machten wir Sachen, die er gern tat – wir gingen zum Fußball, trafen uns mit Helena und Mohammed und luden seine Freunde zum Essen ein.
Wenn ich es mir recht überlege, habe ich den aprikotfarbenen Badeanzug nie wieder getragen.

Familie G. ging es großartig auf dem schönen Herrensitz. Jetzt musste ich mir die Berichte über ihr Wohlbefinden

nicht mehr aus zweiter Hand anhören, denn ich konnte sie direkt anrufen.
Ich wünschte, ich hätte sie besuchen können, aber mein dunkeläugiger Mann war dagegen.

Im August hatte ich Urlaub. Wir hatten geplant, eine Woche wegzufahren, vielleicht nach Öland oder Gotland. Eines Morgens sprach ich am Frühstückstisch unsere Urlaubsreise an.
»Wohin würdest du gern fahren?«, fragte ich und faltete die Tageszeitung auseinander.
Er gähnte und streckte sich nach einem Brötchen.
»Ich werde nirgendwohin fahren«, sagte er. »Ich habe mir eine Wohnung besorgt. Montag ziehe ich ein.«
Ich traute meinen Ohren nicht.
»Was sagst du da?«
Dann begriff ich das Wunderbare.
»Du hast eine Aufenthaltsgenehmigung! Dein Asylantrag ist durch!«
Ich umarmte ihn, aber er machte sich brüsk von mir los.
»Nein«, sagte er. »Der Antrag ist nicht durch. Ich habe mir die Wohnung über meine Kumpels besorgt.«
Ich setzte mich wieder hin und begriff gar nichts mehr.
»Aber ...«, stammelte ich. »Du wohnst doch hier. Wir wollten uns doch zusammen eine Wohnung suchen. Das hast du doch gesagt.«
»Ich brauche etwas Eigenes«, sagte er kurz angebunden.
Ich starrte ihn schweigend an.
»Und unser Urlaub?«, fragte ich.
»Kann ich mir nicht leisten. Ich brauche das Geld für die Miete.«
Darauf erwiderte ich nichts. Schließlich bezahlte ich alles, einschließlich unseres Urlaubs. Unter demonstrativem Schweigen faltete ich die Zeitung wieder auseinander.
Nach einer Weile durchbrach er die Stille.

»Was liest du da?«, fragte er freundlich.
Ich beschloss, ihm entgegenzukommen und Frieden zu schließen.
»Einen Artikel über ein Pferd, das aus einer Reitschule ausgebrochen ist. Sieh mal«, sagte ich und hielt ihm die Zeitung entgegen.
»Sie mussten den Verkehr eine halbe Stunde lang sperren, ehe sie es wieder im Stall hatten«, erzählte ich und versuchte fröhlich zu klingen.
»Was für ein verdammter Scheiß«, sagte er.
Ich sah fragend zu ihm auf.
»Soll das heißen, dass du hier sitzt und solchen Mist liest? Verbringt ihr so eure Zeit in diesem Land? Füllt ihr damit eure Zeitungen, mit Artikeln über weggelaufene Viecher?«
Er schnaubte verächtlich.
Jetzt wurde ich wütend.
»Wieso ist das Mist? Du hast gefragt, was ich lese, und ich habe geantwortet!«
Er sah mich an und lächelte ein wenig.
»Kleine Mia«, sagte er dann, »dein Horizont ist wirklich nicht besonders weit. Lies doch zur Abwechslung mal ein Buch.«
Ich hatte das Gefühl, verrückt zu werden.
»Ich lese immer Bücher«, sagte ich, »aber das hindert mich doch nicht daran, auch mal die Lokalzeitung zu lesen, oder?«
Er sprang abrupt auf, riss die Zeitung an sich und schrie: »Du kapierst gar nichts, verdammt noch mal! Immer musst du dich so wichtig machen!«
Er rannte aus der Küche, zog Jeans, Schuhe und Lederjacke an und lief hinaus. Die Tür krachte hinter ihm zu.
Ich saß mit der aufgeschlagenen Zeitung am Tisch. Das sich aufbäumende Pferd grinste mich verächtlich an. Ich warf die Zeitung auf den Spültisch, schlug die Hände vors Gesicht und weinte.

»Warum tust du das?«, fragte ich ihn laut, der irgendwo da draußen war. »Warum machst du alles kaputt?«
Er war den ganzen Tag fort und ließ nichts von sich hören. Am Abend radelte ich zu meinen Eltern und aß bei ihnen. Hinterher saßen wir zusammen auf dem Sofa im Wohnzimmer, unterhielten uns und lachten, bis es nach elf Uhr war.
Er stand im Flur, als ich nach Hause kam, Zorn und Sorge hatten seine Miene verdüstert.
»Wo warst du?«, fragte er streng.
Ich sah ihm direkt ins Gesicht.
»Ich habe bei meinen Eltern zu Abend gegessen«, sagte ich. »Du warst auch eingeladen. Wenn du dich heute mal gemeldet hättest, dann hättest du mitkommen können.«
Er machte auf dem Absatz kehrt und setzte sich ins Wohnzimmer. Ich ging hinterher und setzte mich neben ihn. Er hatte den Fernseher eingeschaltet und glotzte auf irgendeine späte Talkshow aus Göteborg.
»Wir müssen reden«, sagte ich. »Wir dürfen nicht zulassen, dass Streitereien über Kleinigkeiten unsere Beziehung vergiften.«
Widerwillig löste er den Blick von der Mattscheibe und sah mich verständnislos an.
»Was für Streitereien? Welche Vergiftung? Es ist doch kein Wunder, dass ich beunruhigt bin, wenn du einen ganzen Abend verschwindest, oder? Du musst dich nur entschuldigen, dann ist die Sache aus der Welt!«
Ich schluckte. Sollte ich etwa um Entschuldigung bitten, obwohl er weggelaufen war? Sollte ich um Entschuldigung bitten, weil ich meine Eltern besucht hatte? Ich saß stumm da und starrte auf den Fernseher. Wie lange würde das so weitergehen? Plötzlich spürte ich, dass ich nicht mehr streiten konnte. Das hier war kein Kampf, den ich unbedingt gewinnen musste.
»Entschuldige, Liebling«, sagte ich.

Er drehte sich zu mir um, lächelte, streckte die Arme aus und zog mich an sich. Ich legte die Arme um seinen Hals, und er küsste mich aufs Haar, auf die Ohrläppchen, auf den Mund.
»Hauptsache, es kommt nicht wieder vor«, sagte er.
Ich starrte die Tapete an, während er mich auf den Nacken küsste. Es hatte keinen Sinn, ihm zu antworten.

Am folgenden Montag bekam er die Schlüssel zu seiner Wohnung. Es war eine kleine Einzimmerwohnung auf der anderen Seite der Stadt, direkt hinter der Flüchtlingsunterkunft.
»Ich kann dir beim Renovieren helfen, wenn du willst«, sagte ich.
»Ist nicht nötig«, erwiderte er.
»Ich kann Gardinen nähen«, schlug ich vor.
»Nicht nötig!«, sagte er.
Dann fragte ich nicht weiter. Tatsache ist, dass ich nur wenige Male in seiner Wohnung war. Die meiste Zeit waren wir weiterhin bei mir.
Mein Urlaub schien zu Ende zu sein, ehe er überhaupt richtig angefangen hatte. Wir verreisten nicht, sondern verbrachten immer mehr Zeit mit seinen Freunden. Inzwischen redeten sie ausschließlich Arabisch miteinander, und ich verstand natürlich nichts. Glücklicherweise war Helena fast immer dabei, und wir beide setzten uns in die Küche und unterhielten uns, während die Männer im Wohnzimmer diskutierten.
Schon bald war es Herbst. Es kam mir vor, als würden die Kälte, das schlechte Wetter und die Dunkelheit unsere kleinen Streitereien vom Sommer abmildern. Wir machten lange Spaziergänge, kuschelten vor dem Fernseher, trafen seine Freunde. Ich hatte das Gefühl, geliebt zu werden. Als mein Abo der Lokalzeitung auslief, erneuerte ich es nicht.

Eines Tages im Oktober war er weg. Ich rief Mohammed und Helena an, aber sie hatten ihn nicht gesehen. Ich rief in seiner Wohnung an, in der Unterkunft, bei seinen anderen Freunden. Ohne Erfolg. Am Abend machte ich mir etwas zu essen. Er kam nicht.
Als er drei Tage verschwunden war, rief ich meine Mutter an und heulte mich aus.
»Warum lässt er nichts von sich hören? Wenn ihm etwas zugestoßen ist?«
Ich rief alle Krankenhäuser im Umkreis von zweihundert Kilometern an. Niemand, auf den die Beschreibung gepasst hätte, war in den letzten Tagen eingeliefert worden. Ich schlief nicht mehr, konnte kaum mehr arbeiten.
Ob er abgeschoben worden war? Gekidnappt? Ermordet?
Als ich am fünften Tag nach Hause kam, saß er auf dem Sofa und sah fern.
»Hallo, Liebling!«, rief er fröhlich.
Ich schluchzte und eilte auf ihn zu, warf mich an seinen Hals und umarmte ihn.
»Wo warst du? Warum hast du nicht angerufen?«
Er umarmte mich ebenfalls und wiegte mich sanft.
»Hast du dir Sorgen gemacht?«, fragte er und klang beinahe zufrieden.
»Was denkst du denn?«, fragte ich und trocknete meine Tränen. »Wo warst du bloß?« Er machte sich von mir los.
»In Motala«, sagte er.
»Motala?«, erwiderte ich fassungslos. Ich wusste kaum, wo das war. »Was um Himmels willen hast du denn da gemacht?«
Er stand auf und ging in die Küche. Ich hörte, dass er die Kühlschranktür öffnete.
»Du«, sagte er, »was gibt es denn zum Essen? Der Kühlschrank ist ja total leer!«
Ich erhob mich und folgte ihm.
»Kapierst du nicht, was für eine Angst ich gehabt habe?«,

fragte ich erregt. »Was hättest du denn gemacht, wenn ich verschwunden wäre?«
Er sah mich gleichgültig an.
»Na, jetzt bin ich ja wieder hier«, sagte er, »oder passt dir das etwa nicht?«
Er schloss den Kühlschrank, drehte mir den Rücken zu und ging zur Wohnungstür.
»Nein!«, rief ich unwillkürlich. »Geh nicht!«
Ich wollte wirklich nicht, dass er ging. Ich wollte, dass er mich küsste, umarmte, mir erklärte, wo er gewesen war, mir erzählte, was geschehen war, mich um Verzeihung bat, beteuerte, dass alles ein schreckliches Missverständnis war, das sich nie mehr wiederholen würde.
Er blieb stehen, wandte sich um und sagte:
»Okay, ich bleibe. Aber dann musst du aufhören, mich anzuschreien. Hast du eigentlich vor, uns etwas zu kochen oder was?«
Ich sah ihn an und kämpfte mit mir.
»Ich habe nichts falsch gemacht«, sagte ich dann leise und mit Nachdruck. »Du hast dich wie ein Idiot benommen, und du solltest um Entschuldigung bitten, nicht ich!«
Er zuckte mit den Schultern.
»Wie du willst«, sagte er, zog seine Lederjacke an und ging hinaus.
Ich drehte mich um, meine Augen füllten sich mit Tränen. Sollte es so enden? Würde er jetzt aus meinem Leben verschwinden, nicht nur für fünf Tage, sondern für immer?
Verwirrt schoss ich hoch, riss die Wohnungstür auf, rannte auf Strümpfen die Treppe hinunter und holte ihn auf der Straße ein.
»Liebster«, bat ich und nahm ihn beim Arm. »Geh nicht. Lieber, bleib hier.«
Er drehte sich um und lächelte.
»Komm«, sagte er, legte seine Arme um meine Schultern und küsste mich auf die Stirn. »Wir holen deinen Mantel,

und dann gehen wir aus zum Essen. Ich habe nämlich etwas Geld.«
Ich spürte die Wärme seines kräftigen Körpers durch die Lederjacke. Sie übertrug sich auf meine Schultern und Arme und traf mich direkt ins Herz. Ich war seine Frau.

Er redete mehr und mehr von seiner Kultur und seiner Religion, was sehr interessant war. Ich hörte aufmerksam zu, und seine Erzählungen weckten in mir den Wunsch, mehr zu wissen. Unter anderem lieh ich mir ein Buch aus der Stadtbücherei aus, das von der Einstellung des Islams zu Zinsen und zum Bankwesen handelte – für mich als Bankangestellte eine interessante Frage. Nach dem Koran ist Zinsnahme verboten, was den islamischen Banken natürlich gewisse Probleme bereitet.
Weihnachten rückte näher, und ich griff frühzeitig die Frage der Feiertage auf. Ich hatte Sorge, wie er reagieren würde. Wie sollte ich darüber sprechen, ohne dass er böse wurde? Im Islam gibt es ja kein Weihnachten, doch auf der anderen Seite ist Jesus einer der Propheten. Selbst wenn die Moslems nicht glauben, dass er am Kreuz gestorben und am dritten Tage auferstanden ist, müssen sie doch zugestehen, dass er geboren wurde, weil sie glauben, dass er gelebt hat.
Ich hatte fast schon Bauchschmerzen, als ich mir endlich ein Herz fasste und die Frage vorbrachte.
»Feiere so, wie du willst«, sagte er und umarmte mich.
»Es gibt noch etwas, worüber ich gern mit dir sprechen würde.«
Er sah mir ernst in die Augen.
»An Silvester kennen wir uns ein Jahr«, sagte er. »Ich möchte gern, dass wir uns da verloben.«
Ich verstummte und sah in seine schwarzen Augen. Er nahm meine linke Hand und strich über meinen Ringfinger.

»Ein Symbol für unsere Liebe mit goldenen Ringen«, sagte er. »Willst du das nicht auch?«
»Ja, doch, sicher, sehr gern«, erwiderte ich.
Er küsste mich. Zu meinem Entsetzen spürte ich, dass ein dunkler Ton in meinem Innern angeschlagen wurde, eine nagende Furcht, die ich mir nicht erklären konnte. Warum empfand ich Zweifel? Warum war das nicht der glücklichste Tag meines Lebens?

»Ich werde nicht akzeptieren, dass ihr ihn auf diese Weise links liegen lasst!«, schrie ich meine Mutter am Telefon an. »Für euch gehört er überhaupt nicht dazu! Er ist mein Lebenspartner, Mama!«
Unser gemeinsames Weihnachtsfest hatte in einem Fiasko geendet. Er hatte sich geweigert, mit meinen Eltern zu essen, und tauchte stattdessen zur Verteilung der Geschenke auf. Keiner in meiner Familie hatte ein Geschenk für ihn gekauft.
Mama verteidigte sich einsilbig und gekränkt.
»Wir wussten doch nicht, dass er kommen würde. Er ist nun mal nicht gern in unserer Gesellschaft.«
»Was soll denn das heißen? Er hat noch nie Weihnachten gefeiert! Da ist es ja wohl kein Wunder, dass er nicht genau weiß, wie man das macht. Weißt du denn, wie man sich beim Miraj verhält?«
»Weißt du was, Mia?«, sagte Mama bestimmt. »Du bist böse, weil wir ihn nicht mit Geschenken und Geld überschütten, wie du es tust. Du bist jetzt erwachsen, und es ist dein gutes Recht, zu machen, was du willst, mit wem du willst, und dein Leben und deine Gefühle dem Menschen zu schenken, dem du sie geben möchtest. Aber du kannst nicht von uns verlangen, dass wir ihn wie einen Schwiegersohn lieben. Ich habe ihn erst drei Mal getroffen.«
»Und das ist Grund genug, ihn nicht zu beachten, ihm

nicht einmal ein symbolisches Geschenk zu Weihnachten zu machen?«
»Mia, hast du mal eins bedacht?«, fragte meine Mutter. »Wie viele Geschenke hatte er denn für uns gekauft? Für mich? Für Papa, deine Schwestern und deine Großmutter? Kümmert er sich etwa um uns? Ich hätte ihn gern kennen gelernt, Mia. Ich habe mich bemüht, ihn zu treffen, was man von ihm nicht behaupten kann. Du musst nicht mich anschreien, lass deinen Ärger am Richtigen aus.«
Ich knallte den Hörer auf die Gabel. Sie begriff aber auch gar nichts. Na ja. An Silvester würde sie es schon sehen.
Ich zog schnell meinen Mantel an, ehe ich zur Bank lief. Als ich meine Handschuhe anzog, betrachtete ich meinen linken Ringfinger. Es würde schön sein, verlobt zu sein.

Silvester kam, schneeweiß und klar. Am Abend würden wir im selben Saal feiern wie im Jahr zuvor. Wir steckten uns gleich am Morgen die Ringe an, küssten uns viel und lagen bis weit in den Nachmittag hinein im Bett.
»Liebling«, sagte er, als ich aus der Dusche kam. »Du hast doch wohl nicht vor, wieder in diesem blauen Kleid zum Fest zu gehen, oder?«
Ich ging in einer langärmligen Bluse und in Hosen auf das Fest. Er trug denselben Anzug wie im Jahr zuvor.
Als Erstes traf ich Helena, genau wie im vorigen Jahr. Vielleicht wurde mir dadurch plötzlich vor Augen geführt, wie sehr sie sich verändert hatte. Sie strahlte immer noch, als sie mich sah, doch Umarmungen kamen nicht mehr in Frage.
»Meine Liebe«, sagte sie, nahm meine Hände in ihre und küsste mich auf die Wange. Sie trug einen gestrickten Pullover, einen bodenlangen schwarzen Rock und Pumps. Das Haar war im Nacken zusammengebunden, das Gesicht ungeschminkt. Ich erinnerte mich an das wahnsin-

nige rote Teil mit dem atemberaubenden Ausschnitt vom vorigen Jahr.
»Wie schön, dich zu sehen«, sagte ich. »Wie ist denn die Stimmung im Saal?«
Sie schaute sich erstaunt um, als hätte sie vergessen nachzusehen.
»Ach so«, sagte sie, »ziemlich lustig, denke ich. Jetzt muss ich Mohammed suchen. Entschuldige mich bitte.«
Sie verschwand in der Menge.
Das Fest war eigentlich wie im Vorjahr, zumindest sah es auf den ersten Blick so aus. Als ich mir die Gäste jedoch etwas näher anschaute, bemerkte ich eine Veränderung. Das Orchester war so gut wie komplett ausgewechselt. Das konnte nur einen Grund haben, nämlich, dass die Menschen, die im Jahr zuvor zum Orchester gehört hatten, entweder Asyl gewährt bekommen hatten und weggezogen waren oder ausgewiesen worden waren. Insgesamt kannte ich viel weniger Menschen als voriges Jahr.
»Hältst du nach Männern Ausschau?«, fragte er und legte die Hände um meine Taille.
Ich tat, als würde ich ihm eine Ohrfeige geben.
»Komm«, sagte er, »wir müssen verkünden, dass wir uns verlobt haben.«
Die Aufregung war groß, als er unsere Verlobung unter seinen Freunden verkündete. Alle Männer klopften ihm auf den Rücken, die Frauen küssten mich auf die Wangen.
Um zwölf Uhr riefen alle Hurra und gratulierten mir und meinem Verlobten noch einmal.
»Wir würden auch gern etwas erzählen«, rief Mohammed in die allgemeine Festlaune.
Das Stimmengewirr nahm etwas ab, und alle schauten auf Mohammed und Helena.
»Wir werden ein Kind bekommen«, verkündete er feierlich. »Helena wird mir einen Sohn schenken.«
Jetzt steigerte sich der Jubel noch. Alle wollten Helena

küssen, sie umarmen und Mohammed und seiner Frau gratulieren.

»Wie schön, herzlichen Glückwunsch!«, sagte ich freudig zu meiner Freundin und umarmte sie. »Wie geht es dir?«
Sie verzog ein wenig das Gesicht.

»Es geht mir ziemlich übel«, bekannte sie. »Das Einzige, was hilft, ist, die ganze Zeit zu essen. Ich habe schon vier Kilo zugenommen.«

»In welchem Monat bist du?«, fragte ich.

»Erst im zweiten, neunte Woche«, sagte sie. »Eigentlich wollte ich noch damit warten, es zu erzählen. Stell dir vor, wenn ich eine Fehlgeburt hätte! Dann würden alle so furchtbar sauer auf mich sein.«
Ich starrte sie an.

»Unsinn!«, platzte ich heraus. »Das wäre doch nicht deine Schuld, wenn du eine Fehlgeburt hättest! Wie kannst du nur so denken?«

»Wessen Schuld sollte es dann sein?«, fragte sie.
Der Vorsitzende des Festkomitees unterbrach unseren Meinungsaustausch. Es war an der Zeit, die obligatorischen Raketen abzuschießen. Nach dem Feuerwerk gingen wir nach Hause. Wir mussten zu Fuß gehen, genau wie im letzten Jahr. Nur war er diesmal richtig angezogen.

Ich rief meine Schwester an. Sie nahm die Nachricht über unsere Verlobung mit mäßigem Enthusiasmus auf.
»Wie schön, wenn du das willst«, sagte sie nur.

»Bist du immer noch sauer, weil ich dich im Börsenspiel geschlagen habe?«, scherzte ich.

»Glaubst du das wirklich, Mia?«, fragte sie ernsthaft.
Ich beendete das Gespräch und rief meine Mutter an. Sie wurde ganz still, als ich die Neuigkeit verkündete.

»Mia«, sagte sie nur, »weißt du, was du da tust?«
Mich packte sofort die Wut.

»Was willst du damit sagen?«
»Ich denke, ihr seid zu schnell«, sagte sie. »Ich finde, ihr solltet noch warten und sehen, wie sich die Beziehung entwickelt.«
»Wir haben eine fantastische Beziehung«, schrie ich. »Wir lieben uns!«
»Warum habt ihr es dann so eilig?«, beharrte meine Mutter.
»Wie kannst du es wagen, uns zu kritisieren?«, fragte ich. »Das tust du doch nur, weil er Moslem ist. Gib es zu!«
»Das hat ohne Frage etwas damit zu tun«, sagte Mama. »Ihr stammt aus zwei verschiedenen Kulturen, und solche Beziehungen sind immer zerbrechlicher als andere. Gerade deshalb solltet ihr vielleicht noch ein wenig warten.«
»Wo hast du das denn gelesen?«, fragte ich höhnisch. »In einer Frauenzeitschrift?«
Sie seufzte, es klang fast wie ein Schluchzen.
»Mia, ich will doch nur dein Bestes«, sagte sie leise.
»Ich bin wirklich furchtbar enttäuscht von dir, Mama!«, sagte ich. »Ich dachte, du wärst anderen Menschen gegenüber offener, als du es jetzt zeigst. Ich hätte nie gedacht, dass du eine Rassistin bist!«
Jetzt wurde sie wütend.
»Jetzt hörst du mir mal zu!«, sagte sie. »Das hat nichts mit Rassismus zu tun! Mir ist es egal, welche Hautfarbe oder Religion dein Mann hat, er kann grün sein, drei Beine haben und Fühler auf dem Kopf, wenn er zu meinem Mädchen nur nett ist!«
Sie fing an, laut zu weinen.
»Mia, er ist doch nicht nett zu dir!«
»Ich dachte, du wärst toleranter«, sagte ich und legte auf.
Meine Hände zitterten hinterher ein wenig. Als ich aufblickte, begegnete ich seinem Blick.
»Was war denn?«, fragte er neugierig.
Ich holte tief Luft.

»Das war meine Mutter. Ich habe ein wenig Probleme mit ihr in letzter Zeit.«

»Kein Wunder«, sagte er und legte den Arm um meine Schultern. »Mir kommt sie wie eine richtige alte Hexe vor.«

Ich nickte nur, dachte aber bei mir: Woher willst du das wissen? Du hast ja kaum mit ihr geredet.

7

Mitten in einem Spielfilm am Dreikönigstag ging mein Fernseher kaputt. Wir saßen zusammen und sahen uns den Film an, als plötzlich alle Farben ausgetauscht erschienen wie auf einem Negativ.
»Nein!«, stöhnte ich. »Bloß nicht!« Eine teure Fernsehreparatur fehlte mir gerade noch nach all den Weihnachtsausgaben.
»Mach dir nichts draus«, sagte er. »Du kannst von mir einen Fernseher kaufen.«
Ich sah ihn erstaunt an.
»Ich habe billig einen kaufen können von einem Paar, das abgeschoben wurde«, sagte er. »Du kannst ihn für einen Tausender haben.«
»Ausgezeichnet!«, erwiderte ich.
Wir holten den Fernseher am Tag darauf. Er war wirklich sehr schick. Ein großer Philips mit 28-Zoll-Bildschirm, Fernbedienung und Bildschirmtext.
»Danke, Liebling!«, sagte ich und küsste ihn.

Ende Januar wurde ich von einer kräftigen Magen-Darm-Grippe heimgesucht. Mitten in der Nacht musste ich mich übergeben, und anschließend konnte ich weder Essen noch Wasser bei mir behalten. Drei Tage ging das so. Ich war völlig fertig, rief die Gesundheitszentrale an und fragte, was ich machen sollte und wie lange das Virus sich im Allgemeinen hielt.
»Wir wissen momentan von keiner Magen-Darm-Epidemie«, sagte der Arzt. »Aber eine Viruserkrankung mit Er-

brechen und Durchfall sollte auf jeden Fall innerhalb von ein paar Tagen vorbei sein. Wenn es Ihnen bis morgen nicht besser geht, müssen Sie herkommen.«
»Ich weiß nicht, was mit Ihnen los ist«, sagte der Arzt, nachdem er mich auf alle möglichen Krankheiten hin untersucht hatte. »Kann es sein, dass Sie schwanger sind?«
»Schwanger? Nein, auf keinen Fall, ich habe eine Spirale«, sagte ich.
»Ich denke, wir machen zur Sicherheit trotzdem einen Test«, sagte der Arzt. »Sie müssen ins Labor gehen und eine Urinprobe abgeben, dann können Sie sich nach sechzehn Uhr das Ergebnis in der Mütterzentrale abholen. Sollen wir das so machen?«
»Ja, von mir aus«, sagte ich, obwohl ich wusste, dass es Zeitverschwendung war.
»Es ist sehr ungewöhnlich, dass man derart krank wird, wenn man schwanger ist«, sagte die Hebamme ruhig und nahm meine Hand. »So können Sie nicht weitermachen. Wenn Sie das Kind austragen wollen, müssen Sie so schnell wie möglich ins Krankenhaus an den Tropf.«
Alles drehte sich. Ich wusste nicht, wovon mir schwindliger war, vom Flüssigkeitsverlust oder dem Bescheid, dass ich ein Kind erwartete.
»Aber ...«, protestierte ich. »Ich habe doch eine Spirale.«
»Stimmt, das ist ziemlich ungewöhnlich«, sagte die Hebamme. »Aber jedes Jahr werden zwei bis drei Prozent aller Frauen, die eine Spirale anwenden, schwanger. Das ist einfach so. Sie müssen ins Krankenhaus an einen Tropf, bis Sie entschieden haben, was Sie machen wollen, ob Sie die Schwangerschaft austragen oder eine Abtreibung vornehmen lassen wollen.«
»Ich muss mit meinem Verlobten reden«, murmelte ich.
Er reagierte kurz angebunden, als ich ihm erzählte, dass er Vater werden würde.

»Gut, dass es etwa zur gleichen Zeit kommt wie Mohammed und Helenas Sohn«, sagte er bloß.
»Freust du dich denn nicht?«, fragte ich.
»Doch, klar«, erwiderte er gleichgültig.
Wir sprachen niemals über eine Abtreibung. Ich wusste vom ersten Moment an, dass ich das Kind haben wollte, obwohl es nicht geplant war.
»Es könnte sein, dass es Ihnen während der ganzen Schwangerschaft so schlecht gehen wird«, hatte die Hebamme mich gewarnt.
»Das macht nichts«, antwortete ich entschieden. »Es ist egal, wie krank ich werde. Wir wollen dieses Baby haben.«
Am Tag darauf wurde ich ins Krankenhaus eingewiesen. Ich bekam ein eigenes Zimmer mit Fernseher und Telefon, mir wurde ein Dauernahrungstropf gelegt, und ich bekam zu essen, was ich wollte.
Meine Eltern waren die Ersten, die mich besuchten.
»Liebes«, sagte meine Mutter, als sie ins Zimmer kam, und umarmte mich.
Meine Augen füllten sich mit Tränen. Wir hatten seit Neujahr nicht mehr miteinander gesprochen, und ich schämte mich, wenn ich an unser Gespräch dachte – ich war wirklich scheußlich zu ihr gewesen.
»Danke, dass ihr gekommen seid«, flüsterte ich.
»Was ist denn passiert?«, fragte mein Vater besorgt.
»Ich bekomme ein Kind«, sagte ich nur.
»Aber«, sagte Mutter, »warum liegst du dann hier? Ist mit dem Baby etwas nicht in Ordnung?«
»Nein, nein«, sagte ich beruhigend. »Mir ist nur so furchtbar übel. Ich bekomme Nährlösung und alles, was ich essen will, der reinste Urlaub!«
»Wie schön, dass du ein Kind bekommst!«, sagte Vater.
»Herzlichen Glückwunsch, Mia.«
Ich blinzelte die Tränen fort und lächelte.
»Jetzt wirst du Opa.«

Meine Eltern umarmten mich wieder und gratulierten mir.
»Es ist dein Leben, Mia«, sagte meine Mutter, »ich bin vielleicht nicht mit all deinen Entscheidungen einverstanden. Aber eins sollst du wissen, vor allem jetzt, wo du Mutter wirst. Papa und ich werden immer für dich da sein, egal, was passiert. Wann immer du Hilfe brauchst, kannst du zu uns kommen. Zögere nie, uns um Unterstützung oder Trost zu bitten. Du musst uns gegenüber keine Fassade aufrechterhalten. Wenn es zu schwer wird, springen wir ein.«
»Danke«, flüsterte ich. »Ich liebe euch.«

Und wie sie für mich einsprangen. Sie besuchten mich fast täglich im Krankenhaus und brachten mir immer etwas mit: Bonbons, Schokolade, Bücher, Zeitungen, einen Videorecorder und stapelweise Leihfilme. Meine Schwester kam mindestens zwei Mal die Woche. Sie munterte mich auf mit ihrem Walkman, mit Musikkassetten und dem Tratsch aus der Stadt. Helena kam fast jede Woche. Sisse und Henrik kamen manchmal vorbei und sagten Hallo. Sisse war auch schwanger.
»Das ist ja ein echter Baby-Boom!«, sagte meine Schwester. »Ich bin anscheinend die Einzige, die es noch nicht erwischt hat.«
Aber mein Verlobter wollte mich nicht besuchen.
»Ich hasse Krankenhäuser«, sagte er. »Da werde ich klaustrophobisch. Das willst du doch sicher nicht, oder?«
Nein, das wollte ich natürlich nicht. Wir telefonierten stattdessen. Obwohl ich während meiner ganzen Schwangerschaft im selben Zimmer lag und dieselbe Telefonnummer hatte, konnte er sich die Nummer nicht merken.
Die Tage im Krankenhaus wurden schnell zur Routine. Ich bekam den ganzen Tag lang Nährlösung durch eine Kanüle in der Hand. Jeden Nachmittag gab man mir eine Eiseninjektion ins Bein. Wann immer ich das Gefühl

hatte, vielleicht etwas essen zu können, musste ich die Krankenschwester rufen.
Jeden Tag wurde das Baby mit Ultraschall kontrolliert.
»Dem Baby geht es gut«, sagte der Arzt. »Sie sind es, die büßen muss.«
»Das macht nichts, Hauptsache, das Baby ist okay«, erwiderte ich.

Ende Februar durfte ich zum ersten Mal ein Wochenende nach Hause. Meine Mutter hatte den Fußboden geschrubbt und die Fenster geputzt. An der Kühlschranktür klebte ein kleiner Zettel. »Habe ein paar Dinge eingekauft, von denen ich weiß, dass du sie magst.« Das war so rührend von ihr!
Mein Verlobter kam nach Hause, küsste mich auf die Wange und sagte:
»Zieh dich an. Wir gehen auf ein Fest.«
»Warum tust du das?«, fragte ich. »Ich bin zum ersten Mal seit einigen Wochen zu Hause. Können wir heute Abend nicht zu Hause bleiben und fernsehen? Ich bin schließlich krank!«
»Wie lange willst du noch so weitermachen und dich anstellen?«, fragte er. »Ich habe meinen Freunden erzählt, dass wir kommen und dass du ein Kind kriegst. Sie wollen uns nur Glück wünschen, und du machst immer alles kaputt!«
Ich ließ den Kopf hängen und dachte über seine Worte nach. Natürlich wollte er mich vorzeigen, nachdem ich so lange nicht da gewesen war.
»Ich werde es versuchen«, sagte ich und wischte mir über die Stirn, auf der mir schon der kalte Schweiß stand.

Es war ein großes und lautes Fest mit vielen arabischen Speisen – Couscous, Fleisch, Reis und Gemüse. Alles schien in der Fritteuse gemacht worden zu sein. Normalerweise

mochte ich das arabische Essen gern, doch an diesem Abend wurde mir davon noch schlechter.
Helena war auch da, und sie war wirklich unglaublich dick. Sie stolzierte in einem braunen, zeltähnlichen Gewand herum, das vom Kinn bis zu den Handgelenken und den Fußknöcheln reichte.
»Das ist Hijab, die Anständigkeit«, erklärte sie mir.
Ich fühlte mich neben ihr so klein wie eine Ameise. Nach vier Wochen, in denen ich nichts hatte bei mir behalten können, war ich dünner als je zuvor in meinem Leben. Die anderen sahen das genauso. Einige der Frauen verglichen uns und sagten zu mir:
»Wie du aussiehst! Sieh dir Helena an, so sollte eine schwangere Frau aussehen.«
Mein Verlobter stand plötzlich mit einem großen Teller vor mir.
»Willst du nichts essen?«, fragte er und hielt mir ein fettiges Stück Fleisch unter die Nase.
Instinktiv wandte ich mich ab. Ich konnte den Geruch von Bratenfett nicht ertragen.
»Du musst essen«, sagte er, »sonst beleidigst du die Gastgeber.«
Ich wollte Luft holen, um zu erklären, warum das nicht ging, als er mir das Stück Fleisch in den Mund drückte. Augenblicklich musste ich zur Toilette laufen und mich wie verrückt erbrechen. Es kam nur Galle, weil ich ja nichts im Magen hatte.
»Ich muss nach Hause«, flehte ich hinterher. Mir war nicht bewusst, dass ich weinte, aber die Tränen liefen mir die Wangen hinab.
Irgendjemand war so barmherzig, mir ein Taxi zu rufen. Ich fuhr nach Hause und fiel ins Bett.
Einige Stunden später kam er nach Hause.
»Bist du wirklich schwanger?«, fragte er, als er ins Schlafzimmer kam.

»Nein«, erwiderte ich. »Ich tue nur so, als ob ich kotzen müsste, weil es so einen Spaß macht.«
»Einige meiner Freunde haben gefragt, ob du wirklich schwanger bist. Sie finden, dass du im Vergleich zu Helena so dünn bist.«
»Vielen Dank, das weiß ich selbst«, sagte ich.
»Was glaubst du denn, wie das für mich ist?«, schrie er. »Was glaubst du, wie das ist, wenn man hört, dass die eigene Frau nicht wie eine richtige Frau aussieht?«
»Ich bin nicht deine Frau«, sagte ich. »Wir sind nicht verheiratet.«
Aber ich konnte nicht länger streiten, ich wollte nur noch schlafen.
Er ging in die Küche, und ich hörte, dass er den Kühlschrank öffnete. Plötzlich knallte es. Rasend vor Wut stürzte er ins Schlafzimmer.
»Was ist das?«, schrie er und wedelte mit einer weißen Styroporverpackung aus dem Supermarkt.
Es war ein kleines Stück Schweinefilet. Meine Mutter musste es in der Hoffnung gekauft und in den Kühlschrank gelegt haben, dass es mir die Lust auf Essen wiedergeben würde. Sie wusste, dass ich Schweinefilet liebte.
»Das ist ... Schweinefleisch«, sagte ich.
»Genau, Schweinefleisch!«, brüllte er. »Das ist unrein, unrein! In meinem Kühlschrank!«
Es war nicht sein Kühlschrank, sondern meiner.
»Steh auf und mach den Kühlschrank sauber!«, schrie er und zerrte mich aus dem Bett.
»Lass das«, bat ich.
Die Beine gaben unter mir nach.
»Und wage nicht aufzuhören, ehe der Kühlschrank rein ist. Los, putzen!«
Ich stolperte in die Küche, riss den Inhalt heraus, spritzte Spülmittel in den Kühlschrank, trocknete ihn aus und weinte. Das Spülmittel schmierte, der Lappen blieb an der

Klappe zum Eisfach kleben, ich musste mich in den Ausguss erbrechen. Ehe ich mich wieder hinlegte, spülte ich die grüne Galle weg.
Am Tag darauf fuhr ich sofort wieder ins Krankenhaus.

Eines Nachmittags tauchte mein Verlobter plötzlich im Krankenhaus auf.
»Es gibt da eine Sache, um die ich dich bitten möchte«, sagte er.
»Aha, und das wäre?«
Er setzte sich in den Sessel, zog ihn zu meinem Bett, nahm meine Hand in die seine und sah mir tief in die Augen.
»Liebling«, sagte er. »Ich möchte, dass du konvertierst.«
Ich starrte in seine schwarzen Augen, bekam kein Wort heraus. Er nahm das offenkundig als ein stilles Einverständnis.
Mir schwirrte der Kopf. Zum Islam konvertieren! Auf die Idee war ich noch nie gekommen. Für mich war es selbstverständlich gewesen, dass jeder von uns seine eigene Religion behalten würde und wir die Feiertage des anderen begehen und respektieren und unser Kind im Sinn beider Kulturen erziehen würden. Jetzt wollte er, dass ich meinen Glauben, meine Kultur, meine Tradition aufgab. Ich wäre niemals auf die Idee gekommen, etwas Derartiges von ihm zu verlangen und ihn zu bitten, Christ zu werden. Aber wenn ich sagte, was ich dachte, würde er mich sofort wieder allein lassen, das wusste ich. Er würde böse werden, mich anschreien und demütigen und nie wieder anrufen.
»Aber, ich weiß doch gar nicht, wie man ...«
Er zog ein dickes Buch mit festem dunkelgrünem Einband und einem mosaikähnlichen Muster in Silber und Schwarz heraus, eine schwedische Übersetzung des Korans.
»Fang damit an, das hier zu lesen, und lerne, was da steht.

Hier findest du alle Regeln, wie man Allah dient«, sagte er fröhlich.
»Den Koran zu lesen macht mich ja wohl nicht zur Muslimin«, sagte ich.
»Nein«, erwiderte er und lächelte geheimnisvoll. »Aber Helena wird auch konvertieren. Sie hat schon ihren muslimischen Namen gewählt. Sie wird Fatima heißen.«
»Ich kann gern den Koran lesen«, sagte ich schließlich. »Ich habe schon lange vorgehabt, das zu tun. Aber ich heiße Maria, und ich bin Christin und Schwedin. Ich habe nicht vor zu konvertieren …«
Ich sah auf und begegnete seinem brennenden Blick. Er überlegte offensichtlich, wie er reagieren sollte. Am Ende zuckte er mit den Schultern und stand auf.
»Okay«, sagte er. »Fang damit an, den Koran zu lesen.«
Dann ging er schnell wieder.
Ich lag an dem Abend lange wach und las. Die Übersetzung aus dem Arabischen stammte aus dem Jahr 1917. Das machte die Sprache altertümlich und schwer lesbar, wie alte Übersetzungen der Bibel.
Ich war erstaunt, wie gering die Unterschiede zwischen Koran und Bibel waren. Beide Bücher sprechen von einem einzigen allmächtigen und guten Gott im Himmel, vom Satan und vom ewigen Höllenfeuer. Die Erklärung dazu fand ich im Vorwort des Buches. Dort stand, dass ein Teil des Korans aus christlichen und jüdischen Quellen stammte. Vor allem die Predigten zum Jüngsten Tag seien vom Christentum beeinflusst. Der Koran besteht ja aus den Offenbarungen Mohammeds aus Mekka und Medina. Er kam fast 700 Jahre nach Christus zustande und ist kürzer als das Neue Testament. Das Buch ist in 114 verschiedene Suren oder Kapitel unterteilt. Wenn ich recht verstand, war das Buch einfach eine Richtlinie für Muslime in juristischer wie religiöser Hinsicht.
Das Erste, was wirklich mein Interesse weckte, war die

vierte Sure über die Frauen, in der eine Reihe konkreter und juristischer Regeln und Gesetze genannt werden, die in der islamischen Welt immer noch Beachtung finden. Unter anderem gibt es detaillierte Beschreibungen darüber, wie Frauen und Männer erben, wie man Vergewaltiger verurteilt (vier männliche muslimische Zeugen müssen aussagen, dass die Vergewaltigung begangen wurde) und dass darauf die Todesstrafe steht. Dass Inzest verboten ist.

Vaterlose und verwaiste Kinder sollten mit Respekt und gerecht behandelt werden. Wenn eine Frau verwitwet war und Kinder hatte, durfte man sie heiraten, selbst wenn man bereits verheiratet war. Bis zu vier Frauen waren erlaubt. Aber wenn man merkte, dass man nicht allen gerecht werden konnte, sollte man nur eine nehmen. Wer das Eigentum eines vaterlosen Kindes schmälerte, sollte innerlich verbrennen und ins Fegefeuer geworfen werden.

Ausdrücklich hieß es, dass der Mann der Frau übergeordnet ist. Im 38. Vers der vierten Sure stand geschrieben, dass die rechtschaffene Frau unterwürfig und achtsam ist. Wenn der Mann Aufsässigkeit fürchtet, soll er seine Frau warnen. Gehorcht sie dann immer noch nicht, darf er sie aus seinem Bett werfen und ächten. Wenn sie aber gehorcht, soll er nett zu ihr sein.

Das war ja reizend, dass sie nicht geschlagen wurde, wenn sie gehorchte. Ich gähnte, schlug das Buch zu und löschte das Licht über meinem Krankenhausbett. Die Bibel hatte auch ihre sonderbaren Stellen im Hinblick auf Frauen. Stand nicht irgendwo, dass sie nicht unter Leute dürften, wenn sie menstruierten?

Es würde nützlich sein, den Koran zu lesen, weil ich so mehr über seine Kultur lernen und sein Verhalten besser verstehen können würde. Das war vielleicht der Anfang von etwas Neuem, Besserem.

Ich schlief zufrieden ein.

Es dauerte eine Zeit lang, bis mein Verlobter mich wieder besuchte. Er kam in Begleitung seines Anwalts.
»Der Asylantrag Ihres Verlobten ist von der Regierung abgelehnt worden«, erklärte der Anwalt. »Ich brauche deshalb eine Bestätigung Ihres Arztes, aus der hervorgeht, dass Sie schwanger sind.«
»Was heißt das?«, fragte ich.
»Ich bin Deserteur«, sagte mein Verlobter. »Ich habe kein Asyl bekommen.«
»Warum hast du davon nichts gesagt?«
»Ach was«, sagte er, kam zu mir, setzte sich auf die Bettkante und nahm mich in seine Arme. »Ich wollte dich nicht beunruhigen. Jetzt wird alles gut werden.«
Mein Verlobter bekam schließlich eine Aufenthaltsgenehmigung mit der Begründung, dass er mit mir zusammen ein Kind haben würde.

Der Frühling kam und ging in den Frühsommer über. Ich sah fern und Videofilme, las den Koran und viele andere Bücher, Illustrierte, Abendzeitungen und Lokalzeitungen. Eines Tages fiel mein Blick auf eine Notiz in der Zeitung. In einer Flüchtlingsunterkunft in Motala war ein großer Diebstahl aufgeklärt worden. Fünf Personen waren wegen Einbruchs in die Unterkunft und Diebstahls festgenommen worden. Sie hatten zahlreiche elektrische Geräte, Computer, Möbel und Geld erbeutet. Motala, dachte ich. Dort war er doch gewesen, als er vorigen Herbst verschwunden gewesen war. Hatte er da nicht Freunde? Ob er jemanden kannte, der mit der Sache zu tun hatte?
Ich konnte immer noch kein Essen bei mir behalten. Der Schlauch versorgte mich und das wachsende Bündel in meinem Bauch mit der Nahrung, die wir brauchten.
Am ersten Wochenende im August verließ ich das Krankenhaus samstagmittags. Ich fuhr direkt nach Hause und legte mich hin. Meine Schwester hatte an dem Wochen-

ende Geburtstag, und meine Mutter würde am Abend zu mir kommen.
Mein Verlobter kam gegen drei nach Hause.
»Meine Freunde kommen her. Du musst uns Essen machen«, sagte er. Ich seufzte innerlich. Fing das schon wieder an.
»Ich darf kein Essen machen«, sagte ich. »Das weißt du doch. Ich darf nicht auf sein.«
Er kam zum Bett und beugte sich über mich. Seine Augen loderten. »Es ist doch wirklich erstaunlich«, sagte er, »dass du nicht lernen kannst, dich wie eine anständige Frau zu verhalten und deinem Mann zu gehorchen. Ich sage dir, dass du in die Küche gehen und Essen machen sollst. Ist das so schwer zu begreifen?«
Er stand abrupt auf, ging schnell ums Bett herum, verschränkte und öffnete die Hände. Seine Kiefer mahlten zornig.
»Ich weiß nicht, was ich verbrochen habe, um mit einer Frau wie dir geschlagen zu sein«, murmelte er mehr zu sich als zu mir. »Warum konnte ich nicht eine normale Ehefrau bekommen, die mir gehorcht und tut, was ich ihr sage?«
Er setzte sich auf das Bett und sah auf den Korkfußboden hinab.
»Seit wir verlobt sind, hast du alles getan, um mein Leben zu zerstören. Du weigerst dich, auch nur die kleinsten Wünsche von mir zu erfüllen, weigerst dich, mich zu umhegen, weigerst dich, Allah zu gehorchen und zu konvertieren. Du hörst auf nichts, was ich sage. Du liegst wie eine verdammte Kröte in diesem Krankenhaus, und zu Hause lässt du dich von deiner verdammten Schwester versorgen. Ich als dein Mann darf nicht in deine Nähe kommen. Warum sollte ich das aushalten? Warum?«
Er sah mich an.
»Antworte!«, schrie er.

Ich schrak zurück.
Er packte meine Schultern und zog mich aus dem Bett. Ich bekam kein Wort heraus, die Beine sackten mir weg. Er drückte mich gegen die Schlafzimmerwand und brüllte ohrenbetäubend laut. Sein Gesicht war zwei Zentimeter von meinem entfernt.
»Du faule Hündin!«, schrie er. »Was habe ich nur getan, um eine Schabracke wie dich zu verdienen?«
Ich schloss die Augen, zog die Schultern hoch und versuchte mich so klein wie möglich zu machen.
»In die Küche!«, sagte er und boxte mich zur Tür.
Ich stolperte und schlug mir den Kopf am Türpfosten. Ich fiel hin, meine Knie knallten auf die Kante der Türschwelle.
»Hoch mit dir!«, schrie er und drehte mir die Arme auf den Rücken. Ich hörte mich selbst aufschreien. Irgendwie kam ich wieder auf die Beine, stieß mir die Hüfte am Tisch im Flur.
Ich bekam noch einen Schlag in den Rücken und fing mich mit den Händen an der Badezimmertür ab.
»Ich werde dich lehren zu gehorchen!«, sagte er.
Ich wandte mich um, mein Blick begegnete seinem. Ich ahnte die Faust mehr, als dass ich sie sah, und spürte nur die furchtbare Kraft, die auf der linken Seite meines Kinns landete. Mein Kopf flog zurück und schlug kräftig gegen die Badezimmertür. Irgendetwas zerbrach. Ich spürte, dass ich zu Boden glitt. Als der nächste Faustschlag kam, versuchte ich die Hände schützend vor mich zu halten.
»Neiiin«, schrie ich, aber es war zu spät.
Der Schlag traf mich in den Bauch. Ich bekam keine Luft mehr, knickte zusammen. Das Baby!, dachte ich, und alles wurde schwarz.
Als ich wieder zu mir kam, war er weg. Ich lag auf der Seite vor der geschlossenen Badezimmertür, die Knie bis unters Kinn hochgezogen. In ungefähr eineinhalb Meter

Höhe war die Tür an der Stelle beschädigt, gegen die mein Kopf geknallt war. Ich erbrach mich über die Schuhe, die vor mir standen.
Ich stand nicht wieder auf. Der Gestank meiner eigenen Galle drehte mir den Magen um, und ich spuckte noch mehr. Das Baby trat, es tat furchtbar weh. Gut! Dann war es wenigstens nicht tot.
Mühsam holte ich mir das Telefon heran.
»Papa, du musst mich ins Krankenhaus fahren!«
Ich schaffte es, das Schlimmste aufzuwischen, bis er kam.
»Was ist denn passiert?«, fragte mein Vater, als ich im Auto saß und weinte.
»Ich bin so traurig«, sagte ich nur. »Das ist alles so anstrengend.«

»Ihr Bauch ist ja ganz blau!«, rief die Krankenschwester erschrocken, als ich auf meinem Bett lag und die Kleider hochgeschoben hatte. »Was ist denn passiert?«
»Ich habe mir wehgetan«, sagte ich nur.
»Und was haben Sie mit Ihrem Gesicht gemacht?«
Ich antwortete nicht.
»Ich gehe den Doktor holen«, sagte sie.
Ein paar Tage später kam er, um mich zu besuchen. Er brachte Blumen und Schokolade mit, was er seit Ewigkeiten nicht mehr gemacht hatte.
»Eine Schachtel Pralinen«, konstatierte ich, als er sich in den Sessel setzte. »Du weißt, dass ich acht Monate lang nichts bei mir behalten konnte, und jetzt kommst du mit einer Schachtel Pralinen. Hast du denn gar nichts begriffen?«
»Ich wollte dir nicht wehtun«, sagte er.
»Hau ab und nimm die Schokolade mit«, sagte ich.
Er ging ohne ein Wort. Danach zitterte ich ein wenig. Ich hatte es tatsächlich gewagt, ihm das zu sagen!
Nach diesem Wochenende fuhr ich nicht mehr nach Hause, sondern verbrachte den Rest der Schwangerschaft im

Krankenhaus. Das Baby wuchs, alles war, wie es sein sollte.

Ich erhielt gute und schlechte Neuigkeiten von Familie G. Sie hatten eine Aufenthaltsgenehmigung bekommen und waren in eine Asylbewerberwohnung in Mora gezogen. Dort sprach sich schnell herum, dass Herr G. beim Militär gewesen war, und die Familie wurde sofort aus der Gemeinschaft ausgeschlossen. Als Herr G. dann noch verprügelt wurde, mussten sie weiterziehen, weg von der Unterkunft. Nun hatten sie stattdessen eine eigene Wohnung in einer anderen Stadt bekommen, und Herr G. hatte Arbeit gefunden.
»Sie werden gut zurechtkommen!«, sagte ich zu Frau G. am Telefon.
»Aber ja«, sagte sie. »Aber vor seiner Vergangenheit kann man nicht weglaufen, auch nicht, indem man in einem neuen Land von vorn beginnt.«
Dann bekam Helena ihr Kind. Es wurde ein Mädchen. Mohammed war sehr enttäuscht, weil er auf einen Sohn gehofft hatte. Dann bekam Sisse ihr Kind, und auch ihr Baby war ein Mädchen. Mein Verlobter besuchte mich einen Tag, nachdem Sisse ihre Tochter geboren hatte.
»Das hier ist ein Junge, das weiß ich«, sagte er und tätschelte meinen Bauch.
Er wollte unbedingt einen Sohn. Vielleicht glaubte er, dadurch ein größeres Ansehen bei den anderen zu genießen, aber auch er wurde enttäuscht.

Emma wurde an einem Mittwoch im Oktober geboren.
Ich war für den täglichen Ultraschall in einen Untersuchungsraum gefahren worden. Auf dem Weg dorthin sagte ich zu der Krankenschwester:
»Irgendetwas ist komisch mit dem Bauch. Es blubbert so und tut etwas weh.«
Meine Tochter wurde auf der Liege im Untersuchungs-

zimmer geboren. Ich hatte zehn, fünfzehn Minuten lang etwas, das Wehen ähnelte. Das Personal und ich wurden völlig überrumpelt. Da hatte ich nun zehn Monate im Krankenhaus gelegen und darauf gewartet, dass das Baby geboren werden würde, und dann waren wir überrascht, als es endlich kam.
»Sie sind wie dafür gemacht, Kinder zu gebären«, sagte der Arzt hinterher. »Aber Sie sollten definitiv nicht schwanger sein!«
Ich nahm Emma auf meinen Arm. Sie war einfach wunderbar. Ganz klein und sehr dunkel, mit ganz viel schwarzem Haar auf dem Kopf, das ihr bis auf die Schultern reichte. Die Schwestern hatten es mit einer kleinen Rosette zu einem Schwanz zusammengebunden.
Ich betrachtete das kleine Bündel. Sie war wach, begegnete meinem Blick mit dunkelblauen Augen und sah mich mit einer Verwunderung an, die alles in der ganzen Welt überstrahlte. Mein Kind! Meine kleine Tochter! Meine Augen füllten sich mit Tränen. Ich umarmte das Baby und sog seinen Duft ein.
»Geliebtes kleines Mädchen!«
Ich blieb zwei Tage auf der Wöchnerinnenstation. Nun hatte ich so lange im Krankenhaus gelegen, dass ich es kaum erwarten konnte, nach Hause zu kommen. Mein Vater holte uns mit dem Auto ab.
»Viel Glück, Mia, und lass es ruhig angehen! Ruf uns an, wenn du Hilfe brauchst!«
Zum ersten Mal seit zwei Monaten betrat ich meine Wohnung. An der Tür hätte ich am liebsten kehrtgemacht. Alle Topfpflanzen waren verdorrt. Kleider, Sachen, Zeitungen und leere Getränkedosen lagen in Haufen überall herum. Es war seit Monaten nicht mehr gesaugt worden. Mein Verlobter hatte es wirklich verstanden, eine ganz besondere Begrüßung für mich zu arrangieren.
Die Milch war eingeschossen und floss über. Ich hätte nie

gedacht, mich je mit Dolly Parton messen zu können, doch an den ersten Tagen nach Emmas Geburt war ich nah dran. Ich hatte gerade fertig gestillt und das Mädchen gewickelt, als mein Verlobter nach Hause kam.
»Zieh dich und das Kind an«, sagte er. »Wir gehen auf ein Fest.«
Ich seufzte müde.
»Ich bin gerade aus dem Krankenhaus gekommen. Hier ist alles total durcheinander, und du willst auf ein Fest gehen!«
»Ja, bei Helena und Mohammed.«
Ich dachte einen Moment lang nach.
»Das ist vielleicht gar keine schlechte Idee«, sagte ich. »Das ist nicht so weit. Da können wir mit dem Baby einen Spaziergang machen. Mein Vater hat ja den Kinderwagen hergebracht.«
»Nein«, sagte er. »Wir werden nicht laufen. Ich habe ein Auto gekauft.«
Mir klappte die Kinnlade herunter. Er grinste.
»Einen Volvo, ein schwedisches Auto. Komm runter und sieh es dir an!«
Ich zog das Baby an, nahm Mantel und Schuhe und ging zum Eingang hinunter. Es war ein Volvo 244, metallic-blau, mit Ledersitzen und Automatik, der höchstens zwei, drei Jahre alt war.
»Wie um Himmels willen hast du das bezahlt?«, platzte ich heraus.
Er sah mich beleidigt an.
»Ist das das Erste, woran du denkst?«, fragte er. »Ich habe Geld aus dem Libanon bekommen.«
»So viel?«
»Wir haben doch ein Uhrengeschäft«, meinte er. »Ich habe geerbt.«
Er schloss die Tür auf und setzte sich hinter das Steuer.
»Aber ... du hast doch gar keinen Führerschein!«

»Habe ich nicht?«, fragte er, stieg wieder aus dem Auto und riss etwas aus seiner Brieftasche, das er mir demonstrativ unter die Nase hielt.
»Und was ist das hier?«
Es war ein Papier von der Größe eines Briefumschlags mit vielen arabischen Schriftzeichen und einem Foto von ihm.
»Das kann alles Mögliche sein.«
»Das ist ein arabischer Führerschein, du Idiot«, sagte er und steckte das Papier wieder weg.
»Du bist länger als ein Jahr hier. Das bedeutet, dass du damit nicht mehr fahren darfst«, gab ich zu bedenken.
»Blödsinn«, sagte er. »Jetzt steig schon ein.«
»Nein«, sagte ich, »ich werde laufen.«
Ich spazierte mit dem Kinderwagen zu Helena und Mohammed. Es war mein erster richtiger Spaziergang seit neun Monaten.

Die Tage vergingen. Es war wunderschön, zu Hause zu sein, rausgehen zu dürfen, wenn ich wollte, und nicht mehr unter Übelkeit zu leiden. Mein kleines Mädchen war einfach fantastisch. Ich konnte mich gar nicht satt sehen an ihr. Sie war jede Sekunde im Krankenhaus wert, jede Kanüle, jede Eiseninjektion. Mein Glück in dieser ersten Woche zu Hause wurde nur dadurch getrübt, dass mein Verlobter sich nicht um unser Mädchen kümmerte. Er weigerte sich, sie auf den Arm zu nehmen, behauptete, er könne es nicht.
»Natürlich fühlt sich das ungewohnt an, wenn du es noch nie versucht hast!«, sagte ich. »Komm, nun nimm sie schon!«
Er wich zurück.
Auch zu mir wurde er nicht netter, obwohl ich versuchte, Sachen zu kochen, die er gern mochte. Schon wenn ich das Steak zu wenig gewürzt hatte, schlug er mich.
Der Arzt begutachtete mein Gesicht mit ernstem Blick.

»Jetzt sagen Sie nicht, Sie seien gegen einen Türrahmen gelaufen, Mia.«
Ich sah zu Boden und wünschte inständig, dass der grässliche blaue Fleck um das rechte Auge blass werden und verschwinden möge.
»Aber jetzt geht es mir gut«, sagte ich. »Die Übelkeit hat mit der Geburt aufgehört.«
»Du musst ihn verlassen, Mia!«, sagte meine Mutter. »Jetzt gibt es kein Zurück mehr.«
Sie weinte.
»Er wird dich totschlagen! Du musst von ihm weg, solange es noch geht!«
Ich schluckte.
»Ja«, sagte ich, »ich werde es versuchen.«

Als er das nächste Mal kam, hatte er vier Freunde dabei. Es war ein Montagvormittag, Emma war jetzt zweieinhalb Wochen alt.
»Kommt und schaut sie euch an!«, sagte er und führte alle ins Wohnzimmer, wo ich saß und das Baby stillte.
Ich erstarrte, als er ins Zimmer kam, sah zu Boden und ordnete meine Kleider.
»Bring sie her«, befahl er.
»Aber sie trinkt gerade«, protestierte ich schwach.
Ich schielte vorsichtig nach oben. Er stand über mich gebeugt.
Ich steckte vorsichtig meinen Finger in den kleinen Mund des Babys, um das Vakuum zu lösen, das entstand, wenn es an meiner Brust saugte. Er nahm das Baby, hielt es im Nacken und unter dem Körper. Ich knöpfte meine Bluse zu.
»Sei vorsichtig!«, bat ich.
»Kann ich mal sehn?«, fragte Ali, einer seiner Freunde.
»Okay«, sagte mein Verlobter. »Hier. Nimm.«
Von meinem Platz auf dem Sofa aus sah ich, wie er das Baby zuerst sinken ließ und dann Schwung holte.

»Neiiin!«, hörte ich mich schreien.
Ich weiß nicht, wie ich aus dem Sofa gekommen bin. Ich hatte das Gefühl zu fliegen, aber ich schaffte es trotzdem nicht. Er warf das Baby in einem hohen Bogen quer durch den Raum. Ich erkannte die schreiende Stimme nicht wieder, aber es war meine.
»Mein Gott!«
Der kleine Körper flog durch das Zimmer, und Emma schrie laut auf. Der angeborene Greifreflex der Arme bewirkte, dass sich ihr Körper wie spastisch in der Luft bewegte. Ali fing sie auf, fasste nach und hätte sie beinah fallen gelassen. Er lachte.
»Bitte nicht«, schrie ich voller Panik, die Tränen liefen mir die Wangen herab. »Bitte nicht.«
»Wer will?«, rief Ali und hob das Mädchen über seinen Kopf.
Ich eilte zu ihm und streckte die Arme nach dem Mädchen aus, das hysterisch schrie.
»Ich! Ich! Hier!«, riefen mehrere Stimmen hinter mir.
»Gib mir das Baby!«, schrie ich.
Er lachte und ließ das Baby mit der einen Hand los, um mich wegzuschubsen.
»Catch!«, rief er und warf das Mädchen weg, als wäre es ein Mehlsack.
Während sie durch die Luft flog, verstummte ihr Schrei. Sie bekam keine Luft. Die kleinen Arme fochten verzweifelt, um irgendwo Halt zu finden. Ich rannte hinterher und fiel über den Wohnzimmertisch. Emma schlug hart auf dem Brustkorb des dritten Mannes auf. Ihr Schrei klang wie der eines Tieres. Die Männer lachten.
Ich weinte so sehr, dass mein ganzer Körper erbebte. Ich glaube, dass ich noch nie in meinem Leben solche Angst hatte.
»Gib mir das Mädchen«, bettelte ich.
Mein Verlobter rief fröhlich:

»Und wieder hierher!«
Ich kniete neben dem Wohnzimmertisch und würde es auch diesmal wieder nicht schaffen. Meine Knie bluteten. Das Mädchen flog wieder durch die Luft. Vor lauter Tränen konnte ich nichts mehr sehen.
»Guter Gott!«, rief ich und rang meine Hände. »Mach, dass sie sie nicht fallen lassen, mach, dass sie sie nicht fallen lassen!«
Ich stand in dem Moment auf, als mein Verlobter sie wieder zu Ali warf, schaffte es, mich dazwischen zu werfen, und bekam den kleinen Körper zu fassen, ehe Ali hinzuspringen konnte.
»Ihr Schweine!«, schrie ich und weinte.
Ich legte beide Arme um das Baby und rannte Hals über Kopf aus dem Zimmer, zwischen den lachenden Männern hindurch, wollte weg, nur weg. Das Kind schrie hysterisch. Ich zitterte vor Schock und Weinen. Im Flur stand mein neuer schöner Kinderwagen. Ich lief um ihn herum, riss meinen Mantel und den Overall der Kleinen von der Garderobe. Dann hörte ich, dass mein Verlobter hinter mir herkam, und zog mir verzweifelt die Schuhe mit der einen Hand an, während ich auf dem anderen Arm die Kleider und das schreiende Baby hielt.
»Mia, verdammt noch mal, warum bist du denn so böse? Das war doch nur ein Spaß!«
Ich hatte jetzt die Schuhe an und stand auf. Mein Blick muss mit demselben Feuer gebrannt haben wie seiner.
»Jetzt hör doch auf, Mia«, sagte er und streckte mir die Hände entgegen.
Ich hielt das Baby fest in den Armen und brüllte:
»Wage es bloß nicht näher zu kommen, du Schwein!«
Ich wich zur Tür zurück, konnte sie in meinem Rücken spüren.
»Mia.«
Er kam auf mich zu.

Ich drehte mich um, und es gelang mir aufzuschließen. Ich trat die Tür auf und rannte die Treppe hinunter. Unten blieb ich stehen, zog dem Baby seinen Overall über und zwängte mich in den Mantel.
Anschließend lief ich durch die ganze Stadt bis zu meinen Eltern. Den ganzen Weg trug ich das Mädchen und weinte die ganze Zeit. Das Kind schrie wie am Spieß. Ich konnte nicht aufhören zu weinen, auch nicht, als ich mit einer Tasse Kaffee vor mir bei meinen Eltern in der Küche saß.
»Ich werde hingehen und ihm mal die Meinung sagen«, sagte mein Vater.
»Nein«, bat ich. »Tu das nicht. Das macht es nur schlimmer. Außerdem sind sie zu fünft.«
»Ich werde nicht zulassen, dass er das Mädchen und dich so behandelt.«
»Papa, du weißt nicht, mit wem du es zu tun hast. Und glaub mir, ich weiß es auch nicht.«

Das Baby bekam Koliken und wollte nicht aufhören zu schreien. Ich trug es herum, beruhigte es, stillte es, schaukelte es. Auf der Kinderstation bekam es Medikamente, aber nichts half.
Es dauerte eine Weile, ehe mein Verlobter sich wieder zeigte.
»Wir müssen darüber reden, was passiert ist«, sagte ich, während ich mit dem Baby, das auf meiner Schulter eingeschlafen war, im Schlafzimmer auf und ab ging.
Er stöhnte.
»Das war doch nur Spaß! Du hast ja keine Ahnung, was lustig ist, du verdammte, langweilige Pute.«
Ich wog meine Worte genau ab, weil ich Angst hatte, er könnte wütend werden und mich wieder schlagen.
»Aber dir ist doch wohl klar, dass man einen Säugling nicht herumwerfen darf, oder?«, fragte ich vorsichtig.
»Verdammt!«, schrie er. »Ich will nicht mehr darüber re-

den. Das ist doch nichts Besonderes, dass wir ein wenig Ball mit ihr gespielt haben. Das machen wir eben so in unserer Kultur!«

»Entschuldige«, sagte ich, »aber das glaube ich wirklich nicht.«

Da knallte es. Seine Faust landete auf meinem Mund, und meine Zähne schlugen die Innenseite der Lippen kaputt. Mein Rachen füllte sich mit Blut, ich stolperte rückwärts und hielt das Baby krampfhaft fest, das mit einem spitzen Schrei aufwachte. Er kam auf mich zu. Ich war so weit zurückgegangen, dass ich an der Bettkante stand. Schnell drehte ich mich um und legte das Baby auf das Bett und stützte die Ellenbogen rechts und links von seinem Kopf auf. Die Hände legte ich zum Schutz auf meinen eigenen Kopf.

»Du bist so verdammt lächerlich!«, schrie er. »Du solltest dich selbst mal sehen! Verdammte, feige Ratte!«

Großer Gott, dachte ich. Er hat den Verstand verloren.

Er knallte die Tür zu, als er ging. Die Bettwäsche war voller Blutflecken, als ich aufstand.

»Jetzt müssen wir der Sache ein Ende machen, Mia!«, sagte der Arzt entsetzt. »Sie können sich nicht den ganzen Tag um das Kind kümmern und dann ... herkommen und so aussehen.«

Die Umrandung um mein Auge war zu einem kränklichen Dunkelgelb verblasst, aber jetzt war meine Lippe grotesk aufgeschwollen und blauschwarz. Ich wusste, dass der Rest meines Gesichts vor Schlafmangel grau war.

»Ich werde mich mit der Gemeindeverwaltung in Verbindung setzen«, sagte er. »Die können Ihnen eine Hilfe zuteilen, bis alles etwas ruhiger geworden ist. Jemanden, der Ihnen mit dem Baby hilft und dafür sorgt, dass die Misshandlungen aufhören. Was halten Sie davon?«

Ich sah zu Boden, sagte nichts.

»Mia, ich habe so etwas schon oft erlebt. Mütter, die das

Kindergeschrei und die Bedrohung und Angst ums eigene Leben nicht mehr aushalten. Glauben Sie mir, Sie brauchen Hilfe! Darf ich die Gemeinde anrufen?«
Ich zögerte einen Moment. Dann nickte ich.

Sie hieß Marianne, war um die vierzig, hübsch und gut gekleidet. In der Akte des Sozialdienstes würde sie meine Haustherapeutin genannt werden.
»Was für eine schöne Wohnung!«, rief sie spontan und schlug die Hände zusammen, als sie mich zum ersten Mal besuchte.
»Ich fühle mich hier wirklich wohl«, sagte ich etwas schüchtern. Ich hatte fast vergessen, wie es war, gelobt zu werden.
Ich führte sie herum, ehe wir in die Küche gingen und Kaffee tranken.
»Geben Sie mir die Kleine«, sagte sie und nahm das schreiende Baby, während ich den Kaffee eingoss.
Ich stellte ein paar Zimtschnecken auf den Tisch, die ich noch in der Tiefkühltruhe gehabt hatte.
»Maria, Sie wissen, dass ich der Schweigepflicht unterliege. Alles, was Sie mir erzählen, bleibt unter uns, wenn Sie nicht wollen, dass es weitergeleitet wird.«
Ich nickte. Das Baby beruhigte sich und schlief bald ein.
Ich holte tief Luft und konnte ihn einfach nicht verteidigen und lügen.
»Er schlägt mich«, sagte ich.
»Typisch«, murmelte sie und betrachtete eingehend das blaue Auge und die halb verheilte Lippe. »Sie zielen auf den Mund, der ihnen Vorwürfe macht, und auf das Auge, das sie anschaut. Hat er Sie auch in den Bauch geschlagen?«
»Ja, und getreten«, sagte ich.
Sie nickte.
»Das ist sehr häufig so, wenn die Frau schwanger ist.«

Ich sagte nichts. Ich schämte mich wegen meiner Schwäche, wegen der Demütigung und weil ich ihm so ausgeliefert war und ich mir so einen schlechten Vater für mein Kind ausgesucht hatte, weil ich auf seine schmeichelhafte Aufmerksamkeit hereingefallen war und mich verliebt hatte.
Marianne erahnte meine Gefühle und legte ihre Hand auf meine.
»Es ist nicht Ihre Schuld, Maria«, sagte sie und betonte dabei jedes Wort. »Das kann jeder Frau passieren. Sie haben ihn nicht dazu provoziert, sie zu schlagen. Er hat ein Problem, nicht Sie! Er hat Sie geschlagen, und er wird die nächste Frau wahrscheinlich auch schlagen. Sie dürfen sich nicht die Schuld geben.«
Als ich in Tränen ausbrach, stand sie auf, ging um den Tisch herum und umarmte mich.
»Wir werden dem ein Ende machen, Maria.«
Das Baby wurde wach, und ich machte Anstalten aufzustehen.
»Nein«, sagte Marianne. »Ich nehme sie. Und Sie legen sich hin.«
Marianne blieb an diesem ersten Nachmittag ein paar Stunden bei mir, beruhigte das Baby und gab ihm Milch, die ich abgepumpt und eingefroren hatte. Ich schlief tief und traumlos.
»Nach dem Wochenende komme ich wieder«, sagte sie, als sie ging.
Am Abend rief mein Verlobter an.
»Sollen wir heute Abend zusammen essen?«, fragte er fröhlich.
Ich wusste nicht, was ich sagen sollte. Wenn ich ja sagte, bekam er vielleicht wieder Gelegenheit, mich zu schlagen oder dem Baby etwas anzutun. Wenn ich nein sagte, würde er dies als Trotz auffassen und sich sofort auf mich stürzen.

»Ja«, sagte ich zögernd, »ich könnte uns etwas kochen.«
»Nein, ich bin es leid, immer zu dir zu kommen. Du musst auch mal zu mir kommen«, sagte er.
Wir machten eine Zeit aus. Vielleicht würde es diesmal gut gehen.
Er hatte Pizza für uns bestellt. Ich mag Pizza gern, aß mit gutem Appetit, und es wurde ein richtig netter Abend. Er war freundlich und aufmerksam. Dennoch war ich etwas zurückhaltend, weil ich noch Angst vor ihm hatte.
»Mia«, sagte er und zog mich an sich, »warum bist du so steif? Entspann dich!«
Ich kroch in seine Umarmung, die stark und warm war wie früher.
»Ich liebe doch nur dich«, murmelte er an meinem Hals.
Ich schloss die Augen und fuhr mit den Händen durch sein Haar. Er war mein Mann, der Vater meines Kindes. Vielleicht würde alles wieder gut werden. Jetzt, wo das Baby da war und ich wieder gesund war, würden wir vielleicht wieder zueinander finden.
»Wir werden immer zusammen sein«, flüsterte er und küsste mich leidenschaftlich.
Da klingelte es an der Tür.
»Willst du nicht aufmachen?«, fragte ich.
Er ließ mich los.
Ich ging in den kleinen Flur und schloss die Tür auf. Draußen stand Irene! Zwar kannte ich sie nicht persönlich, aber eine Frau mit ihren Hobbys wurde in einer kleinen Stadt wie unserer schnell zu einer Institution. Sie war, kurz gesagt, als das Flittchen der Stadt bekannt.
»Was wollen Sie?«, fragte ich.
Sie trat von einem Fuß auf den anderen.
»Ich wollte ... wir wollten uns ... Ich habe den ganzen Abend gewartet. Ich weiß, dass er nicht will, dass ich hierher komme, aber ...«
Dann veränderte sich ihr Blick.

»Und wer sind Sie?«, fragte sie schneidend. »Was machen Sie hier?«
Das konnte doch nicht wahr sein! Die Einsicht traf mich wie ein Blitzschlag. Sie hatte etwas mit meinem Verlobten! Mein Verlobter betrog mich mit der Hure der Stadt!
»Ich bin seine Verlobte«, sagte ich. »Ich bin die Mutter seines Kindes. Ich bin mit unserer gemeinsamen Tochter hier.«
Dann trat ich zurück und machte eine einladende Handbewegung.
»Kommen Sie doch trotzdem rein!«, sagte ich.
Sie zögerte, kam dann herein und sah kleinlaut und verwirrt aus. Ich ging in das einzige kleine Zimmer.
»Du hast Besuch«, sagte ich, und meine Stimme klang frostig.
Schnell zog ich dem Baby den Overall an und warf mir den Mantel über. Irene stand schweigend und erstaunt in der Tür. Mein Verlobter saß auf dem Sofa, sagte nichts und starrte in den Fernseher.
»Ich gehe jetzt«, sagte ich nur.
Er sah nicht auf.
Ich ging schnell nach Hause, durch die leere, stille Stadt. Das Baby schlief im Wagen. Die Geschäfte waren weihnachtlich geschmückt. Glitzer, Weihnachtsmänner und Geschenke überall. Tränen der Scham liefen mir übers Gesicht. Es gab offenkundig keine Grenze dafür, wie weit er mich noch erniedrigen würde.

Als Marianne das nächste Mal kam, erzählte ich ihr von seiner anderen Frau.
»Ich fühle mich wie eine Fußmatte«, sagte ich. »Etwas, worauf man tritt und woran man den Dreck abwischt.«
»Sie haben sich mit ihm verlobt«, sagte Marianne ernst. »Sie allein können bestimmen, ob Sie es noch länger sein wollen.«

»Ich weiß«, flüsterte ich, sah auf und begegnete ihrem klugen Blick.
»Ich will einfach nur, dass alles wieder so ist wie früher!«

Das Luciafest kam. Jetzt war es zwei Jahre her, dass wir uns kennen gelernt hatten. Ich trug unablässig das schreiende Baby, als er kam. Vor Müdigkeit war ich schon fast ohnmächtig und hatte das Gefühl, im Stehen einschlafen zu können.
»Schön, dass du kommst«, flehte ich. »Ich kann sie einfach nicht mehr tragen.«
Ich hielt ihm das Baby hin, aber er wich zurück.
»Ich habe über etwas nachgedacht«, sagte er.
Wie konnte ich nur so dumm sein, zu glauben, dass er mir helfen würde?
»Ich fühle mich so eingeengt durch dich«, sagte er. »Du bist nichts als eine Belastung. Du nutzt mir gar nichts. Was soll ich mit dir schon anfangen?«
Ich sah ihn an. Vor Müdigkeit konnte ich keinen klaren Gedanken mehr fassen. Was sagte er da?
»Ich brauche meine Freiheit«, sagte er. »Deshalb will ich, dass wir unsere Verlobung auflösen.«
Mir klappte die Kinnlade herunter.
»Was?«, sagte ich.
»Kann ich den Ring zurückbekommen?«, fragte er.
»Aber ...«, stammelte ich.
»Jetzt!«, sagte er.
Ich gab ihm den Ring.
»Okay«, sagte er und steckte ihn in die Hosentasche. »Tschüss!«
Ich sprang auf, lief mit dem Baby ins Schlafzimmer, legte es in die Wiege und riss den Schrank auf. Schnell sammelte ich die wenigen Kleider ein, die er noch bei mir hatte.
»Hier«, sagte ich. »Du hast deine Sachen vergessen.«

Er nahm sie und schloss die Eingangstür mit einem Knall.
Das sollte also das Ende sein!
Ich holte das Baby, ging zum Sofa, begann automatisch, es zu wiegen, und starrte mit leerem Blick in die Luft. Nicht einmal diese Erniedrigung ersparte er mir. Er verließ mich, weil ich so wertlos war. Wenigstens ist es jetzt vorbei, dachte ich.
Ach, wie ich mich täuschte!

Am Tag darauf sprach ich mit Marianne und erzählte ihr, dass er Schluss gemacht hatte.
»Was mache ich, wenn er zurückkommt?«, fragte ich.
»Wir wechseln das Schloss aus«, sagte Marianne entschieden, »und dann werden wir ein Sicherheitsschloss, einen Spion und eine Sicherheitskette installieren.«

Weihnachten stand vor der Tür. Ich holte den Weihnachtsschmuck heraus und schmückte alles, so gut es ging. Das war nicht leicht, da das Baby rund um die Uhr schrie, aber meine Mutter, meine Schwester und Marianne halfen mir mit ihr.
Meine Schwester und ich putzten kurz vor Weihnachten die Wohnung. Plötzlich bemerkte meine Schwester, dass der Fernseher ganz schief stand.
»Der kippt noch nach hinten!«, rief sie und beugte sich vor, um darunter zu schauen. »Schnell! Hol einen Schraubenzieher! Eines der Beine ist locker.«
Ich stöhnte und machte den Staubsauger aus.
Gemeinsam drehten wir den Fernseher um. Die anderen Beine mussten auch festgeschraubt werden. Als wir ihn gerade wieder umdrehen wollten, fiel mein Blick auf ein paar kleine Zeichen auf der Unterseite des Apparats.
Es waren eine Nummer, bestehend aus drei Ziffern, und ein paar Abkürzungen, die mit einem speziellen Stift eingraviert worden waren, wie man ihn von der Polizei oder

Versicherungen bekommen kann, um Gegenstände vor Diebstahl zu schützen.
»Völlig unbegreiflich«, sagte meine Schwester und machte Anstalten, den Fernseher wieder umzudrehen.
Ich wurde blass.
»Nein«, sagte ich, »das ist nicht unbegreiflich. Das ist eine Inventarnummer.«
»Und?«, fragte meine Schwester verständnislos.
»Der Fernseher ist gestohlen, und ich bin ziemlich sicher, dass ich weiß, wann, wo und von wem.«
Ich rief die Polizei an, erzählte von dem Fernseher, sagte, ich hätte ihn von einem guten Freund gekauft, und las die Inventarnummer vor.
»Ist er gestohlen?«, fragte ich.
Der Polizist schaute nach, kehrte zurück und sagte:
»Er ist bei einem Einbruch in der Flüchtlingsunterkunft in Motala im Oktober vorigen Jahres entwendet worden.«
Ich erinnerte mich an die Notiz in der Zeitung, die ich im Sommer gelesen hatte.
»Ich weiß, dass fünf Personen wegen des Einbruchs festgenommen wurden«, sagte ich. »Ich würde gern wissen, ob der Mann, von dem ich den Fernseher gekauft habe, dabei war.«
Ich gab dem Polizisten Namen und Personennummer meines Ex-Verlobten.
»Da er den Einbruch gestanden hat, kann ich das bejahen«, meinte der Polizist.
In meinem Kopf drehte sich alles.
»Gut«, sagte ich. »Vielen Dank für Ihre Hilfe.«
Ich kochte vor Wut. Zu allem Überfluss war er auch noch ein Dieb!
Meine Schwester und ich schleppten den Fernseher zum Auto. Wir schoben ihn auf den Rücksitz und fuhren zur Polizeiwache.
»Das hier ist der gestohlene Fernsehapparat, dessentwe-

gen ich vorhin angerufen habe«, sagte ich und strich mir das Haar aus dem Gesicht.
»Aber ...«, erwiderte der Polizist. »Sie müssen ihn nicht abgeben. Er gehört Ihnen. Sie haben ihn in gutem Glauben gekauft.«
»Das ist egal«, sagte ich. »Ich will ihn nicht haben. Machen Sie damit, was Sie wollen.«
Wir ließen den Apparat auf dem Tresen der Pass-Stelle stehen.

Die Weihnachtsfeiertage und Silvester verbrachte ich bei meinen Eltern. Zu Hause wollte ich nicht bleiben, weil ich Angst hatte, dass er wieder auftauchen würde. Meine Schwester kam jeden Abend. Wir spielten, sahen fern und schauten uns Videofilme an.
Ich begann ein Frühlingsset für Emma zu stricken, einen dünnen Pullover und eine gelbe Strampelhose.
Nach Neujahr fuhr ich wieder nach Hause. Am Dreikönigstag rief er an.
»Ich wollte heute Abend bei dir vorbeikommen«, sagte er.
»Tut mir Leid, aber ich gehe weg«, sagte ich.
Ich würde bei Sisse und Henrik zu Abend essen.
»Ja, aber«, sagte er, »ich will heute Abend mit dir fernsehen.«
»Ich habe keinen Fernseher. Das Diebesgut, das du mir verkauft hast, habe ich bei der Polizei abgeliefert. Außerdem werde ich, wie gesagt, nicht hier sein.«
»Du hast kein Recht, dich mir gegenüber so zu benehmen«, tönte er.
»Du hast mich verlassen«, sagte ich. »Schon vergessen?«
»Ich habe das Recht, meine Tochter zu sehen«, schrie er.
»Sie gehört mir genauso wie dir!«
»Natürlich«, erwiderte ich. »Du kannst jetzt gleich kommen und sie holen.«
Jetzt war er etwas irritiert.

»Wie, holen?«
»Du kannst dich gern heute Nachmittag um sie kümmern, dann kann ich etwas schlafen«, meinte ich.
Er klang ziemlich beleidigt, als er antwortete:
»Das habe ich nicht gemeint.«
»Ach so?«, fragte ich. »Was hast du dann gemeint? Hast du gedacht, du könntest heute Abend herkommen und Familie spielen?«
»Das kannst du nicht machen!«, schrie er.
»Nicht?«, fragte ich und legte auf.
Es dauerte drei Sekunden, dann klingelte es wieder.
»Hure!«, schrie er.
Ich zog den Stecker heraus.

In der zweiten Januarwoche teilte mein Ex-Verlobter dem Jugendamt mit, dass er sich weigere, die Vaterschaft für Emma anzuerkennen.
»Was soll das denn jetzt heißen?«
»Wir brauchen eine Blutprobe des Mädchens, die wir dann mit der Ihres ehemaligen Verlobten vergleichen«, sagte Marianne. »Bis das Ergebnis vorliegt, kann bis zu einem Jahr vergehen.«
»Prima«, sagte ich. »Genau, was ich brauche.«
Dass er die Vaterschaft leugnete, hinderte ihn nicht daran, mich praktisch jeden Tag anzurufen und zu verlangen, das Mädchen sehen zu dürfen.
»Natürlich«, sagte ich jedes Mal, »du kannst sie jederzeit holen. Aber warum willst du Kontakt zu einem Kind aufnehmen, das nicht von dir ist?«
Darauf murmelte er irgendetwas Unverständliches.
»Ich meine es ernst«, sagte ich. »Du kannst deine Tochter gern abholen. Sie hat das Recht, ihren Vater zu treffen.«
Jetzt wurde er misstrauisch.
»Und was machst du, während ich mich um sie kümmere?«

Ich seufzte.

»Keine Ahnung. Kaffee trinken, staubsaugen, einen Spaziergang machen.«

»Du bist ja eine nette Mutter!«, schrie er. »Mir erst das Kind aufdrücken und dich dann vergnügen!«

»Das ist doch total bekloppt«, sagte ich zu mir selbst. »Warum diskutiere ich überhaupt noch mit diesem Verrückten?«

»Was sagst du da? Was hast du gesagt? Was?«, schrie er.

Er kam fast jeden Tag und klingelte an der Tür. Wenn ich allein war, öffnete ich nicht. Wenn ich jemanden bei mir hatte, meine Mutter, meine Schwester, Marianne oder meine Nachbarin Katarina, öffnete ich die Tür mit vorgelegter Sicherheitskette bisweilen und fragte, was er wolle. Wenn er ruhig und guter Laune war, ließ ich ihn herein. Wir tranken Kaffee und unterhielten uns fast normal. Er war nett und fröhlich, kümmerte sich aber nicht um Emma.

An anderen Tagen war er nicht ganz bei sich.

»Du kannst mich nicht aus meiner Wohnung ausschließen!«, behauptete er dann und brüllte.

»Ich bestimme, ob zwischen uns Schluss ist!«, war eines seiner Argumente.

»Du hast doch Schluss gemacht«, erwiderte ich dann immer.

»Ja, von meiner Seite, aber nicht von deiner Seite!«, antwortete er dann.

Was sollte man dazu noch sagen?

Am Ende kam er immer mit Emma.

»Ich habe das Recht, meine Tochter zu treffen!«

Meine Antwort war immer dieselbe:

»Natürlich. Fang damit an, dass du die Vaterschaft anerkennst.«

Manchmal versuchte er die Tür aufzudrücken, wenn wir in unseren endlosen Diskussionen an diesem Punkt angelangt waren, oder er murrte nur und verschwand. Tatsächlich sah ich ihn jetzt häufiger als zu der Zeit unserer Verlobung.

Emmas Koliken hörten Ende Januar auf. Sie wurde ein völlig anderes Baby und schlief ruhig und zufrieden in ihrer schönen Wiege. Wenn sie wach war, lächelte sie wie die Sonne selbst.
Wenn ich sie hochnahm, wollte sie immer stehen und auf den Zehenspitzen hüpfen.
»Das wird mal eine Ballett-Tänzerin!«, sagte meine Mutter.
Ich kaufte einen Babytrainer, unter dem sie liegen und strampeln konnte. Sie lernte schnell, dass die Figuren anfingen zu tanzen, wenn sie sie mit der Hand anstieß. Eine Woche später entdeckte sie ihre Füße. Sie konnte stundenlang daliegen und dieses Wunderwerk untersuchen. Ich musste laut über sie lachen. Sie war einfach wunderbar!
In diesem Frühjahr unternahm ich viel mit Katarina, meiner Nachbarin, die unter mir wohnte. Sie hatte einen Jungen, der nur drei Wochen älter war als Emma. Wir gingen oft zusammen mit unseren Kinderwagen in die Stadt oder tranken Kaffee.
Mit Marianne traf ich mich zwei Mal die Woche, entweder in der Stadt oder bei mir zu Hause. Wir sprachen viel über Emmas Vater und wie ich seinen immer schrecklicheren Forderungen begegnen sollte.

An einem herrlichen Frühlingstag Anfang März klingelte er an der Tür. Ich hatte mich gerade angezogen und wollte rausgehen. Emma lag in der Kiepe des Kinderwagens.
»Lass mich rein!«, grölte er.
»Hau ab!«, schrie ich.
»Du hast fünf Sekunden, um die Tür zu öffnen!«, brüllte er.

»Ich will dich hier nicht haben!«, rief ich wütend durch die Tür. »Du machst meine Sachen kaputt und schlägst mich. Warum sollte ich dich hereinlassen?«
Er antwortete nicht. Stattdessen erfüllte ein rhythmisches Klopfen meinen Flur. Ich hielt die Luft an und horchte.
Was in aller Welt war das? Es kam von der Tür, er machte etwas mit der Tür!
Ich rannte zum Telefon, das auf dem Tisch im Flur stand, und wählte mit zitternden Händen die Nummer meiner Mutter. Es klingelte bei ihr.
Das Klopfen kam jetzt von weiter unten.
Es klingelte vier Mal, fünf Mal.
»Hallo?«
Sie musste im Garten gewesen sein.
»Mama, er macht etwas mit der Tür! Komm und hilf mir! Hilfe!«
Das Klopfen hörte auf. Stattdessen hörte man ein schlurfendes Geräusch.
Das Baby! Emma lag direkt vor der Tür im Kinderwagenaufsatz. Ich legte auf und packte die Handgriffe der Kiepe. Im Augenwinkel sah ich, wie die Tür sich zu öffnen begann, aber von der falschen Seite! Ich trug den Kinderwagenaufsatz schnell ins Badezimmer und zog die Tür wieder zu.
Triumphierend stand er mit meiner Wohnungstür in der Hand in der Türöffnung.
»Glaub ja nicht, dass du mich ausschließen kannst«, tönte er.
Ich begriff gar nichts. Mein Gehirn stand einfach still. Der Mund war knochentrocken.
»Was hast du mit meiner Tür gemacht?«, schrie ich zu Tode erschrocken.
Er antwortete nicht, sondern schmiss sie auf die Seite. Die Tür schlug mit einem schrecklichen Krachen auf die Steinfliesen.

»Habe ich nicht gesagt, dass du dich mir nicht widersetzen sollst?«, fragte er und trat in meinen Flur.
Ich stand wie gelähmt da und konnte nicht glauben, dass das wirklich geschehen war.
Er trat zu mir, griff mit der rechten Hand in mein Haar und zog mich zu sich heran, so dass unsere Gesichter fast zusammenschlugen. Ich hörte auf zu atmen. Meine Beine gaben unter mir nach. Er zog mich an den Haaren hoch, die Wärme von einem Schlag an die Schläfe breitete sich über das Gesicht aus.
»Ich gehe hier ein und aus, wie ich will. Merk dir das!«
Dann war er weg.

Sven, der Hausmeister, kam und setzte die Tür wieder ein.
»Splinte«, sagte Sven erklärend und hielt sie hoch. »Er hat die Splinte rausgeschlagen und dann die Tür abgehoben. Supereinfach.«
»Aber ...«, sagte ich, »wie ist das möglich?«
»Die Türen sehen in allen Häusern aus den Vierzigerjahren so aus«, sagte der Hausmeister. »Alte Angeln, Türen, die nach außen aufgehen. Da kann man nichts machen.«
»Hier können Sie nicht bleiben«, sagte Marianne, kaum dass sie die Treppe hinaufgekommen war.
»Wo soll ich denn hin?«, fragte ich müde. »Zu meinen Eltern, damit er da auch die Türen aushebelt?«
»Nein«, sagte Marianne. »Sie gehen in das geheime Frauenhaus. Sie müssen versprechen, niemals irgendwem zu erzählen, wo das Haus sich befindet. Die ganze Sache mit dem Haus wäre vergeblich, wenn die gewalttätigen Männer herausbekommen würden, wohin die Frauen geflohen sind.«
»Natürlich«, murmelte ich.
Wir fuhren in die Nachbarstadt und hielten vor einem großen weißen Zweifamilienhaus in der Stadtmitte.
»Die Frauen, die hier arbeiten, sind darauf spezialisiert, sich um Frauen in Ihrer Situation zu kümmern.«

Ich schluckte. Das kam mir alles so endgültig vor. Im Grunde hatte ich mir nie eingestanden, dass ich ein Opfer von Misshandlungen war, eine von diesen schwachen, gedemütigten und schikanierten Frauen mit blauen Flecken und scheuem Blick.

Marianne ging mit mir hinein. Eine kleine, schlanke Frau mit kurz geschnittenem dunkelblondem Haar begrüßte uns.

»Ich heiße Inger. Herzlich willkommen!«

Wir gaben uns die Hand. Ich murmelte meinen Namen, fühlte mich etwas fehl am Platz und war verlegen. Das rechte Auge war angeschwollen, so dass ich schlecht sehen konnte. Ich sah schrecklich aus. Inger sah, dass ich mich schämte, und lächelte warm.

In der altmodisch eingerichteten Küche herrschte eine friedliche Stimmung. Der Fußboden war aus Holz, die Einrichtung in Blau gehalten. Das Haus bestand aus zwei Etagen. In der unteren lagen Küche, Versammlungsraum und das Büro der Frauenhilfe. In der oberen gab es mehrere Schlafzimmer.

»Dieses Zimmer wird dir gehören«, sagte Inger und öffnete eine verzierte Spiegeltür.

Der Raum war hübsch, hatte einen Holzfußboden und eine Rosentapete. In einer Ecke stand ein weißer Kachelofen. Die Möblierung war einfach, aber zweckmäßig. Drei Betten, ein größeres, ein Klappbett und ein kleines Kinderbett, ein Sessel, ein Stuhl und ein kleiner Schreibtisch.

»In den übrigen Zimmern wohnen andere Frauen. Im Moment beherbergen wir zwei weitere Gäste, zwei Frauen, von denen jede ihr Kind dabeihat.«

Ich fing an zu weinen. Was machte ich hier?

»Alle, die hier arbeiten, sind selbst von ihren Männern misshandelt worden«, sagte Inger, als meine Tränen langsam versiegten.

Ich blickte erstaunt auf.

»Du auch?«

Sie lächelte ein wenig.
»Was ist so seltsam daran?«
»Du wirkst so ...«
Ich verstummte.
»Normal?«, ergänzte sie. Sie lachte kurz. »Ja«, sagte sie, »ich bin ganz normal. So wie du, nehme ich mal an.«
Sie sah mich freundlich an.
»Du hast einen Schlag aufs Auge bekommen«, sagte sie.
Ich schaute zu Boden.
»Sag es nur, wenn du reden möchtest«, sagte sie und verließ das Zimmer.

Es wurde dunkel. Ich konnte das Schmelzwasser auf der Straße plätschern hören und machte eine kleine Lampe im Fenster an, die das Zimmer in ein warmes und sanftes Licht tauchte.
Ich setzte mich auf das Bett und lehnte mich in die Kissen zurück. Emma schlief in ihrem Gitterbettchen. Ich versuchte der Wahrheit ins Auge zu sehen: Ich war ein Opfer von Misshandlung. Der Mann, den ich geliebt hatte, schlug mich und erniedrigte mich, wie er nur konnte. Wie hatte es so weit kommen können?
An diesem Abend weinte ich mich in den Schlaf.

Als ich am nächsten Morgen erwachte, sah alles schon viel besser aus. Nach dem Frühstück gingen Inger und ich in ihr Büro.
»Eigentlich hätte ich schon längst erkennen müssen, wo das hinführt«, sagte ich. »Ich habe alle Fehler gemacht, die man nur machen kann.«
Ich verstummte.
»Inwiefern?«, fragte Inger.
»Alle Anzeichen waren von Anfang an da«, sagte ich. »Ich habe sie gesehen, aber ich wollte es nicht begreifen.«
»Erzähl«, forderte Inger mich auf.

»Mein aprikotfarbener Badeanzug«, sagte ich. »Die Lokalzeitung. Er hat damit angefangen, mein Selbstvertrauen kaputtzukritisieren, und hat mich glauben lassen, ich sei fett, hässlich, unnütz und bescheuert. Niemand anders als er würde mich je lieben können. Ich solle froh und dankbar dafür sein, dass er sich für eine derart missratene Person wie mich interessiere.«
»Bist du missraten?«, fragte Inger.
»Überhaupt nicht!«, hörte ich mich selbst im Brustton der Überzeugung sagen. »Ich habe einen tollen Job bei einer Bank, spreche mehrere Sprachen fließend, habe eine wunderbare Familie und massenhaft Freunde. Ich wohne in einer Dreizimmerwohnung in einem älteren Haus mitten in der Stadt. Ich könnte es gar nicht besser haben!«
Plötzlich fing ich wieder an zu weinen.
»Er hat mein ganzes Leben zerstört!«, tobte ich. »Er hat mir meine Freunde weggenommen, schlecht über meine Familie geredet, mir verboten, zu essen, was ich will, zu lesen, was ich will, und er hat verlangt, dass ich meinen Glauben, meine Traditionen und meine Kultur aufgebe. Wie kann man so etwas einem Menschen antun, von dem man behauptet, dass man ihn liebt?«
»Du weißt aber doch, dass er sich falsch verhalten hat. Warum nimmst du dann einen Teil der Schuld auf dich?«, fragte Inger.
»Ich habe ihm keinen Einhalt geboten«, erwiderte ich. »Ich habe seinen Argumenten nachgegeben. Als er mich zwang, um Entschuldigung zu bitten, weil ich meine Eltern besucht hatte, habe ich das getan. Als er sagte, ich solle mich anders kleiden, habe ich gehorcht. Als er mir sagte, ich solle andere Bücher lesen anstelle meiner eigenen, habe ich nicht protestiert. Und je öfter ich meinen eigenen Willen unterdrückte und mich dem seinen fügte, desto schlimmer wurde es. Wenn ich mich nur früher gewehrt und auf mein Recht gepocht hätte!«

Inger klang barsch, als sie antwortete.
»Es ist doch kein Fehler, in einer Beziehung großzügig zu sein! Sich anzupassen, die Wünsche seines Mannes zu respektieren, Liebe zu geben, das ist doch, worauf eine Beziehung sich gründet, vorausgesetzt, dass es eine normale Beziehung ist. Dass du dich so weit anpassen konntest, wie du es getan hast, zeigt doch nur, dass du ganz wunderbar für Beziehungen geeignet bist, zumindest mit einem normal veranlagten Mann. Dieser Typ ist klein, verrückt und machtgeil. Er musste seinen Mangel an Selbstvertrauen dadurch kompensieren, dass er deines zerstörte. Er dachte, er würde wachsen, wenn es ihm gelänge, eine selbstständige und begabte Frau wie dich ganz klein zu machen, aber das hat er nicht geschafft. Er ist nur noch mehr gesunken, auch in seinen eigenen Augen, weil er dem Menschen schadet, den er liebt.«
»Er liebt mich nicht!«, platzte ich heraus.
»Doch«, sagte Inger, »so absurd es klingt, das tut er. Je mehr er liebt, desto mehr muss er dich kontrollieren.«
»Aber er hat doch unsere Verlobung gelöst!«
»Vermutlich, um dich zu verletzen. Aber er will dich nicht verlieren.«
»Das stimmt, ich sehe ihn jetzt häufiger als damals, als wir noch zusammen waren.«
»Zu deiner eigenen Sicherheit musst du ihm eine Weile fernbleiben«, meinte Inger. »Wann schlägt er dich denn?«
»Wenn etwas nicht klappt«, erklärte ich. »Wenn ich nicht mache, was er will. Wenn er Lust dazu hat.«
Als ich geendet hatte, saß Inger lange schweigend da. Schließlich sagte sie: »Ich habe im Laufe der Jahre schon viele Erzählungen gehört. Maria, ich weiß, wovon ich rede. Ich frage mich, ob du nicht besser die Stadt verlässt«, sagte sie.
»Niemals!«, widersprach ich. »Er wird mich niemals aus

meiner Heimatstadt vertreiben! Niemals! Nur über meine Leiche. Ich kann ihn nicht gewinnen lassen!«

Am nächsten Abend nach dem Essen fragte ich Inger: »Hast du Erfahrungen mit moslemischen Männern?«
»Ein wenig. Einige ihrer Frauen kommen zu uns.«
»Warum ist das so?«, fragte ich. »Sind sie unter den Männern, die ihre Frauen misshandeln, in der Überzahl?«
Sie dachte einen Augenblick nach, goss sich Kaffee ein.
»Ich habe keine wissenschaftlichen Zahlen dazu, aber das kann schon sein.«
»Warum?«, fragte ich wieder.
Sie seufzte.
»Also, jedenfalls ist es nicht die Schuld der Religion«, sagte sie. »Der Islam ist keine Kultur der Gewalt. Aber ein Mensch, der in einer gewissen Kultur aufgewachsen ist, sei es nun eine islamische oder nicht, erlebt in jedem Fall einen Kulturschock, wenn er sich in unserer niederlässt. Ich glaube, es ist die Kollision der beiden Kulturen, die dann Gewalt auslöst. Die Unsicherheit, das Gefühl, nichts zu können, nicht gut genug zu sein, ganz unten in der gesellschaftlichen Hierarchie zu sein.«
Sie biss in ein Stück Schokolade.
»Aber im Koran steht doch, dass der Mann die Frau züchtigen darf, wenn sie aufsässig ist«, entgegnete ich.
»Ja«, meinte Inger. »Es ist viel darüber diskutiert worden, wie man das interpretieren soll. Liest man den Koran und die ganze Sure über die Frauen, dann wird deutlich, dass alle Menschen – Frauen, Vaterlose, Geisteskranke – mit Respekt und Geduld behandelt werden sollen. Der Mann ist der Imam, das Oberhaupt der Familie. Das gibt ihm die Verantwortung für Frau und Kinder. Das bedeutet aber nicht, dass er sie quälen darf. Und was heißt denn aufsässig? Dass sie ihre Kinder schlägt? Dass sie Drogen nimmt? Dass sie nicht mit Geld umgehen kann? In solchen Fällen

ist vielleicht gemeint, dass er die Frau zurechtweisen soll. Er ist schließlich sozusagen ihr Chef. Warum fragst du das eigentlich? Beruft er sich auf seine Kultur, wenn er dich schlägt?«
Sie sah mich über den Rand ihrer Kaffeetasse hinweg an.
»Manchmal«, sagte ich. »Aber ich habe ihm das nie richtig abgenommen. Ich habe den Koran ungefähr so interpretiert wie du, als eine Richtschnur für Moslems, nicht als ein Handbuch der Gewalt. Allah ist ein guter, allmächtiger Gott, genauso wie unserer.«
»Das ist so niederträchtig«, sagte Inger, mehr für sich selbst, »ein Buch Gottes zu benutzen, um zu begründen, warum man die Menschen quält, die man braucht.«

Tags darauf fuhr ich nach Hause. Meine Mutter holte mich mit dem Auto. Ich winkte durch das Rückfenster, als wir auf die Straße bogen. Seltsam. Als ich zum Frauenhaus kam, hatte ich mich noch nicht wie das Opfer einer Misshandlung gefühlt. Jetzt tat ich es, und trotzdem ging es mir viel besser.
Es lohnt sich nie, zu lügen, nicht einmal sich selbst zu belügen, dachte ich.
Ich war gerade zwei Stunden zu Hause, als er anrief.
»Wo warst du?«, schrie er.
Ich seufzte und legte auf. Dann rief ich den Kundendienst der Telefongesellschaft an und bat darum, sofort eine Geheimnummer zu bekommen. Ich ließ den Stecker herausgezogen, bis meine neue Nummer in Kraft trat. Jetzt würde Schluss sein mit dem Telefonterror.

Ich hatte meine Geheimnummer genau neun Tage, ehe er das nächste Mal anrief. Ich bestellte sofort eine neue Geheimnummer, die zweite. Das kostete noch einmal hundert Kronen, aber das war es mir wert. Der März ging zu

Ende. Die Tage wurden warm und sonnig. Ich ging jeden Tag mit Emma hinaus. Sie war jetzt fast ein halbes Jahr alt, ein aufgewecktes, fröhliches und reizendes Mädchen. Eines Tages steckte ich ihr ein Kissen in den Rücken, damit sie besser sehen konnte, wenn sie im Wagen lag. Danach weigerte sie sich zu liegen. Sie hüpfte und drehte sich mit dem ganzen Körper, wenn sie die Welt vorbeisausen sah. Ich musste sie anschnallen, damit sie nicht aus dem Wagen kullerte.

Seit die Koliken sich gelegt hatten, hatte sie ordentlich Speck angesetzt. Sie bekam jetzt Babynahrung: Fleischpüree, Steakpüree, Hühnchenpüree, Schinkenpüree, Truthahnpüree. Sie liebte das alles und hätte es am liebsten mit den Fingern gegessen.

Katarina und ich trafen uns weiterhin. Sisse und ich hatten einen neuen Anfang in unserer Freundschaft gemacht, doch zu Helena hatte ich völlig den Kontakt verloren. Ich versuchte einmal, sie anzurufen, doch sie brach das Gespräch fast augenblicklich ab. Das letzte Mal, als ich anrief, war Mohammed am Telefon. Er sagte offen, was los war: »Da du deinen Mann im Stich gelassen hast, bist du bei uns nicht länger willkommen.«

Ich war traurig, obwohl ich mir das natürlich hätte denken können. Helena hatte mir nahe gestanden.

Marianne und ich trafen uns immer häufiger. Eines Tages, als sie zu mir kam, war sie blass und hatte rot geweinte Augen.

»Was ist denn passiert?«, rief ich erschrocken aus.

Sie holte tief Luft und sprach schnell.

»Sie werden eine andere Kontaktperson zugeteilt bekommen. Sie heißt Mona. Ich habe mit ihr schon zusammengearbeitet, sie ist eine sehr ...«

»Hallo, hallo!«, unterbrach ich sie. »Was reden Sie da?«

Marianne fing an zu weinen.

»Ich bin krank«, sagte sie. »Ich habe Krebs. Knochen-

krebs. Die Ärzte wissen nicht, ob ich es schaffen werde. Die Aussichten sind nicht besonders gut.«
Ich war sprachlos.
»Aber ... wie lange wissen Sie das schon?«
Sie wischte die Tränen weg, riss sich zusammen und wurde wieder ruhig und kompetent wie immer.
»Ungefähr ein halbes Jahr«, sagte sie.
»Ein halbes Jahr? Aber warum haben Sie denn nichts davon gesagt?«
»Das gehört zu meinem Privatleben. Es war nichts, womit ich Sie belasten wollte.«
Ich schämte mich. Ich hatte bei einer Frau über all mein Elend geklagt, der es viel schlechter ging als mir. Ich war ja wenigstens gesund.
»Ich weiß, was Sie jetzt denken!«, sagte Marianne und drohte mir mit dem Zeigefinger. »Tun Sie das nicht! Ich muss professionelle Hilfe in Anspruch nehmen, um da rauszukommen. Sie haben dasselbe Bedürfnis, wenn auch aus anderem Grund. Ich habe nicht vor, ein schlechtes Gewissen zu haben, wenn mein Onkologe zu Hause die Hölle hat. Wenn er arbeitet, soll er mir aus meiner Misere helfen, verstanden?«

Am selben Nachmittag klingelte es an der Tür. Ich sah durch den Spion, er stand da.
Dann ging es wieder los, und diesmal wusste ich, was es war: Es waren die Schläge, wenn er die Splinte aus der Eingangstür schlug. Ich stand wie versteinert da und sah zu, wie er die Tür aus den Angeln hob. Ich kam nicht auf die Idee, zu schreien, jemanden anzurufen oder wenigstens ins Schlafzimmer zu gehen und die Tür zu schließen. Diesmal warf er die Tür nicht um, sondern lehnte sie gegen die Wand. Ich stand mit dem Baby im Arm nur da, als er durch das Loch kletterte, und konnte kaum atmen.

»Hallo«, sagte er fröhlich. »Was für ein wunderbares Wetter wir heute haben.«
Er putzte sich die Schuhe an der Matte ab, hängte seine Jacke an der Garderobe auf, ging zu meinem Spiegel im Flur und fuhr sich durch die Haare.
»Ich wollte einen Kaffee aufsetzen«, sagte er, »möchtest du auch einen?«
Ich antwortete nicht, sondern stand wie versteinert da. Zu Tode erschrocken starrte ich auf das Loch, wo meine Eingangstür gewesen war. Durch das Fenster im Treppenhaus fiel Licht in meinen Flur. Ich hörte, wie er den Kühlschrank öffnete. Er fing an, darin herumzuwühlen. Ich ging zurück und legte das Mädchen ins Gitterbett. Anschließend sammelte ich all meinen Mut zusammen und ging in die Küche. Mein Herz pochte.
Mit einer Mülltüte in der Hand war er dabei, den Kühlschrank auszuräumen.
»Hier ist eine Menge Schweinefutter drin«, sagte er freundlich. »Koteletts, Schinken, alles Mögliche.«
Er hielt mir die Mülltüte entgegen, in der die Lebensmittel, die ich für das Wochenende eingekauft hatte, zwischen alten Kaffeefiltern und kaputten Eierschalen lagen.
»Aha!«, sagte er und zog den Aufschnitt heraus. »Geräucherter Schinken«, las er. Die ungeöffnete Packung wanderte in die Tüte. Ich sagte immer noch nichts.
»So, jetzt schauen wir mal hier«, sagte er und öffnete das Eisfach.
Darin fand er ein Stück tiefgefrorenes Kassler, eine Packung gemischtes Hack und ein halbes Kilo Schweinefilet, das ich im Sonderangebot gekauft hatte. Die Mülltüte füllte sich. Als er das Tiefkühlfach durchsucht hatte, begutachtete er die Küche. Sein Blick fiel auf die Speisekammer.
»Sieh mal einer an«, sagte er und hielt ein Glas mit Babynahrung hoch.
Das Schinkenpüree. Himmel noch mal! Er knotete die

Tüte gut zu, ging ins Treppenhaus und warf sie in den Müllschlucker.
»So«, sagte er fröhlich und wischte sich die Hände ab. »Nun ist der Kaffee wohl fertig!«
Er nahm eine Tasse aus dem Schrank und füllte sie bis zum Rand. Dann setzte er sich an den Küchentisch und trank genussvoll.
»Willst du auch eine Tasse, Mia? Er ist wirklich gut!«
Ich schüttelte nur den Kopf, rührte mich nicht vom Fleck, stand immer noch auf der Schwelle zwischen Küche und Flur, während er seinen Kaffee austrank. Dann reckte er sich, gähnte und sagte:
»Also, ich glaube, jetzt mache ich ein Nickerchen!«
Dann trabte er an mir vorbei in den Flur und in mein Schlafzimmer. Er zog die Schuhe aus und streckte sich auf meinem Bett aus.
»Komm, lass uns ein wenig kuscheln, Mia!«, sagte er und streckte die Arme nach mir aus.
Bin ich es, die hier verrückt wird, oder er?, fragte ich mich.
Er ging nach ungefähr einer Stunde. Sowie ich die Tür unten ins Schloss fallen hörte, rief ich Sven, den Hausmeister, an.
Ich hatte meine zweite Geheimnummer ungefähr drei Wochen, als er wieder anrief.
»Hallo!«, sagte er. »Ich möchte, dass du heute Abend herkommst und mit mir isst.«
Das konnte doch nicht wahr sein! Er hatte es wieder geschafft, meine Nummer herauszubekommen!
»Ich will nicht mit dir essen, und ich will nicht, dass du hier anrufst. Tschüss«, sagte ich und legte auf.
Ich kam nicht dazu, die Nummer der Telefongesellschaft zu wählen, ehe er wieder anrief.
»Aber du bist meine Frau!«, rief er. »Du musst tun, was ich sage!«

»Ich bin nicht deine Frau. Ich war einmal deine Verlobte, aber du hast mich sitzen lassen. Außerdem hast du eine andere Freundin, Irene.«
Ich legte auf, ging runter und rief von Katarinas Telefon aus die Telefongesellschaft an. Sie würden sofort eine neue Geheimnummer schalten. Meine dritte.
Diesmal hatte ich meine neue Geheimnummer vier Tage, bis er anrief. Sobald ich seine Stimme hörte, legte ich auf. Wer besorgte ihm denn jedes Mal meine neue Nummer?
»Ich nicht«, sagten meine Mutter, meine Schwester, Sisse und Marianne.
Wer war es dann? Ich besorgte mir eine neue Nummer, die vierte.

An einem schönen Vormittag Anfang April ging ich mit dem Kinderwagen in die Stadt. Ich wollte mit Sisse in unserer alten Stammkneipe, in der ich früher einmal gearbeitet hatte, zu Mittag essen. Ich ging rechtzeitig zu Hause los, schlenderte langsam die Straßen entlang und ließ die Sonne mein Gesicht wärmen. Ich machte die Jacke auf und klappte das Verdeck des Wagens herunter, damit Emma den sanften Windhauch spüren konnte. Was für ein herrliches Wetter! Die Sonne schien mir ins Gesicht, und so sah ich nicht, dass ich dabei war, mit einem Paar mit Kinderwagen zusammenzustoßen. Es waren Helena und Mohammed!
»Ja, hallo!«, platzte ich froh heraus. »Lange nicht gesehen! Wie geht es der Kleinen?«
Ich war stehen geblieben und hatte mich vorgebeugt, um in ihren Kinderwagen zu schauen. Helena machte den Mund auf, um etwas zu sagen, aber Mohammed zog sie fest am Arm.
»Komm, Fatima«, sagte er.
Helena schaute zu Boden. Ich stand da und sah, wie sich ihre Rücken entfernten. Die Sonne leuchtete auf Moham-

meds schwarzem Haar. Helena trug ein Kopftuch. Ich fühlte mich überrollt und gedemütigt.
»Mia? Bist du nicht Mia Eriksson? Himmel noch mal, das ist wirklich lange her! Meine Güte! Wo warst du denn in den letzten Jahren?«
Ich fuhr herum, blinzelte gegen die Sonne an und sah überhaupt nichts.
»Ich bin es, Anders! Ich kenne Staffan, den Freund deiner Schwester, erinnerst du dich nicht? Wir sind vor ein paar Jahren einmal Wasserski fahren gewesen. Wir sind in meinem Citroën gefahren.«
Ja, genau, der Typ mit dem Citroën. Hieß der Anders?
»Hallo«, sagte ich und lächelte. »Jetzt erinnere ich mich. Das ist schon eine Weile her.«
»Hast du ein Kind?«, fragte er erstaunt mit Blick auf den Kinderwagen.
Interessiert ging er hin und sah Emma an.
»Das ist aber ein süßes Baby!«, rief er begeistert und betrachtete die kleine schlafende Gestalt.
»Ja, sie ist mein Liebling!«, sagte ich stolz.
»Herzlichen Glückwunsch«, meinte er freundlich. »Wie schön!«
Ich warf einen Blick auf die Uhr. Oje, schon so spät.
»Ich will dich nicht aufhalten, wenn du es eilig hast«, beeilte er sich zu sagen. »Ich wollte sowieso etwas essen gehen.«
»Ich gehe auch essen«, sagte ich. »Da vorn in der Gaststätte, mit Sisse. Kennst du sie?«
»Eigentlich kenne ich mehr ihren Mann, Henrik. Wir haben früher bei der Gemeinde zusammen gearbeitet. Inzwischen habe ich einen eigenen Betrieb. Wir könnten ja zusammen essen.«
Wir gingen in die Kneipe und unterhielten uns fröhlich über dieses und jenes. Er aß eilig ein Tagesgericht und ließ uns dann allein. Sisse und ich blieben, bis die Mittagszeit vorüber war und das Personal uns rauswarf. Alles würde gut werden!

In der Nacht wachte ich plötzlich gegen drei Uhr auf. Ich wusste nicht, was mich geweckt hatte, aber auf einmal war ich hellwach. Ich sah ihn erst nicht, spürte jedoch seine Gegenwart im Zimmer.
Plötzlich löste er sich aus dem Schatten bei den Schränken, sprang auf mein Bett und zog mir die Decke weg. Ich wusste nicht, wie mir geschah, fühlte nur, wie ein schreckliches Grauen den ganzen Raum erfüllte. Ich schrie.
»Verdammte Hure!«, keuchte er und packte meinen Arm.
In Panik versuchte ich mich loszureißen.
»Hilfe!«
Das Baby wachte auf und weinte. Er zerrte mich auf den Fußboden herunter, ich landete hart auf der Hüfte.
»Bitte nicht, bitte nicht.«
Das ist ein Albtraum, ich wache bestimmt bald auf.
»Du glaubst wohl, du kannst mich behandeln, wie du willst!«
»Was habe ich denn getan?«
Er packte den Kragen des großen T-Shirts, das ich als Nachthemd trug. Mit einem Ruck riss er es von der Schulternaht bis zum Saum auf.
»Ich weiß, was du getan hast, man hat dich gesehen. Verdammte Hure, du entkommst mir nicht. Begreifst du das nicht?«
Er drehte mir den linken Arm auf den Rücken, zerrte mich auf die Füße und warf mich gegen die Schlafzimmerwand. Ein Bild fiel herab. Glas zersplitterte. Das Baby schrie. Ich knallte wieder auf den Boden. Er folgte mir. Ich versuchte unter den Nachttisch zu kriechen, doch er bekam mein Bein zu fassen und zog mich heraus. Der Tisch fiel um. Der Wecker und ein eingerahmtes Foto von Emma fielen herunter. Ich griff nach einem Bettpfosten und versuchte mich festzuhalten. Er trat auf meine Finger.
»Sie haben gesehen, dass du in der Stadt mit einem Typen geredet hast, einem wildfremden Mann, mitten auf der

Straße, und mein Kind hattest du auch noch dabei. Er hat mein Kind angeschaut! Verdammte Hure!«
Er trat auf meine Beine, in den Rücken, gegen die Schultern. Das Baby schrie hysterisch. Ich blieb reglos liegen, versuchte nicht mehr, mich zu wehren, hielt Arme und Hände schützend um den Kopf gelegt.
»Bitte nicht, bitte nicht.«
Wenn er nur dem Kind nichts tat! Ich lag still da, bis die Tritte aufhörten. Mir dröhnte der Kopf, ich wusste nicht, ob er gegangen war. Von weit her hörte ich das verzweifelte Weinen des Mädchens.
Vorsichtig versuchte ich auf die Füße zu kommen. Es ging nicht. Meine Hüfte gehorchte mir nicht. Mit einem Stöhnen sank ich auf den Fußboden. Diesmal hatte er es offensichtlich geschafft, etwas kaputtzumachen.
»Liebling, Mama hört dich, ich bin ja da ...«
Vorsichtig kroch ich zum Gitterbett, und es gelang mir, mich hochzuziehen. Nein, es war nichts gebrochen. Mir war nur schwindlig. Ich nahm das Baby und setzte mich aufs Bett. Langsam beruhigte Emma sich wieder. Stille legte sich über uns. Es war völlig dunkel. Kalte Luft zog vom Flur ins Schlafzimmer. Die Wohnungstür! Er musste sie wieder ausgehebelt haben. Plötzlich wurde im Treppenhaus das Licht eingeschaltet. Schwere Füße waren auf der Treppe zu hören. Wenn er nun zurückkam! Ich kroch im Bett so weit nach hinten, wie ich konnte, zog die Decke bis zu den Schultern hoch und drückte das Baby fest an mich. Der Lichtschalter in meinem Flur wurde betätigt. Die Lampe vertrieb die Dunkelheit in meinem Schlafzimmer.
»Ist da jemand?«
Ich sperrte die Augen auf und schrie vor Angst.
»Bitte nicht, bitte nicht!«
Das Baby begann wieder zu weinen. Die Deckenleuchte im Schlafzimmer wurde eingeschaltet.

»Was ist denn hier passiert!«, sagte der Mann erschrocken und betrachtete mich und das Durcheinander im Zimmer.
Es war ein Polizist in Uniform, ein junger Beamter. Hinter ihm stand ein älterer Kollege. Ich verstummte sofort. Was war das denn?
»Maria Eriksson? Ihre Nachbarin hat angerufen. Sie sagte, es würde klingen, als würde die Decke einstürzen.«
Katarina! Lars und sie hatten ihr Schlafzimmer unter meinem!
»Was ist denn passiert?«
Ich vermied es zu antworten und wiegte stattdessen das Baby in den Schlaf.
»Könnten Sie so nett sein und die Tür wieder einsetzen?«, fragte ich. »Es wird so kalt in der Wohnung.«
Die Polizisten setzten die Tür wieder an ihren Platz.
»Sie sollten die Tür im Rahmen sichern«, sagte der Jüngere der beiden, als sie fertig waren und ich das Baby wieder in sein Bettchen gelegt hatte.
»Man schlägt ein paar starke Stahlbolzen in die hintere Kante der Tür und bohrt dann auf der gegenüberliegenden Seite Löcher in den Türrahmen. Dann kann die Tür nicht mehr so ausgehebelt werden.«
Ich sah ihn staunend an.
»Warum hat mir das noch keiner gesagt?«, fragte ich verblüfft. »Ist es wirklich so einfach, ihn ein für alle Mal auszusperren?«
»Wollen Sie damit sagen, dass das schon mal passiert ist?«, fragte der ältere Polizist.
Ich antwortete nicht.
»Ich denke, Sie sollten ihn anzeigen«, fuhr er fort.
Ich schüttelte den Kopf.
»Nein. Sie kennen ihn nicht. Das würde alles nur noch schlimmer machen. Er wird schon irgendwann aufhören.«
Der ältere Polizist sah mich eine Weile an. Dann sagte er:

»Sie haben die Wahl. Solche Vergehen sind Offizialdelikte, werden also von der Staatsanwaltschaft auch ohne Kläger verfolgt, aber wenn Sie dem Gericht nicht sagen wollen, was passiert ist, wird es schwer sein, ihn zu verurteilen.«
»Hier können Sie jedenfalls nicht bleiben«, sagte der Jüngere der beiden. »Sie sollten wegfahren, bis die Tür gesichert ist.«
»Das wäre wahrscheinlich das Beste«, murmelte ich.
»Wir können Sie zu einem Frauenhaus in der Nachbarstadt bringen. Da ist es wirklich schön«, versuchte er mich fast flehend zu überzeugen.
»Ich weiß«, sagte ich. »Ich war schon einmal dort.«
Der Streifenwagen war vor meiner Tür geparkt. Die weißblaue Lackierung, die blauen Lichter auf dem Dach, die großen Buchstaben auf den Türen – ich schreckte zurück.
»Sie können hinten sitzen«, meinte der ältere Beamte.
Er hielt mir die Tür auf und half mir auf den Rücksitz.
»Ich muss dann von außen öffnen, wenn Sie aussteigen«, sagte er und lächelte. »Die Türen sind gesichert.«
Ich stellte die Kindertragetasche auf meine Knie. Emmas schlafendes Gesicht war direkt vor meinem. Das Auto rollte in die Nacht hinaus.

Marianne sorgte dafür, dass meine Tür mit Stahlbolzen versehen wurde. Das dauerte ein paar Tage. Während dieser Zeit wohnte ich in dem schönen weißen Haus mit den Kachelöfen.
»Ich sage es noch einmal«, sagte Inger. »Du solltest überlegen, ob du nicht woanders hinziehst.«
»Niemals«, erwiderte ich nur.
Ich rief Sven an und bat ihn zu versuchen, meine Tür auszuhebeln. Es gelang ihm nicht. Danach traute ich mich wieder nach Hause.
Ich war gerade ein paar Tage zu Hause, als es wieder in

den Angeln krachte. Schnell nahm ich das Baby auf und ging in den Flur hinaus. Es würde interessant sein, zu sehen, ob die Bolzen funktionierten. Schon hatte er die Splinte herausgeschlagen. Dann wollte er die Tür greifen und sie aus den Angeln heben. Er packte fest zu und zog, aber die Tür rührte sich nicht. Er nahm Anlauf und versuchte es noch einmal. Ich konnte mir ein Lächeln nicht verkneifen. Jetzt begriff er allmählich, dass etwas nicht stimmte.
»Was hast du mit der Tür gemacht? Verdammte Hure!«
Er öffnete die Briefkastenklappe, schrie und fluchte. Ich ging ins Schlafzimmer und schloss die Tür, denn ich konnte sein Brüllen nicht ertragen. Da fing er an, gegen die Tür zu schlagen und zu treten. Ich setzte mich mit Emma auf das Bett und sang mit lauter und klarer Stimme. Das Mädchen lachte und klatschte vor Freude in die Hände. Ich würde nicht aufgeben. Ich würde die Gewalt mit »Weißt du, wie viel Sternlein stehen« übertönen.
Am nächsten Tag hatte ich ihn wieder am Telefon. Ich wechselte sofort die Nummer, jetzt war es die fünfte.

Emma lernte, ohne Hilfe zu sitzen, fing an zu krabbeln und konnte plötzlich überallhin. Den Pinzettengriff beherrschte sie auch, und schon bald hatte sie den Mund voll vergessener Brotkrümel und dicker Wollmäuse.
»Du bist ein kleiner Gourmet«, sagte ich und holte den Kram aus ihrem Mund. Sie protestierte laut.
Eines Tages ließ ich die Tür einen Spalt offen, weil meine Mutter vorbeikommen wollte. Damals machte ich so etwas noch. Manchmal hatte ich das Gefühl, als sei die Welt ganz normal, als könnte ich meine Tür offen stehen lassen, wenn ich mein Baby badete.
Er kam, ohne zu klingeln und ohne ein Wort zu sagen. Ich hörte, dass jemand kam, hörte, dass er es war, die wohl bekannten Geräusche, wenn er nach Hause kommt: Er

zieht sich die Schuhe aus, wühlt im Küchenschrank, gießt einen Kaffee ein, räuspert sich, zieht den Küchenstuhl heraus, blättert in einer Zeitung und trinkt den Kaffee, den irgendjemand anders gekocht hat.
Er saß dort, bis ich mit Emma herauskam, die ich in ein großes rosa Badelaken gewickelt hatte. Ihr kleiner Kopf mit den dunklen Locken ragte wie ein fröhliches Ausrufezeichen aus dem Frottee.
»Was willst du?«, fragte ich.
»Ich finde, wir sollten heiraten«, meinte er.
Ich war drauf und dran, laut loszulachen, riss mich aber zusammen.
»Ach so«, antwortete ich. »Wieso denn das?«
»Mohammed und Fatima werden heiraten. Ich finde, wir sollten es auch tun.«
»Hast du nicht daran gedacht, mich zu fragen, was ich davon halte?«, fragte ich und setzte mich auf einen Küchenstuhl. Ich sah ihn nicht an, sondern konzentrierte mich darauf, das nasse Baby abzutrocknen.
»Okay«, sagte er, erhob sich und stellte sich auf meine Seite des Tisches.
Er nahm meine Hand in seine und sagte: »Mia, willst du mich heiraten?«
Ich zog meine Hand weg und antwortete: »Nein, danke.«
»Warum nicht?«, schrie er.
»Du bist gemein zu mir«, sagte ich ruhig und begegnete seinem brennenden Blick. »Du machst mir Angst, und du schlägst mich. Deshalb will ich dich nicht heiraten.«
Er setzte sich und fuhr sich mit den Fingern durchs Haar.
»Okay, Entschuldigung«, sagte er. »Ich wollte dich nicht schlagen, aber ich musste es tun, begreifst du das nicht? Du zwingst mich dazu!«
»Ach nein«, sagte ich. »Und wieso?«
»Weil du nicht gehorchst. Du machst nicht, was ich sage!«

»Soll das heißen, du schlägst mich aus erzieherischen Gründen zusammen?«
Er sah mich lange an. Dann stand er auf und ging, ohne ein Wort zu sagen. Die Wand wackelte, als er die Tür hinter sich zuschlug.

8

Ich fing an, meine Zukunft zu planen. Der Erziehungsurlaub würde im Herbst zu Ende sein. Also war es höchste Zeit, für Emma einen Kindergartenplatz zu besorgen. Da ich allein erziehende Mutter war, versprach mir die Beamtin bei der zuständigen Stelle, dass ich bei der Suche nach einem Platz bevorzugt werden würde.
Zusammen mit meinem Chef in der Bank beschloss ich, im Herbst eine Fortbildung zu machen. Nach Weihnachten würde ich dann an meinen alten Arbeitsplatz zurückkehren. Wenn die Fortbildung gut lief, würde ich vielleicht befördert werden.
»Freust du dich, wieder zu arbeiten?«, fragte meine Schwester.
»Ja«, meinte ich. »Aber erst einmal möchte ich einen langen, herrlichen Sommer mit Emma verbringen!«

Marianne wurde Ende April krankgeschrieben. Sie bekam Bestrahlungen und Chemotherapie, verlor die Haare und wurde dünner. Ich traf mich jetzt mit einer neuen Haustherapeutin, einer Frau, die Mona hieß. Sie war jünger als Marianne, dunkelhaarig, groß und schlank. Die ersten Male trafen wir uns gemeinsam mit Marianne und kamen vom ersten Moment an gut miteinander aus. Später trafen wir uns zwei, drei Mal in der Woche. Das Vertrauen, das ich Marianne entgegengebracht hatte, konnte ich schnell auch auf Mona übertragen. Sie hatte schon bald ein sehr klares Bild von meiner Lebenssituation.

»Du musst wissen, ob du ihn anzeigen willst oder nicht«, sagte sie immer.
Sie wollte diese Entscheidung nicht für mich treffen.

An einem schönen Abend gegen sieben Uhr rief mich meine Schwester an und wollte wissen, ob ich etwas Bestimmtes vorhätte.
»Staffan, ich und ein paar andere haben Würstchen, Bier und Baguette gekauft und wollten fragen, ob wir dich überfallen können.«
»Na klar, kommt her!«
Meine Schwester und ihr Freund hatten sechs oder sieben Leute bei sich, die ich mehr oder weniger von früher her kannte. Zwei waren bei der Wasserskiaktion vor einigen Jahren dabei gewesen: Anders, der mit dem Citroën, und ein rothaariger Typ, der Gitarre spielte, und dann noch Staffans Bruder, seine Freundin und ihre Freundinnen.
Mein Sofa war plötzlich voll fröhlicher Leute.
»Ist es in Ordnung, wenn wir das Fenster aufmachen? Macht das dem Baby nichts?«
Der Rothaarige holte seine Gitarre heraus. Er schlug ein paar Akkorde an und spielte dann *House of the Rising Sun*. Eines der Mädchen war Sängerin in einer Tanzcombo, sie fiel gleich mit der Leadstimme ein. Alle sangen mit, auch Emma.
»Hier kommen Käse, Wurst und Bier«, sagte Staffan und balancierte die Tabletts.
»Setz dich, Mia«, sagte eines der Mädchen und machte neben sich auf dem Sofa Platz.
Ich setzte mich hin, nahm Emma auf den Schoß. Wir waren alle hungrig und stürzten uns auf das Tablett mit dem Essen.
»Wann fängst du wieder an zu arbeiten?«
Zuerst dachte ich, die Frage sei an jemand anders gerichtet gewesen. Als ich mich umdrehte und Anders' Blick sah, merkte ich, dass er mit mir geredet hatte.

»Nicht vor Weihnachten«, sagte ich. »Ich werde im Herbst eine Fortbildung machen. Sie fängt im September an, und bis dahin habe ich noch frei.«

»Es muss herrlich sein, mit einem kleinen Kind zu Hause zu sein und sich um nichts in der Welt Sorgen machen zu müssen!«

Er sagte das so natürlich, als gäbe es nichts Böses in der Welt, keine Verrückten, die mitten in der Nacht Türen aushebelten, die schlugen und drohten und sich hier Kaffee kochten, wenn ich vergessen hatte, die Tür zuzumachen.

Sein Gesichtsausdruck veränderte sich.

»Was ist denn?«, fragte er. »Habe ich was Falsches gesagt?«

Ich beeilte mich zu lächeln.

»Nein«, sagte ich, »überhaupt nicht.«

Ich ging in die Küche, um den Abendbrei für die Kleine zu machen.

Der größte Teil der Gäste ging gegen elf Uhr. Nur meine Schwester, ihr Freund und Anders blieben noch und halfen mir aufzuräumen.

»Möchte jemand einen Tee?«, fragte meine Schwester.

»Das wäre wunderbar«, erwiderte Anders.

»Für mich auch einen«, sagte ich.

Sie verschwand wieder in der Küche. Ich sank ins Sofa. Anders ging zum geöffneten Fenster und sog die klare Nachtluft ein. Die Geräusche auf der Straße waren in der stillen Nacht deutlicher zu hören, sie drangen in mein Wohnzimmer: ein bellender Hund, ein vorbeifahrendes Auto, eine Gruppe betrunkener Studenten, die von der leuchtenden Zukunft, die nur ihnen gehörte, grölten.

»Morgen wird es regnen«, sagte Anders. Er wandte sich zu mir um und erklärte: »Ich kann es riechen.«

Er schloss das Fenster. Die Geräusche waren mit einem Mal weit entfernt.

»Du kommst nicht von hier, oder?«, fragte ich.

»Nein, ich bin in Norrland geboren«, erzählte er.

»Mein Vater stammt aus Östersund«, sagte ich. »Als wir Kinder waren, haben wir jeden Sommer dort oben verbracht.«
»Wirklich, wo denn genau?«
Wir verloren uns in Details über kleine Hüttenindustrien und geschlossene Supermärkte.
»Hier ist euer Tee«, sagte meine Schwester.
Sie gingen bald darauf. Der nächste Tag war ein gewöhnlicher Arbeitstag, die Ferien begannen erst in ein paar Wochen.
»Bis bald«, sagte Anders.
»Ich rufe morgen an«, sagte meine Schwester.

Das konnte sie nicht, weil mein Ex-Verlobter zuerst anrief.
»Fragst du dich nicht, wie ich immer deine Geheimnummern herausbekomme?«, fragte er. »Du bezahlst doch extra, damit die Telefongesellschaft sie nicht herausgibt, oder? Da hast du dich aber schön reinlegen lassen! Die sagen mir jedes Mal die Nummer, wenn ich bei der Auskunft anrufe!«
Ich legte auf, und sein Lachen schallte mir in den Ohren. Ich wartete, bis die Leitung wieder frei war, und dann rief ich die Auskunft an.
»Auskunft, mein Name ist Gunilla«, sagte eine Stimme.
»Hallo«, sagte ich freundlich. »Ich hätte gern die Nummer von Maria Eriksson.«
»Maria Eriksson ...« Sie tickerte auf einem Computer herum.
Dann fand sie den Namen.
»Es tut mir Leid, aber die Teilnehmerin wünscht, dass die Nummer geheim bleibt. Ich kann sie Ihnen nicht geben.«
»Nein, so ein Mist!«, rief ich. »Wie ärgerlich! Ich bin eine Freundin von ihr, und sie hat mich gebeten, heute Vormittag anzurufen. Jetzt habe ich aber ihre Nummer verloren, und sie wartet darauf, dass ich sie anrufe. Wie ärgerlich!«

»Nun ja ...«, sagte die Frau bei der Auskunft.
»Was soll ich bloß tun?«, bettelte ich. »Sie wartet doch!«
»Ja«, sagte die Stimme, »da Sie eine Freundin sind, kann ich Ihnen die Nummer ja geben.«
Und dann hörte ich, wie mir die geheime Zahlenkombination angesagt wurde. Meine eigene Geheimnummer!
»Das kann doch wohl nicht wahr sein!«, platzte ich heraus. »Wie können Sie nur diese Nummer herausgeben? Ich bin Maria Eriksson und habe zusätzlich dafür bezahlt, dass diese Nummer nicht weitergegeben wird!«
Die Frau am anderen Ende schwieg betreten.
»Wie heißen Sie noch gleich? Gunilla? Ich werde das weitergeben, darauf können Sie sich verlassen.«
Ich legte auf, ehe sie protestieren konnte. Dann rief ich all ihre Vorgesetzten bei der Telefongesellschaft an, die ich erwischen konnte. Alle baten mich vielmals um Entschuldigung und versprachen, dass das nie wieder passieren würde, konnten nicht verstehen, was in diese Gunilla bei der Auskunft gefahren war. Ehe der Tag zu Ende war, hatte ich eine neue Nummer bekommen, meine siebte.
Und diesmal musste ich nichts bezahlen.

Eines Nachmittags kam Anders vorbei.
»Möchtest du einen Kaffee?«, fragte ich. »Oder willst du ein wenig Gulasch essen?«
Er dachte kurz nach.
»Gulasch klingt toll!«
Ich setzte Emma in ihren Kinderstuhl.
»Hier hast du auch was«, sagte ich und gab ihr einen Keks in die Hand.
»Ist das gut?«, fragte Anders und betrachtete das Mädchen eingehend.
»Sie hat ja Zähne!«, rief er. »Zwei Stück! Ich habe sie genau gesehen, wie kleine Reiskörner! Da unten, im Unterkiefer.«

Ich lachte laut über seine Begeisterung.
»Die hat sie schon seit sechs Wochen. Ich glaube, dass oben jetzt auch welche kommen. Sie steckt sich immer die Finger in den Mund.«
Ich stellte schnell noch einen Teller, ein Glas und Besteck auf den Tisch.
»Möchtest du ein Bier?«
»Ja, gern, wenn du eins hast.«
Ich holte zwei Bier aus dem Kühlschrank. Wir prosteten uns fröhlich mit den alten Senfgläsern zu: »Auf den Sommer!«
Anders spülte, während ich Emma ins Bett legte. Als ich aus dem Schlafzimmer kam, hatte er Kaffee gekocht und im Wohnzimmer gedeckt. Er sah etwas unsicher aus.
»Du hast ja gesagt, dass du gern einen Kaffee hättest – ich hoffe, du meinst nicht ...«
»Ganz und gar nicht«, sagte ich. »Ich bin es nur nicht gewohnt, bedient zu werden.«
Wir setzten uns jeder auf ein Sofa.
»Staffan hat mir Emmas Vater gezeigt«, sagte er. »Scheint, dass er nicht besonders nett zu dir war.«
Ich zögerte einen Moment, dann sagte ich:
»Nein, das war er nicht. Tatsache ist, dass er mitten in der Nacht in meine Wohnung eingedrungen ist und mich verprügelt hat – deinetwegen.«
Ich erzählte ihm davon.
»Das kann doch nicht wahr sein!«, sagte Anders vollkommen verblüfft. »Er war sauer, weil ich in der Stadt mit dir geredet habe?«
»Ja«, sagte ich belustigt. »Ich darf anderen Männern nicht in die Augen sehen. Außerdem trug ich kein Kopftuch. Er will, dass ich mich anständig verhalte.«
Jetzt lachte ich laut; es erheiterte mich einfach, zu hören, wie absurd das klang.
Anders sah mich entsetzt an.

»Wie kannst du nur lachen? Das ist doch furchtbar!«
Ich lachte noch mehr. Irgendwie war das jetzt möglich. In seiner Gegenwart fühlte ich mich so sicher.
»Ja«, sagte ich, »was soll ich denn sonst tun? Heulen?«
Ich lachte noch mehr, und langsam fingen auch seine Mundwinkel an zu zucken. Ich erzählte, wie er einfach hereingekommen war, Kaffee aufgesetzt und all mein Schweinefleisch weggeworfen hatte.
»Das ist doch total verrückt!«, rief er.
Wir sahen uns einen guten Film im Fernsehen an. Dann erzählte er von seiner Familie, die immer noch in Norrland wohnte, von seinem Bruder, seiner Schwester und den Eltern. Dass er seine Heimatstadt für die Ausbildung verlassen und in unserer Stadt einen Praktikumsplatz bekommen hatte, bei der Gemeinde gearbeitet und dann eine eigene Firma aufgemacht hatte und geblieben war.
»Jetzt wohne ich in einer Einzimmerwohnung in der alten Arbeitersiedlung«, sagte er. »Weißt du, die alten Häuser direkt vor der Stadt, die sie zu schicken Yuppie-Wohnungen umgebaut haben.«
»Die sind doch so hübsch!«, sagte ich.
»Ja, total schön, aber ziemlich klein, muss ich sagen.«
Plötzlich war es vier Uhr früh.
»Du kannst auf dem Sofa schlafen, wenn du willst«, sagte ich.
Er sah mich ernst an.
»Bist du sicher, dass du keine Schwierigkeiten kriegst, wenn ich das tue?«
»Ich mache, was ich will«, sagte ich und holte Decke, Kissen und Bettzeug für ihn.
Als ich aufwachte, war er schon gegangen. Auf dem Küchentisch lag ein Zettel: »Vielen Dank für das Gulasch und den schönen Abend. Bis bald!«
Ich sang vor mich hin, während ich das Papier zu einem kleinen Ball zusammenknüllte und in die Mülltüte warf.

9

An einem Montag Mitte Juni hatten wir uns verabredet, um gemeinsam in der Stadt Mittag zu essen. Mona und Marianne von der Gemeinde waren dabei, Sisse, Katarina und ich. Wir parkten unsere Kinderwagen und Wickeltaschen zwischen den Tischen und Stühlen, die draußen vor dem Lokal standen.
»Wie herrlich!«, seufzte Sisse und blinzelte hinter ihrer dunklen Brille gegen die Sonne an. »Ich will, dass es immer Sommer bleibt!«
Mona erzählte mir, wann sie während des Sommers Urlaub haben würde, Marianne berichtete das Neueste über die Prognose der Ärzte bezüglich ihrer Krankheit. Sisse, Katarina und ich verglichen verschiedene Breisorten.
Ich hatte gerade mein Schnitzel bekommen, als ich hinter meinem Rücken jemanden »Hallo, Mia« sagen hörte. Ich drehte mich erstaunt um. Es war Helena. Sie stand mit ihrem kleinen Mädchen im Arm unsicher und schüchtern jenseits des Zaunes, der um den Garten des Restaurants gezogen war.
»Helena!«, rief ich. »Lange nicht gesehen! Wie geht es dir?«
Sie versuchte zu lächeln, aber es wurde mehr eine Grimasse daraus. Sie trug eine Sonnenbrille und hatte nichts auf dem Kopf. Es musste etwas geschehen sein, sie war nicht »hijad«.
»Warum setzt du dich nicht zu uns?«, forderte ich sie auf.
»Sisse, kannst du bitte einen Stuhl holen? Mona, das ist Helena, von der ich dir schon erzählt habe.«

Helena schob sich mit dem Baby zu unserem Tisch durch.
»Bitte nur eine Tasse Kaffee«, sagte sie zu der Bedienung.
»Wie geht es dir?«, fragte ich vorsichtig.
Als Antwort nahm sie die Sonnenbrille ab. Blauschwarze Ringe und furchtbare Schwellungen bedeckten alles von den Augenbrauen bis zu den Wangen.
»Mein Gott«, flüsterte ich.
»Ich habe ihn gestern bei der Polizei angezeigt«, sagte sie leise.
Mona sah sie aufmerksam an, sagte aber nichts.
»Was ist passiert?«, fragte ich.
Sie sah sich verzagt um und setzte dann die Sonnenbrille wieder auf.
»Wir haben uns gestritten«, sagte sie nur.
Im selben Augenblick sah ich sie kommen.
Sie gingen nebeneinander, mit langen Schritten und mit vor Wut versteinerten Gesichtern. Sie waren noch ziemlich weit weg, ich sah ihre Gestalten zwischen den Menschen flimmern. Dann lösten sie sich aus der Menge und gingen schnell die letzten Meter bis zu unserem Tisch.
Mein Ex-Verlobter war zuerst da. Seine Hände flogen direkt in mein Haar. Er packte mich beim Nackenhaar und zog, so dass ich fast mitsamt dem Stuhl umgefallen wäre.
Sisse kreischte, Mona sprang auf. Mohammed schlug Helena mit der Faust direkt aufs Kinn. Sie fiel zur Seite und hätte fast das Baby fallen lassen. Die anderen Gäste im Lokal trauten ihren Augen nicht. Ein Mann in einem Anzug schrie: »Ruft die Polizei! Ruft die Polizei!«
Mehrere Personen standen auf, wussten aber nicht, was sie tun sollten.
»Gib mir das Kind!«, schrie mein ehemaliger Verlobter. Er bekam Emmas Bein zu fassen und zog daran.
Das Mädchen schrie vor Schmerz und Schreck. Sie hatte ein Kleidchen an, Kniestrümpfe und Sandalen. Er hielt sie

am Oberschenkel fest, auf der nackten Haut. Ich ruckte wieder und wieder mit dem Nacken, um ihn dazu zu bringen, meine Haare loszulassen. Ich merkte, dass die Haare sich lösten, und sah, wie sein Griff um das Bein des Kindes fester wurde und die Haut um seine Hand herum anfing blau zu werden. Emma schrie vor Panik.

»Hilfe!«, rief ich. »Er reißt ihr das Bein aus!«

Aus dem Augenwinkel sah ich, dass Mohammed versuchte, Helena über den Zaun hinweg zu erreichen. Sie hatte sich nach vorn geworfen und versteckte sich unter dem Tisch. Das Restaurant war jetzt in heller Aufregung. Die Menschen fielen übereinander, um rauszukommen. Mohammed war über den Zaun gesprungen und stürzte sich unter den Tisch zu Helena. Er schrie, sie solle ihm das Kind überlassen, sonst würde er sie zusammenschlagen.

Endlich schaffte ich es, mich loszureißen. Mein ehemaliger Verlobter stand da, die Faust voll weizenblonder Haare.

»Verdammte Hure!«, schrie er.

Ich versuchte verzweifelt, mich durch das Meer von Stühlen in das Restaurant zu drängen, aber er hatte meine Bluse zu fassen bekommen. Ich fuhr herum, die Ärmelnähte rissen.

»Du wirst meine Tochter nicht kriegen!«, brüllte er. »Ich habe das Recht, meine Tochter zu treffen!«

Wir hörten die Polizei nicht kommen. Plötzlich standen sie da, drei Beamte, die ihn gemeinsam festhielten.

Ich war frei, versuchte meine Kleidung zu ordnen. Gleichzeitig murmelte ich Emma tröstende Worte zu, strich ihr über den Kopf, küsste und wiegte sie, sang ein wenig. Es war ein Gefühl, als würde ich im Auge eines Orkans stehen.

»Wird es denn nie anders werden?«, flüsterte ich.

Sie schickten Helena und ihr Mädchen mit dem ersten Polizeiauto fort, Emma und ich fuhren mit dem zweiten.

Zum dritten Mal innerhalb weniger Monate landete ich in dem weißen Haus mit den Kachelöfen.
Ich bekam dasselbe Zimmer wie die beiden Male zuvor, das schöne, helle Zimmer mit der Rosentapete. Als ich auf der Schwelle zu dem Zimmer stand, die Hand noch auf der Spiegeltür, breitete sich große Ruhe in mir aus. Ein Fenster war gekippt, die weißen Gardinen bewegten sich schwach in der Sommerbrise.
Ich setzte mich aufs Bett, das Mädchen auf dem Schoß. Ein Sonnenstrahl fiel auf ihr glänzend schwarzes Haar. Ich streichelte ihren Kopf. Küsste sie, wiegte sie ein wenig. Hier stand die Zeit still. Dann sah ich den Fleck auf ihrem Oberschenkel. Der Abdruck seiner Finger war auf ihrer weichen Babyhaut immer noch zu sehen. Der ganze Oberschenkel war blau. Ich schaukelte sie.
»Warum kann dein Papa nicht nett zu dir sein?«
Helena reagierte ganz anders als ich darauf, dass sie in dem weißen Haus war. Ich fand sie unten im Gemeinschaftsraum, nachdem ich Emma in ihr Gitterbettchen gelegt hatte. Helenas Kleine saß in der Küche und wurde von einer Angestellten gefüttert. Sie selbst starrte mit leerem Blick durch eines der Fenster, die auf den Garten hinausgingen. Sie hatte wieder ein Kopftuch umgebunden. Ich ging zu ihr und legte meine Hand auf ihren Arm.
»Wie geht es dir?«
Sie zog sich ein wenig zurück. Ihre Augen waren hinter den blauschwarzen Schwellungen trocken.
»Ich habe mich meinem Mann widersetzt«, sagte sie und starrte weiter in die Gardine.
»Er muss gerecht zu dir sein«, sagte ich. »Findest du, dass er das war?«
Sie antwortete nicht, sondern befühlte schweigend eine Goldkette, die sie um den Hals hatte.
»Dein Gesicht sieht schrecklich aus«, sagte ich. »Glaubst du, dass du das verdient hast?«

Sie wandte sich von mir ab und setzte sich auf ein Sofa. Ich setzte mich ihr gegenüber und wartete auf eine Reaktion. Es kam keine.
Sie sah zu Boden.
»Es ist nicht recht«, murmelte sie. »Ich lasse meinen Mann im Stich.«
»Du hast gesagt, du hättest ihn angezeigt«, fuhr ich fort. »Was ist denn passiert?«
»Wir haben uns gestritten. Ich habe ihn rausgeworfen. Er wurde furchtbar wütend und sagte, er würde das Mädchen holen.«
Endlich zeigte sie eine Reaktion, ihre Augen füllten sich mit Tränen. Aber die Einsicht war nicht so, wie ich es erwartet hatte. Stattdessen sagte sie verzweifelt: »Oh, Gott, was habe ich meinem Mann angetan?«

Wir grillten an dem Abend vier große Holzfällersteaks im Garten, unterhielten uns und lachten. Es wohnte damals noch eine andere Frau dort. Sie hatte drei Kinder im Vorschulalter, die einander mit viel Geschrei und Fröhlichkeit durch den Garten jagten. Helena hielt sich abseits. Sie aß kein Fleisch und stocherte nur ein wenig in einer Kartoffel herum. Sie ging, sobald sie konnte.
»Sie hat es wirklich nicht leicht«, sagte Inger, als Helena verschwunden war. »Sie kämpft mit einem furchtbar schlechten Gewissen. Sie glaubt, sie hätte ihren Mann verraten. Wie lange waren sie zusammen?«
Ich dachte nach.
»Seit Sommer oder Herbst 1984«, sagte ich. »Das sind bald drei Jahre.«
»Genug Zeit, um das Selbstvertrauen eines Menschen zu zerstören«, sagte Inger mehr zu sich selbst. »Wie war sie denn vorher?«
»Lustig und fröhlich«, sagte ich. »Die lustigste Freundin,

die ich hatte. Wir standen uns recht nah und gingen immer zusammen tanzen. Sie hatte mit Henna gefärbte Haare und tiefe Ausschnitte.«
»Kann man sich heute nur noch schwer vorstellen«, meinte Inger. »Gibst du mir mal den schwarzen Müllsack?«
Wir sammelten die Pappteller und das Plastikbesteck ein. Es war schon recht spät, die Schatten der Fichtenhecke hüllten den kleinen Garten in tiefe Sommerdunkelheit. Die Glut im Grill war zu einem grauen Pulver mit einigen glitzernden roten Rubinen zerfallen. Emma war auf meinem Schoß eingeschlafen. Ich hatte sie in eine Decke gewickelt.
Inger seufzte.
»Sie muss in der Lebensart dieses Moslems etwas gefunden haben, was sie ungeheuer angezogen hat«, sagte sie und meinte damit wieder Helena. »Dieser Stil mit dem Hijad, meine ich, passt vielleicht viel besser zu ihr als die tiefen Ausschnitte.«
»Klar«, sagte ich, »das kann schon sein. Es gibt viele positive Dinge in der arabischen Gemeinde in unserer Stadt, der Zusammenhalt, die Fröhlichkeit, das Essen. Helena liebt das alles. Sie wird zum Islam konvertieren, wenn sie es nicht schon getan hat. Für sie war das Christentum nicht so wichtig, sie pflegte keinen aktiven Glauben. Es war kein Opfer für sie, ihn aufzugeben. Für mich wäre es das gewesen.«
Inger schauderte.
»Jetzt gehen wir rein. Wie wäre es mit einer Tasse heißem Kaffee?«
»Herrlich!«, sagte ich.

Am folgenden Morgen erschien Helena mit Kopftuch zum Frühstück.
»Ich werde heute nach Hause gehen«, erklärte sie und nahm sich ein Toastbrot.

»Aha«, sagte ich. »Wirst du zu ihm zurückgehen?«
Helenas Wangen röteten sich ein wenig.
»Mein Platz ist bei meinem Mann. Ich war ungehorsam«, sagte sie.
»Wie machst du es mit der Anzeige?«, fragte ich. »Die wird doch jetzt laufen.«
»Ich bin die Treppe heruntergefallen«, antwortete sie. »Ich werde vor Gericht sagen, dass ich die Treppe heruntergefallen bin.«
»Das nutzt doch nichts«, sagte ich.
Sie sah wütend auf und setzte sich gerade hin.
»Sag mir nicht, was ich tun soll«, zischte sie, schob den Stuhl zurück und verließ den Tisch.
Inger legte ihre Hand auf meine.
»Lass sie, Mia. Es ist ihr Leben, nicht deines.«
Helena fuhr nach Hause. Sie sagte nicht einmal auf Wiedersehen. Irgendwie fehlte sie mir.
»Nun sieh es mal nicht so endgültig«, sagte Inger. »Als sie keine Hoffnung mehr hatte, ist sie zu dir gekommen, vergiss das nicht. In ihrem tiefsten Innern wird sie immer auf deiner Seite stehen. Nach außen wird sie sich weiter ihrem Mann fügen, aber glaube mir, in ihr hast du eine wahre Freundin.«
»Das bezweifle ich«, sagte ich.
Aber Inger hatte Recht. Eines Tages, viel, viel später, würde Helena ihren Mann verraten, um mich zu retten.

Mona besuchte mich, kurz nachdem ich wieder zu Hause war.
»Ich habe mit Emmas Vater geredet«, sagte sie. »Er behauptet, alles zu bereuen. Er sei von der Liebe zu seinem Kind getrieben worden, sagt er. Er habe das Recht, das Mädchen zu treffen, wann er wolle.«
»Ist das so?«, fragte ich.
»Natürlich nicht«, entgegnete Mona. »Offiziell ist er

nicht einmal ihr Vater. Er leugnet ja die Vaterschaft. Wenn er eine Blutprobe abliefert und die Vaterschaft festgestellt wird, dann hat Emma das Recht, ihn zu treffen.«
»Aber hat er denn gesagt, dass er sich mit Emma treffen will?«, fragte ich hoffnungsvoll.
»Ja, er beharrte darauf, sagte, sie sei der Schatz seines Lebens, sein Stolz und seine ganze Freude.«
Ich musste laut lachen.

Am zweiten Abend zu Hause klingelte Anders an meiner Tür.
»Hallo«, sagte ich fröhlich. »Komm rein! Willst du einen Kaffee?«
»Ja, sehr gern«, sagte er, zog die Schuhe aus und legte die Jeansjacke ab.
»Der Sommer ist irgendwie abhanden gekommen«, sagte er. »Es ist nasser und kälter als im März.«
»Stimmt«, sagte ich und ging in die Küche.
»Schläft Emma? Darf ich reingehen und sie anschauen, wenn ich ganz leise bin?«, fragte er.
Er stand in der Türöffnung zur Küche, mit halb nassen Haaren, die zu Berge standen, und auf Strümpfen, und krempelte die Ärmel hoch, während er mich mit einem eifrigen Ausdruck auf dem Gesicht ansah.
»Na klar«, sagte ich. »Sie liegt in meinem Bett.«
Er schlich zur Schlafzimmertür und öffnete sie lautlos. Ich deckte den Tisch und holte Kekse und drei Zimtschnecken heraus.
»Kaffee ist fertig!«, rief ich leise.
Anders war nicht zu sehen. Ich ging in den Flur, um zu sehen, was er machte. Er stand ganz still über mein Bett gebeugt. Leise ging ich ins Schlafzimmer und stellte mich neben ihn. In meine große Daunendecke gewickelt, lag das kleine Mädchen da und schlief. Ihre Atemzüge waren unhörbar und kaum zu sehen. Nur ihr kleiner Mund be-

wegte sich manchmal nuckelnd, als würde sie von ihrer Flasche träumen.

»Sie ist unglaublich«, flüsterte er. »Sieh mal, die langen Wimpern! Ich glaube, ich habe noch nie ein süßeres Kind gesehen.«

Ich lächelte, mein Blick trübte sich.

»Jetzt lass uns den Kaffee trinken, ehe er kalt wird«, flüsterte ich und ging aus dem Schlafzimmer, bevor er meine Tränen bemerkte.

Wir sahen fern und redeten nicht viel, sondern saßen nur jeder in einem Sessel, mit der Kaffeetasse vor sich. Als ich zum zweiten Mal gähnte, sagte Anders: »Jetzt muss ich langsam nach Hause.«

»Ich werde schlafen gehen«, sagte ich.

Er nahm unsere Tassen und trug sie in die Küche. Ich hörte, wie er sie ausspülte und auf das Abtropfgestell stellte, machte den Fernseher aus und faltete eine Decke zusammen. Der Flur lag im Dunkeln. Nur das Licht des dunkler werdenden, verregneten Frühsommerhimmels fiel herein. Anders zog gerade seine Jacke an, als ich in die Küche gehen wollte, und wir stießen in der Türöffnung zusammen. Er war groß, aber nicht so groß wie Emmas Vater. Plötzlich wurde mir sein Körper bewusst, das Hemd, die aufgekrempelten Ärmel, die eng sitzenden Jeans, sein lockiges blondes Haar. Schnell drehte ich mich um und ging in die Küche.

»Mia«, sagte er leise.

»Nein«, sagte ich. Ich stand mit dem Rücken zu ihm, hörte ihn in der Türöffnung atmen.

»Ich mag dich, Mia«, sagte er.

»Ich mag dich auch«, sagte ich.

»Aber?«

Ich ließ den Wasserhahn laufen und trocknete dann die saubere Spüle ab.

»Ich will im Moment keine Beziehung«, sagte ich. »Ich schaffe das einfach nicht.«

Er sah mich lange schweigend an.
»Ich will mit dir befreundet sein«, sagte ich. »Ich will, dass wir uns treffen, etwas unternehmen, baden gehen und so. Aber ich will keine Beziehung.«
Er lächelte schwach.
»Na klar«, sagte er. »Ich mag dich, Mia. Und Emma ist wirklich mein Lieblingsbaby.«
Er ließ die Arme fallen.
»Wir können Freunde sein. Wir können massenhaft Sachen zusammen machen. Wie wäre es mit Minigolf? Morgen Abend?«
Ich musste lachen.
»Na klar. Gern.«
»Ich hole euch um sechs ab, okay?«
Ich nickte und winkte ihm nach.

Mittsommer kam und ging, der nasseste und kälteste seit Menschengedenken. Emma und ich feierten das ins Wasser gefallene Fest mit meinen Eltern, meiner Schwester und ihrem Freund Staffan im neuen Sommerhaus meiner Eltern. Sie hatten sich in einem Ferienhausgebiet direkt vor der Stadt ein kleines rotes Freizeithäuschen mit weißen Giebeln gekauft. Wir stellten einen Mittsommerbaum auf dem Grundstück auf, aber es war zu kalt, um drum herumzutanzen.

Er einigte sich mit Mona darauf, dass er an einem Samstag um ein Uhr kommen würde, um Emma zu holen. Um sechs Uhr nachmittags sollte er sie zurückbringen.
Er kam fast eine Stunde zu spät. Emma war eingeschlafen, während wir warteten.
Als er an der Tür klingelte, erwachte das Mädchen mit einem Ruck.
»Warum weint sie?«, war das Erste, was er sagte, als ich die Tür öffnete.

»Sie ist nur ein wenig verschlafen«, sagte ich. »Das geht vorüber.«
Er stand in meinem Flur und sah sich mürrisch um.
»Hier ist ihr Brei«, sagte ich und nahm die Flasche aus der kleinen Tasche. »Und hier sind Windeln und ...«
»Ja, ja«, unterbrach er mich wütend. »Gib her.«
Ich schluckte. Im Grunde war es das erste Mal, dass er seine Tochter überhaupt auf den Arm nehmen würde. Ich stellte die Taschen zu seinen Füßen ab, hob Emma hoch und gab sie ihm. Er nahm sie mit beiden Händen, hielt sie ungelenk und ungeübt vor sich.
»Tschüss, Kleines«, sagte ich und versuchte fröhlich zu klingen. »Viel Spaß mit Papa!«
Er wandte sich zum Gehen.
»Vergiss ihre Sachen nicht!«, sagte ich und hob die Taschen auf.
Er stöhnte, nahm die Taschen über den einen Arm und trug das Mädchen auf dem anderen. Ich zog die Tür zu. Das Weinen des Kindes hallte im Treppenhaus wider. Ich ging zum Fenster, um sie wegfahren zu sehen. Sie kamen nie aus der Tür. Nach ein paar Minuten hörte man im Treppenhaus wieder ein Kind weinen. Dann klingelte es an meiner Tür. Er reichte mir das Mädchen, ehe ich noch etwas sagen konnte.
»Ich werde zum Strand fahren. Ich kann beim Baden kein schreiendes Kind gebrauchen«, sagte er.
Er stellte die Taschen auf der Türschwelle ab und ging.
»Soll das heißen, dass du sie jetzt bei mir lässt?«, fragte ich.
»Sie schreit ja doch nur«, sagte er auf halbem Weg die Treppe hinunter. »Ich kann sie ja treffen, wenn sie aufgehört hat zu schreien.«
Ich stand immer noch in der Tür, als ich die Eingangstür unten zuschlagen hörte. Es waren nicht einmal zehn Minuten vergangen, seit er gekommen war, um sie zu holen. So viel zum Besuchsrecht.

Anders, Emma und ich trafen uns oft. Wir unternahmen gemeinsam etwas, lachten, aßen Würstchen, Softeis und Kebab, badeten, wenn das Wetter es zuließ, tranken Kaffee, machten Ausflüge mit seinem Auto, aber wahrten Distanz.

Er verliebte sich immer mehr in Emma und bestand darauf, den Wagen zu schieben, wenn wir unterwegs waren. Er liebte es, Spaß mit ihr zu machen, fuhr ganz schnell, auf zwei Rädern, im Kreis oder rückwärts. Manchmal bekam ich richtig Angst, aber das Mädchen quiekte vor Freude. Meine Schwester und Staffan waren oft dabei, manchmal trafen wir uns mit Sisse, Henrik und ihrem Mädchen, das Kajsa hieß. Es machte Freude, die beiden kleinen Mädchen zusammen herumkrabbeln zu sehen. Sie waren sehr neugierig und wollten sich andauernd anfassen.

Eines Abends, nachdem wir bei Sisse und Henrik gewesen waren, fuhr Anders uns mit dem Auto nach Hause. Als wir in meine Straße einbogen, sah ich einen dunklen Schatten in meinem Hauseingang stehen.

»Bleib stehen!«, sagte ich schnell.

Anders trat auf die Bremse. Ich lehnte mich vor und sah durch die Windschutzscheibe und die rhythmischen Bewegungen der Scheibenwischer.

»Das ist er«, sagte ich. »Er steht vor meiner Tür und wartet auf mich.«

»Im strömenden Regen?«, fragte Anders erstaunt. »Ist der nicht ganz bei Trost?«

»Könntest du bitte wenden und in die Straße hinter dem Haus fahren? Ich kann dann durch den Seiteneingang hineingehen.«

»Aber warum steht er hier draußen im Regen?«, fragte Anders.

»Die Haustür wird um neun Uhr abgeschlossen. Wahrscheinlich hat er es nicht rechtzeitig geschafft, ins Treppenhaus zu kommen.«

Anders legte den Rückwärtsgang ein.
»Ich warte, bis du sicher im Haus bist.«
Ich machte kein Licht an, als ich in der Wohnung war, sondern ging im Dunkeln schlafen.

Er rief an und schrie wieder in die Leitung.
»Ich habe das Recht, meine Tochter zu sehen!«
Ich stöhnte leise.
Über Mona vereinbarten wir, dass er Emma am Samstag in zwei Wochen treffen sollte.
»Aber er muss sie bei meiner Mutter holen«, sagte ich.
Ich wechselte die Telefonnummer, zum achten Mal.

Einige Abende später saßen Anders und ich bei mir zu Hause und sahen fern. Der ewige Regen wollte kein Ende nehmen. Man hatte das Gefühl, es wäre Oktober, dabei war es erst Ende Juli.
Es klingelte an der Tür.
»Wer kann das sein, um diese Zeit?«, fragte ich und sah durch den Spion.
Mein Ex-Verlobter stand vor der Tür. Er lehnte sich so dagegen, dass ich ihn in der seltsamen Perspektive des Spions kaum sehen konnte.
»Anders«, sagte ich in die Wohnung hinein, »komm doch bitte mal.«
»Wer ist es?«, fragte Anders leise.
»Er ist es, und er sieht so komisch aus«, flüsterte ich zurück. »Was soll ich bloß machen?«
»Mach die Tür auf«, sagte Anders.
Ich war schockiert, als ich die Tür öffnete. Mein ehemaliger Verlobter stand schwankend an der Wand neben meiner Eingangstür. Sein ganzer Kopf war blutüberströmt. Um die Stirn hatte er sich ein Frotteehandtuch gewickelt, das einmal gelb gewesen sein musste.

»Mein Gott!«, sagte ich erschrocken. »Was ist denn bloß passiert?«
Er wäre fast hingefallen, und Anders und ich eilten herbei und hielten ihn fest.
»Ich habe das Auto zu Schrott gefahren«, jammerte er.
»Wir müssen einen Krankenwagen rufen!«, sagte ich. »Und die Polizei, wenn du einen Autounfall hattest.«
»Nein«, sagte er und versuchte sich von uns loszureißen. »Nicht die Polizei! Nicht die Polizei!«
»Hast du Alkohol getrunken?«, fragte ich.
Er sah mich an.
»Nein«, sagte er. »Ich habe keinen Führerschein.«
»Aber dein arabischer ...«, begann ich, führte den Satz jedoch nicht zu Ende.
»Was ist denn passiert?«, fragte ich.
»Ich bin auf der nassen Fahrbahn ins Schleudern geraten«, sagte er. »Das Auto hat sich überschlagen, und ich bin mit dem Kopf durch die Windschutzscheibe.«
Um zu beweisen, was er sagte, nahm er vorsichtig das Handtuch fort, das er sich um den Kopf gewickelt hatte.
Ich musste mich an Anders festhalten, als ich die Wunde darunter sah. Ein Brei aus Hautfetzen, Haarsträhnen, Glasstücken und Blut war zu sehen. Ich entschloss mich schnell.
»Anders, darf ich mir dein Auto leihen? Kannst du auf Emma aufpassen, während ich ihn ins Krankenhaus fahre?«
»Klar«, sagte Anders und fischte die Autoschlüssel aus der Jeanstasche.
»Ich hole ein frisches Handtuch, damit du nicht das ganze Auto mit Blut voll schmierst«, murmelte ich.
Die offene Wunde am Kopf des Mannes verursachte mir Übelkeit. Ich opferte gern ein Badelaken, um sie nicht mehr sehen zu müssen.

Anders saß in meiner Küche und wartete, als ich nach Hause kam.
»Wie ist es gelaufen?«, fragte Anders und stand auf.
»Gut, denke ich«, erwiderte ich und warf meine Handtasche auf den Tisch im Flur. »Er musste natürlich da bleiben. Sie werden die Glasscherben rausholen und die Wunde dann nähen.«
»Warum ist er zu dir gekommen?«, fragte Anders. »Und wie hat er es bis hierher geschafft?«
»Keine Ahnung«, sagte ich ehrlich.
»Du musst sein einziger Rückhalt sein«, meinte Anders.
Ich hängte meinen nassen Mantel auf einen Bügel und strich das Haar aus dem Gesicht. Ich war müde, fror und sehnte mich nach meiner Decke.
»Du bist wirklich zu bewundern, Mia«, sagte Anders.
Ich schloss die Augen und zog die Decke bis zum Kinn hinauf.
»Manchmal glaube ich nur, dass ich mir selbst und Emma einen Bärendienst erweise, wenn ich ihn nicht wegschicke. Vielleicht wäre alles anders gekommen, wenn ich knallhart zu dem gestanden hätte, was ich von Anfang an wollte, zu meinen Ansichten, meinen Freunden – und zu meinem Geld!«
Ich machte eine hilflose Bewegung mit dem Arm.
»Und jetzt sitze ich hier mit Stahlbolzen in der Tür und einer Geheimnummer, und es ist nicht mehr zu ändern!«
»Ich könnte dir helfen, Mia«, sagte Anders.
»Und wie?«, fragte ich.
»Ich könnte öfter hier sein. Abends. Nachts. Immer.«
Ich schwieg. Darauf war ich nicht gefasst gewesen. Ich starrte auf die karierte Wolle der Decke, spürte seinen Blick auf mir, seine sichere, warme Nähe.
»Du weißt, dass ich dich mag«, sagte ich leise. »Aber ich kann dich nicht noch mehr hineinziehen. Du weißt ja, wie es mir ergeht.«

»Dein Leben besteht doch nicht nur aus ihm und seinen verdammten Spinnereien«, rief Anders mit einer Erregung, die ich von ihm gar nicht kannte.
Er erhob sich von der Armlehne des Sofas und ging im Zimmer auf und ab.
»Ich mag dich, weil du bist, wie du bist! Stark, klug und schön!«
»Wenn du mit mir zusammen wärst, würdest du seinetwegen keine ruhige Minute mehr haben«, entgegnete ich.
»Er ist mir scheißegal!«, rief Anders.
Er kam zu mir, nahm meine Hände und sah mir in die Augen.
»Ich will mit dir zusammen sein! Er hat nichts mehr mit dir zu tun! Mia, komm zu mir! Sei mit mir zusammen! Ich hab dich so gern – und Emma!«
Die Tränen schnürten mir den Hals zu. Ich musste wegsehen und starrte auf die Decke.
»Ich kann nicht«, sagte ich, und meine Stimme war nur noch ein Flüstern. Langsam zog ich meine Hände zurück.
Er stand auf, ging ohne ein Wort und schloss die Tür leise und vorsichtig, damit Emma nicht wach wurde.

Ich hatte ihn wieder an der Strippe.
»Was hatte der Typ um die Zeit bei dir zu Hause zu suchen?«, war das Erste, was er sagte.
»Er hat mir sein Auto geliehen, damit ich dich ins Krankenhaus fahren kann, remember?«
»Er hat nichts bei dir zu suchen!«
»Er ist mein Freund, und er darf mich besuchen, sooft er will.«
»Aber ich darf das nicht?«, schrie er hysterisch. »Mich schließt du aus, mich, der ich bei dir wohne!«
Ich empfand eine grenzenlose Ohnmacht.
»Wie bist du hergekommen, als du den Unfall hattest?«, fragte ich.

»Ich bin gelaufen.«
»Aber warum?«
Lange blieb es still, dann sagte er:
»Ich konnte nirgendwo anders hin.«
»Aber du brauchtest doch einen Arzt! Warum bist du nicht ins Krankenhaus gegangen?«
Er antwortete nicht. Ich hörte ihn nur eine Weile in der Leitung atmen. Dann legte er auf.
Ich wechselte wieder die Nummer. Es war meine neunte.

Anfang August hatte ich einen Brief in der Post, in dem mir ein Platz in der Tagesstätte für Emma angeboten wurde. Ich ging hin, sprach mit der Leiterin und schaute mir alles an. Es schien dort sehr schön zu sein. Emma sollte ab Mitte August hingehen.
»Jetzt kriegst du Freunde, Emma!«
Ich würde meine Fortbildung wie geplant machen können. Der Kurs begann Anfang September, so dass alles davon abhing, ob Emma sich bis dahin eingelebt hatte.
»Es wird sicher gut laufen«, sagte die Leiterin.

Dann kam der Samstag, an dem Emma sich mit ihrem Vater treffen sollte. Wir gingen schon am Morgen zu meinen Eltern. Es war ein klarer und etwas kühler Tag, ein Vorgeschmack auf den Herbst.
Ich stand in einem der Schlafzimmer im ersten Stock, als er mit dem Auto kam. Ich war völlig perplex. Es war der Volvo, den er gekauft hatte, als Emma geboren wurde. Er sah nicht ein bisschen beschädigt aus. Was das für ein Unfall gewesen war, mit welchem Auto und wo, bekam ich nie richtig heraus.
Im Auto saß noch jemand. Als er sich vorbeugte, um die Asche von einer Zigarette abzumachen, sah ich, dass es Ali war, sein Freund, der mit dabei gewesen war, als sie Emma herumgeworfen hatten. Ich fühlte die Wut in mir

aufsteigen, als ich daran dachte. Doch die Übergabe von Emma schien diesmal gut zu laufen. Emma wurde auf Alis Schoß gesetzt, und sie fuhren davon. Ich bin gespannt, wie lange es diesmal dauert, dachte ich bei mir.
Ich musste auf die Antwort nicht lange warten. Nach einer halben Stunde waren sie zurück.
»Ein Glück, dass sie nicht begreift, wie er sie im Stich lässt«, murmelte ich in ihr schwarzes Haar.

Am Montag begann die Eingewöhnung in die Kita. Am ersten Tag waren wir nur kurz dort. Wir wurden mit Lennart bekannt gemacht, dem Erzieher, der Emma betreuen würde.
»Schau mal, Emma, was für ein Zeichen du an deinem Haken hast, eine Eistüte! Das passt doch gut, wo du doch so gern Eis isst!«
Die Eingewöhnung verlief besser als erwartet. Noch ehe die drei Wochen vorüber waren, kannte ich das ganze Personal, sogar in den anderen Gruppen, und viele der Kinder.
Die ganze Tagesstätte arbeitete nach einem sehr klaren und pädagogischen Plan, auch für die sehr kleinen Kinder. Die Leiterin nahm aktiv an der Arbeit in den einzelnen Gruppen teil und versuchte alle Ausflüge, Konzert-, Theater- und Museumsbesuche zu begleiten, die die Kinder unternahmen. Die Kita hatte keine eigene Köchin, stattdessen wechselte das Personal sich mit dem Kochen ab. Sie waren begeistert dabei und setzten ihren ganzen Ehrgeiz daran, alles aus den besten Zutaten zuzubereiten. Beim Kochen war immer mindestens eines der Kinder dabei.
Ich wunderte und freute mich über die Art, wie die Kinder behandelt wurden. Alle durften bei allem mithelfen. Sobald sie laufen konnten, sollten sie ihren Teller selbst wegbringen, die Essensreste abkratzen und den Tisch ab-

wischen. Sie durften sich, soweit möglich, allein anziehen, sich selbst nach dem Essen den Mund abwischen, die Malpinsel ausspülen und die Spielsachen wegräumen.
»Was die alles können!«, rief ich ein ums andere Mal erstaunt, als ich die Kleinen ihre Sachen wegräumen sah.
»Wir brauchen alle«, sagte Lennart. »Wir spielen und arbeiten alle zusammen. Wir mögen einander und helfen uns wie in einer Familie. Die Kinder wachsen rasch an ihren Aufgaben. Es macht ihnen wirklich Spaß.«
Das merkte ich. Emma, die ja noch nicht richtig laufen konnte, durfte mit ihrem Löffel zum Essenswagen krabbeln. Sie strahlte, wenn sie ihn in den richtigen Eimer geworfen hatte.
Wir hatten Glück, dass wir so eine gute Kita gefunden hatten.

Anders ließ nichts mehr von sich hören. Er hatte ja auch meine neue Nummer nicht. Ich rief ihn einmal bei der Arbeit an, legte aber auf, als sein Kollege ranging.

Dann kam der Montag, an dem ich Emma zum ersten Mal richtig in der Kita ließ. Ich war überpünktlich, hatte mich auf einen langen und quälenden Abschied an der Tür vorbereitet. Lennart kam auf uns zu, als wir reinkamen. Er nahm Emma auf den Schoß, während ich die Schuhe auszog, redete mit ihr und zog ihr Jacke und Mütze aus. Ich glättete meinen Rock und warf einen schnellen Blick in den Spiegel, um zu kontrollieren, wie ich aussah. Dies war der erste Tag meiner Fortbildung, und ich hatte mir Mühe gegeben, professionell auszusehen, was mir schwerer gefallen war, als ich gedacht hatte. Was vor Emmas Geburt alltägliche Routine gewesen war, kam mir jetzt wie eine umständliche Prozedur mit ungewohnten Handgriffen vor: die Seidenbluse bügeln, die Pumps putzen, das Kostüm reinigen lassen, Haarspray benutzen und Make-up

auflegen, die Handtasche packen. Emma hatte laut protestiert, noch ehe ich fertig war. Aber jetzt schien sie sich auf Lennarts Schoß wie eine Prinzessin zu fühlen.
»Sollen wir Mama winken?«, fragte er und winkte mit Emmas kleiner Hand.
Das Mädchen lachte glucksend.
»Wird das auch gut gehen?«, fragte ich.
»Gehen Sie nur!«, erwiderte Lennart und winkte mich fort.
War es so leicht, ein Kind in der Kita zu haben?

Ich holte tief Luft und betrat das Gebäude. Es war ein seltsames Gefühl, wieder zu arbeiten.
»Glaubst du, dass es schwer wird?«, fragte ein kleines, schmales, dunkelhaariges Mädchen neben mir.
Ich erwiderte ihr Lächeln.
»Das Schwerste bei allen Ausbildungen ist, angenommen zu werden«, sagte ich. »Du wirst schon sehen, das hier wird supergut.«
Wir versammelten uns im Vorlesungssaal, der voll besetzt war. Wir setzten uns nebeneinander, das dunkelhaarige Mädchen und ich.
Ein Mann mit grauem Haar erzählte etwas über die Ausrichtung der Ausbildung, erklärte uns, welche Lehrer und Dozenten wir haben würden, und teilte Listen mit der erforderlichen Kursliteratur aus. Sein Vortrag hatte ungefähr eine Stunde gedauert, als es an der Tür klopfte.
»Ja?«, fragte der Dozent verärgert.
Eine kleine, schüchterne Rezeptionistin lugte in den Vorlesungssaal.
»Maria Eriksson?«, fragte sie. »Da ist ein Anruf für Sie.«
Ich wurde kreidebleich, sammelte meine Papiere, die Handtasche und die Aktenmappe zusammen und stand auf. Alle Augen waren auf mich gerichtet. Ich sah das dunkelhaarige Mädchen neben mir an und zuckte ent-

schuldigend mit den Schultern. »Wir sehen uns später«, flüsterte sie. Sie täuschte sich. Wir sahen uns nie wieder.
Ich rannte durch den Flur zur Telefonzentrale. Tausend Gedanken flogen mir durch den Kopf, wer konnte mich hier anrufen? Meine Mutter? Meine Schwester? Was war passiert? Etwas mit Emma?
Es war Lennart von der Kita.
»Was ist passiert?«, rief ich.
»Sie müssen herkommen«, sagte Lennart und klang erschüttert.
»Was ist denn los?«, rief ich ins Telefon.
»Die Polizei ist unterwegs. Ihr Ex-Mann war hier. Wir haben die ganze Kita absperren müssen, er hat gedroht, das Personal zu töten. Sie müssen sofort herkommen.«
Ich warf den Hörer hin und rannte in den Flur hinaus. Die Absätze meiner Pumps donnerten, Em-ma, Em-ma, Em-ma. Die Tür flog auf, und geblendet vom grellen Sonnenlicht stolperte ich zur Treppe und rannte auf die Haltestelle zu, wo gerade der Bus kam.
»Warten Sie!«
Mit zitternden Händen holte ich das Geld für die Fahrkarte heraus. Die kurze Fahrt zu Emmas Kita schien ewig zu dauern.
Die Tür zur Tagesstätte war verschlossen. Ich fand eine Klingel, die ich drückte, bis Lennart mir öffnete.
»Wo ist sie?«
»Kommen Sie herein«, sagte er. »Emma konnte mit den Polizisten mitfahren. Sie meinten, das sei das Beste.«
»Mit der Polizei? Was ist denn passiert?« Ich packte den Arm des Betreuers. »Bitte, Lennart, was ist passiert?«
»Kommen Sie mit ins Büro«, sagte er und ging voraus.
Ich ging an einer Glaswand vorbei, die den Blick in eines der Spielzimmer freiließ, wo alle Angestellten und Kinder zusammengedrängt saßen. Ein paar von ihnen weinten. Die Blicke der Angestellten folgten mir, als ich auf

dem Flur vorbeiging. Die Leiterin telefonierte gerade, als wir hereinkamen.

»Ja, gut ... danke sehr«, sagte sie und legte auf. »Die Polizei kommt und holt Sie in einer Viertelstunde ab«, sagte sie zu mir gewandt.

Ich starrte sie schweigend an. Sie holte tief Luft.

»Ihr Ex-Mann tauchte kurz nach dem Begrüßungskreis hier auf«, erklärte sie. »Er kam in den Flur, als die Erzieherinnen gerade dabei waren, die Kinder anzuziehen, damit sie zum Spielen in den Garten gehen konnten. Zuerst bemerkte ihn niemand. Dann fragte eine der Erzieherinnen, wen er denn suche und was er wolle. Zuerst sagte er, er wolle Emma abholen. Aber wir geben die Kinder immer nur jemandem mit, der auch das Sorgerecht hat, es sei denn, die Eltern teilen uns ausdrücklich mit, dass jemand anders das Kind abholen wird. Also sagte Lisa, die Erzieherin, dass er Emma nicht mitnehmen könne. Daraufhin fing er an herumzuschreien.«

Ich musste mich an die Wand anlehnen. Lennart, bleich und verärgert, erzählte weiter.

»Er schrie, dass er seine Tochter sofort mitnehmen würde, und war sehr laut und bedrohlich. Die Kinder bekamen Angst und fingen an zu weinen. Einige junge Erzieherinnen bekamen ebenfalls Angst. Sie versuchten die Kinder in das Spielzimmer zurückzuschieben. Er begann dann an den Kindern zu reißen und zu zerren, um zu sehen, ob er Emma erwischen könnte. Es war eine sehr unangenehme Situation. Eine der Erzieherinnen wechselte Emma gerade im Wickelraum die Windel, so dass er sie nicht fand.«

»In dem Augenblick hörte ich, dass da etwas nicht stimmte«, fuhr die Leiterin fort. »Ich ging hinaus, sah das Chaos, und dieser ... dieser Mann kam auf mich zu und schrie und fragte, ob ich ihm seine Tochter weggenommen hätte. Ich brüllte zurück, dass ich die Polizei rufen würde, wenn er nicht sofort verschwinden würde, und dann beschimpfte er

mich ... mit den schlimmsten Schimpfwörtern und sagte, dass er mich und den Rest des Personals ermorden würde, wenn ich nicht sofort seine Tochter holen würde. Es gelang mir, ins Büro zu flüchten und mich einzuschließen, so dass ich die Polizei anrufen konnte.«
»Haben sie ihn gekriegt?«, fragte ich.
»Nein, er verschwand, ehe sie kamen«, sagte Lennart.
»Die Polizisten meinten, es wäre am besten, wenn sie Emma mitnähmen. Sie wollten kommen und Sie auch holen. Es schien, als wüssten sie, wer Sie sind.«
Ich schluckte. Gedanken schossen mir wirr im Kopf herum.
»Wir haben alle Ein- und Ausgänge der Kita abgeschlossen«, fuhr Lennart fort. »Die Kinder und das Personal werden den Rest des Tages in verschlossenen Räumen verbringen müssen.«
Es klingelte wieder an der Tür.
»Das wird die Polizei sein«, sagte die Leiterin.
»Es tut mir so Leid«, flüsterte ich.
Zwei Polizisten fuhren mich nach Hause. Ich erkannte den Älteren von ihnen wieder. Er machte die hintere Tür des Polizeiautos für mich auf und begleitete mich bis zur Wohnungstür.
»Wir haben das Mädchen zum weißen Haus gebracht«, sagte er. »Sie sollten Kleider und Windeln und derlei Dinge einpacken, so dass es für eine Woche reicht.«
Ich wandte mich wie betäubt um und legte die Handtasche und die Aktentasche auf den Tisch im Flur. Von meinem einen Schuh war der Absatz abgegangen.
»Danke«, flüsterte ich.
Anschließend raffte ich ein paar Sachen für mich und Emma zusammen. Dann füllte ich kochendes Wasser in eine Thermoskanne, falls ich irgendwo, wo es keinen Herd gab, Brei anrühren musste. Zwei Gläser Babynahrung und drei Bananen, was könnte ich sonst noch brauchen? Breipulver! Das war heute Morgen ausgegangen.

Ich zog mir ein paar alte Sportschuhe über und rannte zum Lebensmittelladen an der Ecke. Die hatten zwar nicht die Marke, die ich gewöhnlich nahm, aber es musste reichen. Ich nahm zwei Treppenstufen auf einmal. Er lehnte an der Eingangstür, ich sah ihn zu spät.
»Nein!«, schrie ich, als er mein Haar packte und mir den rechten Arm umdrehte.
»Jetzt bist du dran, du verdammte Hure!«, zischte er.
Ich ließ die Schlüssel zu meiner Wohnung fallen, die ich in der rechten Hand gehalten hatte. Sie schlugen klappernd auf den Steinboden.
»Hilfe!«, schrie ich voller Panik.
Er ließ meinen Arm los, beugte sich schnell hinunter und hob das Schlüsselbund auf. Mein Kopf folgte ihm in der Bewegung, ich verlor das Gleichgewicht. Meine Hüfte schlug auf den Boden, der knielange Rock rutschte hoch.
»Hilf mir doch jemand!«
Er schloss die Wohnungstür auf. Die Schlüssel stopfte er in die Tasche. Seine andere Hand war immer noch fest in mein Haar gekrallt. Ich lag halb auf dem Steinboden, drückte meine Nägel in sein Bein, versuchte ihn zu kratzen. Er trat mich in den Rücken.
»Hör auf, du miese Ratte!«
Er riss an meinem rechten Arm und zog mich in die Wohnung. Ich schrie, so laut ich konnte, hoffte, dass mich jemand hören würde. Aber es war nicht einmal zwölf Uhr, die meisten Hausbewohner waren wahrscheinlich arbeiten.
»Er schlägt mich tot!«, schrie ich.
Mit den Beinen versuchte ich ihn daran zu hindern, mich in den Flur der Wohnung zu ziehen. Er trat mit seinen schweren Schuhen auf Oberschenkel, Waden und Füße. Dann schlug er die Tür mit einem Knall zu. Wir waren allein.
Seine Augen brannten. Ich lag auf dem Fußboden im Flur. Mein Rock war bis zur Taille hochgerutscht, der Knopf am Sakko abgerissen.

»Du verdammtes kleines Luder«, sagte er.
»Warum bist du denn so böse?«, fragte ich, aber es hatte natürlich keinen Sinn.
»Halt die Schnauze!«, brüllte er und trat mich in die Seite. Ich hörte, wie die Rippen krachten. Es klang, als würde man Eisstiele zerbrechen. Der Schmerz war weiß.
»Glaubst du«, sagte er, »dass ich auch nur einen Moment zögern würde, dich kleine Ratte umzubringen?«
Ich antwortete nicht, blieb ganz still auf dem Boden liegen. Der Schmerz brannte. Er setzte sich ein wenig seufzend auf einen Stuhl im Flur.
»Meine Tochter wird nicht in diese Tagesstätte gehen«, sagte er. »Meine Tochter wird niemals von staatlichem Personal betreut werden. Sie wird von ihrer Mutter erzogen werden.«
Ich sagte nichts. Was sollte ich auch erwidern? Dass das Personal nicht vom Staat, sondern von der Gemeinde angestellt war?
»Ich werde für euch sorgen«, sagte er. »Ich werde euch Essen und Kleider kaufen.«
Ich holte Luft. Es tat furchtbar weh.
»Wie denn?«, heulte ich. »Indem du Fernseher klaust?«
Er zerrte mich auf die Füße, und ich hörte mich selbst über den Schmerz in der rechten Seite schreien. Der rechte Arm gehorchte mir nicht mehr. Ich hob den linken Arm, um meinen Kopf zu schützen. Es nutzte nichts. Der Schlag traf meinen Unterkiefer. Das Kinn wurde innen kaputtgerissen, ein Zahn gab nach. Ich glitt die Wand hinab, landete wieder auf dem Fußboden und spuckte einen halben Zahn aus. Der Schmerz überwältigte mich.
»Glaub bloß nicht«, sagte er, »du wärst die Erste, die ich umbringe.«
Er trat auf meine Hand.
»Ich war in Sabra«, sagte er. »Auch in Schatila, aber vor allem in Sabra.«

Er zog mich hoch und drückte mich in die Ecke zum Badezimmer. Seine brennenden Augen sahen in meine. Ich konnte dem Blick nicht standhalten. Aber die Namen der palästinensischen Lager erkannte ich, es waren Namen, die denselben Klang hatten wie Song My in Vietnam: Soldaten, die Frauen und Kinder abschlachteten.
»Es war ein Donnerstagabend im September«, sagte er. »Die Israelis hatten die Lager mehrere Tage lang abgesperrt. Tausende von Menschen saßen in ihnen fest und hatten eine Scheißangst.«
Er lachte ein wenig.
»Die Juden hockten oben in den Bergen, als wir den Befehl bekamen reinzugehen. Sie hatten alle Waffen der Welt, um uns daran zu hindern, wenn sie wollten, aber sie wollten nicht. Klar?«
Er ließ mich auf den Boden fallen.
»Es war ein verdammt heißer Abend. Sie hatten sich unten in den Schutzräumen versteckt. Da müssen es ungefähr hundert Grad gewesen sein. Sie hatten riesige Schutzräume. In dem ersten Schutzraum, den wir leer machten, saßen fast dreihundert Leute. Wir haben fast alle erschossen.«
Er setzte sich auf meinen Tisch im Flur. Mir wurde schlecht.
»Ein paar Kinder versuchten wegzulaufen. Wir haben sie in den Rücken geschossen, während sie rannten. Eine Familie entdeckten wir in einem Hinterhof. Die Frau hatte gerade Wäsche aufgehängt. Den Erwachsenen haben wir die Kehlen durchgeschnitten. Den Kindern schossen wir in den Kopf. Bei einem Baby, das noch Windeln anhatte, flog der ganze Kopf weg.«
Ich musste mich übergeben. Er lachte wieder.
»Da waren auch ein paar prima Huren, richtig kleine. Wir schlitzten sie mit unseren Schwänzen auf. Ist doch schade drum, ein Messer zu benutzen, wenn man andere Waffen hat.«

Er stand auf. Plötzlich wuchs in mir eine Angst, wie ich sie noch nie zuvor empfunden hatte.
»Sie waren klein und eng und schrien wie kleine Schweine«, sagte er und atmete schwer. Seine Augen glühten, die Zähne blitzten im Halbdunkel meines kleinen Flurs.
»Nein«, flüsterte ich und versuchte meinen Rock herunterzuziehen.
Er schlug mich auf die rechte Wange. Die Haut platzte auf. Er packte meine Beine und zog, bis ich auf dem Boden lag. Mein Kopf schlug auf die Erde. Er presste meine Beine mit seinem Knie auseinander.
»Bitte nicht!«, weinte ich.
»Sie baten und flehten genau wie du«, grinste er.
Mit einem einzigen Ruck riss er Strumpfhose und Unterhose entzwei. Ich lag ganz still, als er mich vergewaltigte. Er war schwer, der Schmerz in den Rippen war unerträglich.
Es ist gleich vorbei, dachte ich und spürte, dass ich das Bewusstsein verlor. Es ist gleich vorbei. Vielleicht fiel ich in Ohnmacht, denn meine nächste Erinnerung war, dass er auf dem Stuhl saß und den Reißverschluss der Hose hochzog.
»Wir haben die ganze Nacht weitergemacht«, sagte er tonlos. »Bis Freitagmorgen. Wenn sie nicht aus ihren Häusern kamen, haben wir sie mit unseren Bulldozern platt gewalzt. In der nächsten Nacht war ich in Schatila, aber dort haben wir nicht so viele erwischt. Die hatten sich wie Ratten verkrochen.«
Er stand auf und beugte sich über mich.
»Glaub also nicht, dass ich zögern würde, dich totzuschlagen«, sagte er trocken und rückte sich das Hemd zurecht.
»Ich habe eine Wahnsinnskarriere bei der Miliz hinter mir. Wenn ich meinem Offizier nicht in die Fresse gehauen hätte, wäre ich nie weggegangen.«

Er machte eine wütende Geste mit der Hand.
»Stell dir vor, sie haben mich verurteilt, und das nur, weil ich einem Idioten eine verpasst habe, der einen höheren Rang hatte als ich. Der war so eine richtige Heulsuse. Ich konnte halt besser zupacken als er, und deshalb haben sie mich geschasst! Ich konnte nicht länger im Libanon bleiben«, sagte er verbittert.
Dann erinnerte er sich wieder an mich.
»Pass bloß auf, verdammtes schwedisches Luder«, sagte er. »Wenn du irgendwo plauderst und ich einen Polizisten auf den Hals gehetzt bekomme, dann seid ihr tot, du und dein Hurenkind.«
Die Tür ging mit einem Klicken zu. Er war weg und hatte meine Schlüssel mitgenommen.

Marianne fuhr mich ins Krankenhaus. Sie weinte den ganzen Weg über. Ich fühlte mich total erstarrt. Das Einzige, woran ich denken konnte, war, ob ich wohl den Babybrei in die Taschen auf dem Rücksitz gesteckt hatte.
Der Arzt stellte fest, dass die beiden untersten Rippen auf der rechten Seite gebrochen waren. Die Wunde am Kinn war nicht so schlimm. Nicht einmal der Kiefer war beschädigt, aber die Reste eines Zahns auf der linken Seite mussten gezogen und durch einen Stiftzahn ersetzt werden. Die Vergewaltigung erwähnte ich dem Arzt gegenüber nicht.
»Die Lunge müssen wir auch röntgen«, sagte er. »Die rechte Seite kann von den gebrochenen Rippen beschädigt worden sein.«
Marianne saß bleich und steif neben mir im Warteraum.
»Du musst ihn anzeigen, Mia«, sagte sie. »Das muss dir jetzt doch klar sein! Du musst dieser Sache ein Ende machen! Wenn du ihn nicht anzeigst, werde ich es tun!«
Ich dachte an das, was er über die ermordeten Kinder und die vergewaltigten Frauen gesagt hatte.

»Nein«, sagte ich. »Das darfst du nicht.«
»Ich habe nicht vor, noch länger stillzuhalten, Mia! Er muss verurteilt werden!«
Ich wandte mich Marianne zu. Der Schmerz in der rechten Seite ließ mich aufstöhnen.
»Wenn du ein Wort von dem, was ich dir erzählt habe, jemandem sagst, gehe ich sofort zum Sozialdienst und sage, dass du Probleme hast, mit anderen zusammenzuarbeiten«, sagte ich.
Die krebskranke Frau sah mich weinend an. Ich begegnete ihrem Blick. Sie durfte ihn einfach nicht anzeigen, denn dann würde er auch über sie herfallen.

Inger begrüßte mich an der Tür des weißen Hauses.
»Emma schläft«, sagte sie. »Sie war so fröhlich und zufrieden. Ich glaube, sie kennt das alles hier.«
»Ich muss duschen«, sagte ich gepresst.
Sie sah mich forschend an und sagte:
»Na klar, ich helfe dir dann hinterher, einen neuen Verband anzulegen.«
Ich riss mir die Kleider vom Leib, drehte das heiße Wasser auf und schrubbte, seifte und wusch mir seine Gewalt, seinen Körper ab.
Hinterher gingen wir ins Büro.
»Du siehst schrecklich aus«, sagte Inger.
»Danke«, erwiderte ich trocken.
Ich setzte mich steif auf einen Stuhl. Inger hatte schon oft gebrochene Rippen verbunden.
Mein Gesichtsfeld war seltsam eingeschränkt, als wäre zwischen mir und der Welt eine dicke Scheibe Plexiglas. Alles dauerte eine Sekunde länger, bis ich es wahrnehmen konnte.
»Ich habe den ganzen Nachmittag herumtelefoniert, um einen Platz zu finden, wo du hinkannst.«
Hinkannst?

»Warum können wir nicht hier bleiben?«, fragte ich.
»Helena«, sagte Inger. »Sie hat ihrem Mann den Standort des Hauses genannt. Dein Mann war schon mal hier und hat nach dir gesucht. Er war außer sich, weil du Schweinefleisch gegessen hattest, das Holzfällersteak, weißt du noch? Er wollte dich und uns alle umbringen.«
»Das würde er vielleicht auch tun«, murmelte ich. »Er behauptet, in Sabra und Schatila dabei gewesen zu sein.«
»Was sagst du da?«, fragte Inger erstaunt, doch nicht das Abschlachten von Frauen und Kindern, das dort stattgefunden hatte, ließ sie innehalten. Stattdessen sagte sie: »Wenn das wirklich wahr ist, ist er kein Moslem. Dann ist er Christ.«
Kein Moslem?
»Was?«, fragte ich verständnislos.
»Die Männer, die die Massenmorde in den Lagern Sabra und Schatila begangen haben, gehörten größtenteils zu Major Saad Haddads rechter Miliz. Das ist eine von Israel unterstützte Milizarmee, die zu Beginn der Achtzigerjahre den Süden des Libanon kontrollierte. Und das sind, soweit ich weiß, Christen. Glaubst du, dass er die Wahrheit gesagt hat? Glaubst du, er war da?«
Ich dachte nach, befeuchtete die Lippen mit der Zunge, dachte an die schrecklichen Dinge, von denen er gesprochen hatte.
»Es klang, als hätte er es selbst erlebt. Er kann natürlich davon gelesen haben, doch offen gesagt glaube ich nicht, dass seine Fantasie und sein Einfühlungsvermögen so weit reichen, dass er sich so etwas zusammenlügen könnte. Ja, ich glaube, dass er die Wahrheit gesagt hat. Ich glaube, dass er da war.«
»Hat er denn je behauptet, Moslem zu sein?«
Ich dachte nach.
»Er ist in Syrien geboren«, sagte ich. »Das hat er jedenfalls dem Einwanderungsamt gesagt. Mir gegenüber hat

er gesagt, er sei Libanese. Dann hieß es, die Familie sei in den Libanon geflohen, als er klein war. Aber Moslem? Er hat nicht gebetet, als wir uns kennen lernten. Er trank Wein, und einmal hat er ironisch gefragt, ob ich fände, dass er wie ein fanatischer Moslem aussehe. Anfangs hatte er sogar einen Freund, der Israeli war.«
»Ein Jude?«
»Nein, wohl kaum. Ich glaube, ein Christ.«
»Was hat er über seinen militärischen Hintergrund gesagt?«
»Nicht viel. Aber jetzt hat er behauptet, er habe eine steile Karriere in der Miliz hinter sich.«
»Bist du sicher, dass er Miliz gesagt hat?«, fragte Inger.
»Ja«, sagte ich nachdenklich. »Das hat er. Kann er denn in der libanesischen Armee gewesen sein, wenn er syrischer Staatsbürger war?«
Inger seufzte.
»Keine Ahnung. Was weißt du denn noch von ihm? Irgendetwas, was mit Papieren oder Dokumenten belegt ist? Sein Name klingt nicht moslemisch.«
Ich dachte nach. Was von all dem, was er zu mir oder zu den schwedischen Behörden gesagt hatte, war eigentlich gesichert?
»Nichts«, sagte ich. »Es gibt kein einziges Dokument über ihn. Er hatte keinen Pass, nichts, als er hierher kam. Der arabische Führerschein war gefälscht. Die Nachforschungen des Einwanderungsamts haben nichts von dem, was er sagt, bestätigen können, weder seinen Namen noch seinen militärischen Hintergrund oder Geburtsort und Nationalität.«
»Die Wahrheit ist also«, sagte Inger, »dass dieser Mann alles sein könnte.«
Ich nickte.
Plötzlich wechselte Inger das Thema.
»Bist du schon mal in Södertälje gewesen?«, fragte sie.

»Alle Frauenhäuser, mit denen wir in Kontakt stehen, sind belegt. Du kannst dort im Scandic Hotel wohnen, bis sich alles beruhigt hat. Sie erwarten dich dort. Du musst schon heute Abend fahren.«
Ich sagte nichts.
»Du kennst meine Meinung«, sagte Inger. »Ich denke, dass du dein Zuhause für immer verlassen solltest.«
Ich schüttelte nur den Kopf.

Das Scandic Hotel in Södertälje war ein türkisfarbenes Plattenmonster direkt an der E4. Von meinem Fenster aus hatte ich Aussicht auf das wenig idyllische Industriegelände der Lastwagenproduktion von Scania. Tag und Nacht dröhnte der Verkehr auf der Autobahn.
Das Zimmer war ein gewöhnliches Doppelzimmer mit Bett, Badezimmer, Fernseher und einem kleinen, traurigen Schreibtisch mit vier Blatt Briefpapier und einem Reklamekugelschreiber. Ein kleines Gitterbett hatte man an das Fußende des Doppelbetts gezwängt. Ich registrierte das alles, reagierte aber nicht.
Das schlafende Kind legte ich in das Gitterbett und ging langsam zum Fenster. Die ziegelroten Fassaden der Industriegebäude waren beleuchtet.
»Oh, Gott«, weinte ich, »oh, mein Gott, hilf mir.«

Zwei Wochen wohnte ich in dem engen Hotelzimmer. Manchmal fuhr ich mit dem Bus in die Stadt, doch die meiste Zeit blieben wir im Hotel. In dem Durcheinander unserer Abreise hatte ich mehr aus Zufall die Literaturliste für meine Fortbildung mitgenommen. In einer Buchhandlung in Södertälje kaufte ich mir nun einen Teil der Bücher. Manche musste ich bestellen, aber sie kamen nach ein paar Tagen. Deshalb konnte ich mit den anderen Kursteilnehmern Schritt halten, obwohl ich hier festsaß.
Ich las, sah fern, spielte mit Emma. Sie zog sich an allem

hoch und versuchte zu laufen, schaukelte an den Stühlen, den Betten und den Beinen des Schreibtisches entlang. Wenn ich sie an beiden Händen hielt, konnte sie zu ihrer unbeschreiblichen Freude ein wenig umherspazieren.
»Wie tüchtig du bist, meine Kleine!«
Abends, wenn das Mädchen eingeschlafen war, machte ich manchmal alle Lichter aus, stellte mich ans Fenster und schaute auf das Industriegebiet hinaus.
Ich ging mit mir selbst ins Gericht. Was hatte ich falsch gemacht? Wie sollte ich mich verhalten, damit das nicht wieder passierte? Sollte ich Anzeige erstatten? Würde er seine Drohung in die Tat umsetzen und uns wirklich umbringen, wenn ich das machte? Nach vielem Hin und Her entschied ich, es diesmal noch nicht zu tun.
Heute weiß ich, dass das ein Fehler war. Schon als er mich das erste Mal schlug, hätte ich Kontakt zur Polizei aufnehmen sollen, jeden Übergriff anzeigen, jeden blauen Fleck dokumentieren und jede Drohung auf Band aufnehmen sollen.
Das tat ich nicht, weil ich hoffte und wünschte, dass jeder Schlag der letzte sein würde. Ich redete mir ein, dass alles aufhören würde, dass er verschwinden und mich in Ruhe lassen würde. Es waren dieselben Mechanismen, wie sie Geheimagenten lernen müssen, um sie unter der Folter anzuwenden: Verdrängung und Leugnung.
Ich versuchte weiterzumachen, als ob nichts geschehen wäre und dachte, alles würde gut werden, wenn ich es mir nur stark genug wünschte. Ich hatte die Hoffnung noch nicht verloren, dass die Welt normal war. Ich sah der Wahrheit nicht ins Auge, begriff nicht, was am Ende so schmerzhaft klar sein würde. Er würde mir niemals verzeihen, denn ich hatte ihn auf die schlimmste Art erniedrigt, wie eine Frau es nur tun konnte:
Ich hatte ihm die Macht über mich genommen.

Es war unbeschreiblich schön, nach Hause zu kommen. Die Schlösser waren ausgewechselt, alle Spuren des letzten Überfalls beseitigt worden. Alle Blumen waren gut gegossen. Im Kühlschrank standen Milch und Joghurt, in der Speisekammer war frisches Brot. Meine Mutter und Marianne übernahmen wirklich mehr Verantwortung für mich, als ich verdiente.

Am Nachmittag kam Marianne vorbei.

»Er ist genauso reuevoll wie immer«, erzählte sie. »Er habe dich geschlagen, weil er traurig darüber sei, dass du so eine schlechte Mutter bist, behauptet er. Er werde euch versorgen.«

»Ja, danke«, sagte ich. »Aber wie?«

Gegen sechs rief meine Schwester an.

»Du bist ja wieder da!«, rief sie. »Das müssen wir feiern! Ein paar von uns wollen heute zum Essen ausgehen; Sisse, Henrik, Anders und Staffan.«

Anders.

»Das wäre klasse!«

Es war ein merkwürdiges Gefühl, Anders wieder zu treffen. Wir hatten uns einige Wochen nicht gesehen, und ich war ganz schön nervös auf dem Weg ins Lokal. Aber meine Sorge war unbegründet.

»Mia!«, rief er und begrüßte mich an der Tür mit einer Umarmung.

Ich tauchte in seine sicheren Arme ein. Plötzlich wurde mir bewusst, wie sehr ich ihn vermisst hatte.

203

Emma genoss die Gesellschaft im Restaurant. Kajsa und sie saßen auf ihren Kinderstühlen und klopften sich gegenseitig mit ihren Löffeln auf die Köpfe.

»Einmal Tournedos mit Sauce béarnaise und Folienkartoffel. Das war's!«, sagte Henrik und schlug die Karte mit einem Knall zu. »Und ein großes Bier, danke!«

»Was möchtest du?«, fragte Anders zu mir gewandt. »Ich lade dich ein!«

Ich amüsierte mich.

»Woran denkst du?«, fragte Anders, als wir unseren Kaffee bekamen.

Ich lächelte still in mich hinein.

»An nichts. An alles. Daran, wie nett wir es haben. Daran, wie sehr ich dich mag.«

Anders fuhr vorsichtig an unserem Haus vorbei, um zu sehen, ob er dort wartete.

»Ich komme mit euch rauf«, sagte er, als wir festgestellt hatten, dass die Luft rein war.

Emma war im Auto eingeschlafen. Anders trug sie die Treppe hinauf. Ich machte die kleinen Lampen an, während Anders das Mädchen in sein Bett legte.

Später setzte er sich vor den Fernseher und schaute sich das Ende eines alten Schwarzweißfilms an.

»Den Film habe ich schon mal gesehen«, sagte er. »Siehst du das Mädchen da? Sie ist der Gauner.«

Anders erklärte mir den Film, aber ich hörte nicht, was er sagte. Ich sah nur, wie sich seine Lippen bewegten, wie die Hände gestikulierten. Die Haare standen ihm zu Berge, nachdem er mit den Händen durchgefahren war.

»Findest du nicht, Mia?«

Ich sah ihm in die Augen. Statt zu antworten, beugte ich mich vor und küsste ihn. Er verstummte. In seine Augen trat ein seltsam ernster Ausdruck.

»Endlich, Mia«, sagte er.

Wir küssten uns vorsichtig, zögernd.
»Ich muss dir etwas sagen, Mia«, flüsterte er.
»Was denn?«, flüsterte ich zurück und küsste ihn noch einmal.
»Ich brauche einen Kaffee, sonst sterbe ich!«
Ich lachte laut.
Wir küssten uns lange im Flur, ehe er nach Hause fuhr.

Tags darauf ging ich mit Emma wieder zur Tagesstätte. Am Nachmittag war ich zur Kontrolle bei meinem Arzt. Er untersuchte mich und schrieb mich gesund.
»Sie müssen auf sich Acht geben, Maria«, sagte er, ehe ich ging.
»Ich habe noch eine Frage«, sagte ich in der Tür.
»Welche denn?«, fragte er.
»In den vergangenen zwei Tagen ist mir so schlecht gewesen. Kann das mit den Rippen zusammenhängen?«
»Sollte es eigentlich nicht«, sagte er. »Melden Sie sich, wenn es nicht vorübergeht.«

An diesem Abend kam Anders wieder zu Besuch. Es war wie immer, und doch war alles neu. Emma sah uns ein wenig erstaunt an, als wir uns auf dem Sofa umarmten, doch sie schien nichts dagegen zu haben, im Gegenteil. Sie streckte uns ihre kleinen Arme entgegen und wollte auch umarmt werden.
»Komm her, Prinzessin!«, sagte Anders und hob sie in die Höhe.
Er fuhr nach Hause, als das Fernsehprogramm beendet war.

Es war etwas schwieriger als vorher, Emma in der Tagesstätte zurückzulassen. Sie weinte auf Lennarts Schoß und streckte ihre Ärmchen nach mir aus.
Ich wollte putzen, solange ich ohne Emma zu Hause war.

205

Sie sollte anderthalb Stunden allein dort sein. Ich hatte Staub gewischt, das Badezimmer und die Küche geputzt und stellte gerade den Staubsauger weg, als Lennart anrief.

»Bin ich zu spät?«, fragte ich erstaunt und sah auf die Uhr.

»Nein«, sagte Lennart, und seine Stimme klang angespannt.

Mir blieb das Herz stehen.

»Ihr ehemaliger Verlobter war wieder hier. Er war sehr gewalttätig und verlangte, Emma sofort mitnehmen zu dürfen. Wir konnten ihn nicht loswerden. Er war eine ganze Stunde hier, ehe eine Erzieherin es schaffte, die Polizei anzurufen.«

Der Boden wankte unter meinen Füßen, in meinem Kopf drehte sich alles.

»Personal und Kinder sitzen wieder eingesperrt da. Sie müssen sofort kommen und Emma abholen. So geht das nicht weiter, Maria.«

Ich schloss die Augen und ließ den Hörer auf meine Brust sinken. Sollte der Albtraum denn nie zu Ende sein?

Emma saß auf Lennarts Schoß, als ich eintraf. Sie weinte nicht mehr, aber ihr kleiner Körper wurde von einem Schluchzer nach dem anderen geschüttelt.

»Diesmal hätte er sie fast erwischt«, sagte Lennart. »Ich fürchte, sie hat ganz schön Angst bekommen. Er war sehr laut.«

Die Leiterin kam in das Büro und schloss die Tür hinter sich.

»Maria, ich werde mit dem Jugendamt reden müssen«, sagte sie ernst. »Außerdem sollten Sie und ich einen Termin ausmachen, um in Ruhe über das alles zu reden. Bis dahin sollte Emma zu Hause bleiben. Wir können sie nicht hier behalten, solange die Sache nicht geklärt ist.«

»Aber ...«, sagte ich den Tränen nahe, »es gefällt ihr doch hier, und die Eingewöhnung ist so gut verlaufen! Ich muss doch auch noch an meine Fortbildung denken. Das ist eine Riesenchance für mich.«

Ich verstummte. Lennart und die Leiterin der Kita sahen verängstigt und reserviert aus. Emma quengelte und streckte ihre Arme nach mir aus.

»Mein kleines Mädchen«, murmelte ich, beugte mich vor und nahm sie in meine Arme. »Meine Kleine, ist ja gut ...«

Ich teilte dem Kursleiter mit, dass ich noch weitere Tage fehlen würde.

»Ich denke, Sie sollten überlegen, ob Sie überhaupt noch Interesse haben, an dieser Ausbildung teilzunehmen«, erwiderte er säuerlich.

Ich schluckte.

»Ich versichere Ihnen, dass ich alles tue, was in meiner Macht steht, um bald wieder teilzunehmen«, sagte ich.

Es vergingen einige Tage, und ich hörte nichts von der Leiterin der Kita. Gleichzeitig wurde mir immer öfter schlecht. Eines Morgens wachte ich mit furchtbaren Schmerzen im Rücken auf. Es fühlte sich an wie Menstruationsschmerzen, nur zehn Mal schlimmer. Hurra!, dachte ich müde. Eine ordentliche Menstruation ist jetzt genau, was ich brauche.

Wir saßen im Personalraum der Tagesstätte. Emma wanderte um den ovalen Couchtisch herum. Die Leiterin saß mir gegenüber, beide Hände um den Kaffeebecher gelegt. »Wir müssen eine Lösung finden, Maria«, sagte sie.

»Ja, das denke ich auch«, antwortete ich. »Ich bin mit meiner Ausbildung bereits hinterher, und Emma muss mit anderen Kindern zusammen sein.«

Die Frau sah zu Boden.

»Vor allem müssen wir an die Sicherheit des Personals und der anderen Kinder denken«, sagte sie. »Ich hoffe, dass Sie das verstehen, Maria.«

207

»Natürlich«, sagte ich. »Ich weiß, dass das schwer wird, aber irgendwie muss Emma doch die Betreuung bekommen können, die sie braucht.«

»Genau darum geht es, Maria«, sagte die Leiterin und blickte wieder auf. »Ich glaube nicht, dass wir Emma bei uns hinlänglich versorgen können.«

Ich dachte nach und versuchte zu verstehen, was sie meinte.

»Aber …«, begann ich. »Das hier ist doch Emmas Kita. Wir haben einen Platz hier bekommen. Emma braucht den Platz und hat auch ein Recht darauf.«

Die Leiterin hob die Hand.

»Ja, ich weiß, und ich habe mit der zuständigen Beamtin beim Jugendamt darüber geredet. Wir müssen es so machen, Maria. Wir können Emma nicht hier haben, denn das ist zu gefährlich für die anderen Kinder. Wir können nicht wegen Emma die Sicherheit des Personals und der anderen Kinder aufs Spiel setzen. Wir müssen einen anderen Weg finden.«

Ich verstummte und sah mit leerem Blick auf meine lachende kleine Tochter, die gerade vom Couchtisch zum Bücherregal balancierte.

»Ich hoffe, dass Sie unser Dilemma verstehen«, bat sie.

»Sie wollen uns nicht helfen«, presste ich hervor.

»Doch, Maria, wir wollen Ihnen so viel helfen wie möglich …«

»Blödsinn!«, sagte ich und stand abrupt auf. »Sie schließen meine Tochter aus, weil sie den falschen Vater hat, einen verrückten Vater, der uns verfolgt. Sie werfen uns raus, weil wir nicht in ihr schönes schwedisches Gesellschaftsidyll passen. Sie schließen uns aus der kommunalen Fürsorge aus, weil er zwei Mal hergekommen ist und herumgeschrien hat!«

Jetzt wurde auch die Leiterin wütend. Sie stand auf. »Er hat nicht nur herumgeschrien, falls Sie das glauben.

Er hat dem Personal Schläge angedroht, an den Kindern gezerrt, die Erzieherinnen Huren genannt und ihnen gedroht, er würde ihnen die Kehle von Ohr zu Ohr aufschneiden, wenn sie sein Kind nicht herausgäben. Einige der Mädchen haben Albträume bekommen und mussten hinterher beim Betriebsarzt eine Krisentherapie machen. Dort hat man die Beschwerden nach dem Besuch Ihres Mannes mit denen nach einem Banküberfall verglichen ...«

»Er ist nicht mein Mann!«, schrie ich. »Wie können Sie es wagen, mir die Schuld an alledem zu geben?«

Emma fing hinten am Bücherregal an zu weinen.

»Komm, mein Kleines, wir ziehen uns an und gehen. Hier wollen sie uns nicht haben, hier sind wir nicht willkommen.«

Ich rauschte davon und schaffte es, die Tränen zurückzuhalten, bis ich auf der Straße war. Wir kehrten nie wieder in die Tagesstätte zurück. Ein anderes Kind bekam Emmas Kleiderhaken, den mit der Eistüte.

Diesmal war ich es, die ihn anrief.

»Jetzt hast du es wirklich geschafft, mir alles zu verderben!«, schrie ich. »Warum tust du mir das an? Und Emma, deinem eigenen Kind? Du zerstörst unsere ganze Zukunft!«

»Ich kann für euch sorgen«, sagte er.

»Indem du uns langsam, aber sicher totschlägst?«, schrie ich und knallte den Hörer auf die Gabel.

Wohin sollte ich nur gehen? Und die Schmerzen in meinem Bauch wurden auch immer schlimmer.

Ich sagte meinem Chef und dem Kursleiter, wie es war: Ich hatte keinen Betreuungsplatz für mein Kind bekommen.

»Vielleicht können Sie den Kurs nächstes Jahr besuchen«, sagte mein Chef. »Sie können stattdessen im neuen Jahr ganz normal anfangen zu arbeiten.«

Das verschaffte mir etwas Luft. Nun hatte ich drei Monate Zeit, um eine Lösung für Emma zu finden.
Die Schmerzen in Bauch und Rücken wurden immer schlimmer. Eines Morgens kam ich kaum mehr aus dem Bett heraus. Als ich mich schließlich in die Küche schleppte, um Emma ihren Brei zu machen, fing ich furchtbar an zu bluten. Das Blut lief mir die Beine hinunter, auf den Küchenboden.
Voller Panik rief ich Marianne an.
»Ich bringe dich ins Krankenhaus«, sagte sie.
Der Arzt untersuchte mich.
»Sie brauchen keine Angst zu haben, Maria«, sagte er. »Ich glaube, Sie hatten eine frühe Fehlgeburt. Ich mache einen Ultraschall.«
Mein Blick begegnete dem von Marianne. Sie wurde bleich.
»Mia«, sagte sie, »gibt es etwas, das du mir verschwiegen hast?«
Ich legte mich wieder auf die Pritsche. Die Kreppunterlage war zusammengeknüllt, der grüne Kunststoff darunter war kalt.
»Ja«, sagte ich. »Es ist seins.«
Der Arzt tropfte einen großen Klecks hellblaues Kontrastgel auf meinen Bauch, führte die Ultraschalluntersuchung durch und sagte:
»Keine Angst, Maria, aber Sie müssen operiert werden. Sie haben eine Eileiterschwangerschaft. Wissen Sie, was das heißt?«
Ich schluckte.
»Na ja, ungefähr«, antwortete ich.
»Ein befruchtetes Ei hat sich in Ihrem Eileiter festgesetzt und angefangen, dort zu wachsen. Sie müssen heftige Schmerzen gehabt haben. Jetzt ist das Schlimmste vorüber, aber wir müssen einen kleinen Eingriff machen und dort sauber machen. Alle Reste müssen weg.«

Er tätschelte meine Hand, ehe er hinausging.
Anders sagte nur, dass ich ins Krankenhaus müsste, um eine Ausschabung machen zu lassen.

Die Eileiterschwangerschaft hinterließ keine bleibenden Schäden. Es gibt Frauen, die nachher nicht mehr ohne weiteres schwanger werden können, weil der Eileiter vollständig entfernt werden muss, aber das war bei mir nicht der Fall. Die einzige Erinnerung, die ich an die Operation habe, ist die einige Zentimeter lange Narbe.

Mona holte mich nach der Operation ab. Ich schäffte es, ein wenig zu schlafen, ehe Anders mit Emma kam, die bei meinen Eltern gewesen war. Er brachte eine Tüte Lebensmittel mit. Das Mädchen jubelte, als es mich sah. Wir schmusten und umarmten uns lange.

Anders kochte, es gab Koteletts mit einer Soße aus gebratenen Zwiebeln, Paprika und Käse. Dennoch hatte ich keine richtige Lust zum Essen.

»Ich weiß, wie das ist«, sagte Anders. »Ich hatte auch schon einmal eine Vollnarkose, als sie mir den Blinddarm rausgenommen haben. Ich fühlte mich beschissen hinterher.«

»Übrigens: Ich habe ein Angebot für meine Wohnung bekommen«, sagte Anders plötzlich, als der Wetterbericht vorüber war.

»Wirklich?«, fragte ich erstaunt. »Ich wusste gar nicht, dass du versuchst, sie loszuwerden.«

Anders lachte.

»Nein, das wusste ich auch nicht. Aber einer in der Firma ist bei seiner Freundin ausgezogen und sucht eine Wohnung. Er hat gefragt, ob er nicht meine Einzimmerwohnung kaufen könne.«

»Willst du sie denn verkaufen?«, fragte ich.

Anders wandte sich mir zu.

»Ich will mit dir zusammenwohnen, Mia. Mit dir und Emma. Entweder hier oder woanders.«

»Findest du nicht, dass das etwas früh ist?«, fragte ich. »Wir haben ja gerade erst beschlossen, zusammen zu sein.«

Er zog mich an sich und küsste mich aufs Haar. »Aber ich liebe dich. Ich will immer mit dir zusammen sein. Und mit Emma, sie ist einfach wunderbar! Ihr seid das Beste, was mir je passiert ist.«

Wir umarmten uns. Seine Wärme breitete sich in meinem Körper aus.

»Du bist so gut«, murmelte ich.

»Was sagst du?«, fragte er.

»Nichts«, flüsterte ich. »Nur, dass ich dich liebe.«

Er küsste mich zärtlich.

Ein paar Tage später versuchten wir es noch einmal mit dem Treffen zwischen Vater und Tochter. Mein ehemaliger Verlobter sollte Emma vor unserer Haustür abholen. Gemeinsam mit Mona standen wir eine Dreiviertelstunde im eisigen Wind auf dem Bürgersteig, ehe wir aufgaben.

»Er kommt nicht mehr«, sagte Mona.

»Ich werde aber nicht raufgehen und warten, bis er kommt und gegen die Tür tritt«, sagte ich.

Mona seufzte und sah auf die Uhr.

»Leider habe ich jetzt keine Zeit mehr«, sagte sie. »Komm, ich fahre euch zu deinen Eltern.«

Anders und ich konnten eine Vierzimmerwohnung mieten, die direkt neben meiner lag, doch wir mussten sie selbst renovieren.

Jetzt würden wir bald zusammen wohnen!

Die Tapeten in zwei Zimmern waren grässlich. Alle Fußleisten und Fensterrahmen war braun gestrichen. Aber abgesehen davon war die Wohnung wunderbar. Die Küche war sehr groß, viel größer als meine alte. Auch das Wohnzimmer war geräumig und hatte einen schönen Balkon.

212

»Was für ein Glück!«, jubelte Anders und schwang mich auf dem leeren Wohnzimmerparkett herum. Wir küssten uns leidenschaftlich.

»Was für ein Glück, dass wir es zum Bett nicht so weit haben«, murmelte Anders und zog mich durch das Treppenhaus in meine alte Wohnung.

Meine Mutter und meine Schwester stellten sich oft als Babysitter zur Verfügung, damit wir beide uns auf das Renovieren konzentrieren konnten. Mein Vater half uns beim Tapezieren. Es wurde wirklich sehr schön.

Eines Nachmittags, als Emma gerade schlief, packte ich all meine Sachen in Kartons. Ich stand im Treppenhaus zwischen den beiden Wohnungen, als er heraufkam. Ich erstarrte.

»Hallo, Mia«, sagte er freundlich.

»Hallo«, erwiderte ich vorsichtig.

Er blieb auf der letzten Treppenstufe stehen und sah verwundert von der einen Tür zur anderen.

»Was machst du denn da?«, fragte er erstaunt.

»Ich ziehe um«, sagte ich und ging mit meinem Karton in die neue Wohnung.

»Darf ich hereinkommen und mal sehen?«, fragte er freundlich und ehrlich interessiert.

Ich zögerte, aber ehe ich noch antworten konnte, ging er auch schon hinein.

»Was für eine schöne Wohnung!«, rief er. »Du machst es dir schön, Mia.«

Er ging von Zimmer zu Zimmer, kommentierte die hellen neuen Tapeten und lobte die Aussicht vom Balkon. Ich antwortete einsilbig.

Dann stellte er sich in die Tür. Ich stand bei der Küche und wartete darauf, was er als Nächstes tun würde.

»Mia«, sagte er. »Ich möchte nicht, dass wir uns andauernd streiten. Können wir nicht um Emmas willen versuchen, Freunde zu sein?«

Ich schluchzte fast, so erleichtert war ich. Endlich hatte er Vernunft angenommen!

»Na klar«, sagte ich und lächelte ein wenig zittrig. »Ich möchte so gern, dass wir Freunde sind! Ich möchte wirklich, dass du einen guten Kontakt zu Emma bekommst. Ich werde alles tun, damit wir drei eine funktionierende Beziehung haben.«

Er lächelte.

»Wie schön, Mia«, sagte er. »Ich werde von mir hören lassen.«

Dann war er fort.

Ende Oktober räumten wir die letzten Sachen aus meiner Dreizimmerwohnung, machten sie gründlich sauber und setzten das Namensschild von der einen Seite des Treppenhauses auf die andere.

»Bald steht mein Name auch da«, sagte Anders.

»Verkauf schnell deine Wohnung«, flüsterte ich in sein Ohr.

Am Abend des 10. November war ich mit Emma allein in der Wohnung. Anders hatte lange gearbeitet und wollte noch mit ein paar Freunden ausgehen. Er würde spät nach Hause kommen und vielleicht in seiner Wohnung übernachten. Emma schlief in ihrem Bett, und ich sah fern und strickte. Die Nachrichten waren gerade vorbei, als es an der Tür klingelte. Ich legte die Stricknadeln hin, ging in den Flur und öffnete die Tür mit vorgelegter Sicherheitskette.

Er war es.

»Hallo, Mia«, sagte er. »Darf ich reinkommen?«

Ich zögerte. Schließlich war ich allein zu Hause. Wenn er Streit anfing, würde Emma aufwachen.

»Nun komm schon, Mia«, sagte er bittend. »Wir haben schließlich beschlossen, Freunde zu sein! Da musst du mir doch eine Chance geben.«

»Ich weiß nicht«, murmelte ich, mein Mund war ganz trocken.

»Wie können Emma und uns denn kennen lernen, wenn du mir nicht vertraust?«

Das gab den Ausschlag. Ich wollte nicht diejenige sein, die

215

Emmas Kontakt mit ihrem Vater im Wege stand. Ich schloss die Tür, nahm die Sicherheitskette ab und ließ ihn hinein.

»Möchtest du einen Kaffee?«

»Ja, danke. Gern«, antwortete er.

Er ging ins Wohnzimmer und setzte sich aufs Sofa.

»Du hast es wirklich schön hier!«, sagte er anerkennend.

»Danke«, sagte ich.

»Wirklich schön«, wiederholte er und nahm einen Schluck Kaffee, während er den Blick durchs Zimmer gleiten ließ.

»Emma schläft leider gerade«, sagte ich. »Sie ist abends immer so müde, wir unternehmen tagsüber viel.«

Er antwortete nicht, trank langsam die Tasse aus.

»Ich werde nach Motala ziehen«, sagte er plötzlich. Ich war erleichtert. Dann würde er nicht mehr jeden Tag hier aufkreuzen.

»Nächste Woche«, fuhr er fort. »Emma und du, ihr werdet mitkommen.«

Ich hörte, was er sagte, begriff aber nicht richtig.

»Wie meinst du das?«

Er lächelte.

»Das wird gut werden. Ich habe da viele Freunde. Und da sind auch ein paar Mädchen, die gerade konvertieren.«

Ich war total verwirrt.

»Aber entschuldige mal!«, protestierte ich. »Ich will nicht nach Motala ziehen! Ich wohne hier. Ich hätte jetzt im Herbst meine Fortbildung machen sollen, und du weißt, warum das nicht möglich war, aber im neuen Jahr fange ich wieder bei der Bank an.«

Er knallte seine Tasse auf den Tisch.

»Wie soll ich dir je vertrauen, wenn du andauernd deine Meinung änderst?«, sagte er schneidend.

Ich machte eine hilflose Bewegung mit den Armen.

»Ich ändere meine Meinung? Das stimmt ja wohl nicht.«

Er stand auf, ging langsam um den Wohnzimmertisch herum zu meinem Sofa.

»Dass du mir immer widersprechen musst«, sagte er leise. »Dass du nie lernen kannst, das zu tun, was ich sage. Du warst doch einverstanden, dass wir Freunde werden. Warum machst du dann jetzt Schwierigkeiten?«

Ich stand auf und sah ihm in die Augen.

»Jetzt musst du gehen«, sagte ich ruhig. »Ich bin nicht dein Eigentum. Dass wir Freunde sind, bedeutet nicht, dass du die absolute Macht über mein Leben hast. Ich habe das gleiche Recht wie du, zu entscheiden, wo ich wohnen und leben will. Und wenn du das nicht akzeptieren kannst, dann ...«

Seine Faust traf mich am Kinn. Der Schlag war nicht hart, aber ich verlor doch das Gleichgewicht und fiel aufs Sofa zurück. Er packte meine Oberarme mit seinen kräftigen Händen und zog mich zu seinem Gesicht hoch.

»Du sollst mir gehorchen«, flüsterte er. »Du sollst tun, was ich sage. Wenn du das nicht tust, hast du keinen Nutzen für mich, oder?«

Ich antwortete nicht, ich bekam kein Wort heraus. Die Gedanken wirbelten in meinem Kopf herum: Wie hatte ich nur so dumm sein können? Wie hatte ich ihm vertrauen können? Wie idiotisch von mir, ihn hereinzulassen! Die Wut machte ihn blind. Ich sah es an seinem Blick.

»Du entkommst mir nie!«, schrie er. »Du wirst mich nach Motala begleiten, und wenn du das nicht tust, werde ich dich erledigen, dich und dein verdammtes kleines Luder von einem Kind. Ist das klar?«

Ich versetzte ihm einen Stoß mit dem Knie, riss mich los und fiel auf den Boden. Mein Knie schlug auf das Parkett, so dass es knallte. Verzweifelt rappelte ich mich wieder auf und stolperte in den Flur hinaus. Ich wollte die Nummer meiner Mutter wählen, aber er packte den Hörer und schlug ihn am Flurtisch kaputt.

Ich fand die Sprache wieder.

»Hilfe!«, schrie ich gellend. »Hilfe! Hilf mir doch jemand!«

»Halt die Schnauze, du Hure!«, brüllte er und schlug mir über den Mund.

Ich taumelte gegen die Wand, schrie aber immer weiter. Er griff in meine Haare und zog mich in die Küche. Ich bohrte meine Finger in seine Handgelenke, kratzte und riss.

»Verdammte Katze!«

Er trat mich ans Bein.

Dann riss er in der Küche die oberste Schublade auf, wühlte im Besteck, fand nicht, was er suchte, schob die Lade zu und öffnete die nächste.

Da lagen sie, die Vorlegemesser.

»Jetzt aber«, sagte er, und seine Stimme klang fast normal. Nur die Augen brannten. Er hielt das Messer vor meine Augen. Das Licht der Neonröhre über der Arbeitsplatte blitzte auf der Schneide.

Da wachte Emma auf. Sie gab in ihrem Gitterbettchen einen erschrockenen leisen Schrei von sich, ein gurgelndes »Mama«. Er hob den Kopf und horchte.

»Das Hurenbalg«, sagte er. Er sah mich an und lächelte, zog mich in den Flur hinaus und zum Schlafzimmer, wo die Kleine lag.

Großer Gott, nicht das! Nur das nicht!

»Nein!«, schrie ich, so laut ich konnte, als mir klar wurde, was er vorhatte. »Nicht zu Emma!«

Ich trat ihn gegen die Beine, kratzte an seinen Händen, klammerte mich an den Beinen des Flurtisches fest, der daraufhin umfiel. Er packte meinen Hals, zerrte mich am Kopf ins Schlafzimmer, ich biss ihn ins Handgelenk. Er riss an mir und fluchte, ich holte tief Luft und schrie.

»Um Gottes willen, hilfe! Hilfe!«.

Er trat die Tür zum Schlafzimmer auf. Das Mädchen

stand im Bett, die kleinen Ärmchen hingen über das Gitter. Sie hatte ihren rosa Schlafanzug mit den kleinen Hunden darauf an. Sie weinte verschlafen.

»Rühr Emma nicht an!«

Ich warf mich gegen ihn, fuhr ihm mit den Nägeln in die Augen. Mit einem Brüllen schlug er mich ins Gesicht und warf mich aufs Bett. Das Licht der kleinen Lampe, die im Fenster stand, wurde von seinen Augen reflektiert. Emma schrie. Er holte das Messer hervor und hielt die Schneide an das Gesicht des Mädchens.

»Halt die Schnauze, verdammtes Balg!«

Ich biss ihn in die andere Hand. Das Messer sauste an meinem Kopf vorbei.

»Ich fange mit dir an«, sagte er heiser, »dann kommt das Kind dran.«

Seine Hände lagen um meinen Hals. Sie waren trocken und kräftig. Ein rotes Feuer aus Hass und Verachtung loderte in seinen Augen. Ich versuchte seinen Griff zu lösen, kratzte an seinen Fingern. Er bringt mich um, dachte ich. Er hat am Ende gewonnen. Guter Gott! Panik! Ein Stahlring um meinen Hals. Ein schwarzer Bogen aus Dunkelheit, der sich über meine Augen legte. Warmes Blut im Kopf. Stille. Dunkelheit.

Ich atmete. Es tat weh. Etwas rasselte. Das war ich. Ansonsten war alles still. Es war dunkel, und es war so still. Rot, rotes Feuer? Nein, die Lampe im Fenster, ihr roter Lampenschirm, rotes Blut. Ich atmete, hustete, der Stahlring um meinen Hals.

Emma! Ich sah nichts, nur Rot. Es war so still. Großer Gott, sie ist tot! Ich drehte den Kopf, sah mein Bettzeug. Ich lag also auf dem Bett. Der Kopf rollte zurück. Ich hustete wieder und versuchte den Stahlring um meinen Hals zu lösen, aber da war nichts. Er war weg.

219

Warum war es so still? Ich fing an zu weinen, versuchte Emma zu rufen. Es war nichts zu hören. Ich rollte herum, landete auf dem Bauch. Du lebst, dachte ich. Du kannst atmen. Es ist nicht so schlimm. Steh auf. Hoch!
Ich bekam den Kopf hoch, und mein Blick wanderte zum Gitterbett. Emma saß im Bett, hatte den Daumen im Mund, saß ganz still da, weinte nicht. Ihr Blick war nach innen gewandt, die Augen glänzten. Sie sah mich wie von einem anderen Planeten aus an.
Liebling!, wollte ich sagen. Langsam setzte ich mich auf. Es wird alles gut. Das Zimmer kränkte, ich fiel hin, landete auf dem Fußboden und schlug mir den Kopf an der Bettkante. Mamas Liebling! Schweigend, müde, mit glänzenden Augen sah sie mich an. Emma! Emmaliebling. Ich griff nach den Gitterstäben, versuchte mich hochzuziehen.
Jemand stand in der Tür.
Ich schrie, aber es war nichts zu hören.
»Entschuldigung, was ist denn passiert?«
Eine Frau, etwas älter als ich, beugte sich über mich. Hilfe, versuchte ich zu sagen.
»Wir sind gerade erst eingezogen. Wir haben so einen Krach gehört, da habe ich mal ins Treppenhaus geschaut und gesehen, dass die Tür offen stand ...«
»Hilfe«, krächzte ich.
»Brauchen Sie Hilfe? Sollen wir jemanden anrufen?«
Eine andere Stimme, eine Männerstimme:
»Sollen wir Ihnen aufhelfen?«
Ich streckte ihnen als Antwort die Arme entgegen. Sie setzten mich wieder aufs Bett. Ich zeigte auf das Mädchen im Gitterbett.
Die Frau nahm Emma vorsichtig hoch und setzte sie auf meinen Schoß. Ein langer Seufzer schüttelte den Körper der Kleinen. Ich zog sie an mich, legte meine Wange an ihre seidenweiche Stirn und wiegte sie. Ganz still fing sie an zu weinen.

Das hilfsbereite Paar, das in meine alte Wohnung eingezogen war, stellte den Tisch wieder auf und das Telefon darauf.

»Wir können Sie doch nicht so hier lassen«, sagte die Frau. »Gibt es denn niemanden, den wir anrufen können, der kommen und Ihnen helfen kann?«

Ich nickte und kritzelte die Telefonnummer meiner Schwester auf den Block, den sie mir entgegenhielt.

Meine Schwester kam mit ihrem eigenen Schlüssel herein. »Mia«, sagte sie bloß und umarmte mich. »Mia, Mia, wie lange soll das noch so weitergehen?«

Ich umarmte sie, weinte still, stand immer noch unter Schock.

Marianne kam mit ihrem Mann. Sie weinte, als sie begriff, was geschehen war.

»Jetzt werde ich dieses Schwein anzeigen!«, sagte sie empört, während ihr die Tränen herabliefen. »Es ist mir egal, was du sagst, Mia, jetzt gehe ich zur Polizei! Du weißt nicht, was zu deinem Besten ist, jetzt werde ich das für dich entscheiden. Mein Gott, das hätte ich schon längst tun sollen!«

Sie lief planlos auf und ab und sammelte Dinge ein, die während des Tumults auf den Boden gefallen waren.

»Ich werde dir für morgen einen Termin beim Arzt besorgen, und anschließend fährst du zur Polizei. Heute Nacht darfst du nicht allein bleiben, gibt es jemanden, der bei dir bleiben kann?«

Ich sah zu meiner Schwester.

»Was ist mit Anders?«, fragte Marianne.

Ich schüttelte den Kopf, weil ich nicht wollte, dass er mich so sah.

»Dann musst du weg aus der Stadt, und das Schwein muss eingesperrt werden! Es hat keinen Sinn zu protestieren, Mia!«

Anders rief später am Abend an. Meine Schwester ging an

den Apparat und sagte, dass es mir schlecht gehe und sie über Nacht bei mir bleiben werde.

»Ich kann auch kommen«, meinte Anders.

Ich schüttelte heftig den Kopf.

»Nein, nicht nötig«, sagte meine Schwester, »Mia und Emma schlafen beide. Sie ruft dich ... morgen an.«

In dieser Nacht träumte ich zum ersten Mal von den trockenen, kräftigen Händen. Ich erwachte mit einem stummen Schrei, schweißüberströmt, meine eigenen Hände um den Hals gelegt.

Noch heute, sieben Jahre später, kommt es vor, dass ich mit dem schrecklichen Druck des Stahlrings um meinen Hals erwache.

Marianne holte mich um zehn Uhr ab. Wir wurden von Kriminalinspektor Carlsson begrüßt. Die Anzeige war bereits erfolgt. Um neun Uhr am 11. November 1987 hatte Marianne meinen Ex-Verlobten wegen Mordversuchs und schwerer Körperverletzung angezeigt.

»Ich lese Ihnen die Anzeige vor«, sagte Kriminalinspektor Carlsson zu mir. »Dann können Sie etwas ergänzen, wenn Sie das Gefühl haben, das sei notwendig.«

Er las die kurz gefasste Beschreibung des Verbrechens vor.

»Ist es so gewesen?«, fragte er anschließend.

Ich nickte. Ja, so war es wohl gewesen.

»Wir werden ihn festnehmen«, sagte Carlsson.

Marianne brachte mich ins Krankenhaus. Der Arzt konstatierte einen blauvioletten Bluterguss an der linken Seite des Halses und Verletzungen des Kehlkopfes. Die Verletzungen waren als Folge von sehr starkem äußerlichem Druck entstanden. Ich durfte mindestens eine Woche nicht reden.

»Warst du schon mal in Karlstad?«, fragte Marianne, als wir wieder in meiner Wohnung waren.

Ich seufzte und streckte einen Finger hoch.

222

»Aha«, sagte Marianne. »Und wann? Ist es lange her?«
Ich holte den Block noch einmal hervor und schrieb:
»Eine Freundin und ich sind mal mit dem Bus hingefahren, vor zehn Jahren. Sie hatte dort einen Freund. Das war das einzige Mal.«
»Und seither nicht? Hast du jemals mit ihm über Karlstad gesprochen?«
Ich schüttelte den Kopf.
»Dann packen wir jetzt eine große Tasche für dich und Emma, denn ich habe dir dort ein Ferienhaus besorgt.«

Die Ferienhaussiedlung war öder als der Planet Mars. Keine Menschenseele, so weit das Auge reichte. Alle Häuser waren für den Winter vernagelt, alle Fenster zugeschraubt, alle Stege und Boote heraufgezogen.
»Hier bist du sicher«, sagte Marianne.
Ja, das war klar. Ich ahnte langsam, wie Familie G. sich gefühlt haben musste, als sie in den unterirdischen Keller in Dalarna gestiegen war.
»Versuch, eine Weile hier zu bleiben, nur bis sie ihn festgenommen haben.«
Ich nickte. Es ging nicht mehr nur um mich. Er hatte gezeigt, dass er bereit war, auch Emma Schaden zuzufügen.
Die Hütte war sehr schön. Sie hatte elektrisches Licht, fließendes Wasser, Toilette und Telefon. Außerdem gab es einen netten kleinen Holzofen und einen großen offenen Kamin.
»Kann ich dich jetzt hier lassen?«, fragte Marianne besorgt.
Ich nickte und lächelte matt. Es würde schon gehen.
Als sie wegfuhr, sah ich dem Auto hinterher, bis es über die Bergkuppe verschwunden war, und wartete in der Türöffnung, bis das letzte Brummen des Motors verstummt war.
Dann blieb nur noch das Rauschen der Bäume.

Am Morgen des 12. November wurde Haftbefehl gegen meinen Ex-Verlobten erlassen. Er wurde in Abwesenheit des Mordversuchs und der schweren Körperverletzung angeklagt. Noch am selben Nachmittag wurde er in einer Wohnung in Motala festgenommen.
Die Verhandlung zur Bestätigung der Untersuchungshaft erfolgte schnell: Er würde bis zum Gerichtsverfahren im Gefängnis bleiben müssen.
Ich saß schweigend mit dem Telefon da, als Marianne mir das alles erzählte, und krächzte nur ein wenig als Antwort.
Anders rief an.
»Mia«, sagte er verzweifelt, »warum hast du mir nicht gesagt, was passiert ist?«
Ich weinte ein wenig und krächzte: »Ich konnte nicht.«
»Ich weiß, dass du eine Weile wegbleiben musst«, sagte er. »Aber ich vermisse dich, ich liebe dich! Komm bald nach Hause!«

Während der langen, dunklen Herbstabende schlichen sich Reue und Angst ein. Ich bereute ganz furchtbar, dass ich mich zu einer Anzeige bereit erklärt hatte. Manchmal meinte ich, er stünde draußen und würde hinter irgendeinem hochgezogenen Boot auf mich warten. Einmal war ich vollends überzeugt, ich hätte seine Jacke hinter einem Baum flattern sehen, doch es war nur ein Stück zerrissener Persenning. Mein Verstand sagte mir natürlich, dass ich diese Hirngespinste vertreiben musste.
Ich werde dich immer finden, wo du auch bist.
Seine Stimme hallte in meinem Kopf wider, wenn ich in dem schmalen Bett lag, das Mädchen neben mir in seinem Gitterbett.
Du entkommst mir nicht, und wenn ich dich finde, werde ich dir und deinem Hurenbalg den Kopf abschneiden ...
Ich erwachte mit den Händen um den Hals, starr vor Schreck.

12

Nach einer Woche fuhren wir nach Hause. Anders wartete in der Wohnung auf uns. Ohne ein Wort zu sagen, nahm er mich in den Arm.

»Er ist vom Gefängnis in Motala hierher verlegt worden«, sagte er.

Ich nickte.

»Du musst jetzt keine Angst mehr haben«, sagte Anders.

Er täuschte sich.

Kurz nachdem er die Wohnung am nächsten Morgen verlassen hatte, klingelte es auch schon an der Tür. Es waren Mohammed und Ali.

»Mia«, sagte Mohammed, »wir sind gekommen, um dich zur Vernunft zu bringen.«

Ich zeigte auf meinen Hals und gab ihm zu verstehen, dass ich nicht reden konnte.

»Du siehst ja wohl ein, dass der Vater deines Kindes nicht eingesperrt werden kann wie ein Tier! Du musst dafür sorgen, dass er rauskommt! Sofort!«

Ich zeigte wieder auf meinen Hals und krächzte: »Ich kann nicht sprechen.«

Das reizte Ali offenbar, der sich jetzt hören ließ.

»Wie kannst du das nur tun!«, schrie er erregt und machte einen Schritt auf die Tür zu. »Begreifst du nicht, dass er leidet?«

Jetzt wurde ich wütend!

»Und ich?«, krächzte ich. »Er hat mich fast umgebracht.«

»Du lebst doch noch«, sagte Mohammed kalt. »So schlimm kann es ja wohl nicht gewesen sein.«

225

Ich beeilte mich, die Tür zuzumachen, ehe sie auf die Idee kamen, den Fuß dazwischen zu setzen.

Der erste Advent kam. Alle Läden in der Stadt füllten ihre Schaufenster mit Weihnachtsschmuck. Am Sonntag gingen Emma, Anders und ich zusammen mit Sisse, Henrik und Kajsa bummeln.
Ali und sein Kumpel Samir gingen die ganze Zeit zehn Meter hinter uns.

»Mein Gott, sind hier viele Leute!«, stöhnte Sisse, als eine Gang junger Leute fast über Kajsas Kinderwagen stolperte.

Wir hörten uns das Blasorchester der Musikschule an, deren Mitglieder sich Luciakronen und rote Mützen aufgezogen hatten und auf der Treppe zum Supermarkt spielten.

»Können wir nicht irgendwo einen Kaffee trinken?«, fragte ich schließlich.

Wir fanden einen Tisch in der hintersten Ecke des Lokals. Ich nahm Emma aus dem Wagen und setzte sie in einen Kinderstuhl. Ihre Wangen waren rot wie kleine Äpfel nach all der frischen Luft. Ihre schwarzen Locken waren unter der Mütze nass geschwitzt. Das Mädchen lachte und zog Anders an den Haaren.

»Du, du, du«, sagte Anders, zog ihre Faust aus seinen Haaren und küsste sie auf die Fingerchen.
Ein warmes Lächeln erfüllte mich. Was für ein Glück ich hatte, diesen Mann gefunden zu haben.
Dann schaute ich über die Köpfe der Gäste hinweg auf die Straße hinaus. Vor dem Lokal standen zwei dunkle Männer und starrten hinein. Beide trugen schwarze Lederjacken und hatten die Hände in die Taschen geschoben. Mein Lächeln erstarb. Obwohl ich wusste, dass sie mir folgten, war es doch unangenehm. Sisse folgte meinem Blick und sah, was ich sah.

»Geben die denn nie auf?«, fragte sie ernst.
Ich schüttelte den Kopf, schonte meine Stimme.

Am Ende schickten sie Helena vor, um mir ins Gewissen zu reden. Sie kam in der Stadt auf mich zu und hielt Emmas Wagen fest. Sie trug einen bodenlangen Rock, einen schönen Seidenschal auf dem Kopf und eine hüftlange Jacke.

»Du kannst Emmas Papa doch nicht so im Gefängnis sitzen lassen. Wie kannst du nur so zu deinem Mann sein?«

Ich sah ihr in die Augen und sagte:

»Er ist nicht mein Mann, Helena. Außerdem habe nicht ich ihn ins Gefängnis gebracht, sondern er sich selbst. Und dann haben wir noch den Einbruch in Motala. War das vielleicht auch meine Schuld?«

Helena wurde etwas unsicher, ihr Blick schwankte.

»Du hast ihn angezeigt«, begann sie.

»Wieder falsch!«, schrie ich. »Das war eine Sozialarbeiterin bei der Gemeinde, die sich weigerte, noch länger zuzuschauen, wie er mich langsam, aber sicher totschlägt! Was ist denn los mit dir, Helena? Hat man dich einer Gehirnwäsche unterzogen?«

Sie schreckte zurück, und Angst lag für einen Moment auf ihrem Gesicht. Sie wandte sich schnell um, stieß mit einem dicken Mann zusammen, raffte ihre Röcke und eilte davon.

Der Termin für das Gerichtsverfahren wurde auf den 9. Dezember festgelegt. Sowie das geschehen war, begannen seine Freunde mich zu schikanieren, weil sie merkten, dass es ernst wurde. Es fing damit an, dass sie morgens um vier an meiner Tür klingelten. Am Ende montierte Anders die Klingel ab. Dann brüllten sie stattdessen durch den Briefkastenschlitz. Ich holte breites Paketband heraus und klebte ihn zu. Daraufhin traten sie an die Tür.

227

»Das ist doch das Letzte«, sagte Anders.

Manchmal musste ich abends lange weinen, war starr vor Furcht, hatte Todesangst. Am nächsten Morgen war dann alles wieder wie immer. Anders ging zur Arbeit, ich spülte, machte ein wenig sauber, spielte mit Emma, rief bei Sisse an – und dann ging es wieder los. Sie traten an die Tür, riefen andauernd an. Bei jedem Klingeln zuckte ich zusammen. Drei Mal in einer Woche wechselte ich die Nummer. Es half nichts. Schließlich legte ich den Hörer daneben.

»Du darfst nicht aufgeben«, sagte Marianne. »Du musst ihn jetzt stoppen, Mia, eine Grenze ziehen. Bis hierher und nicht weiter. Wenn du die Anzeige zurücknimmst, gibst du nach.«

»Mal sehen«, murmelte ich.

Ali trat unentwegt gegen meine Tür. Ich holte tief Luft. Es musste doch möglich sein, vernünftig mit diesen Leuten zu reden. Sie waren doch einmal meine Freunde gewesen. Langsam öffnete ich die Tür.

»So kann das nicht weitergehen«, sagte ich ruhig.

»Dann hör endlich auf, so rumzuzicken«, sagte Mohammed.

»Rumzuzicken?«, fragte ich. »Er hat mich fast umgebracht, wollte mich zwingen, nach Motala zu ziehen, wo ich noch nie in meinem Leben gewesen bin. Ich wohne hier! Er hat nicht das Recht ...«

»Er hat das Recht, seine Tochter zu sehen!«, sagte Mohammed.

»Natürlich«, erwiderte ich wütend. »Aber er hat nicht das Recht, sie umzubringen!«

»Warum verhinderst du, dass er seine Familie treffen kann?«, fragte Ali. »Merkst du nicht, wie er darunter leidet, seine Familie nicht sehen zu können?«

»Er kann Emma treffen«, sagte ich. »Er kann sie treffen,

wann immer er will. Aber das bedeutet nicht, dass er in meiner Wohnung ein und aus gehen kann, wie er will.«

Ali trat einen Schritt auf mich zu. Instinktiv wich ich zurück, doch er bekam meine Bluse zu fassen.

»Was soll er denn mit einer Familie, wenn er sie nicht sehen kann?«, zischte er. »Kannst du mir das mal sagen?«

Er schüttelte mich.

»Du hast eine Woche Zeit, die Anzeige zurückzunehmen und dafür zu sorgen, dass er freikommt.«

Ich bekam keine Antwort heraus.

»Wenn er bis Weihnachten kein freier Mann ist, wirst du auch nicht frei sein.«

Ich erstarrte.

»Willst du mir drohen?«, fragte ich gepresst.

»Ja, da kannst du Gift drauf nehmen!«, schimpfte er. Emma fing im Gitterbett an zu weinen. Ali hob den Kopf und lauschte.

»Du musst die Anzeige vor dem 9. Dezember zurücknehmen, sonst bringe ich dich und das Kind um«, zischte er. »Ist das klar? Ich komme so lange wieder, bis du zur Polizei gehst und sagst, dass du dir alles nur ausgedacht hast, um ihn zu ärgern.«

Er ließ mich los. Ich taumelte nach hinten, tastete nach der Tür und wollte sie zuziehen. Er setzte den Fuß dazwischen.

»Deine Eltern wohnen auch hier in der Stadt, oder?«, fragte er und lächelte ironisch. »Du hast eine Mutter, einen Vater und Schwestern, nicht wahr? Die gehen doch auch manchmal raus, oder?«

Ich schlug die Tür zu. Sofort fing das Treten wieder an. Ich zitterte am ganzen Körper, eilte zu Emma, nahm das Mädchen auf den Schoß und tröstete es.

Sie würden es tun, da war ich mir ganz sicher. Sie würden ihre Drohungen in die Tat umsetzen. Ich hatte keine Wahl.

»Guten Tag, ich heiße K. und bin der Staatsanwalt im Verfahren gegen Ihren ehemaligen Verlobten. Ich wollte mit Ihnen vor dem Gerichtstermin noch einmal die Anklage durchgehen und fragen, ob Sie dafür zur Staatsanwaltschaft kommen könnten.«

Emma hatte auf dem Fußboden im Wohnzimmer gesessen und gespielt, jetzt kam sie mit ihrem Teddy in der Hand in den Flur spaziert.

»Hallo, hallo«, sagte sie, entdeckte einen halben Keks, der unter dem Tisch im Flur lag, ließ den Bären los, reckte sich nach dem Keksstück und fing fröhlich an, darauf herumzukauen.

»Nämnäm«, sagte sie, sah mich an und lachte. »Namnam!«

»Frau Eriksson?«, fragte der Mann in der Leitung.

»Nein«, sagte ich. »Ich will keine Anklage durchgehen. Ich möchte die Anzeige zurücknehmen. Ich möchte, dass das Verfahren eingestellt wird.«

Der Staatsanwalt seufzte schwer.

»Ich kann das Verfahren nicht einstellen«, sagte er. »Es handelt sich um ein Offizialdelikt.«

»Ich werde nicht mit Ihnen zusammenarbeiten«, sagte ich.

»Das spielt keine Rolle«, sagte der Staatsanwalt. »Ich werde ihn trotzdem kriegen.«

»Wie das?«, fragte ich.

»Durch das Gutachten des Arztes«, sagte der Mann. »Ich kann den Mordversuch nicht beweisen, aber wegen Körperverletzung fährt er ein. Außerdem habe ich eine Zeugin, eine Frau, die bei anderer Gelegenheit gesehen hat, wie er Sie geschlagen hat.«

»Ehrlich?«, fragte ich erstaunt. »Wen denn?«

Er nannte den Namen einer Freundin meiner Schwester, die einmal dabei gewesen war, als er mich vor seiner Wohnung geschlagen hatte. Den Schlag hatte ich schon fast vergessen.

»Sie erweisen sich einen Bärendienst, wenn Sie nichts erzählen, Maria«, sagte der Staatsanwalt.
Ich antwortete nicht und sah auf Emma hinunter, das kleine Mädchen, das zu meinen Füßen saß.
»Ich weiß, dass das anstrengend für Sie ist«, sagte er. »Aber wenn Sie Hilfe und Unterstützung brauchen, dann gibt es welche.«
»Ehrlich, und wo?«
»In der Nachbarstadt gibt es eine ausgezeichnete Psychologin, die viel mit Frauen in Ihrer Situation gearbeitet hat.«
Ich lachte trocken.
»Nicht ich brauche hier einen Psychologen«, sagte ich. »Ich bin nicht verrückt!«
Jetzt wurde der Staatsanwalt ein wenig sauer auf mich, das hörte ich.
»Ich sage Ihnen den Namen trotzdem, falls Sie doch mal das Gefühl haben sollten, sie anrufen zu wollen.«
Ich schrieb den Namen in mein Telefonbuch und vergaß ihn sofort.

Ich dekorierte meine neue, schöne Wohnung weihnachtlich. Emma liebte das Weihnachtsfest, das merkte ich schon. Ihre Augen glänzten, wenn wir die Kerzen anmachten, und sie klatschte zu allen Weihnachtsliedern mit den Händen.

Dann war es so weit. Am 9. Dezember um zehn Uhr wurde die Hauptverhandlung gegen meinen ehemaligen Verlobten am Amtsgericht der Stadt eröffnet.
»Ich komme mit«, sagte Anders.
»Nein!«, erwiderte ich. »Aber ich leihe mir gern das Auto.«
Emma brachte ich zu meiner Mutter.
»Mach niemandem auf!«, wies ich sie an.

»Nein, aber vielleicht gehen wir ein Stündchen raus«, meinte meine Mutter.

»Nein!«, rief ich. »Du darfst mit dem Mädchen nicht vor die Tür gehen. Versprich mir das!«

Sie versprach es. Trotzdem rief ich sie sofort an, sowie ich im Amtsgericht angekommen war.

»Du warst doch nicht draußen? Versprich bitte, dass du mit ihr nicht rausgehst.«

Ich ging steif neben dem Staatsanwalt auf die Menschengruppe zu, die vor dem Gerichtssaal stand. Seine ganzen Freunde waren gekommen – Mohammed und Ali, Abdullah, Samir und alle anderen –, doch keine von den Frauen. Ich wollte gerade in den Gerichtssaal gehen, als Ali meinen Arm mit steinhartem Griff packte.

»Wenn du ein Wort sagst, holen wir uns das Kind«, zischte er.

Ich antwortete nicht, riss mich nur los, ging hinein und setzte mich neben den Staatsanwalt. Auf der anderen Seite des Raumes saß mein Ex-Verlobter neben seinem Anwalt und starrte mich an. Ich sah weg.

Der Richter schlug mit dem Hammer auf den Tisch und eröffnete die Sitzung. Der Staatsanwalt verlas die Klageschrift und sagte, mein ehemaliger Verlobter habe mich misshandelt und versucht, mich zu erwürgen. Die Verteidigung hielt dagegen, das seien alles Lügen. Mein Verlobter habe mir kein Haar gekrümmt. Er sei ein guter, warmherziger und liebevoller Vater, der die volle Verantwortung für seine geliebte Tochter übernehme.

»Maria, erzählen Sie bitte, was bei Ihnen zu Hause am 10. November geschah«, bat mich der Staatsanwalt.

Ich räusperte mich, verschränkte die Hände auf dem Tisch vor mir und fixierte sie mit meinem Blick.

»Ich möchte sagen, dass es gegen meinen Willen zu diesem Verfahren gekommen ist. Ich möchte, dass das Verfahren eingestellt wird.«

Der Staatsanwalt tat, als würde er mich nicht hören.

»Was passierte am Abend des 10. November bei Ihnen zu Hause, Maria?«

Ich holte tief Luft und starrte auf meine gefalteten Hände. Im Gerichtssaal war es totenstill. Seine Freunde starrten mich stur an. Mein Ex-Verlobter saß auf der anderen Seite des Saales und starrte mich ebenso stur an.

»Ich erinnere mich nicht«, sagte ich.

»Aber ja«, sagte der Staatsanwalt ermutigend. »Sie werden sich doch erinnern, dass Ihr ehemaliger Verlobter in Ihre Wohnung kam, sich aufs Sofa setzte …«

»Nein«, sagte ich, »ich erinnere mich nicht.«

»… Sie zwingen wollte, mit ihm in eine andere Stadt zu ziehen, und Sie sagten nein …«

»Ich habe Gedächtnislücken«, sagte ich. »Ich erinnere mich nicht.«

»… er zog Sie am Hals und an den Haaren, bedrohte Sie mit einem Messer, das er in der Küche geholt hatte, hinderte Sie, das Telefon zu benutzen …«

»Nein«, sagte ich. »Ich erinnere mich nicht!«

»… warf Sie aufs Bett und würgte Sie …«

»Nein.«

»… bis Sie das Bewusstsein verloren …«

»Nein.«

Ich sah auf und begegnete seinem Blick, der von der anderen Seite des Saales auf mich gerichtet war.

»Maria Eriksson, dem Gericht liegt eine ärztliche Bescheinigung vom 11. November elf Uhr vor, fünfzehn Stunden nach dem Mordversuch in Ihrer Wohnung. Daraus geht hervor, dass Sie blauviolette Flecken am Hals und Verletzungen des Kehlkopfes davongetragen haben, die von sehr starker äußerer Gewalteinwirkung herstammen. Wie haben Sie sich diese Verletzungen zugezogen, Maria?«

Ich starrte in seine lodernden Augen.

»Ich weiß es nicht«, sagte ich tonlos.

233

Der Staatsanwalt seufzte.
Mein Ex-Verlobter bestritt alles. Er sei ein unbescholtener Mitbürger, liebevoller Vater, respektvoller Ehemann. Nur Gottvater selbst sei besser und gütiger als er.
Dann wurde Madeleine, die Freundin meiner Schwester, in den Zeugenstand gerufen. Sie erzählte dem Gericht, dass mein ehemaliger Verlobter mich ins Gesicht geschlagen hatte, als sie und ich zusammen mit ein paar anderen an seinem Hauseingang vorbeikamen.
Alles war in weniger als zwei Stunden vorüber.
»Ich hoffe, dass Sie mit Ihrem Einsatz zufrieden sind«, sagte der Staatsanwalt trocken, wandte mir den Rücken zu und ging.
Ich wünschte, ich hätte ihm alles erklären können.
Das Urteil wurde noch am gleichen Tag verkündet. Mein Ex-Verlobter wurde wegen Körperverletzung zu einem Monat Gefängnis verurteilt. Die Untersuchungshaft wurde angerechnet. Am Nachmittag war er frei.

Dann kam das Resultat des Vaterschaftstests, durch das bestätigt wurde, dass er der Vater von Emma war.
Er ließ nichts von sich hören. Die Ruhe nach dem Terror seiner Freunde war himmlisch. Manchmal meinte ich, das Verfahren hätte überhaupt nicht stattgefunden.

Plötzlich war Weihnachten. Anders fuhr zu seinen Verwandten nach Nordland. Er flog, so dass ich das Auto benutzen konnte. Gegen Mittag gingen Emma und ich zu meinen Eltern. Wie jedes Jahr aßen wir vom Weihnachtsbüfett, sahen Zeichentrickfilme und teilten die Weihnachtsgeschenke aus. Meine Schwester spielte den Weihnachtsmann. Emma machte die rot gekleidete Gestalt ziemlich nachdenklich. Sie hatte keine Angst, sondern war nur misstrauisch. Die Weihnachtsgeschenke bereiteten ihr natürlich Freude, vor allem das Geschenkpapier.

An Silvester luden wir Sisse, Henrik und Kajsa ein. Wir saßen gerade und sahen fern, als er anrief.

»Hast du was zu trinken, das man sich ausleihen könnte?«, fragte er.

Ich seufzte schwer.

»Tut mir Leid. Ich habe nichts.«

Es blieb eine Weile still. Dann sagte er nur:

»Frohes neues Jahr.«

Dann legte er auf.

»Zeit, die Nummer zu wechseln?«, fragte Sisse, als ich wieder ins Wohnzimmer kam.

»Nein«, sagte ich. »Es reicht jetzt. Ich habe in weniger als einem Jahr zwölf Nummern gehabt.«

Um Mitternacht stießen wir mit Sekt an.

13

Das neue Jahr begann ruhig. Anders brachte die letzten Umzugskartons und übergab seine alte Wohnung ihrem neuen Besitzer.

Mein Ex-Verlobter rief fast täglich an.

»Ich will raufkommen und einen Kaffee trinken«, sagte er.

»Nein«, erwiderte ich. »Das geht nicht. Wir sind auf dem Sprung.«

»Dann komme ich später. Du kannst mich zum Abendessen einladen.«

»Nein«, erwiderte ich, »wir sind woanders eingeladen.«

»Okay«, sagte er. »Ich rufe morgen wieder an.«

Und das tat er. Ich war weiterhin beschäftigt, eingeladen, auf dem Weg zum Arzt oder Kinderarzt. Ich wollte ihn nicht noch einmal in meiner Wohnung haben.

Dann rief der Staatsanwalt an, der das Verfahren geleitet hatte.

»Ich wüsste gern, ob Sie von Diebstählen oder Betrügereien wissen, in die Ihr ehemaliger Verlobter verwickelt war«, fragte er.

»Er hat mir einmal einen Fernseher verkauft, der in Motala gestohlen war«, antwortete ich.

»Sonst noch etwas?«, sagte der Staatsanwalt.

»Nicht, soweit ich weiß«, sagte ich. »Manchmal kommt er mit Sachen, Kleidern oder Essen, für die er keine Belege hat. Ich weiß nicht, woher sie stammen, denn ich nehme sie nie an.«

»Hat er viel Geld?«

Ich dachte nach.

»Ja, ziemlich viel«, sagte ich. »Er besitzt ein fast neues Auto und gute Kleidung. Einmal hat er behauptet, er habe aus dem Libanon etwas geerbt. Ich weiß nicht, ob das stimmt.«

»Ihr ehemaliger Verlobter wird wegen einer ganzen Reihe von Diebstählen und Betrügereien vor Gericht kommen. Wir sind gerade dabei, Anklage zu erheben. Können der Ermittlungsbeamte oder ich wieder auf Sie zukommen, wenn es etwas gibt, das Fragen aufwirft?«

»Natürlich«, sagte ich. »Rufen Sie an.«

Es war herrlich, mit Anders zusammen zu wohnen, auf jemanden zu warten, gemeinsam zu kochen und zu essen, die Freude über Emma zu teilen. Außerdem war es für mich auch wirtschaftlich eine Erleichterung, denn jetzt teilten wir natürlich die Ausgaben für Essen und Miete.

Abends, wenn Emma eingeschlafen war, saßen wir zusammengekuschelt auf dem Sofa und sahen fern.

»Hör mal, Eriksson, schieb mal die Fernbedienung rüber«, sagte er manchmal.

Ich nahm sie in die Hand und hielt sie außerhalb seiner Reichweite.

»Was kriege ich dafür?«, fragte ich grinsend.

»Was willst du haben?«, fragte er, kroch ganz nah an mich heran und pustete mir in den Nacken.

»Ich liebe dich«, flüsterte ich.

Und dann schalteten wir doch nicht auf einen anderen Kanal.

Er rief an und verlangte, Emma zu treffen.

»Das ist mein Recht«, sagte er.

»Es ist ihr Recht, dich zu treffen«, korrigierte ich ihn. Ich besprach die Sache mit Mona.

»Ich will nicht, dass er sie trifft«, sagte ich. »Er benutzt sie als Mittel, um an mich heranzukommen. Außerdem hat er gezeigt, dass er bereit ist, ihr Schaden zuzufügen.«

»Wir versuchen es noch ein letztes Mal«, sagte Mona. Wir entschieden, dass wir uns vor einem Lokal in der Stadtmitte treffen würden. Er sollte sich fünf Stunden lang um das Mädchen kümmern. Mona und ich standen mit Emma, dem Kinderwagen, der Tasche mit Bananen und Windeln fast eine Stunde lang da.

Er kam nicht.

»Jetzt geben wir auf«, sagte Mona.

Tags darauf rief ein Angestellter von der Pass-Stelle an und fragte, wohin er Emmas Auszug aus dem Personenregister schicken solle, den ihr Vater beantragt habe, weil das Mädchen kurzfristig eine Auslandsreise machen solle. Da platzten meine letzten Illusionen. Ich tobte, weinte, fluchte und schimpfte. Emmas Vater war nicht im Geringsten daran interessiert, sich um das Mädchen zu kümmern. Er wollte sie nur benutzen, um Macht über mich zu haben.

Wenn es ihm gelungen wäre, Emma in den Libanon zu schicken, hätte ich alles getan, um sie zurückzubekommen. Er wusste, dass ich mein Zuhause, meine Arbeit, mein Land und mein Leben für das Mädchen geben würde.

Er selbst konnte niemals in den Libanon fahren. Er würde das Mädchen zu jemandem schicken, der sich um sie kümmern könnte, entweder zu einem Verwandten oder einer anderen Person, die sich bereit erklärte, sie gegen Bezahlung zu verstecken. Dann hätte er mich erpresst. Mit dem Mädchen als Geisel in einem ausgebombten Bunker in Beirut hätte ich alles aufgegeben, meine Seele dem Teufel verkauft.

Er rief am selben Abend an.

»Wohin sollte Emma reisen?«, fragte ich.

Er wurde von der Frage überrumpelt, das hörte man.

»Ich dachte, es wäre schön für sie, in den Libanon zu reisen«, sagte er erstaunt.
»Und du?«, fragte ich. »Wärst du auch mitgefahren?«
Er antwortete nicht.
»Mieses Schwein«, zischte ich und legte auf.

Ende Januar wurde ein neues Verfahren gegen ihn eröffnet. Die Anklageschrift war lang. Der Einbruch in Motala war nur ein Anklagepunkt in einer langen Reihe. Er wurde des Fahrens ohne Führerschein verdächtigt, sollte an Fahrraddiebstählen im großen Stil und an Betrügereien in Höhe von mehreren tausend Kronen beteiligt gewesen sein. Das Verfahren war auf drei Tage angelegt, was in einer kleinen Stadt wie unserer ungewöhnlich war. Die Lokalzeitung berichtete ausführlich.
Er wurde zu einem Jahr Gefängnis verurteilt.
»Jetzt bist du ihn ein ganzes Jahr los!«, jubelte Marianne.
»Das glaube ich erst, wenn ich es sehe«, sagte ich resigniert und hatte Recht damit, mich nicht zu früh zu freuen.

Anfang Februar wurde ich wieder von einer heftigen Übelkeit heimgesucht, die fast so schlimm war wie die während der Schwangerschaft mit Emma.
»Diesmal kann ich auf keinen Fall schwanger sein«, sagte ich zu dem Arzt. »Ich nehme die Pille und weiß, dass ich nicht eine einzige Tablette vergessen habe.«
Er sah mich nachdenklich an.
»Wir machen trotzdem einen Schwangerschaftstest«, sagte er.
Ich war völlig perplex, als das Testergebnis kam.
»Das kann doch nicht wahr sein!«, rief ich. »Emma war ein Spiralenbaby, und jetzt soll ich auch noch ein Pillenbaby bekommen!«
»Bei manchen Frauen greifen die Verhütungsmittel eben einfach nicht«, sagte der Arzt. »Sie sind eine davon.«

Anders war so glücklich, dass er fast weinte.
»Mamma Mia!«, jubelte er. »Ich werde Vater!«
Er küsste mich, hob mich hoch und drehte mich so lange im Kreis, bis ich fast wieder spucken musste.
Natürlich wurde ich krankgeschrieben. Ich konnte nicht essen, aber immerhin etwas Flüssigkeit bei mir behalten. Ich musste nicht an den Dauertropf gelegt werden.
Mein Comeback auf dem Arbeitsmarkt wurde erneut aufgeschoben. Ich rief das Jugendamt, meinen Chef und Emmas neue Kita an.
»Noch ein Kind!«, sagte mein Chef und versuchte, nicht verärgert zu klingen. »Wie schön für Sie, Mia. Sie wissen, dass Sie wieder willkommen sind, sobald Sie sich besser fühlen.«
Das neue Baby sollte im Oktober kommen, genau wie Emma. Das erste Mal musste ich Ende Februar ins Krankenhaus. Drei Tage lang bekam ich über eine Kanüle eine Nährlösung verabreicht. Emma war bei meiner Mutter, während Anders arbeitete. Jeden Abend, nachdem er Emma abgeholt hatte, besuchten mich die beiden im Krankenhaus und blieben, bis es für Emma an der Zeit war, ins Bett zu gehen.
»Meine tapfere, mutige, starke Frau«, flüsterte Anders und küsste mich, ehe er ging.

»Gibt es etwas Spezielles, was du möchtest? Sollen wir irgendwo vorbeifahren und etwas kaufen?«, fragte Anders, als er mich drei Tage später holte.
Ich überlegte, ob ich auf etwas besonders scharf war.
»Ja,« sagte ich. »Salzlakritz, die harten, und die gesalzenen Bomben mit Pulver drin.«
Er schüttelte verständnislos den Kopf, als er in den Kiosk ging, wo es die Bonbons gab. Ich lachte vor mich hin, während ich im warmen Auto saß und wartete, schaltete das Autoradio ein und lehnte den Kopf an die Nackenstütze.
Da sah ich ihn. Er fuhr in seinem Volvo am Kiosk vorbei.

Mein Blick folgte ihm, als er an unserem Auto vorbeifuhr. Ja, er war es, kein Zweifel. Wie war das möglich?
Im selben Moment kehrte Anders zurück. Er hielt eine gelbe Papiertüte voller Pulverbomben in der Hand.
»Hast du ihn gesehen?«, schrie ich. »Da! Er ist hier gerade vorbeigefahren! Er ist aus dem Gefängnis!«
Anders sah sich um. Ein Bus fuhr vorbei. Zwei Frauen mit ihren Hunden näherten sich.
»Ich sehe nichts«, sagte Anders. »Bist du sicher, dass du dich nicht getäuscht hast?«
»Glaube mir«, entgegnete ich. »Den Kerl würde ich überall erkennen.«
Anders setzte sich ins Auto und schlug die Tür zu.
»Hier«, sagte er und warf die Tüte auf meinen Schoß. »Wünschen Sie sonst noch etwas? Eine Tüte Bauschutt? Ein Kilo Arsen? Einen Kuss von Ihrem Mann?«
Wir küssten uns.
»Wahrscheinlich hat er Hafturlaub«, sagte Anders und fuhr nach Hause.

Am nächsten Tag klingelte er an meiner Tür. Anders war arbeiten, Emma machte ihren Mittagsschlaf. Ich öffnete, die Sicherheitskette vorgelegt.
»Was willst du?«
»Ich will meine Tochter treffen«, sagte er. »Ich habe das Recht, meine Tochter zu treffen.«
»Blödsinn«, sagte ich. »Du hast nicht ein einziges Recht, was sie angeht.«
Sein Blick verhärtete sich.
»Sie ist meine Tochter. Du kannst mir nicht verweigern, sie zu treffen.«
»Natürlich kann ich das«, sagte ich. »Ich habe weit mehr getan, als ich musste, damit du einen guten Kontakt zu ihr hast. Damit ist jetzt Schluss. Du hast deine Chancen vertan.«

Er fing an zu schreien.
»Hol sie her!«
»Niemals«, gab ich zurück.
»Ich habe meine Rechte!«
»Wohl kaum«, erwiderte ich. »Es gibt keinen Beschluss darüber, dass ich verpflichtet bin, sie dir auszuhändigen.«
»Ich habe das Recht!«, jaulte er.
»Bring es vor Gericht«, sagte ich. »Komm zurück, wenn du einen gerichtlichen Beschluss hast.«
Ich schlug ihm die Tür vor der Nase zu. Es gab Grenzen dafür, was ich mit mir machen ließ. Als er vorhatte, sie zu kidnappen, hatte er alles Vertrauen verwirkt.
Am nächsten Tag sah ich ihn vor dem Supermarkt. Er ging mit seinen Freunden spazieren, redete und lachte.
»Da stimmt doch was nicht«, sagte ich zu Mona. »Wie kann er jeden Tag in der Stadt herumspazieren, wenn er eigentlich im Gefängnis sitzt?«
»Ich weiß nicht«, antwortete Mona. »Ich begreife auch nicht, wie er das macht.«

Der März begann mit Regen und Matsch. Es ging mir sehr schlecht, ich musste mich übergeben, sobald ich etwas aß.
»Können Sie denn irgendetwas bei sich behalten? Flüssigkeit?«, fragte der Arzt.
»Manchmal«, sagte ich. »Und ich esse Pulverbomben.«
Der Arzt hob die Augenbrauen.
»Salzlakritz mit supersalzigem Pulver drin«, sagte ich. »Türkischer Pfeffer.«
Ich sah seine bestürzte Miene.
»Ist das gefährlich?«, fragte ich beunruhigt.
Seine Gesicht verzog sich zu einem Lachen.
»Nein, es ist nicht gefährlich. Essen Sie nur Ihre Bomben. Das ist besser als nichts.«

Sisse rief mich an und sagte, dass sie auch ein Kind erwartete, und zwar im September. Henrik und sie würden umziehen, ein Reihenhaus direkt vor der Stadt mieten.
Wir beschlossen, das alles mit einem Einkaufsnachmittag in der Stadt zu feiern. Sisse kaufte ein dickes amerikanisches Buch über Schwangerschaft und Geburt. Ich kaufte Wolle für einen Babypullover. Dann setzten wir uns ins Café im Supermarkt und bestellten Tee. Keine von uns mochte mehr Kaffee trinken.
Unsere Mädchen plapperten miteinander, nahmen sich die Schnecken weg, umarmten sich, leckten am Lutscher der anderen und rissen sich gegenseitig die Servietten auseinander.
»Wie lustig, dass wir wieder gleichzeitig ein Kind bekommen!«, sagte Sisse. »Wir müssen dafür sorgen, dass die neuen Kinder genauso gute Freunde werden wie Emma und Kajsa.«
Darauf stießen wir mit unserem Tee an.

Er stand im Treppenhaus und wartete auf mich. Ich hatte keine Chance, ihm zu entkommen.
»Was willst du?«, fragte ich nur, als ich die Treppe heraufkam.
»Ich will ein Abendessen. Ich will ein wenig Zeit mit meiner Familie verbringen.«
»Deiner Familie?«, platzte ich heraus. »Wir sind nicht deine Familie. Verschwinde!«
Ich hielt Emma ganz fest. Er musste gesehen haben, dass ich Todesangst hatte.
»Du bist meine Frau«, sagte er. »Du sollst mir gehorchen.«
»Nein«, sagte ich leise und mit Nachdruck. »Ich bin nicht deine Frau. Ich habe jetzt einen anderen Mann. Wir werden zusammen ein Kind haben. Du bist hier nicht mehr willkommen.«

Er starrte mich an. Dann lächelte er plötzlich.
»Ach, wirst du wieder ein Kind bekommen, Mia? Wie schön! Dann habe ich ja zwei!«
Er ging, ohne noch mehr zu sagen. Ich starrte ihm verständnislos nach. Was um Himmels willen meinte er damit? Bildete er sich etwa ein, dass das neue Kind von ihm war?
Ich öffnete die Eingangstür mit zitternden Händen. Jetzt musste wirklich Schluss sein!
Nachdem ich Emma gefüttert hatte, rief ich das Gefängnis in der Nachbarstadt an, wo er saß beziehungsweise hätte sitzen sollen.
»Ich heiße Maria Eriksson«, sagte ich. »Ich bin die ehemalige Verlobte eines Ihrer Insa...«
»Ich weiß, wer Sie sind«, sagte die Haftbetreuerin kurz und kalt. »Ich kann nicht mit Ihnen über ihn reden.«
»Dann rede ich eben, und Sie hören zu«, sagte ich. »Ich frage mich, wie es sein kann, dass mein Ex-Verlobter jeden Tag frei in der Stadt herumspringt, wo er doch eigentlich seine Strafe in Ihrer Anstalt absitzen müsste.«
Die Haftbetreuerin holte demonstrativ Luft.
»Er hat Freigang«, meinte sie.
»Aha«, sagte ich. »Muss man nicht einen Job haben, um Freigang zu bekommen?«
»Im Prinzip ja«, antwortete sie mit überlegener Ruhe. »Aber dieser Mann braucht eine Eingewöhnung ins Arbeitsleben und hat deshalb die Erlaubnis erhalten, seinen notwendigen Außenkontakt zu besuchen.«
»Ach so«, sagte ich. »Und wer ist dieser Außenkontakt?«
»Dieser Mann kann nicht wie ein Mensch funktionieren, wenn er seine geliebte Tochter nicht treffen kann. Es ist lebenswichtig für ihn, täglichen Umgang mit ihr haben zu können.«
Ich traute meinen Ohren nicht.
»Das kann doch nicht wahr sein«, sagte ich gepresst.
»Wer hat diesen Beschluss gefasst? Sie?«

»Das Kollegium der Betreuer«, erwiderte sie.
»Was Sie nicht sagen!«, sagte ich. »Und wer ist das?«
»Der Leiter der Haftanstalt, unser Chef also, das Betreuungspersonal und die Arbeitsleiter.«
»Der Beschluss ist wahrscheinlich aufgrund Ihrer Empfehlung getroffen worden, sehe ich das richtig?«
»Auf meine Empfehlung hin, ja.«
»Dann haben wir das geklärt!«, sagte ich. »Wissen Sie, dass er jeden Tag Auto fährt?«
»Natürlich weiß ich das«, sagte sie wütend. »Er hat das Auto ja hier in der Anstalt.«
»Haben Sie sein Urteil vorliegen?«, fragte ich. »Gut! Dann schlage ich vor, dass sie mal hineinschauen und nachsehen, wofür dieser Mann verurteilt worden ist. Er ist unter anderem wegen unerlaubten Fahrens verurteilt worden. Dieser Mann hat gar keinen Führerschein, und Sie haben es arrangiert, dass er das Auto in der Anstalt haben kann! Und was den Umgang mit seiner geliebten Tochter angeht, so gibt es den nicht. Sie haben daran mitgewirkt, dass dieser Mann jeden Tag ein Verbrechen begeht, um ein Kind zu treffen, das zu besuchen er kein Recht mehr hat. Gute Arbeit, meine Dame!«
Am anderen Ende herrschte Funkstille.
»Ich denke, Sie sollten eine neue Behandlungsweise empfehlen«, sagte ich wütend. »Und zwar, dass dieser Mann ab sofort keinen Freigang mehr hat! Ansonsten werde ich dafür sorgen, dass Sie stattdessen Ihren Job los sind.«
Zitternd vor Wut legte ich auf.
Er schaffte es wirklich, jeden um den Finger zu wickeln. Nach dem Gespräch mit der Haftbetreuerin sah ich ihn den ganzen Frühling nicht mehr. Mein Telefongespräch hatte seinen Freigang beendet. Dass er nicht mehr rausdurfte, wurde mir klar, als ich das nächste Mal in die Stadt ging. Ich schaffte es nicht einmal bis ins Zentrum, ehe Ali auch schon auf mich zulief.

»Hure!«, schrie er. »Du bist schuld, du hast alles zerstört!«
»Was denn?«, fragte ich unschuldig. »Was ist denn los?«
»Tu nicht so!«, schrie der Mann rasend. »Du hast ihn wieder einsperren lassen!«
Emma begann zu weinen. Ich blieb stehen und nahm sie hoch. Da machte er eine Geste, die zum besonderen Erkennungszeichen für ihn und seine Freunde werden sollte: Er fuhr mit der Hand über seinen nackten Hals, starrte mich an und brüllte etwas. Es dauerte ein paar Sekunden, bis ich begriff, was er meinte: »Töten, töten, töten …«
Ich drehte mich um und floh.

Anders kochte abends, da ich die Essensgerüche nicht vertragen konnte. Er kaufte ein, da mir an der Fleischtheke übel wurde. Er passte auf Emma auf, wenn es mir an einem Tag besonders schlecht ging.
»Du tust so viel für mich!«, murmelte ich an einem solchen Abend, als nicht einmal mehr die Pulverbomben im Magen blieben.
»Das fehlte ja noch!«, sagte er mit Nachdruck. »Du bringst schließlich auch mein Kind zur Welt.«
Das Baby wurde immer größer. Ich fuhr oft mit dem Bus zu Sisse und Henrik. Unsere kleinen Mädchen wurden richtige Freundinnen. Sie liebten es, miteinander zu schmusen und zu spielen.
Je weiter meine Schwangerschaft fortschritt, desto besser ging es mir, und ich konnte immer längere Spaziergänge unternehmen. Aber ich vermied es, in die Stadt zu gehen. Seine Freunde standen immer irgendwo herum. Sobald sie mich sahen, stürzten sie sich auf mich, gingen neben mir her und schrien: »Töten, töten, töten.«
»Was soll ich nur tun?«, fragte ich Mona erschöpft.

Anders und ich verstanden uns immer besser. An den Wochenenden besuchten wir meine Eltern oder unternahmen etwas mit Henrik und Sisse. Die Männer gingen manchmal zum Fußball oder tranken in der Stadt ein Bier. Wir aßen oft zusammen zu Abend, meist bei Sisse und Henrik in ihrem Reihenhaus.
»Das ist wirklich ein richtig gutes Haus«, sagte Anders. »Sagt Bescheid, wenn hier in der Gegend was frei wird.«
Eines Tages Anfang Juni zog ein älteres Paar, das im Eckhaus gewohnt hatte, aus. Wir schafften es, die Leute vom Wohnungsamt zu überreden, es uns zu vermieten.
Am Tag der Schlüsselübergabe waren wir überglücklich.
»Du wirst sehen, jetzt lassen sie uns in Ruhe«, sagte ich.
»Sie haben bestimmt keine Lust, hier herauszufahren, um uns zu ärgern.«

Das Haus hatte zwei Etagen und eine Souterrainwohnung. Sowohl oben als auch ganz unten gab es Schlafzimmer. Wir beschlossen, in den Zimmern unten zu schlafen.
»Wenn etwas passiert, sind wir dort sicherer«, sagte Anders. »Wir können mit den Kindern schnell rauslaufen. Von oben sind es fünf Meter.«
Ich küsste ihn.
»Du hast Recht.«
Am zweiten Wochenende im Juli machten wir ein Einweihungsfest für unsere besten Freunde. Während wir Frauen nach dem Essen abräumten, nahmen die Männer einen Drink im Garten vor dem Haus. Danach tanzten wir in unserem großen Wohnzimmer.
»Du bist heute Abend die Schönste«, flüsterte Anders mir ins Ohr.
Ich küsste ihn auf den Hals.

Am Montag nach dem Fest rief ich in dem Gefängnis an, wo mein ehemaliger Verlobter einsaß.

»Ich möchte, dass Sie mich anrufen und mir Bescheid geben, wenn er rauskommt«, sagte ich.
»Warum?«, fragte der Beamte.
»Damit ich rechtzeitig wieder auf der Hut sein kann«, erwiderte ich.
Der Beamte versprach, dass sie mir Bescheid geben würden, wenn er freikäme, aber das taten sie natürlich nicht.
Unmittelbar nach seiner Entlassung stand er plötzlich in unserem Flur. Ich war gerade dabei, die Spülmaschine einzuräumen.
»Ich will einen Kaffee«, sagte er.
Ich erstarrte, traute meinen Ohren nicht. Er lehnte am Türrahmen. Mein Blick flog durch die Küche. Hinten bei der Speisekammer stand Emma. Sie hatte mitten in einer Bewegung innegehalten. Ihr Blick fixierte den Mann an der Tür.
»Was willst du?«, fragte ich.
»Was soll das heißen?«, fragte er provozierend. »Ich will nur eine Tasse Kaffee.«
Emma sank auf die Knie und setzte sich dann auf ihren Po, was sie nicht mehr getan hatte, seit sie ein kleines Baby gewesen war.
»Geh weg«, sagte ich mit Nachdruck.
Ich bemühte mich, ruhig zu klingen, weil ich das Mädchen nicht erschrecken wollte.
»Warum denn?«, fragte er wütend. »Ist Emma nicht meine Tochter? Habe ich nicht das Recht, meine Familie zu treffen?«
In diesem Moment kam Anders von der unteren Wohnung herauf. Mein Ex-Verlobter sah zu ihm.
»Und was machst du hier?«, fragte er.
Anders ging ruhig auf ihn zu.
»Ich wohne hier«, sagte Anders. »Und was machst du hier?«
»Du hast hier nichts zu suchen«, sagte der schwarz geklei-

dete Mann zu Anders. »Das ist meine Familie. Verschwinde!«
Ich sah Emmas leeren und nach innen gewandten Blick. Sie steckte den Daumen in den Mund und sah zu dem Mann an der Tür, ohne ihn wirklich zu sehen.
»Bitte nicht«, sagte ich mit gepresster Stimme. »Geh weg, ehe du Emma Angst machst.«
»Du sollst mir gehorchen, du Hure!«, schrie er. »Ich habe das Recht, in meinem eigenen Haus zu kommen und zu gehen, wann ich will. Du sorgst für meine Tochter und wirst mein Kind zur Welt bringen. Ich habe Rechte! Rechte!«
Er trat auf mich zu, ich drückte mich an die Spüle. Anders eilte herbei und stellte sich wie eine Mauer zwischen ihn und mich.
»Geh hier augenblicklich weg«, sagte Anders frostig. »Verschwinde sofort, ehe wir die Polizei rufen.«
Er hielt inne, seine Kiefer arbeiteten, die Augen blitzten.
»Ich komme zurück«, sagte er, drehte sich auf dem Absatz um und ging.
Die Tür schlug mit einem Knall zu, als er verschwand. Anders nahm mich in den Arm.
»Mia, es ist gut ...«
Ich schob ihn beiseite. Mit zwei Schritten war ich am Küchentisch und zog das Wachstuch weg. Darunter saß Emma, zitternd, mit Augen tief wie Brunnen und dem Daumen im Mund. Sie weinte nicht, zitterte bloß.
»Mamas kleine Emma, komm zu mir.«
Sie reagierte nicht, ich musste sie hervorziehen. Wir saßen lange auf einem der Stühle in der Küche. Ich strich dem Mädchens übers Haar und wiegte es. Am Ende entspannte es sich und fing an zu weinen.
»Warum kann er nicht tot sein?«, murmelte ich.

Eines Tages fuhr er neben mir her, als ich draußen war und Emma im Wagen hatte. Er hatte ein nagelneues Auto.

»Hallo Mia«, rief er fröhlich durch die heruntergekurbelte Scheibe.

Er lächelte, und der Wind fuhr durch sein schwarzes Haar, das dem von Emma so ähnlich war. Alles schien so normal. Hier gingen wir, eine schwangere Frau und ihr kleines Kind, und ein Bekannter hielt an und begrüßte sie aus dem Auto heraus. Niemand konnte das Entsetzen sehen, das ich empfand.

»Hallo«, sagte ich leise.

»Wie findest du meine neue Karre? Schick, nicht?«

Es war ein Saab 9000.

»Ja, ziemlich«, meinte ich und ging weiter.

»Willst du eine kleine Spritztour machen?«

Ich blieb stehen. Wenn die Welt normal gewesen wäre, hätte ich Lust darauf gehabt. Ich hätte ja gesagt, den Wagen zusammengeklappt und wäre mit Emma auf dem Schoß auf den Rücksitz gesprungen. Etwas in mir wünschte sich, die Illusion des Normalen wäre wahr. Vorsichtig sah ich in seine schwarzen Augen.

»Ich habe ihn bar bezahlt«, sagte er stolz. »Ich dachte, ich könnte Emma damit in die Kita fahren.«

Ich sah zu Boden. Die Wirklichkeit traf mich wie ein Hammerschlag. Das Schlimmste war, dass er glaubte, er würde sich richtig verhalten.

»Nein, danke«, sagte ich. »Ich werde keine Probefahrt machen.«

Er zuckte die Achseln und lächelte uns an.

»Okay«, sagte er, »vielleicht ein andermal.«

Er fuhr in einer Wolke von Abgasen davon.

»Nein«, sagte ich zu dem sich entfernenden Auto, »es wird kein anderes Mal geben.«

Sisse bekam ihr Baby im September. Es wurde wieder ein Mädchen.
»Sie wird Moa heißen«, sagte Sisse, als wir sie mit Blumen und Schokolade auf der Wöchnerinnenstation besuchten.
Das Baby war unglaublich zart, ganz klein, mit vielen blonden Haaren, genau wie Kajsa, als sie geboren wurde. Die große Schwester war sehr stolz.
»Das auch Emmas Baby«, sagte Emma fordernd.
»Jaja«, sagte Kajsa, »das auch Emmas Baby. Und Kajsas.«
So wurden sie Ehrenschwestern.
Als Emma Geburtstag hatte, machten wir ein großes Kinderfest in unserem neuen Haus. Ich kaufte Hüte, Lufttrüssel, Luftschlangen, Ballons und eine lustige bunte Tischdecke aus Papier. Am Tag vor dem Fest kam meine Mutter und half mir, alles vorzubereiten. Wir backten eine rosa Prinzessinnentorte und machten eine Butterbrottorte.
Um zwei kam die ganze Mannschaft. Emma und Kajsa bestimmten, dass sie nebeneinander am kurzen Ende des Tisches sitzen würden. Viel Torte aßen sie nicht, hauptsächlich lachten und kreischten sie, aber sie schienen viel Spaß zu haben.
Die Erwachsenen tranken im Wohnzimmer Kaffee. Wir hatten uns gerade ein neues weißes Ledersofa gekauft, das allseits bewundert wurde.
Nach dem Spielfilm gingen alle nach Hause. Sisse war immer noch erschöpft von der Entbindung, denn Moa war ja erst ein paar Wochen alt. Ich wurde auch schnell müde, denn ich war im neunten Monat, auch wenn ich nicht dick und rund war.
»Was für ein schöner Tag!«, sagte ich zu Anders, als wir aufräumten.
Er zog mich an sich und küsste mich sanft.
»So wird es immer sein«, sagte er. »Von heute an werden alle Tage schön sein.«

Drei Tage später hatte ich bohrende Schmerzen im Bauch.
»Es ist zwar noch zu früh, aber kommen Sie doch vorbei, damit wir mal sehen können, ob Sie Wehen haben«, sagte meine Hebamme.
Als wir ins Krankenhaus kamen, war es Viertel nach neun. Um Viertel vor zehn wurde Robin geboren.
»Du machst Witze«, sagte meine Mutter, als ich sie eine halbe Stunde später anrief.
»Nein, es ist die Wahrheit«, sagte ich und lachte. »Ich habe einen Jungen.«
»Aber ich habe doch erst vor zwei Stunden mit dir geredet«, sagte sie misstrauisch.
Doch dann gab der kleine Junge auf meinem Arm einen Laut von sich, so dass die Großmutter ihn im Telefon hörte.
»Ach, Mia, herzlichen Glückwunsch!«, sagte meine Mutter.
Ich sog den wunderbaren Duft des kleinen Neugeborenen ein.
»Mama, er ist einfach herrlich!«
Anders blieb an dem Abend lange bei mir. Wir saßen dicht beieinander und bewunderten unseren Sohn. Er war ganz klein, da er ein wenig zu früh geboren war, hatte blondes Haar und hellblaue Augen.
»Was für ein Wunder«, flüsterte Anders und strich ihm mit dem Finger über Kopf und Wange.
»Das größte Wunder der Welt«, sagte ich.
Ich blieb nur zwei Tage auf der Wöchnerinnenstation, denn ich sehnte mich heim zu Emma, Anders und meinem Haus. Die Milch schoss ein, wie sie sollte, und der kleine Junge trank, dass es nur so schmatzte.
Emma wollte gern ganz nah sein, wenn ich den Jungen stillte.
»Wir müssen uns gut um sie kümmern, damit sie nicht eifersüchtig wird«, sagte Anders, aber das war sie nie. Allerdings hegte sie einige praktische Überlegungen.

»Mama«, sagte sie eines Morgens, als ich in der Küche saß und Kaffee trank, »Mama, wo ist die Tür?«
Ich wusste nicht, was sie meinte.
»Welche Tür?«, fragte ich.
»Ja die, durch die das Baby gekommen ist!«, sagte sie ungeduldig.
Ich verschluckte mich vor Lachen fast am Kaffee und gab dem Mädchen einen ersten Einblick in die Mysterien der weiblichen Anatomie. Sie sah sehr zweifelnd aus.
»Da bin ich nicht rausgekommen«, sagte sie skeptisch.
»Oh, doch«, sagte ich und zerzauste ihr Haar. »Das bist du, und das war der glücklichste Tag meines Lebens!«
Die Kleine küsste mich auf den Mund. Dann lief sie hinüber ins Wohnzimmer, küsste den schlafenden kleinen Bruder und setzte sich in den Flur und trällerte. Wie reich ich war!

Wir setzten eine Geburtsanzeige in die Lokalzeitung.
Am selben Tag machte ich mit dem Baby einen Spaziergang zum Supermarkt. Ich schob einen kleinen Einkaufskorb unten in den Kinderwagen und ging durch die Regalreihen.
Bei den Kartoffelchips begegnete ich ihm.
»Hallo, Mia«, sagte er.
Ich schluckte.
»Hallo.«
»Bist du mit unserem Sohn unterwegs?«
Das war doch absurd!
»Nein«, sagte ich. »Ich bin mit meinem und Anders' Sohn unterwegs.«
Er lächelte.
»Nein, Mia«, sagte er. »Er ist mein Sohn. Und ich bin gekommen, um ihn zu holen.«
Er legte seine Hand auf den Handgriff des Kinderwagens.
Mir schnürte sich der Hals zusammen.

»Hör auf damit«, sagte ich mit zitternder Stimme und packte den Handgriff mit beiden Händen. »Das ist nicht witzig!«
Sein Gesicht verzog sich zu einer grotesken Grimasse.
»Gib den Jungen her«, sagte er.
»Du spinnst doch«, sagte ich erschrocken. »Du kannst doch nicht einfach kommen und mein Kind wollen!«
»Gib das Kind her!«, brüllte er und zerrte an dem Kinderwagen.
Ich fing vor Schreck an zu schreien.
»Hilfe! Er nimmt mein Kind, er nimmt mir mein Baby weg!«
Der Wahnsinn stand in seinem Blick.
»Gib das Kind her, sonst schneide ich ihm die Kehle durch!«, schrie er.
Er zerrte und zog an dem Wagen, und ich begann vor Angst zu weinen.
»Hilfe, der Wagen fällt um!«, weinte ich. »Lass los, lass den Wagen los!«
»Was ist denn hier los?«, fragte ein Mann in einem Metzgerkittel und kam auf uns zu.
»Helfen Sie mir!«, heulte ich. »Er nimmt mein Kind!«
Der Metzger sah uns erstaunt und erschrocken an.
»Jetzt hören Sie mal auf«, sagte er etwas zögernd.
Plötzlich ließ mein Ex-Verlobter den Handgriff des Wagens los und rannte aus dem Laden. Ich blieb zitternd und weinend stehen und hielt verkrampft den Griff des Kinderwagens umklammert.
»So, jetzt ist es ja gut«, sagte der Metzger entsetzt.
»Haben Sie ein Telefon?«, schluchzte ich.
»Natürlich«, sagte er. »Wenn Sie mal mitkommen würden ...«
Ich sah aus dem Fenster, das auf den Parkplatz ging. Er stand draußen und wartete. Anders konnte ich nicht anrufen, denn er konnte Emma nicht allein zu Hause lassen.

Also wählte ich mit zitternden Fingern die Nummer meiner Eltern. Als ich die Stimme meines Vaters hörte, musste ich wieder weinen.
»Papa, komm bitte und hol mich ab, ich stehe im Supermarkt.«
Er ging in dem Moment, als mein Vater das Auto vor dem Laden parkte. Wir packten den Kinderwagen in den Kofferraum und fuhren so schnell wie möglich nach Hause.
»Du musst vorsichtig sein, wenn du rausgehst, Mia«, sagte mein Vater.
»Ich weiß«, sagte ich still. »Danke fürs Abholen. Möchtest du einen Kaffee?«
Mein Vater seufzte.
»Ja, wenn ich schon mal hier bin, warum nicht?«
Ich lächelte ihn schwach an, und dann fiel mir ein, was ich vergessen hatte: meine Einkäufe!
Zum Abendessen musste es etwas aus der Tiefkühltruhe geben.

14

Im Dezember kam ein Brief vom Amtsgericht unserer Stadt, in dem mir mitgeteilt wurde, dass ich in Kürze vor Gericht zu erscheinen hatte. Mein Ex-Verlobter verlangte mit sofortiger Wirkung das Sorgerecht für unsere gemeinsame Tochter Emma. Wenn er es nicht bekäme, würde er sie ab sofort jedes Wochenende, von Freitag, achtzehn Uhr, bis Sonntag, sechzehn Uhr, für sich beanspruchen. Ich wurde gebeten, mir einen Anwalt zu besorgen.
»Er wird niemals aufgeben«, sagte ich zu Anders.

Wir schmückten unser Zuhause weihnachtlich, und Emma begriff zum ersten Mal, dass Weihnachten etwas ganz Besonderes war. Sie durfte ihrer Großmutter und ihrer Tante helfen, Kerzen zu ziehen, Teig probieren und Knallbonbons machen.
»Der Weihnachtsmann kommt«, vertraute sie Kajsa an.
Kajsa nickte zustimmend.
»Der Weihnachtsmann ist nett.«
Sisse und ich kicherten, so dass wir uns fast am Weihnachtsmost verschluckten.
Mein Ex-Verlobter kam mit einem Weihnachtsgeschenk für Emma, einer riesigen Puppe, die größer als sie selbst war.
»Frohe Weihnachten«, sagte er und lächelte.
»Warum ist die nicht eingepackt?«, fragte ich. »Müsste die nicht wenigstens in einem Karton liegen?«
»Ach was«, sagte er. »Warum denn?«

»Ich glaube nicht, dass die Puppe bezahlt ist«, erwiderte ich. »Ich nehme sie an, wenn du mir eine Quittung zeigst.«
Er machte auf dem Absatz kehrt und ging mit der Puppe unter dem Arm. Es war nett gemeint von ihm, mit einem Geschenk zu kommen, aber ich weigerte mich, gestohlene Waren anzunehmen.
Am Weihnachtsabend war unser Haus voller Gäste. Es war ein seltsames Gefühl, Weihnachten einmal nicht bei meinen Eltern zu feiern, aber es war trotzdem sehr schön. Am Ende war Emma so übermüdet, dass sie nur noch weinte. Ich gab ihr in ihrem Schlafzimmer eine Flasche warme Milch, damit sie zur Ruhe kam. Sie schlief mit dem Daumen im Mund und einem neuen Teddybär unter dem Arm ein.
»Schlaf gut, mein Liebling«, flüsterte ich und küsste ihre weiche Wange.
An Silvester waren wir bei Sisse und Henrik eingeladen. Wir nahmen Cidre, Sekt und drei große Raketen mit und gingen gegen sieben Uhr zu ihnen.
Kajsa und Emma hatten sich die gleichen weißen Blusen und rot karierten Hängerchen mit Volants an den Ärmeln anziehen dürfen. Sie umarmten einander und saßen mit ihren Puppen auf dem Sofa.
»Sie sind unzertrennlich«, sagte Anders.
Wir prosteten uns bei *Dinner for one* zu.
Um Mitternacht schossen die anderen von einem kleinen Hügel gegenüber der Reihenhaussiedlung die Raketen ab, während Sisse und ich mit den schlafenden Kindern im Haus blieben. Später, auf dem Heimweg, schob jeder von uns einen Kinderwagen durch den knirschenden Schnee. Ich sog die samtene Luft ein. Man konnte keine Sterne sehen, denn die Wolken, die die Luft so feucht machten, trübten die Sicht. In einigem Abstand heulte eine Rakete. Eine Alarmanlage ging in einem Auto los.

»1989«, sagte Anders. »Du wirst sehen, das wird ein gutes Jahr.«
Im selben Moment ging ungefähr zehn Meter vor uns eine Autotür auf. Er stieg aus, gefolgt von Ali und Samir. Ich packte Anders am Arm.
»Keine Angst«, flüsterte er. »Geh einfach weiter.«
Wir gingen langsam auf die Männer zu. Sie versperrten uns den Weg. Ich sah in seine Augen. Sein Blick fixierte Anders.
»Lass meine Tochter los«, sagte er.
»Sie schläft«, protestierte ich. »Wir sind auf dem Weg nach Hause, also bitte …«
Er schwang seine Faust vor meinem Gesicht.
»Du stehst im Weg«, sagte Anders zu meinem Ex-Verlobten. »Sei so gut und geh beiseite, so dass wir nach Hause gehen können.«
Ali schlug zuerst und traf ihn in den Bauch, Anders krümmte sich und musste den Kinderwagen loslassen. Ich schrie:
»Mein Gott, hilfe, hört auf, schlagt ihn nicht!«
Er versetzte Anders einen Faustschlag an die Seite des Kopfes. Anders schwankte auf die Bürgersteigkante zu. Ich wusste nicht, was ich tun sollte. Wenn ich den Wagen feststellte und zu Anders lief, würden sie vielleicht den Jungen nehmen. Und wenn ich Emmas Wagen nicht zu packen bekam, würden die Männer sie nehmen.
»Was soll das?«, schrie ich. »Warum kommt ihr her und schlagt uns?«
Ali lächelte gemein.
»Wir sind Blutsbrüder«, sagte er.
Dann wandten sich alle drei um und gingen zu dem dunklen Auto.
»Wie geht es dir?«, fragte ich und umarmte Anders.
Er rieb sich das Ohr, an seinen Händen war ein wenig Blut.

»Gut, glaube ich«, meinte er.
Ich fing an zu weinen.
»Du blutest ja!«
Er umarmte mich.
»Keine Angst, Mia, keine Angst …«
Ich weinte, während ich ihn zu Hause verband.
»Es tut mir so Leid, Liebling, es ist meine Schuld, alles ist meine Schuld …«

Auch in diesem Jahr gab es keinen richtigen Winter. Manchmal schneite es ein paar Flocken, doch nur so viel, dass wir kaum fegen mussten. Emma wollte dann immer sofort hinaus und zwischen den weißen Flocken umherspringen.
Wir trafen uns mit Sisse, Kajsa und Moa auf dem Spielplatz ein Stück die Straße hinunter.
»Wie ist es? Hat er von sich hören lassen?«, fragte Sisse manchmal.
Ich seufzte.
»Er wird schon irgendwann aufgeben«, meinte ich.
»Wenn er begreift, dass ich ihm nicht mehr gehöre, wird er aufgeben.«

»Was hast du denn mit den Blumenbeeten gemacht?«, fragte Anders eines Tages, als er nach Hause kam.
»Nichts, wieso?«, fragte ich erstaunt.
Wir gingen zusammen hinaus und sahen nach. Jemand hatte die Beete, die mein Vater und ich winterbereit gemacht hatten, durchgewühlt, in der gefrorenen Erde herumgehackt und die Frühlingszwiebeln, einen kleinen Rosenbusch und eine Pfingstrose herausgerissen.
»Mein Gott«, flüsterte ich müde. »Das ist doch krank!«
Anders umarmte mich.
»Was sollen wir nur tun, um das hier zu beenden?«
»Wir müssen ihm ein für alle Mal zeigen, dass ich ihm

nicht mehr gehöre«, murmelte ich. »Wir müssen ihm begreiflich machen, dass wir beide jetzt eine Familie sind, nicht er und ich.«
Plötzlich begann ein Gedanke in meinem Kopf Form anzunehmen, eine ebenso einfache wie geniale Lösung für unser Problem. Ich machte mich von Anders los und sah ihm aufgeregt in die Augen.
»Ich hab's!«, sagte ich. »Ich weiß, was wir machen!«
Anders lachte über meinen Eifer.
»Was denn?«
Ich warf den Kopf in den Nacken und lachte.
»Wir heiraten! Wir heiraten in der Kirche, mit weißem Kleid und allem! Wir sagen vor Gott, der Gemeinde und der ganzen Welt, dass wir zwei zusammengehören!«
Anders sah mich ganz verzaubert an, hob mich hoch und wirbelte mich auf dem Kiesweg herum.
»Meine Frau! Meine geliebte Frau Mia! Willst du mein sein?«
Ich küsste ihn.
»Ja«, flüsterte ich. »Ich will dein sein, jetzt und für immer.«

TEIL 3

GEJAGT

15

Regen trommelte an die Scheibe, ein typischer kalter Märzregen. In meiner Küche tauchte die Lampe über dem Tisch Kaffeetassen und Zimtschnecken in warmes Licht.
»Es war ein Fehler«, sagte ich zu Mona. »Ich habe uns vom Regen in die Traufe gebracht. Es war idiotisch, zu glauben, dass er uns in Frieden lassen würde, wenn wir heiraten.«
»Das weißt du doch noch nicht. Es ist doch erst eine Woche herum«, sagte Mona.
Ich antwortete nicht, sondern starrte nur durch das Küchenfenster. Sein Saab stand draußen auf der Straße, und der Regen glitzerte auf dem Lack.
»Der Kitt in Emmas Fenster ist kaum getrocknet, und er ist schon wieder da«, sagte ich tonlos.
Mona goss noch mehr Kaffee ein.
»Jetzt machen wir dem ein Ende, Mia«, sagte sie. »Wir fragen, ob die Polizei etwas dagegen unternehmen kann.«

»Er hat also noch nichts getan? Er sitzt nur dort?«, fragte der Polizist.
Ich lachte trocken.
»Fragen Sie lieber, was er noch nicht gemacht hat«, sagte ich.
»Solange er nur im Auto sitzt, können wir ihn nicht mitnehmen.«
»Nein, natürlich nicht«, sagte ich, »danke auch.«
Ich wollte auflegen.
»Aber«, sagte der Polizist, »wir können ja mal vorbeifah-

ren und fragen, was er da macht. Die Straße vor Ihrem Haus ist kein Parkplatz. Ich schicke einen Streifenwagen vorbei, dann muss er sich von der Stelle bewegen.«
Ich lächelte in den Hörer.
»Danke. Es wäre wunderbar, wenn er da vorne nicht mehr stehen würde.«
Eine halbe Stunde später glitt das Polizeiauto an unserem Haus vorbei. Es blieb stehen, und zwei Polizisten in weißen Regenjacken stiegen aus. Sie gingen zu dem Saab und klopften an das Fenster. Ich sah, wie er auf den elektrischen Fensterheber drückte. Dann redeten sie eine Weile. Mein Ex-Verlobter zeigte auf das Haus. Instinktiv ging ich vom Küchenfenster weg, damit er mich nicht sah. Als ich wieder hinausschaute, war der Saab weg, und das Polizeiauto rollte langsam die Straße hinunter. War es wirklich so leicht?

Tags darauf rief er gegen zehn Uhr an. Anders war gerade weg, Mona noch nicht da. Emma spielte mit ihren Puppen im Wohnzimmer, und Robin schlief in seinem Wagen im Flur.
»Pass bloß auf, du«, sagte er, als ich den Hörer abnahm.
»Aha«, sagte ich und seufzte.
»Du hättest nicht die Polizei rufen sollen. Das war ganz schön dumm von dir, Mia, ganz schön dumm. Ich mag Polizisten nicht.«
»Du hast vor unserem Haus nichts zu suchen«, sagte ich.
»Jetzt muss ich dich bestrafen, Mia«, zischte er. »Weißt du, was ich mit dir machen werde, Mia?«
Ich kam nicht auf die Idee aufzulegen.
»Wenn du das nächste Mal rausgehst, werde ich hinter der Straßenecke lauern und euch totfahren. Wenn du auf dem Bürgersteig in Richtung Stadt gehst, komme ich. Oder wenn du einkaufen gehst, vielleicht komme ich dann. Oder wenn du deine widerliche Mutter besuchst.

Du hast keine Chance. Ich ziele auf den Kinderwagen. Das sage ich dir, Mia ...«
Er legte auf. Es klingelte in meinen Ohren.
»Er droht nur«, sagte ich laut zu mir selbst. »Er droht nur, er jagt nicht.«
Ich täuschte mich. Wieder einmal.

Monas Dienstzeit für mich wurde ausgeweitet. Von jetzt an verbrachte sie mehrere Stunden täglich in unserem Haus. Wenn sie nicht da war, dann waren meine Mutter, meine Schwester oder Sisse mit den Kindern bei mir. Wenn wir ausgingen, waren wir meistens zu mehreren.
»Das ist das Beste, man weiß ja nie«, meinte Mona.
Manchmal besuchten Mona und ich Marianne. Es ging ihr sehr schlecht, sie lag oder saß die ganze Zeit im Rollstuhl.
»Der Krebs in den Knochen macht das Skelett mürbe«, erklärte sie. »Es trägt mein Körpergewicht nicht mehr.«
Es tat mir weh, sie so leiden zu sehen.
»Wir sind wenigstens gesund«, sagte ich zu Anders.

Eines Tages Mitte April gingen wir zum Einkaufen in die Stadt.
»Sieh mal, der Markt hat angefangen!«, rief Sisse, als wir uns dem Zentrum näherten.
Ein südamerikanisches Paar aus der Flüchtlingsunterkunft stand da und verkaufte Tulpen und Osterglocken an einem Stand beim kleinen Marktplatz. Es war nett, sie wiederzusehen. Sisse kaufte einen großen Strauß Tulpen, ich nahm die Osterglocken.
»Ihr müsst uns unbedingt mal besuchen«, sagte ich und gab ihnen die Hand zum Abschied.
Wir waren fast im Stadtzentrum angelangt, als ich mich plötzlich schnell umdrehte.
»Was ist denn?«, fragte Sisse erstaunt.
Ich starrte intensiv nach hinten.

»Ich weiß nicht«, murmelte ich. »Mir war, als würde mir jemand folgen.«
»Ach was«, sagte Sisse. »Komm jetzt! Wir gehen in den Schlussverkauf.«
Wir gingen weiter durch die Fußgängerzone.
»Lauft mir nur nicht weg!«, rief Sisse, als Emma und Kajsa die Türen an den Umkleidekabinen im Kaufhaus ausprobierten.
»Schau mal, Mama, ganz viele Emmas!«
»Sie haben die Spiegelwand gefunden«, stöhnte ich.
Moa fing an zu schreien. Sisse stillte sie in einer Umkleidekabine. Ich kaufte einen mintgrünen Trainingsanzug und ein rosa geblümtes Kleid für Emma.
Es war windig geworden, als wir nach Hause kamen, und natürlich kam der Wind von vorn. Die Wagen mit jeweils zwei Kindern und den vollen Tüten waren das letzte Stück ganz schön schwer.
»Bis bald«, keuchte Sisse, als sie uns vor unserem Haus allein ließ.
Ich schloss die Tür auf und zerrte den Wagen in den Flur. Robin wachte auf und schrie.
»Ja, ja, ja«, stöhnte ich und zog mir schnell den Mantel aus. »Ihr kriegt gleich etwas zu essen!«
Da klingelte das Telefon. Ich riss den Hörer hoch.
»Du hast auf dem Markt Osterglocken gekauft«, sagte eine Stimme.
»Wie bitte?«, fragte ich.
»Und dann hast du vor dem Kiosk ein Kokosbällchen gegessen«, fuhr die Stimme fort.
Ich setzte mich auf den Hocker im Flur. Robin schrie, so dass ich kaum verstehen konnte, wer er war und was er wollte.
»Wer ist denn da? Mit wem spreche ich?«
»Anschließend hast du einen mintgrünen Trainingsanzug und ein rosa geblümtes Kleid in Größe 110 gekauft.«
Ich traute meinen Ohren nicht.

»Wer ist da?«, schrie ich. »Was ist denn das für ein blöder Scherz?«
Es war still in der Leitung.
»Hallo?«, rief ich. »Hallo!«
»Du entkommst uns nicht«, sagte die Stimme.
Und dann war die Leitung tot.

»Ich habe sie nicht gesehen! Dabei müssen sie die ganze Zeit in meiner Nähe gewesen sein, aber ich weiß nicht, wer es war!«
»Beruhige dich!«, sagte Mona.
»Sie müssen direkt hinter mir gestanden haben, und ich habe sie nicht gesehen!«
Mona sah mich an.
»Du musst auf der Hut sein, Mia«, sagte sie.

Fast jeden Tag besuchte mich meine Mutter oder mein Vater, und sie blieben, bis Anders von der Arbeit kam. Manchmal gingen wir raus, aber meistens blieben wir im Haus. Wir spielten mit Emma, lasen ihr vor, sangen oder malten, beobachteten, wie Robin Fortschritte machte und unser Haus zu entdecken begann.
Eines Nachmittags holte mein Vater mich und die Kinder mit dem Auto ab. Der Saab stand wie immer vor dem Haus. Er beobachtete uns, als wir durch das Gartentor zum Auto gingen. Als wir wegfuhren, ließ er den Motor an und folgte uns im Abstand von einem Meter.
»Soll ich mal kurz bremsen?«, fragte mein Vater.
»Nein«, sagte ich. »Kümmere dich nicht um ihn.«

Ende April bekam ich noch einmal einen Brief vom Amtsgericht. Ich wurde zu einer ersten Verhandlung in unserem Sorgerechtsstreit um die Tochter Emma einbestellt.
»In einer ersten Verhandlung geschieht nichts von Bedeutung«, sagte Mona beruhigend. »Ihr sagt, was eure Posi-

tionen sind, es wird eine Sorgerechtsuntersuchung angeordnet, und dann geht ihr wieder nach Hause.«
»Ist das alles?«, fragte ich zweifelnd, aber es stimmte.
Zuerst durfte sein Anwalt erklären, warum er das Sorgerecht für das Mädchen beantragte.
»Maria Eriksson ist eine schlechte Mutter«, erläuterte der Anwalt.
Ich wusste, dass es irrational war, aber seine Worte machten mich rasend. Ich biss die Zähne zusammen, starrte auf den Tisch hinunter und verschränkte die Hände unter der Tischplatte.
»Maria Eriksson hat die Angewohnheit, das Mädchen Emma in die Obhut unterschiedlicher Leute zu geben, so zum Beispiel in die Tagesstätte und zu Bekannten. Mein Klient fordert deshalb sofort das zwischenzeitliche Sorgerecht für das Kind. Sollte das Gericht dies nicht anerkennen, verlangt er das Besuchsrecht für das Mädchen Emma für jedes zweite Wochenende.«
Mein Anwalt legte kurz unseren Standpunkt dar, dass das Mädchen weiterhin bei uns bleiben und es kein Besuchsrecht geben solle. Der Grund dafür sei, dass mein ehemaliger Verlobter überhaupt kein Interesse an dem Mädchen gezeigt habe, dass er sie vielmehr bedroht und versucht habe, ihr zu schaden, und dass er versucht habe, einen Pass für sie zu besorgen, um sie in den Libanon zu schicken. Ferner habe er in den vergangenen Jahren nicht kooperiert, sei wieder und wieder nicht erschienen, wenn er Besuchsrecht gehabt habe, und habe die Vaterschaft geleugnet und mich misshandelt.
Was meine Fähigkeiten als Mutter angehe, so hätte ich einmal versucht, das Mädchen in die Tagesstätte zu geben. Es stimmte auch, dass ich das Mädchen ab und zu bei zwei anderen Personen abgegeben hätte, nämlich bei meiner Mutter oder Sisse, meiner besten Freundin, die Kinder im selben Alter habe.

Das Gericht entschied, dass eine Sorgerechtsuntersuchung vorgenommen werde. Das zwischenzeitliche Sorgerecht wurde mir zugesprochen. Ein Besuchsrecht würde es nicht geben. Peng! Der Hammer fuhr auf den Tisch. Vor dem Gerichtssaal begegnete ich ihm.

»Das wirst du noch bereuen, du verdammte Hure«, zischte er.

16

Es wurde Frühsommer. In allen Häusern wurde Frühjahrsputz gemacht und Gartenbeete bepflanzt, die Autos wurden gewachst, und die Straße füllte sich mit Kettcars, Mountainbikes und Rennrädern. Vogelbäder wurden rausgestellt, die Gardinen gewechselt, und über Zäune und Veranden hinweg rief man sich Grüße zu.
Auch ich putzte meine Fenster, pflanzte meine vorgezogenen Pflänzchen ein, öffnete den Schuppen und holte Emmas Trettraktor heraus. Dennoch unterschieden wir uns von unseren Nachbarn. Es waren zwar nur Details, doch sie fielen in einem kleinen Wohnviertel wie dem unsrigen auf. So stand zum Beispiel vor unserem Haus immer ein dunkles Auto. Entweder sein Saab 9000 oder Samirs dunkelblauer Volvo oder Alis graphitgrauer alter Volkswagen. Außerdem war unsere Haustür immer verschlossen.
Wir waren die Einzigen, die hinter sich abschlossen, wenn sie den Müll rausbrachten.

Im Mai bekamen wir einen erfreulichen Brief. Emma hatte einen Platz in einer neuen Tagesstätte bekommen, und zwar in einem nahe gelegenen Wohngebiet. Wir würden den Platz von August an in Anspruch nehmen können.

An einem Donnerstagnachmittag gingen wir, als Anders von der Arbeit nach Hause gekommen war, mit den Kindern in die Stadt. Wir bummelten direkt in die untergehende Sonne hinein. Anders schob den Wagen, ich hatte mich bei ihm eingehakt. Emma kommentierte alles, was sie sah.

»Mama, sieh mal, so viele Vögel! Kann ich einen Vogel mitnehmen und in meinem Zimmer haben? Mama, sieh mal, ein Bagger! Was soll der baggern? Ein Haus? Kann man ein Haus baggern? Mama …«

Ich lachte leise. Die Stimme des Mädchens blubberte wie ein Frühlingsbach, der Wind wehte mir das Haar aus dem Gesicht, war warm und duftete.

Er kam auf uns zu, als wir uns im Kaufhaus die Gartengeräte anschauten. Zunächst erkannte ich nicht, wer es war, sondern sah nur erstaunt auf, als jemand den Kinderwagen anfasste. Er starrte Anders an.

»Wie oft habe ich dir schon gesagt, dass du meine Familie in Frieden lassen sollst?«, fragte er.

Emma jammerte, steckte sich den Daumen in den Mund und starrte den schwarz gekleideten Mann an.

»Was willst du?«, fragte Anders.

»Ich will nur haben, was mir gehört«, stieß er hervor.

»Hör doch bitte auf«, bat ich, »du erschreckst das Kind!«

Er sah zu mir.

»Das Kind, ganz genau! Ich komme am Samstag und hole es.«

Er ging, ohne Emma eines Blickes zu würdigen.

»Verdammt noch mal«, sagte ich, »jetzt reicht es aber.«

Ich hatte versucht, ihn zur Vernunft zu bringen, ohne die Polizei hineinzuziehen. Doch da er Emma solch einen Schrecken einjagen konnte, indem er sich nur zeigte, war jetzt Schluss. Wir gingen alle zusammen direkt zur Polizei.

»Das wird eine Weile dauern«, sagte ich zu dem Beamten dort. »Es ist eine lange Geschichte.«

Und dann erzählte ich ihm alles von Anfang an. Die früheren Berichte der Polizei, Anzeigen und Urteile bekräftigten meine Erzählung. Man gab mir sofort ein zeitweili-

ges Besuchsverbot mit. Das Gesetz zum Besuchsverbot, das damals noch ganz neu war, enthielt auch das Verbot, auf andere Art Kontakt aufzunehmen oder den betreffenden Personen zu folgen. Der Grund dafür war das Risiko einer Verfolgung oder Terrorisierung oder möglicher Folgeverbrechen. Der Staatsanwalt unterschrieb das Besuchsverbot am 24. Mai 1989.
»Jetzt wirst du endlich deine Ruhe haben«, sagte Mona.
Das dachte sie.
Er war am selben Nachmittag, an dem das Besuchsverbot in Kraft trat, wieder auf seinem Platz. Ich rief die Polizei an, und man brachte ihn weg. Es dauerte zwei Stunden, dann war er wieder da. Die Polizei brachte ihn erneut weg. Anschließend parkten Samir und Ali vor unserem Gartentor, die kein Besuchsverbot hatten.

»Wir wollen draußen picknicken«, sagte Sisse am Telefon. »Kommt ihr mit?«
Ich nahm die Kinder mit, ging in den Garten und schloss die Eingangstür hinter mir.
»Ich will auch Wagen fahren«, sagte Emma.
»Kannst du nicht selbst laufen?«, fragte ich. »Wir wollen doch nur über die Straße!«
»Nein«, sagte sie und wurde bockig. »Warum darf Robin fahren?«
Ich seufzte und hob sie auf den Sitz. Als ich das Tor geöffnet hatte und auf dem Bürgersteig stand, sah ich mich links und rechts um, aber die Straße war leer.
»Schau, da ist Kajsa!«, rief Emma. »Kajsa! Kajsa!«
Sie hüpfte auf dem Sitz auf und ab, winkte und rief.
»Sitz still«, sagte ich und hielt sie fest. »Du fällst noch herunter.«
»Kajsa, Kajsa, hier sind wir!«
»Hallo!«, antwortete Sisse von den Schaukeln.
Ich lenkte den Wagen vorsichtig über den Bordstein, da-

mit Robin nicht aufwachte. Ich weiß nicht, warum ich stehen blieb und aufsah, doch als ich den Zebrastreifen halb überquert hatte, begriff ich, dass etwas nicht stimmte. Ein Auto beschleunigte rasant. Ich ahnte es mehr in den Augenwinkeln, als dass ich wirklich sah, wie es auf uns zugerast kam. Ich schrie auf und handelte blitzschnell und instinktiv. Alles dauerte nicht mehr als eine Sekunde, aber es kam mir wie eine Ewigkeit vor. Ich warf mich mit dem Wagen nach vorn, das Auto folgte meiner Bewegung, lenkte nach links. Ich sah ganz klar und deutlich: Das Auto wollte den Kinderwagen treffen.
Ich konnte nur eins tun: Ich ließ den Wagen los und boxte ihn mit aller Kraft, die ich aufbringen konnte, zur anderen Seite. Emma schrie laut auf, ihre Hände griffen in der Luft nach etwas, an dem sie sich festhalten konnte.
»Emma!«, schrie ich, während ich mich gleichzeitig nach hinten warf, zurück zu der Straßenseite, von der ich gekommen war. Ich strauchelte und fiel hin. Der Kinderwagen stieß auf der anderen Seite an den Bordstein, stockte und neigte sich zur Seite. Ich konnte noch Emmas angstvoll aufgerissene Augen sehen, ehe das schwarze Auto vorbeiraste und mein Blickfeld versperrte.
Danach lagen die Abgase wie eine graue, stickige Decke über dem Asphalt. Das Echo der quietschenden Reifen vermischte sich mit dem Weinen des Kindes. Eines der Räder des Kinderwagens drehte sich in der Luft. Die Speichen glitzerten in der Sonne.
»Emma, wie geht es dir? Oh, Gott, das Kind ...«
Mühsam erhob ich mich, es war nichts gebrochen. Der Wagen lag auf der Seite, Emmas Sitz war abgefallen. Die Tasche mit dem Baby war rausgeschleudert worden und lag im Straßengraben. Wenigstens war es am Leben, man hörte Robin weinen.
»Oh, nein, Emma, wie geht es dir?«
Das Mädchen lag auf dem Bauch, das eine Bein unter sich.

Sie weinte, und als ich kam, stützte sie sich auf den einen Ellenbogen auf.

»Mama, ich habe mir wehgetan!«, sagte sie und hielt ihre kleine Hand hoch.

Eine ältere Frau aus der Nachbarschaft lief auf uns zu.

»Meine Güte, wie geht es Ihnen? Was für schreckliche Idioten es gibt!«

Ich drehte mich um und sah in den Straßengraben hinunter. Die Sommermütze des Babys war ihm über die Augen gerutscht. Es schrie wie besessen, hatte sich aber offenbar nicht verletzt.

»Brauchen Sie Hilfe?«, fragte die Dame atemlos.

»Ja«, sagte ich. »Ich muss nach Hause ...«

Da kam Sisse zu uns. Ihre Augen waren groß und ängstlich, sie keuchte.

»Mein Gott, Mia, was ist denn passiert?«

»Was für Verkehrsrowdys es gibt!«, sagte die Frau wieder. »In einer Gegend wie dieser, wo es so viele kleine Kinder gibt, dermaßen zu rasen! Ich verstehe überhaupt nicht, wie er Sie übersehen konnte, die Sicht ist doch ganz frei.«

Sisse stellte den Kinderwagen wieder auf.

»Ich kann Sie begleiten, wenn Sie möchten«, sagte die Dame.

»Ja, gern«, sagte ich.

Anders war außer sich, als ich ihm erzählte, dass wir fast überfahren worden wären.

»Ich erwürge ihn!«, schrie er und schlug mit der Hand gegen die Wand. »Dieses Schwein!«

»Das ist keine gute Idee, Anders«, sagte ich und legte meine Hand auf seine Schulter.

Wir umarmten uns fest.

Nach diesem Vorfall ging ich nie mehr allein auf die Straße, nicht einmal, um den Müll rauszubringen oder die Post zu holen. Die Tage im Haus wurden unendlich lang. Draußen explodierte der schwedische Sommer.

»Mama, ich will zum Spielplatz!«, sagte Emma.
»Später, mein Liebling, möchtest du etwas singen?«
Doch sie drehte sich wortlos um.
Meine Eltern und meine Schwester kamen und besuchten uns, so oft sie konnten.
»So kannst du nicht leben, Mia«, sagte mein Vater zum hundertsten Mal.
»Danke, ich weiß«, erwiderte ich trocken und sah zu dem dunkelblauen Volvo hinaus. Seit das Besuchsverbot galt, waren sie dazu übergegangen, Autos von Freunden zu benutzen.
Sein Blick begegnete meinem durch Küchenfenster und Windschutzscheibe.
»Eigentlich sollte er im Gefängnis sitzen«, murmelte ich.
»Doch stattdessen sind meine Kinder und ich eingesperrt.«
Die Bewachung wurde fortgesetzt. Er rief oft an. Manchmal schrie er, manchmal legte er nur auf, manchmal war er nett und freundlich und fragte, ob er auf einen Kaffee vorbeikommen könne. Meine Antwort war immer dieselbe: »Lass uns in Frieden.«
Wir feierten Mittsommer im Haus und sahen uns im Fernsehen das Mittsommerfest auf Skansen an, damit Emma wenigstens die Lieder hören und einen richtigen Mittsommerbaum sehen konnte.

Anders suchte sich einen Kompagnon für die Firma, damit er öfter zu Hause sein konnte. In dieser Zeit wurden sie in ihrer Belagerung immer frecher, stiegen über den Zaun in den Garten. Ständig gingen sie ums Haus und schlugen an die Fenster. Sie schrien aus vollem Hals: »Töten, töten, töten«, sowie wir die Eingangstür öffneten, und sprayten »Hure« auf die Hauswand. Sie rissen all meine Blumen aus den Beeten und zerschnitten die Polster der Gartenmöbel.

»Ich werde verrückt!«, schrie ich und presste mir die Hände auf die Ohren, wenn Ali seine Nase ans Küchenfenster drückte und »Töten, töten, töten« schrie.
Anders kam in die Küche und ließ die Rolläden herunter, so dass wir ihn wenigstens nicht mehr sehen mussten, nahm mich in den Arm und sagte:
»Mia, beruhige dich. Wir rufen die Polizei.«
Doch als die Polizisten kamen, waren er und seine Freunde längst verschwunden.
»Er missachtet ständig das Besuchsverbot!«, sagte ich.
»Wir wissen das«, sagte der Beamte. »Wenn Sie möchten, nehmen wir ihn mit und buchten ihn ein paar Tage ein.«
»Gut«, sagte ich. »Tun Sie das.«
»Wir beeilen uns und machen einen Großeinkauf«, sagte Anders, als sie verschwanden.
Es war himmlisch herauszukommen. Zwei Stunden schlenderten wir durch das Einkaufszentrum. Emma rannte und hüpfte, wir ließen sie laufen.
»Lass uns auch gleich eine Menge Spielsachen kaufen«, meinte Anders, und das taten wir. Wir kauften massenhaft Papier und Wachsmalstifte und kleine Registrierkassen und Telefone und zwei Beißringe für Robin. Bevor wir nach Hause fuhren, tranken wir in der Cafeteria Kaffee. Emma trank Cola, jeder bekam ein Stück Kuchen, und Robin durfte eine Zimtschnecke zerkrümeln.
Als wir nach Hause kamen, standen wir da und starrten unser Haus an.
»Das kann nicht wahr sein«, flüsterte ich. »Das kann einfach nicht wahr sein ...«
Sie hatten jede Fensterscheibe im ganzen Haus zerschlagen. Eine einzige war ihnen entgangen, die kleine Scheibe neben der Balkontür im obersten Stock. Ich weinte verzweifelt.
Anders schloss wortlos auf, weiß im Gesicht, mit roten Augen.

»Ich rufe den Glaser an«, sagte er gepresst.
Emma begriff das Ausmaß der Zerstörung nicht, sah aber, dass etwas nicht stimmte.
»Es ist kaputt, Mama«, sagte sie und fing an zu weinen, weil ich weinte. »Mama, warum ist alles kaputt?«
»Ich weiß nicht, Liebling, ich weiß es nicht.«
Die Polizei konnte nichts machen. Seine Freunde versorgten einander mit Alibis. Der Glaser tauschte alle kaputten Fensterscheiben aus. An manchen Stellen waren einige der inneren Scheiben heil geblieben, an anderen waren die Steine direkt durch alle drei Scheiben gegangen. Meine Eltern kümmerten sich um die Kinder, während wir die Glasscherben auffegten.
Seine Freunde kamen zurück, schlugen an die neuen Scheiben und schrien: »Töten, töten.« Emma sah sie, steckte den Daumen in den Mund und verschloss die Angst in ihrem Innern.
»Liebling«, flüsterte ich und wiegte sie.
Ein paar Tage später musste Anders die Versicherung aufsuchen.
»Ich will mitkommen!«, sagte ich. »Ich will nicht allein hier bleiben!«
Er umarmte mich nachdenklich.
»Wir sollten das Haus nicht allein lassen. Willst du, dass ich hier bleibe? Du kannst doch zur Versicherung fahren!«
»Nein!«, rief ich. »Ich will nicht allein rausgehen!«
»Ich bin in einer Stunde zurück«, sagte Anders und küsste mich.
Wir machten es uns mit Liederbüchern und Malstiften im Wohnzimmer gemütlich. Ich pflückte ein paar braune Blätter von den Zimmerpflanzen ab. In der letzten Zeit hatte ich sie vernachlässigt, weil ich einfach nicht die Ruhe gehabt hatte, mich so um sie zu kümmern wie sonst.
Emma fing an zu malen. Robin zog sich am Couchtisch

hoch und stolperte um ihn herum. Er plapperte fröhlich und schaukelte in den Knien. Als er müde und quengelig wurde, half ich ihm, sich hinzusetzen.
»Kleiner Robin«, sang ich und blies dem Baby in den Nacken. Er quietschte vor Vergnügen. Er roch so gut und war ein fröhlicher kleiner Junge. Es war so ungerecht, dass ich meine wunderbare Familie nicht genießen konnte. Aus reiner Erschöpfung begann ich zu weinen. Ich saß mit dem Baby im Arm auf dem Fußboden und weinte. Emma legte mir ihre kleine Hand auf die Schulter.
»Liebe Mama«, sagte sie. »Du sollst nicht traurig sein, Mama.«

17

Ich starrte aus dem Fenster, vor dem heute ein schwarzer BMW stand. Anders streckte sich nach der Kaffeekanne.
»Wir müssen etwas tun. Emma leidet unter alldem.«
Wir sahen gleichzeitig zu dem Mädchen, das auf dem Fußboden im Flur saß und malte. Es sagte nichts, sang nicht, redete nicht, quengelte nicht.
»Sie ist so still geworden«, sagte ich. »Sie antwortet nur noch einsilbig und freut sich gar nicht mehr. Nur wenn sie mit Kajsa zusammen ist, klingt sie noch so wie immer.«
»Wie wäre es, wenn ihr eine Weile wegfahren würdet?«, fragte Mona. »Ich kann euch vielleicht eine Hütte in einem Feriendorf besorgen.«
Und so landeten wir in einer Hütte in einem Feriendorf vor Strängnäs, das einer großen Gewerkschaft gehörte.
»Wie wunderbar«, flüsterte ich, als Anders mich am ersten Abend umarmte.
Wir standen auf der Veranda und sahen zu, wie die Sonne im Wasser versank. Die Kinder schliefen, von Sonne, Wind und Spiel erschöpft.
»Wollen wir ein Feuer im Kamin machen?«, flüsterte mir Anders ins Ohr.
»Hmm«, flüsterte ich zurück und drückte seine starken Arme, die auf meinen Schultern lagen.
Einander umarmend gingen wir in die schöne Hütte. Später, viel später schliefen wir ein.

Am Morgen danach erwachte ich von Emmas jubelndem Geplapper.

»Mama, da sitzt ein Hörnchen! Mama, ein Hörnchen! Guck mal, Mama!«
Ich zog den Morgenrock an und ging zu ihr. Sie stand auf dem Sofa, hopste aufgeregt auf und nieder und wedelte mit ihrer kleinen Hand. Draußen auf dem Zaun saß tatsächlich ein kleines Eichhörnchen und sah uns mit seinen Knopfaugen an.
»Ja, wirklich!«, sagte ich. »Willst du rausgehen und es begrüßen?«
Das Mädchen sah mich verwundert an.
»Rausgehen?«, fragte es.
Ich nahm sie auf den Arm und drehte mich mit ihr im Zimmer herum.
»Na klar!«, rief ich. »Hier darf man rausgehen, so viel man will!«
Ich setzte die Kleine ab und öffnete die Terrassentür. Sie fuhr wie ein kleiner Wirbelwind hinaus, sauste auf der Veranda herum, hüpfte und jubelte.
»Mama, was machen wir heute? Mama, baden wir heute?«
Ich lehnte mich an die Hauswand und schaute auf das Wasser hinaus. Es glitzerte klar und blau. Etwas weiter entfernt hörte man fröhliche Kinderstimmen. Noch war die Luft recht kühl, aber es würde zum Nachmittag hin sicher warm werden.
Ich sah mit zusammengekniffenen Augen zum Himmel hinauf. Ein paar helle Quellwolken segelten weit oben.
»Ja, Emma, mein Liebling, heute gehen wir baden!«

Unsere Hütte lag zusammen mit zehn bis zwölf anderen am Ufer des Mälaren. Ein Stück weiter die Straße hinauf gab es einen kleinen Lebensmittelladen und eine Würstchenbude.
In ein paar hundert Meter Entfernung lag ein breiter, schöner Sandstrand mit Stegen und Badehäuschen. Wenn Robin

anfing zu quengeln und reif für seinen Vormittagsschlaf war, packten wir schnell einen Picknickkorb zusammen und gingen zum Strand hinunter.
»Mama, ich werde schwimmen wie ein Fisch, schwimm, schwimm, schwimm ...«
Anders riss sich das T-Shirt herunter, warf die Turnschuhe ab und rannte hinter dem Mädchen her, fing es mitten im Lauf auf und lief geradewegs ins Wasser mit ihm. Das Mädchen strampelte und quietschte, als es von den kalten Wasserspritzern getroffen wurde.
»Iiiiii!«
Ich lachte laut, als ich sie in den Wellen verschwinden sah. Emmas Lippen waren blau angelaufen, als wir es endlich schafften, sie aus dem Wasser zu ziehen.
»Na, hat das Spaß gemacht?«
»I-i-i-ich w-w-w-will n-n-noch m-mehr sch-sch-schwimmen«, brachte sie hervor.
Ich nahm das Mädchen auf den Schoß und massierte ihm vorsichtig die kalten Ärmchen. Es sah mir tief in die Augen.
»Können wir immer hier wohnen, Mama?«

Wir verbrachten drei wunderbare Wochen am Ufer des Mälaren vor Strängnäs. Warme Tage und samtene Nächte flossen in einer fröhlichen Mischung aus Sonne, Wasser, Strand, Schaukeln, Eis, sandigen Kinderfüßen, gegrillten Fleischstücken und wunderbarer Liebe zusammen.
Ich lehnte meine Stirn an Anders' Brust. Diese drei Wochen waren so normal gewesen, so wirklich, so, wie das Leben sein sollte. Aber für uns war das nur eine Illusion, Urlaub von der Wirklichkeit. Jetzt mussten wir nach Hause, zurück in den Alltag, und ich hatte Angst.

Wir beeilten uns beim Auspacken, trugen schnell unsere sandigen Strandsachen ins Haus. Dann machten wir die

Tür zu und schlossen hinter uns ab. Emma fing sofort an zu weinen.
»Ich will nicht!«, schrie sie. »Ich will nicht hier sein!«
Ich nahm sie in den Arm.
»Morgen kommt Kajsa uns besuchen. Das wird schön!«
Das Mädchen trocknete sich die Augen.
»Kajsa ist lieb«, sagte sie. »Aber der Onkel ist böse! Der, der so schwarz ist und ein schwarzes Auto hat und schreit«, sagte das Mädchen.
Ich wiegte sie sachte.
»Vielleicht ist er jetzt ja weg«, sagte ich. »Vielleicht ist er ja verschwunden, während wir in Ferien waren.«
Aber er war nicht verschwunden.
Als wir zum ersten Mal in Emmas neue Kita gehen wollten, saß er in dem schwarzen Saab vor unserem Haus. Ich rief die Polizei an und bat sie, ihn wegzubringen. Während wir auf die Polizei warteten, zog ich das Mädchen und das Baby an. Er protestierte nicht, als die Polizei kam, sondern startete das Auto und rollte davon.
»Er bleibt genau außerhalb der Grenzen des Besuchsverbots stehen«, sagte Anders.
Wir liefen zum Auto hinaus, packten alles ein und fuhren davon. Ich schnallte die Kinder während der Fahrt in ihren Kindersitzen an.
»Siehst du ihn?«, fragte Anders.
Ich wandte mich um und spähte durch die Rückscheibe.
»Nein«, sagte ich. »Er ist weg.«

Die Leiterin der Kita begrüßte uns herzlich.
»Und das hier ist also Emma!«, sagte sie und beugte sich zu dem Mädchen hinab.
»Wir haben es schon einmal mit einer Tagesstätte versucht«, erklärte ich. »Damals ging es nicht sonderlich gut ...«
»Ja, ich weiß das alles«, sagte die Leiterin. »Komm, Emma, ich zeige dir dein Fach.«

Die Leiterin und ich gingen ins Büro.
»Wie stehen Sie dazu, Emma hier zu haben?«, fragte ich forschend.
Sie sah mich ruhig an.
»Emma hat das Recht auf einen Kindergartenplatz wie alle anderen Kinder auch. Es ist selbstverständlich, dass wir alles tun, damit es ihr hier gefällt und sie sich gleichzeitig sicher fühlt.«
»Was wissen Sie von Emmas letztem Tagesstättenbesuch?«, fragte ich.
»Das meiste«, meinte sie.
»Wie können wir verhindern, dass so etwas noch mal passiert?«, fragte ich.
»Wir haben Emmas Besuch hier mit der größten Geheimhaltung belegt«, sagte die Leiterin. »Auch das Personal ist darüber informiert worden, wie es sich verhalten soll.«
Ich sah sie schweigend an und fragte mich, ob sie wusste, worauf sie sich eingelassen hatte.

Emmas Eingewöhnung in die Tagesstätte verlief ausgezeichnet. Schwieriger war es, dorthin zu gelangen, ohne dass jemand herausbekam, wohin wir fuhren. An manchen Tagen unternahmen wir eine Rallye durch die Stadt, um unsere Verfolger abzuhängen.
»Es geht sehr gut, in jeder Hinsicht«, sagte die Leiterin.
Offenkundig fand sie, ich sei eine Glucke.
»Ja, wirklich gut«, antwortete ich nur.

Dann kam der erste Tag, an dem Emma allein in der Kita blieb.
»Tschüss, bis morgen«, rief ich, nachdem ich sie abgeholt hatte.
Plötzlich durchschnitt eine Stimme die herbstliche Luft und brachte das fröhliche Plappern des Mädchens zum Schweigen.

»Nein, ist das nicht Mia Eriksson? Und Emma!«
Ich fuhr herum. Es war Kristina, die Frau von Ahmed. Mein Kopf wurde leer. Jetzt ist alles aus, dachte ich.
»Hallo«, sagte ich tonlos.
»Mein Sohn geht in die grüne Gruppe. Aber ich habe dich hier noch nie gesehen, habt ihr gerade erst angefangen?«
Verdammte Scheiße!, dachte ich wütend.
»Ja«, sagte ich. »Emma hatte heute ihren ersten Tag. In der blauen Gruppe.«
Wir schwiegen und hatten uns einfach nichts mehr zu sagen.
»Wer war das?«, fragte Mona.
»Kristina. Sie ist mit einem seiner Freunde verheiratet«, sagte ich. »Jetzt ist es nur noch eine Frage der Zeit, bis er herkommt.«
Und ich hatte Recht.

Am vierten Tag tauchte er zum ersten Mal auf. Kurz vor Mittag riefen sie mich an.
»Sie müssen sofort herkommen«, sagte die Leiterin verängstigt.
Emma saß, den Daumen im Mund, im Büro und starrte mit leerem Blick an die Wand.
»So ist sie, seit er hereinkam und in der Gruppe herumgeschrien hat«, sagte Agneta.
Ich nahm das Mädchen auf den Schoß und sprach ruhig mit ihm.
»Kein Problem, Emma. Der Onkel hat geschrien, aber das macht nichts. Er kann dir nichts tun. Du musst keine Angst vor ihm haben, er ist nur ein dummer Mann, Mama ist jetzt hier, und nun können wir nach Hause fahren und mit Kajsa spielen.«
Als wir rausgingen, sah ich den kleinen Jungen von Kristina unter den anderen Kindern. Er war so dunkelhaarig und niedlich. Und doch konnte ich nicht anders als böse auf ihn sein.

»So darfst du nicht denken!«, sagte Mona erbost, als ich ihr davon erzählte.
»Warum nicht?«, fragte ich wütend. »Wenn er nicht da gewesen wäre, dann hätte es viel länger funktioniert!«
Mona sah mir in die Augen.
»Es ist nicht die Schuld eines kleinen halbarabischen Jungen, dass Emma einen verrückten Vater hat«, sagte sie ruhig.
»Verdammte Schweine!«, schrie ich. »Verdammt soll der Mann sein, der uns das antut!«
Und dann hatte ich ihn natürlich wieder am Telefon.
»Ich kann dich versorgen!«, schrie er. »Du bekommst Geld von mir! Meine Frauen müssen nicht arbeiten!«
Ich wusste, dass er wieder einmal wegen Betrug verurteilt worden war.
»Nein, danke«, sagte ich.
»Hure!«, schrie er. »Ich werde dich töten, du verdammtes Luder, dich und dein Hurenbalg werde ich ...«
Ich legte auf. Es klingelte wieder. Ich zog den Stecker heraus.

Der innere Frieden, den wir während der Wochen in der Hütte am Ufer des Mälaren gefunden hatten, wurde schnell zerstört.
Inzwischen riefen wir jedes Mal die Polizei an, wenn er wieder etwas machte, um uns zu terrorisieren. Natürlich konnte man ihn nicht oft belangen. Dass unsere Fahrräder auf der Straße verstreut lagen, war noch lange kein Grund, jemanden zu verhaften. Außerdem konnten wir nicht beweisen, dass er es getan hatte. Das Besuchsverbot umging er, indem er sich genau außerhalb der festgelegten Grenzen bewegte, wenn das Polizeiauto vorbeifuhr.
In dieser Zeit, ungefähr im September 1989, fing die Polizei an, regelmäßig in unserem Viertel Streife zu fahren, auch ohne dass wir anriefen.

Emma wurde immer stiller. Schon bald ging es ihr wieder so schlecht wie vor unserem Urlaub.

Dennoch versuchten wir den Platz in der Kita noch eine Weile zu behalten. Bald würde auch Robin dort untergebracht werden, und im Februar wollte ich wieder anfangen zu arbeiten.

»Vielleicht wird es besser, wenn er sieht, dass wir nicht aufgeben«, sagte Mona.

Ich sah zu Emma, meinem kleinen Mädchen, das immer stiller wurde.

»Die Frage ist, wie lange wir es darauf ankommen lassen, wegen Emma«, sagte ich.

Eines Nachmittags, als wir gerade von der Tagesstätte nach Hause gekommen waren, erreichte mich ein seltsamer Anruf.

»Ich bin Psychologin und rufe von der Rechtspsychologischen Klinik in Huddinge an«, sagte eine Frau. »Ihr Mann hat Sie als Referenz für ein rechtspsychologisches Gutachten angegeben, das wir gerade über ihn erstellen.«

Ich seufzte.

»Er ist nicht mein Mann. Was hat er denn diesmal angestellt?«

»Wir führen rechtspsychologische Gutachten für die Justiz durch. Die Verhandlung ist so lange aufgeschoben, bis wir unser Gutachten fertig gestellt haben.«

»Ist er also wieder mal angeklagt. Weshalb denn?«

Die Frau am Telefon war aus dem Konzept geraten.

»Ihr Verlobter hat Sie als Referenz angegeben«, erwiderte sie ungeduldig. »Er sagt, dass Sie und Ihre Familie und Eltern für ihn bürgen können, und jetzt habe ich einige Fragen und wollte wissen, ob Sie Zeit hätten, mir die zu beantworten.«

Für ihn zu bürgen! Seine Frechheit kannte wirklich keine Grenzen.

»Ist das Ihr Ernst?«, fragte ich.

Jetzt war die Dame endgültig verwirrt.
»Äh, ja, ich wollte Sie fragen: Wie ist er denn so als Vater?«
Das war doch wohl nicht wahr!
»Er selbst sagt, er sei ein wunderbarer Vater.«
Das hätte ich mir ja denken können, dachte ich. Jetzt ist er völlig übergeschnappt!
»Unglaublich!«, antwortete ich. »Sowie er in die Nähe seiner Tochter kommt, versucht er sie umzubringen.«
Die Dame verstummte.
»Er hat sich dem Mädchen immer nur mit dem Ziel genähert, ihm zu schaden. Er hat sich niemals darum bemüht, einen Kontakt zu ihr herzustellen. Er hat die Vaterschaft abgestritten. Er schreit sie an und macht ihr Angst. Was wollen Sie noch wissen?«
Ich musste mir einreden, dass die Welt verrückt war und nicht ich.

Es wurde allmählich schwieriger für Anders, seiner Arbeit in der Firma nachzugehen. Immer öfter musste ich ihn anrufen, wenn der Terror um unser Haus zu schlimm wurde. Solange Mona da war, hielten sie sich ein wenig zurück, aber sowie sie gegangen war, machten sie mit neuen Kräften weiter.
Ich erhielt einen neuen Anruf von der Rechtspsychologischen Klinik in Huddinge. Diesmal rief ein Mann an.
»Wie ist es möglich, dass ich ihn hier ständig vor meinem Haus habe, wenn Sie ihn untersuchen?«, fragte ich.
»Müsste er dazu nicht stationär aufgenommen werden?«
»Nein, nicht in diesem Fall«, sagte der Mann, der Kurator war. »Ihr Ex-Verlobter ist, was wir einen Freigänger nennen, er ist nicht eingeliefert.«
»Warum muss es Huddinge sein?«, fragte ich misstrauisch.
»Es gibt doch auch hier in der Nähe Krankenhäuser.«
Der Kurator antwortete geduldig.

»Rechtspsychologische Kliniken gibt es nur in Huddinge, Göteborg und Uppsala. Wir müssen unser Gutachten innerhalb von sechs Wochen nach dem Auftrag durch das Gericht fertig stellen. Es würde uns die Arbeit bedeutend erleichtern, wenn Sie mit uns zusammenarbeiten würden.«
»Warum sollte ich das tun?«, fragte ich.
Der Mann am Telefon dachte nach.
»Wir könnten eine kleine Vereinbarung treffen«, schlug er vor. »Es ist zwar gegen die Regeln, aber wir könnten so sagen: Sie helfen mir und erzählen Ihre gemeinsame Geschichte, alles Gute und alles Böse, und als Dank für Ihre Hilfe sage ich Ihnen, was bei unserer Untersuchung herauskommt.«
»Was wollen Sie wissen?«, fragte ich.
»Alles«, antwortete er.
Ich dachte kurz nach.
»Okay«, sagte ich. »Wo soll ich anfangen?«

Er verschaffte sich wieder Zutritt zur Tagesstätte, bedrohte und terrorisierte Kinder und Personal über eine Stunde lang, ehe sie ihn herausbekamen. Am Tag danach fing mich die Leiterin an der Tür ab.
»Bitte kommen Sie doch kurz zu mir herein, Mia«, sagte sie. »So kann das nicht weitergehen, Mia.«
Ich sah aus dem Fenster. Eine Reifenschaukel schwang sachte im Wind hin und her.
»Er erschreckt die Kinder zu Tode. Wir müssen die Sicherheit der Kindergruppen garantieren können. Ich hoffe, Sie verstehen das.«
Ein Vogel kam angeflogen und setzte sich in das Vogelhäuschen der Kinder.
»Es ist völlig unmöglich für uns, Emma weiterhin hier zu behalten. Mia, ich hoffe wirklich, dass Sie unsere Situation verstehen!«

»Sicher«, sagte ich. »Wir fahren sofort nach Hause.«
Ich stand auf, ging zu Emmas Fach, packte ihre Kleidung, die Handschuhe, Halstücher, Strümpfe und den Teddybären, der in dem Fach schlafen durfte, zusammen. Dann ging ich in die Gruppe. Sie hatten gerade mit dem Kreis begonnen. Alle Kinder saßen auf ihren Stühlen und sangen gemeinsam ein Lied. Emma sang nicht mit, machte aber vorsichtige kleine Bewegungen mit den Fingern.
»Emma, komm zu Mama! Wir fahren nach Hause.«
Das Mädchen sah verwirrt zu mir auf. Alle starrten uns an. Emma blieb sitzen und machte keine Anstalten aufzustehen. Ich ging hin und hob sie hoch.
»Neiiin!«, schrie sie und machte sich steif wie ein Stock.
»Ich will nicht! Neiiin!«
Sie bekam den Türrahmen zu fassen, und ich musste ihre Finger losmachen, um sie wegzubekommen.
»Böse Mama, neiiin!«
Ich schlug die Tür zu.
»Sei still!«, sagte ich streng.
Tränen rannen in Strömen über die Wangen des Mädchens.
»Mama, ich will singen! Warum darf ich nicht mit den Kindern singen?«
Ich konnte vor Tränen selbst nichts mehr sehen.
»Wir müssen nach Hause. Du hast heute frei.«
»Aber ich will nicht!«
Auf der anderen Seite der Tür fingen sie wieder an zu singen. Ich trug das Kind zum Auto, ohne es anzuziehen.

Die Tage wurden grau, immer grauer, und still und kalt. Mona kam, meine Eltern kamen. Das Klopfen ging weiter.
»Töten, töten!« Ich ließ die Rollläden herunter, um ihre Gesichter nicht sehen zu müssen. Nachts brüllten sie vor unserem Schlafzimmerfenster herum.

»Ich halte das nicht mehr aus! Ich werde verrückt! Hilfe, hilf mir doch jemand! Hilfe!«

Er rief an.
»Hallo, Mia. Wie geht es euch?«
»Du Idiot!«, schrie ich. »Ich hasse dich!«
»Aber, Mia, was ist denn los?«, fragte er beunruhigt.
»Das schaffst du nie!«, schrie ich. »Du wanderst in den Knast! Sie buchten dich wegen Mord ein. Du kriegst lebenslänglich. Lebenslänglich!«
»Jetzt beruhige dich, Mia«, sagte er vorwurfsvoll. »Wovon redest du überhaupt?«
Ich atmete. Ein, aus. Ein, aus. Er lachte leise.
»Warum sollte ich lebenslänglich bekommen? Du weißt doch genau, dass ich niemals etwas tun würde, was sie zu mir führen könnte. Ich habe viel Zeit. Ich warte, bis du einen Fehler machst, dann komme ich. Wenn du es am wenigsten ahnst, werde ich da sein.«
Er lachte wieder.
»Du bist doch krank im Kopf«, sagte ich. »Du bist total wahnsinnig.«
»Und noch etwas, Mia«, sagte er. »Ich muss es auch nicht unbedingt selbst tun. Vergiss nicht, ich habe viele Freunde. Es könnte jeder sein. Der Typ, der hinter dir in der Schlange vor dem Geldautomaten steht, der hinter dir an der roten Ampel hält, jeder kann ein Messer in der Tasche haben ...«
Am ganzen Körper zitternd, legte ich auf. Es klingelte wieder.
»Du Schwein!«, schrie ich, riss das Telefon aus der Steckdose und warf es gegen die Wand.

Der Mann von der Rechtspsychologischen Klinik ließ wieder von sich hören.
»Unser Gutachten ist fertig«, sagte er. »Ihr Ex-Verlobter

wurde schon als Kind schwer kriegsgeschädigt. Er sagt, er habe zum ersten Mal gemordet, als er noch zur Schule ging. ›Wenn ich nicht zuerst geschossen hätte, wäre ich dran gewesen‹, hat er gesagt. Er wurde in seiner frühen Kindheit häufig Zeuge von Mord und Totschlag. Er braucht eine Therapie, aber wir sind nicht der Meinung, dass er zwangsweise eingeliefert werden kann. Die Therapie muss auf freiwilliger Basis erfolgen. Deshalb werden wir nicht empfehlen, ihn in eine geschlossene Anstalt zu bringen.«
»Das heißt, er ist krank, aber nicht krank genug, als dass er eingesperrt werden könnte?«, fragte ich.
»So ungefähr«, bekräftigte der Mann.
Diese Hoffnung war also auch dahin.

Es fiel mir immer schwerer, den Alltag zu bewältigen. Anders ging kaum noch zur Arbeit. Es war ein Tag, an dem er doch einmal in die Firma gefahren war. Ich stand im Flur und war auf dem Weg ins Wohnzimmer. Ich sah ihn nicht, sondern hörte nur, wie Glas splitterte. Er stand in unserem Flur. Ich konnte sein Gesicht im Gegenlicht nicht sehen, nur eine schwarze Silhouette.
»Ich werde Emma holen«, sagte er.
Ich rang nach Luft.
»Nein!«
Nur Anders' Rückkehr verhinderte diesmal Schlimmeres.

»Ich habe eine Hütte in Skåne für euch besorgt«, sagte Mona. »In der Nähe von Tomelilla. Ihr könnt gleich los.«
Windeln, Stiefel, Kleider, Brei, Spielsachen, Zahnpasta, Leberpastete, Medikamente, zwei Krimis, Kuchenmischungen, ein gefrorenes Hühnchen und eine Tüte Avocados. Wir fuhren noch am gleichen Abend.
Es war November, es regnete. Die Hütte hatte weder flie-

ßend Wasser noch Heizung. Wir mussten Wasser vom Brunnen holen und ununterbrochen im Ofen Feuer machen. Ich weinte.
»Ich will nach Hause, Anders! Ich will heim in mein Haus!«
Emma sagte nichts. Robin quengelte und weinte. Er hatte angefangen zu laufen und stolperte auf dem Korkfußboden der Hütte herum. Es gab kein Telefon.
Während der Zeit, die wir in der Hütte in Tomelilla verbrachten, sorgte der Sozialdienst in unserer Gemeinde dafür, dass alle Fenster in unserem Haus, die vom Garten aus erreichbar waren, mit schwarzen Eisengittern versehen wurden.
»Jetzt sieht es nach dem aus, was es auch ist«, sagte ich. »Ein Gefängnis.«
Meine Mutter rief am selben Abend an, als wir nach Hause kamen. Sie weinte.
»Er hat versucht, Papa zu überfahren.«
Mein Gehirn setzte aus.
»Mia, was sollen wir nur tun?«
»Ist er ... ist er verletzt?«
Meine Mutter weinte.
»Nein, er hat sich zur Seite geworfen. Mia, er hätte Papa überfahren, dein Vater hat sich nur mit Müh und Not retten können. Mia, was sollen wir nur tun?«

Ich saß mit meiner Kaffeetasse da und starrte aus dem Küchenfenster. Der Regen tropfte von dem schwarzen Eisengitter vor dem Fenster. Ich versuchte normal und ruhig zu atmen. Das war schwer. Samirs Volvo stand da draußen. Im Dunkel des Autos glimmte eine Zigarette. Wer konnte helfen, wenn einer den Verstand verlor? Ein Psychologe? Wer hatte mich noch gebeten, zu einem Psychologen zu gehen? Irgendjemand hatte das doch einmal getan. Ja, genau! Der Staatsanwalt! Ich stellte die Tasse

ab und holte mein Telefonbuch hervor. Da! Ich wusste doch, dass ich Namen und Nummer aufgeschrieben hatte.
Ich bekam einen Termin Anfang Dezember.

Advent. Wir klebten Weihnachtssterne an die Fensterscheiben. Es sah absurd aus hinter den Eisengittern. Elektrische Kerzenständer im Gefängnis. Weihnachtsmänner hinter Gittern.
»Wir werden außerdem für alle Fenster und Türen Alarmanlagen installieren«, sagte Mona, aber so weit kam es dann nicht mehr.
Die Psychologin war zwischen fünfundvierzig und fünfzig Jahre alt, trug das braune Haar kurz geschnitten und hatte lackierte Nägel.
»Wobei brauchen Sie Hilfe, Maria?«
Sie wartete schweigend. Ich lehnte den Kopf zurück und schloss die Augen. Das Zimmer drehte sich, mir wurde schwindlig.
»Er tötet uns«, flüsterte ich. »Er wird erst Ruhe geben, wenn wir tot sind.«
»Wer?«, fragte die Psychologin.
Meine Augen flossen über, die Tränen rannen mir die Wangen und den Hals herab.

Mama kam zu uns und half mir, den Weihnachtsschinken zu backen.
»Wir feiern Weihnachten am besten wieder bei euch, ihr könnt dann ja an Silvester zu uns kommen«, meinte meine Mutter.
»Klar«, sagte ich.
Weihnachten? War bald Weihnachten?
»Die Kinder brauchen Abwechslung«, sagte Anders. »Wir müssen Weihnachtsgeschenke kaufen und einen Weihnachtsbaum schlagen.«

»Klar«, sagte ich. »Ich kann den Baum schmücken. Wo ist er?«
Anders sah mich forschend an.
»Wir haben ihn noch nicht geschlagen. Wie geht es dir, Mia?«
»Gut. Prima«, sagte ich.

Das Luciafest kam, der Tag, an dem ich ihn zum ersten Mal getroffen hatte.
»Das ist jetzt fünf Jahre her«, sagte ich zu Anders.
Mein Mann umarmte mich.
»Er hat unsere Verlobung am Luciatag aufgelöst.«
Anders küsste mich.
»Bald ist Weihnachten, Mia. Weihnachten und Silvester.«
»Wir haben uns an Silvester verlobt.«
»Mia, jetzt sind wir hier. Denk nicht mehr an ihn, sei so gut.«
Ich schaute aus dem Fenster. Pulverschnee hatte sich auf die Eisengitter gelegt, so dass sie sich weiß gegen den schwarzen Nachthimmel abhoben.
»Er kommt«, sagte ich. »Er ist auf dem Weg hierher.«
Anders seufzte. »Nein, Mia. Schlaf jetzt. Komm her.«
Ich träumte von Händen um meinen Hals, dem Stahlring.

»Wie haben Sie sich denn als junges Mädchen Ihr Leben vorgestellt?«, fragte die Psychologin.
Ich schloss die Augen, dachte nach.
»Ich wollte Ärztin werden«, sagte ich. »Das war mein Traum. Ich hatte einen recht guten Durchschnitt in der Schule, es hätte fast gereicht. Als ich das Gymnasium verließ, stand ich ganz vorn auf der Warteliste für das Medizinstudium am Karolinska-Institut.«
»Und, haben Sie sich eingeschrieben?«
Ich schüttelte den Kopf.
»Das Karolinska liegt in Stockholm, und ich wollte aus

meiner Heimatstadt nicht wegziehen. Alles, was ich je geliebt habe, ist in dieser Stadt.«

Es wurde Weihnachten. Meine Schwester spielte den Weihnachtsmann. Emma antwortete nicht, als der Weihnachtsmann sie fragte, ob es bei uns brave Kinder gebe. Sie beobachtete die verkleidete Figur nur mit leerem Blick und dem Daumen im Mund.
Robin interessierte sich hauptsächlich für das Geschenkpapier. Als mein Vater die Weihnachtsgeschichte vorlas, musste ich weinen.
»Entschuldigt mich«, schluchzte ich und ging in die Küche.
Sie lasen ohne mich weiter.

Marianne war ins Norrland zu ihren Eltern gefahren, um Weihnachten mit ihnen zu feiern, und starb dort an einem der Weihnachtsfeiertage. Ich ging nicht zu ihrer Beerdigung.

Zwischen den Jahren suchte ich wieder die Psychologin auf. Ich musste beschreiben, wie er sich verhielt, wenn er provoziert wurde, und was er machte, wenn ich nachgab und alles so machte, wie er sagte. Sie wollte wissen, was er über Gott, Allah und Frauen sagte, welche Moralauffassungen er hatte, wie er über Mord, Tod und seine eigenen Fehler und Unzulänglichkeiten dachte.
Ich erzählte von der Rechtspsychologischen Klinik in Huddinge und den Fragen, die man mir gestellt hatte, erzählte, dass er angegeben hatte, meine Familie und ich könnten zu seinen Gunsten aussagen.
»Die Schlussfolgerung der Gerichtsmedizin, dass er schwer kriegsgeschädigt ist, trifft sicher zu. Aber angesichts seines sonstigen Verhaltens stellt sich die Frage, ob er nicht doch zwangseingewiesen werden sollte«, sagte sie.

»Meinen Sie, dass er krank ist?«, fragte ich.
»Ich habe ihn ja noch nie gesehen«, sagte sie. »Aber wenn man bedenkt, was Sie erzählt haben, ist es nicht auszuschließen, dass er Psychopath und vielleicht Soziopath ist und eine gespaltene Persönlichkeit hat.«
»Was heißt das?«, fragte ich.
»Psychopath oder Soziopath? Eine solche Person wird oft auch als sozial unangepasst bezeichnet. Er kann kein Vertrauen geben oder nehmen. Er kann nur schlecht Loyalität entwickeln und kann selten einer Arbeit kontinuierlich nachgehen. Ein weiteres Symptom besteht darin, dass er kein Mitleid mit anderen empfinden kann. Er genießt es, andere – sowohl Menschen als auch Tiere – gequält zu sehen. Es ist ein lustiges Experiment für ihn. Einige amerikanische Serienmörder haben dieses Krankheitsbild gezeigt. Mit Persönlichkeitsspaltung meine ich, dass seine Psyche in unterschiedliche Personen aufgeteilt ist. Möglicherweise ist es ihm nicht bewusst, das muss aber nicht so sein.«
»Was bedeutet das für uns?«, fragte ich.
Sie sah mich ernst an.
»Sie sind in Gefahr«, sagte sie nur.

An Silvester war es eiskalt.
»Wollen wir nicht laufen, Mia?«, fragte Anders. »Es ist wunderbar draußen! Die Sonne scheint, und wir sind schon seit Monaten nicht mehr spazieren gegangen!«
»Siehst du ihn irgendwo?«
Ich lächelte. Er war so eifrig. Es waren nicht mehr als acht- oder neunhundert Meter von unserem Reihenhaus bis zum Haus meiner Eltern. Das würde ein schöner Spaziergang werden.
Die Sonne stand schon tief, obwohl es erst Viertel vor zwei war. Der rote Sonnenball stach mir in die Augen. Ich schloss sie. Es war herrlich! Auf der Erde lag ein wenig

Schnee, genug, dass es unter den Schuhsohlen knirschen würde. Die Räder der Wagen rollten leicht auf dem halb gefrorenen Boden.

»Mama, ich will laufen, Mama! Mama, ich will laufen.« Emma fing an, im Wagen auf und nieder zu hüpfen.

»Nein, Liebling, du musst sitzen ...«

Ich beugte mich herab und knöpfte den Sicherheitsgurt um Emmas Bauch fest. Als ich aufsah, bemerkte ich ein Auto, das auf dem Fußgängerweg langsam auf uns zufuhr.

»Anders, was ist das?«

Wir blieben stehen und beobachteten beide das kleine Auto, das sich uns näherte.

»Idioten, das ist ein Gehweg«, sagte Anders.

Das Auto blieb stehen. Beide vorderen Türen wurden geöffnet. Wir standen still, begriffen nicht, was jetzt kommen würde. Sie waren zu fünft. Keinen von ihnen hatte ich je zuvor gesehen. Sie stellten sich in einem Ring um uns herum.

»Wir sollen dich von deinem Ex-Verlobten grüßen«, sagte einer von ihnen.

Ein kleiner, kräftiger Mann mit schwarzen Lederhandschuhen schlug zuerst. Er traf Anders am Kinn. Ich schrie vor Panik und packte beide Wagen.

»Hilfe! Hilfe!«

Alle fünf stürzten sich gleichzeitig auf Anders. Einer der Männer stieß mich weg. Ich landete direkt neben dem Ring aus Schlägen, Blut und Tritten auf der Erde.

»Oh, Gott, helft uns! Was hat er euch denn getan? Hört auf!«

Ich weinte laut, flehte und bettelte. Die Kinder saßen immer noch in ihren Wagen und sahen mit großen Augen zu. Das Einzige, was man hören konnte, waren meine verzweifelte Stimme, das dumpfe Geräusch von Schlägen und Anders' Stöhnen. Ich konnte meinen Mann in dem Haufen von Männern nicht mehr sehen, sondern nur noch die Rücken von Menschen, denen ich noch nie zuvor begegnet war.

»Hilfe! Hilfe! Warum tut denn keiner was?«

Ich weinte und sah in die rote Sonne. Plötzlich veränderte sich alles. Alle Geräusche verschwanden. Die Farben zerflossen, alles wurde schwarzweiß. Ich wusste nicht, ob ich schrie, denn ich hörte nichts. Ich landete irgendwo außerhalb meiner selbst, stand neben mir und sah zu. Das ist nicht wahr, dachte ich ruhig. Das passiert nicht. Du träumst bloß. Das ist nur ein schlimmer Traum. Ich kniff mich so fest in den Arm, dass er hinterher ganz blau war.

Anders lag zusammengekrümmt mitten auf dem Fußgängerweg und blutete aus dem Mund. Die Männer waren weg. Die Geräusche kehrten zurück. Ich hörte ein Auto bremsen, ein Kind rufen. Wohin waren die Männer verschwunden?

»Anders«, flüsterte ich. »Oh, Gott, was haben wir getan, um das zu verdienen?«

Mein Vater brachte uns ins Krankenhaus. Zwei von Anders' Rippen waren gebrochen, er hatte große Blutergüsse in den Muskeln unter der Haut, doch außer einer gesprungenen Lippe keine offenen Wunden. Seine Lunge wurde geröntgt, genau wie vor langer Zeit meine. Der Arzt wies uns an, wie wir die Verletzungen versorgen sollten, und schrieb einen Bericht über ihr Ausmaß.

Dann fuhren wir zur Polizei und zeigten den Überfall an. Wir sagten, wie es war: Fünf uns völlig unbekannte Männer hatten uns auf einem Fußgängerweg überfallen.

»Sie haben Grüße von meinem ehemaligen Verlobten ausgerichtet«, ergänzte ich unseren Bericht.

Die Polizei nahm unsere Anzeige auf und ließ den Wagen suchen.

Es wurde niemals jemand festgenommen.

Es war Winter, und draußen lag Schnee. Mona ging mit mir in den Supermarkt, damit ich das Nötigste einkaufen konnte. Eines Tages, als ich gerade die Betten im oberen Stock machte, wo meine Eltern zu schlafen pflegten, sah ich plötzlich eine kleine Gestalt im Schnee. Emma!
»Mein Gott, das Mädchen!«
Ich rannte die Treppe hinunter und auf unsere Terrasse. Emma stand auf Strümpfen in einer kleinen Schneewehe. Schnell schaute ich die Straße hinunter. Niemand da. Gott sei Dank!
»Es liegt Schnee, Mama!«, sagte die Kleine. »Man kann hier Schlitten fahren!«
Das war einer der längsten Sätze, die sie seit Silvester gesagt hatte. Sie zitterte vor Kälte, doch in ihren Augen war Leben.
»Ich weiß, Liebling«, sagte ich und streckte ihr die Arme entgegen. »Komm rein, damit dir nicht kalt wird und du krank wirst.«
»Ich will nicht!«, schrie das Kind. »Ich will draußen sein!« Sie drehte sich um und wollte weglaufen.
»Wie ist sie herausgekommen?«, fragte Anders. »War die Tür nicht verschlossen?«
»Natürlich war sie das!«, erwiderte ich.
»Wie hat sie die denn aufgekriegt?«
»Emma«, sagte ich, »du darfst die Tür nicht aufschließen. Nur wenn Mama oder ein anderer Erwachsener dabei ist. Verstehst du?«

»Was denken Sie, wann wurde die Situation unerträglich?«, fragte die Psychologin.
Ich ließ den Kopf auf die rechte Schulter fallen und fummelte am Schulterriemen meiner Handtasche herum.
»Als wir geheiratet haben«, sagte ich. »Seitdem stellen sie keine Ultimaten mehr. Es heißt nicht mehr: ›Nimm die Anzeige zurück, sonst …‹ oder ›Zieh mit nach Motala, sonst …‹ Jetzt wollen sie uns nur noch umbringen. Ich kann

sie durch nichts mehr zum Aufhören bewegen. Als Anders und ich heirateten, haben wir gezeigt, dass wir zusammen gehören, nicht er und ich. Ich dachte, sie würden uns danach in Ruhe lassen. Aber ich habe mich getäuscht!«
Ich sah ihr in die Augen.
»Die Hochzeit war unser Todesurteil. Seit mir das klar ist, habe ich jegliche Hoffnung verloren. Deshalb wurde es danach so unerträglich.«
»Sie müssen hier weg«, sagte die Psychologin.
Ich schüttelte den Kopf.

Das Polizeiauto fuhr an unserem Haus vorbei. Sobald es verschwunden war, kam der schwarze Saab zurück und parkte vor unserer Einfahrt. Das waren Samir und Ali. Sie stiegen aus und zogen die Reißverschlüsse von ihren Jacken herunter. Anders wurde blass.
»Mein Gott«, sagte er.
»Was ist denn?«, fragte ich.
»Sie haben sich Waffen besorgt«, sagte er.
Ich sah hinaus. Sie standen da und hielten jeder eine Maschinenpistole an die Brust.
»Sie werden uns erschießen«, flüsterte Anders.
Sie machten sich nicht die Mühe, ihre Waffen zu verbergen, weder vor den Nachbarn noch vor Mona. Nur wenn die Polizei kam, steckten sie die MPs in die Jacken und fuhren davon.

»Ich möchte, dass Sie mir erlauben, Ihre Situation mit der Polizei und dem Sozialdienst zu besprechen«, sagte die Psychologin. »Das ist alles völlig unhaltbar.«
Ich nickte bloß.

Weiße Tage, schwarze Nächte. Manchmal lüfteten wir in der oberen Wohnung, standen in der Zugluft und atmeten die frische Luft ein.

Mona kam, und wir unterhielten uns, aber ich weiß nicht mehr, worüber. Meine Eltern kamen. Mutter weinte, Vaters Gesicht war grau und müde. Die Polizei fuhr langsam vorbei, blieb kurz vor unserem Tor stehen.
Robin weinte. Anders ging manchmal hinaus, ich weiß nicht, wohin. Emma war schweigsam und still. Nur zusammen mit Kajsa lebte sie auf.
Meine Eltern fuhren wieder nach Hause. Anders war weg, vielleicht in der Firma. Meine Schwester sollte kommen. Es klingelte an der Tür. Die Augen des Mädchens strahlten.
»Kajsa!«, rief es und lief in den Flur.
»Nein. Emma!«
Ich schrie, meine Stimme hallte im Haus wider. Schnell setzte ich Robin auf dem Fußboden ab, stolperte über einen Teppich, lief hinter dem Mädchen her.
»Bleib stehen!«
Es war zu spät. Sie hatte die Tür aufgeschlossen. Er riss an ihrem Arm und zog sie an sich. Das Messer blitzte am Hals des Mädchens.
»Ich schneide ihr die Kehle durch, du verdammte Hure«, zischte er.
Meine Beine gaben nach. Es zog eiskalt durch die weit geöffnete Tür. Die Augen des Mädchens wurden wie Löcher in seinem Kopf.
»Lass sie los«, flüsterte ich. »Bitte, bitte, lass sie los. Nimm mich.«
»Niemals!«, brüllte er und drückte das Messer an die Kehle des Mädchens. »Ich lasse sie niemals los! Sie ist meine Tochter. Ich mache mit ihr, was ich will!«
Ich kniete vor ihm.
»Bitte, Lieber, bitte, sie ist doch nur ein Kind, ein kleines Mädchen. Nimm mich, hier, nimm mich stattdessen.«
Ich hob den Kopf und zeigte ihm meine Kehle. Die Stimme, die antwortete, kam von weit her.
»Was machst du da?«

Es war meine Schwester. Er ließ das Kind los.
»Entschuldigung«, sagte er. »Das wollte ich nicht.«
Das Mädchen fiel zu einem Haufen zusammen. Ich kroch zu ihr.
»Emma, Liebling ...«

Dunkelheit. Schweigen. Emma krümmte sich zusammen, wollte nicht essen.
Anders telefonierte mit jemandem. Es klingelte an der Tür. Nein!, wollte ich rufen. Nicht aufmachen! Aber ich konnte nicht mehr. Die Psychologin kam zu mir ins Wohnzimmer. Sie zog einen Sessel heran und setzte sich mir gegenüber.
»Mia, hören Sie mich?«
»Das Messer«, sagte ich. »Er hat das Messer an ihren Hals gehalten.«
»Sind Sie sich da ganz sicher, Mia? Oder könnte es sein, dass Sie sich das eingebildet haben?«
Ich sah die Psychologin an.
»Ihre Schwester hat kein Messer gesehen, Mia. Könnte es sein, dass Sie sich eingebildet haben, dass er ein Messer in der Hand hatte?«
»Ich weiß nicht«, flüsterte ich.
»Sollen wir Anzeige erstatten, Mia?«
»Ich weiß nicht.«
Die Psychologin seufzte.
»Wie auch immer, das ist sowieso egal. Es ist jetzt vorbei, Mia«, sagte sie. »Ein weiteres Gerichtsverfahren würde das, was Sie vor sich haben, nur erschweren. Wissen Sie, was für ein Tag heute ist?«
Ich antwortete nicht.
»Heute ist Donnerstagabend. Am Montag werden Sie wegfahren. Das ist jetzt geklärt. Ich habe mit der Polizei und dem Sozialdienst gesprochen. Sie werden fahren.«
»Ich will nicht«, flüsterte ich.

»Sie müssen«, sagte die Psychologin. »Es ist nur eine Frage der Zeit, bis er Sie tötet, auch wenn Sie heute noch mit knapper Not davongekommen sind. Ich habe alles arrangiert. Sie fahren am Montag.«
»Mein Vater«, murmelte ich.
»Hören Sie mir jetzt gut zu, Mia!«, sagte die Psychologin. »Sie dürfen mit niemandem darüber reden, dass Sie weggehen. Sie müssen sagen, dass Sie zwei Wochen Urlaub machen. Zwei Wochen! Hören Sie mich, Mia?«
Ich nickte.
»Zwei Wochen ...«
»Ich weiß, das ist schwer, aber Sie dürfen niemandem erzählen, wo Sie sind. Sonst ist alles umsonst. Sie haben erzählt, dass er Ihre Familie bedroht hat?«
»Er hat versucht, meinen Vater zu überfahren«, murmelte ich.
»Genau! Deshalb müssen Sie alles so machen, wie ich es sage: Um ihretwillen dürfen Sie Ihren Eltern nicht erzählen, wo Sie sind!«
»Mein Haus«, sagte ich.
»Das Haus steht hier. Das Haus steht hier und wartet auf Sie.«
»Geld«, sagte ich. »Wir haben kein Geld ...«
»Der Sozialdienst wird die Miete bezahlen, und Ihr Aufenthalt an dem anderen Ort wird vom Land bezahlt. Anders und Sie werden krankgeschrieben. Im Moment sind Sie nicht imstande zu arbeiten, keiner von Ihnen.«
»Wohin gehen wir?«
»Das darf ich Ihnen nicht sagen. Sie werden es am Montag erfahren.«
»Was sollen wir mitnehmen?«
»Leichtes Gepäck«, sagte die Psychologin. »Packen Sie so wenig ein wie möglich. Vergessen Sie nicht, dass Sie nur zwei Wochen in Urlaub fahren.«
»Es war ein Messer«, sagte ich.

In jener Nacht blieb mein Vater bei uns. Emma schlief ein, ohne etwas gegessen zu haben. Anders und ich lagen schweigend nebeneinander und starrten an die Decke.
»Wir werden nie wieder zurückkehren«, sagte ich.
»Natürlich werden wir das«, erwiderte Anders. »Wir fahren nur für einige Zeit weg. Das haben wir doch schon vorher getan! Erinnerst du dich, wie herrlich es in der Hütte bei Strängnäs war? Wir fahren nur in Urlaub.«
Ich ergriff seine Hand.
»Wir fahren nur in Urlaub«, sagte ich.

Freitag, Samstag, Sonntag. Drei Tage. Ich ging in meinem Haus herum und nahm Abschied von meinen Sachen: dem schönen weißen Ledersofa, meinen Büchern im Bücherregal, allen Töpfen im Schrank, dem Besteck, das wir zur Hochzeit bekommen hatten, den Fotos von den Kindern, als sie klein waren, den Babykleidern, Spielsachen und meinen alten Schulbüchern.
Ich ging meine Sommergarderobe durch: Da hingen mein Hochzeitskleid in Thaiseide und mein aprikotfarbener Badeanzug; der war tatsächlich auch noch da!
Ich packte. Emmas erste kleine Schuhe, Robins Beißring, die Kinderbücher. Einen Wollpullover, den ich gekauft hatte, als meine Schwester und ich eine Tour durch Spanien machten, eine Kassette mit Liedern, die ich aus dem Radio aufgenommen hatte. Was packt man ein, wenn das Leben in zwei Reisetaschen Platz haben soll?
Ich machte sauber, wischte den Boden in der Küche, taute den Kühlschrank ab, putzte die Spiegelwand im Flur. Ich wollte alles schön machen, ehe wir fuhren.
Wir aßen alles Rindfleisch, das wir in der Tiefkühltruhe hatten.
»Wohin fahrt ihr?«, fragte mein Vater.
Ich sah in sein sorgenzerfurchtes Gesicht.
»Ich weiß es nicht. Die Psychologin hat etwas arrangiert.«

»Wir lange bleibt ihr?«
Ich umarmte ihn.
»Nur zwei Wochen.«

Am Montagmorgen parkte ein Polizeiauto vor unserer Tür. Wir packten unsere Taschen zusammen, zogen die Kinder an und schlossen das Haus ab. Die Wintersonne schien schräg über unserem Reihenhaus. Langsam ging ich den Kiesweg zum Tor. Nie wieder würde ich das tun.
Ich schaute mich um. Vom Garten war nicht mehr viel übrig, die meisten Pflanzen hatte er mit den Wurzeln ausgerissen.
Ein paar Schulkinder liefen mit ihren Ranzen vorbei, riefen und johlten. Der Atem stand ihnen wie weiße Wolken vor den lachenden Mündern.
»Komm jetzt, Mia«, sagte Anders leise. »Zieh es nicht länger hin.«
Ich wandte meinem Haus den Rücken zu und setzte mich in unser Auto. Zusammen mit meinem Vater fuhren wir zum Haus meiner Eltern. Ich sah nicht zurück.
Die Psychologin wartete hinter der Garage. Wir trugen die Kindersitze von unserem Auto zu ihrem. Anders lud unsere Reisetaschen in den Kofferraum ihres Wagens.
»Mach's gut, Mia«, sagte meine Mutter und umarmte mich.
»Na klar«, sagte ich und versuchte zu lächeln. »Mach dir keine Sorgen um uns!«
Mein Vater sah mich forschend an.
»Ruh dich aus, Mia«, sagte er. »Wir sehen nach eurem Haus.«
Ich schluckte die Tränen hinunter.
»Danke, Papa«, flüsterte ich.
Ich umarmte ihn ganz fest.
»Komm jetzt, Mia«, sagte die Psychologin.
Ich setzte mich neben Emma und Robin auf den Rücksitz.

Als das Auto losfuhr, drehte ich mich um und schaute zu meinen Eltern. Sie winkten. Die Schatten ihrer Hände tanzten über die Garagenwand. Dann verschwanden sie aus meinem Gesichtsfeld. Das war am 29. Januar 1990. Es war das letzte Mal, dass ich meine Heimatstadt sah.

TEIL 4

VERSTECKT

18

Die Psychologin parkte auf dem Personalparkplatz hinter dem Krankenhaus der Nachbarstadt. Anders trug unsere Reisetaschen.
Wir gingen eine Treppe hinunter und landeten in einem Verbindungsgang. Riesige graue Plastikrohre hingen unter der Decke. Unsere Schritte hallten auf dem Beton wider.
»Wir sind gleich da«, sagte die Psychologin.
Dann bogen wir nach links ab und gingen an einem leeren Leichenwagen vorbei.
»Ich friere«, murmelte ich.
Wir gelangten in eine Tiefgarage, in der Krankenwagen, Blutkonserventransporte, Notarztwagen standen.
»Ganz hinten an der gegenüberliegenden Wand wartet Lasse. Er wird unser Chauffeur sein.«
Sie ließ uns an der Tür zur Garage allein. Plötzlich merkte ich, dass ich mich übergeben musste. Ich erbrach mich über die Stoßstange eines Notarztwagens.
Der Minibus war weiß und bot Platz für acht Personen. Die Psychologin setzte sich vorn neben den Fahrer.
»Machen Sie es sich so bequem wie möglich«, sagte sie.
»Die Fahrt wird eine Weile dauern.«
»Wohin fahren wir?«, fragte Anders.
»Das werden Sie schon sehen«, antwortete sie.
Der Bus fuhr auf der Rückseite des Krankenhauses auf eine enge Gasse. Emma saß neben mir. Sie sagte nichts, sondern starrte auf den Sitz vor ihr. Die Wegweiser rauschten dicht am Bus vorbei.

Ich schloss die Augen, atmete durch. Das ist nicht wahr, dachte ich. Ich träume. Bald werde ich aufwachen, und es ist Morgen. Dann liege ich zu Hause im Doppelbett. Tränen liefen mir über die Wangen. Ich sterbe, dachte ich. Ich schaffe das nicht.
»Was für ein schöner Tag!«, sagte die Psychologin.
Ich starrte sie an. Wirklich?

Wir fuhren Kilometer um Kilometer. Emma schlief ein, rollte sich auf dem Sitz neben mir zusammen. Robin quengelte. Anders gab ihm eine Banane. Der Fahrer machte das Autoradio an.
»Bitte, schalten Sie es aus«, flüsterte ich, aber man hörte mich nicht.
Der dichte Wald wurde zu einer grüngrauen Masse, wenn die Tränen meine Sicht trübten.
Nach zwei Stunden hielten wir an und aßen in einer Raststätte. Dann flimmerte der Wald wieder vorbei. Bäume, Bäume, Bäume. Ich hatte die Orientierung verloren und wusste nicht, ob wir nach Norden oder nach Süden fuhren.
»Jetzt ist es nicht mehr weit«, sagte die Psychologin.
Ich setzte mich auf, vielleicht war ich für einen Moment eingeschlafen, schaute aus dem Fenster, ein Wegweiser sauste vorbei. Plötzlich war ich hellwach. Ich wusste, wo wir waren! Hier war ich schon einmal gefahren! Mit Familie G.!
»Nein!«, rief ich. »Nein!«
Ich erhob mich und schlug auf den Rücken des Fahrers ein.
»Nein!«, schrie ich. »Ich will da nicht hin! Nicht in dieses Zimmer!«
Anders warf sich nach vorn, packte meine Schultern und atmete mir ins Ohr.
»Mia, mein Gott, beruhige dich, was ist denn los?«

Der Fahrer brachte den Minibus am Straßenrand zum Stehen. Ich weinte furchtbar an Anders' Brust, hinterließ nasse Flecken auf seinem Pullover.
»Nicht in das Zimmer, nicht in den Keller.«
»Aber, meine Liebe, Sie werden in einer Pension wohnen!«, sagte die Psychologin. »In einer Pension, zwanzig Kilometer von hier entfernt …«
Langsam drangen ihre Worte in mein Bewusstsein. Pension?
»Nicht in dem Keller?«, fragte ich.
»Wie kommen Sie denn darauf, dass Sie in einem Keller wohnen müssen?«, fragte sie leicht verärgert.
Ich atmete auf. Wie dumm von mir! Natürlich wusste die Psychologin nichts von Berit und ihrem unterirdischen Zimmer. Dort versteckten sich Flüchtlinge, um der Abschiebung durch die schwedischen Behörden zu entgehen. Wir versteckten uns dagegen, um einer Gruppe Flüchtlinge zu entkommen, und zwar auf Anordnung der schwedischen Behörden.
»Entschuldigung«, flüsterte ich. »Entschuldigung, ich weiß nicht, was in mich gefahren ist.«
Ich setzte mich wieder. Anders strich mir über die Wange, trocknete meine Tränen und legte seinen Arm um mich. Emma war aufgewacht und saß zusammengekauert in den Sitz gedrückt. Robin schlief.
»Es ist nur für kurze Zeit«, flüsterte Anders. »Keiner kann ewig im Hotel wohnen.«
Ich nahm seine Hand.
»Nein, da hast du Recht«, flüsterte ich zurück.

Nachmittags kamen wir an. Die Pension lag in dem kleinen Dorf Kloten auf der Grenze zwischen Dalarna und Värmland. Sie hieß Sävernäshof und war sehr heruntergekommen. Der Hof lag an der Landstraße zwischen Skinnskatteberg und Kopparberg und bestand aus zwei Häu-

sern, einem sehr schmalen, länglichen, dessen Front zur Straße wies, und einem zweiten aus den Vierzigerjahren mit einem einstöckigen Anbau aus den Sechzigern.
Die Besitzerin der Pension begrüßte uns auf dem Parkplatz.
»Willkommen«, sagte sie und reichte uns die Hand. »Ich heiße Barbro.«
Ich grüßte mechanisch und sah mich um. Das längliche Gebäude war stockfinster. Die Fenster gähnten wie schwarze Löcher in den Wänden. Eine Tür stand ein wenig offen.
»Kommen Sie herein, Sie sind sicher hungrig«, sagte Barbro.
Hinter einem kleinen Flur lag ein Speisesaal mit fünf runden Tischen. Alle waren grün lasiert und hatten keine Tischtücher. In der Mitte des Raumes stand ein Warmhaltetisch mit einem Kupferkessel.
»Bitte, bedienen Sie sich«, sagte Barbro.
Es gab Koteletts und Brechbohnen, der Kupferkessel war voller Bratkartoffeln.
Wir bedienten uns, schnitten das Essen für Emma in kleine Stücke, zerdrückten ein paar Kartoffeln für Robin zu Brei. Die gewohnten Bewegungen, den Löffel zu nehmen und zu Robins Mund zu führen, Emmas Stuhl an den Tisch zu schieben, waren schwer, langsam und unwirklich. Mein Mund war trocken, ich trank zwei Gläser Eiswasser.
»Iss ein wenig, Mia«, sagte Anders leise.
Ich nahm ein Stück Kartoffel, kaute, trank und schluckte. Ich nahm einen Teelöffel, schüttete von meinem Eiswasser darauf und zwang ihn Emma in den Mund. Sie zog eine Grimasse, schluckte aber mechanisch. Ich zerdrückte die Kartoffeln zu Brei, tat etwas Butter dazu und stopfte ihr auch das in den Mund. Wasser, Brei, Wasser, Brei, so aß sie vielleicht einen Esslöffel voll.

»Wie schön, dass du etwas isst, mein Mädchen«, sagte ich.
Die Psychologin und der Fahrer unterhielten sich. Ich hörte ihre Stimmen, begriff aber ihre Worte nicht. Das ist nicht wahr, dachte ich und starrte aus dem Fenster. Es wurde rasch dunkel.
Draußen konnte man nicht mehr viel erkennen. Vor dem Fenster erhob sich ein steiler, mit schneebehangenen Bäumen bewachsener Erdwall. Das wenige Licht, das noch vom Himmel kam, wurde vom Dunkel zwischen den Baumstämmen aufgesogen.
»Glauben Sie, dass es gehen wird?«, fragte die Psychologin.
»Natürlich«, sagte ich tonlos. »Sehr gut.«
Nach dem Essen holten wir unsere beiden Reisetaschen und gingen zu einem Anbau.
»Das hier ist ein ehemaliges Erholungsheim für erschöpfte Waldarbeiter«, erzählte Barbro fröhlich, während sie die Eingangstür aufschloss. »Unter der Verkleidung ist es ein schönes altes Holzhaus, irgendwann gegen Ende des neunzehnten Jahrhunderts gebaut.«
»Haben Sie das Haus schon lange?«, fragte Anders.
»Seit siebzehn Jahren«, erwiderte Barbro.
Wir gingen hinein. Hinter der Tür hing ein Münztelefon. Eine Treppe führte in die erste Etage. Zwei braune Schwingtüren hielten den Zug von der Eingangstür her ein wenig ab.
»Hier unten haben wir zwölf Zimmer und Toiletten«, erklärte Barbro. »Sie werden im oberen Stock wohnen.«
Wir gingen die Treppe hinauf.
»Zimmer dreizehn ist Ihres«, sagte Barbro.
Das Herz sank mir bis zum Boden. Es war schlimmer als der Kellerraum.
»Großer Gott«, flüsterte ich.
Das Zimmer war ungefähr zehn Quadratmeter groß. Auf

der einen Seite stand ein helles Etagenbett aus Kiefer, auf der anderen ein weiteres Etagenbett, das ein wenig niedriger und grün lasiert war. Gegenüber war ein Fenster, unter dem eine Kommode stand. Das waren alle Möbel.
Ich sank auf das eine Bett. Alle Decken sahen unterschiedlich aus, diese hier war aus orangefarbener Wolle. Die Tapeten waren braun und hatten ein Muster aus Medaillons.
»Anders«, flüsterte ich. »Wie sollen wir denn hier wohnen können?«
»Hier draußen ist das Badezimmer, die Toilette und der Trockenraum«, rief Barbro vom Korridor. »Wollen Sie mal schauen?«
Wir gingen hinaus, um uns das restliche Gebäude anzusehen. Das Badezimmer, die Toilette und den Rest der oberen Etage würden wir gemeinsam mit den anderen Gästen der Pension benutzen, aber wir waren sowieso die einzigen Gäste.
Im Badezimmer standen drei Packungen Kinderwindeln; Pampers, neun bis achtzehn Kilo.
»Ich will nach Hause«, sagte ich.
Die Psychologin sah mich geduldig an.
»Das können Sie nicht«, sagte sie. »Ich möchte auch nicht, dass Sie sich im Freien zeigen. Sie können in den Speisesaal gehen, doch ansonsten müssen Sie im Haus bleiben.«
»Wie lange?«, fragte Anders. »Wie lange werden wir hier bleiben müssen?«
»Ich weiß es noch nicht«, sagte sie. »Ihre Situation muss auf irgendeine Weise endgültig gelöst werden, doch bis dahin müssen Sie hier wohnen.«
»Warum ausgerechnet hier?«
»Ich kannte den Ort von früher her. Wir waren hier mit verschiedenen Konferenzgruppen«, sagte die Psychologin. »Ich fand die Pension geeignet, weil sie abgeschieden liegt.«

Allerdings, dachte ich.
»Aber wie lange?«, beharrte Anders.
»Drei Monate, länger nicht«, antwortete die Psychologin. »Bis dahin werden wir eine bessere Lösung gefunden haben. Sie dürfen nicht telefonieren und niemandem mitteilen, wo Sie sind. Hören Sie, Mia? Sie dürfen nicht Ihre Eltern anrufen!«
»Ich will nach Hause«, sagte ich.
Die Psychologin antwortete nicht.
Es wurde Abend. Die Kinder schliefen. Anders sah sich im Fernsehraum die Nachrichten an. Ich lag auf dem Bett über Emma. Die Geräusche vom Fernseher sickerten wie ein verwirrtes Murmeln in das kleine Zimmer.
In den frühen Morgenstunden erwachte ich, setzte mich auf und schlug mit dem Kopf gegen die Decke. Wo war ich?
»Emma! Anders! Anders!«
Mein Mann setzte sich verschlafen in dem anderen Etagenbett auf.
»Psst, Mia, die Kinder schlafen ...«
»Er kommt!«, rief ich. »Gleich ist er hier!«
Anders sprang auf den Boden und kletterte schnell in mein Bett.
»Reiß dich zusammen, Mia«, sagte Anders barsch. »Denk an die Kinder.«
Ich schluckte, machte die Augen zu, atmete durch. Es würde schon gehen.
»Ich reiße mich zusammen«, sagte ich. »Ich reiße mich zusammen, der Kinder wegen.«
»Gut, Mia«, sagte Anders und wechselte Robin die Windeln.
Ich erwachte mit Kopfschmerzen.
Gegen acht Uhr morgens fuhr Barbros Auto vor dem Anbau vor. Eine halbe Stunde später stand sie plötzlich in der Schwingtür. Keiner von uns hatte sie kommen hören.

»Das Frühstück ist fertig«, sagte sie.
Emma aß zwei Kekse.

Der Tag, die Woche, das Leben lag endlos vor uns. Ich sah, dass es Emma schlecht ging, doch aus irgendeinem Grund gelang es mir nicht, ihr zu helfen. Ihr blasses kleines Gesicht wurde immer durchsichtiger. Seit dem Donnerstag, als sie »Kajsa« gerufen hatte und zur Tür gelaufen war, hatte sie kein Wort mehr gesagt.
Ich schloss die Augen, wollte den Gedanken nicht zu Ende denken. Das Mädchen hätte jetzt tot sein können. Tot, wer war denn tot? Großvater? Vater? Hatte er meinen Vater überfahren? Ich atmete durch. Ruhig bleiben. Es wird alles gut. Jemand ist tot. Mein Herz beruhigte sich wieder. Ja, natürlich, Marianne!
Ich weinte ein wenig. Schaffte es nicht, Emma vorzusingen. Ich dachte an meine Eltern. Sie glaubten, wir wären jetzt irgendwo in Urlaub, sie kümmerten sich um unser Haus und unser Auto, unsere Blumen, unsere Post und warteten darauf, dass wir zurückkamen. Aber wir würden nicht kommen und sie nie erfahren, warum! Vielleicht dachten sie, wir wären tot! Sie würden den Fußgängerweg zwischen ihrem und unserem Haus gehen und grübeln, auf einen Anruf warten, der nie kommen würde. Abends würden sie den Fernseher leise stellen, um ja das Telefon nicht zu überhören, Einladungen zum Kaffee und zum Abendessen ausschlagen.
Ich weinte lautlos in das Kissen.

Den ganzen Tag saßen wir in dem heruntergekommenen alten Haus. Anders versuchte mit den Kindern zu spielen, doch Emma reagierte nicht. Sie saß zusammengekauert und schweigend auf dem Fußboden im Fernsehzimmer. Anders machte alles für sie, las Bücher und holte Farbstifte hervor. Sie sah ihn nicht.

Robin stolperte herum. Anders redete mit ihm, umarmte ihn, jagte ihn. Der Junge lachte und quietschte.
Ich ging in unser Zimmer. Mir schwirrte der Kopf. Vom Fenster aus konnte man ein unbewohntes Sommerhaus und eine schneebedeckte Fläche sehen, die sich später als der Sävernässee entpuppen sollte. Weiter entfernt sah man Hügel und Wald. Auf der anderen Seite des schneebedeckten Sees glitzerten einige Lichter in den Fenstern von kleinen Häusern und Höfen. Der Schnee hatte die ganze Landschaft in Baumwolle gewickelt, genau wie auf einer Weihnachtskarte. Der Wind heulte in einem undichten Fenster.
Alles wird gut, dachte ich. Es ist gut hier. Ich schaffe das. Es ist nicht schlimm. Da hörte ich Schritte auf dem Dachboden über mir. Ich starrte hoch und sah Risse im Deckenanstrich. Mein Herz pochte. Da oben war nichts. Die Schritte gingen auf und ab, ungleichmäßig, schleifend. Das ist er! Er ist hier! Er hat uns gefunden und ist auf dem Dach! Ich schrie, bis ich Anders' Stimme in meinem Ohr hörte und seine festen Arme um meine Taille fühlte.
»Hör auf, Mia!«, flüsterte er grob. »Du erschreckst die Kinder zu Tode!«
Ich versuchte ihn zu schlagen, schlug um mich, aber er hielt mich mit eisernem Griff fest, bis ich nicht mehr konnte und auf dem Etagenbett zusammensank und weinte.
»Schlaf ein wenig, Mia«, sagte Anders.
Er klang so weit weg.

Ich träumte. Das Mädchen und ich liefen Hand in Hand, wir schwebten fast die ganze lange Straße vor den Reihenhäusern entlang, an den Hecken und am Spielplatz vorbei. Wir lachten beide, berauscht von der Freiheit.
»Mama, Mama«, rief das Mädchen. »So schnell werden wir immer laufen!«
Ich erwachte abrupt. Es war völlig dunkel im Zimmer. Ich

hörte die Kinder unter mir säuselnd schlafen, hörte die langen, gleichmäßigen Atemzüge von Anders im Bett nebenan. Ich hielt den Atem an und schloss fest die Augen, bis ich meinte, die Brust müsse mir zerspringen. Es half nicht. Die Tränen kamen trotzdem.

Die Tage gingen ineinander über. Barbro kam jeden Morgen und fuhr gegen vier Uhr nachmittags nach Hause. Manchmal war ihr Mann Ulf dabei, ein paar Mal sah ich eine zusätzliche Hilfe in der Küche.
»Nicht schon wieder«, stöhnte Anders, wenn der Warmhaltetisch zu Griebenwurst einlud und der Kupferkessel wieder voller Bratkartoffeln war.
Emma rührte das Essen nicht an. Ich zwang einige Teelöffel mit Kartoffelbrei und Milch in sie hinein, schob aber ebenfalls den Teller fort, konnte nichts essen.
»Nimm die Gabel, Mia«, sagte Anders leise und barsch. »Du musst ein wenig essen. Emma wird niemals essen, wenn du es auch nicht tust.«
Ich schluckte und nahm ein Stück brauner Bratkartoffel auf die Gabel. Es wurde in meinem Mund zu Kaugummi.

An diesem Nachmittag kam Barbro zu uns hinauf. Plötzlich stand sie einfach da.
»Wäre es nicht gut, wenn Sie ein Auto hätten? Nur für den Fall, dass etwas ist?«, fragte sie.
Anders sah sie erstaunt an.
»Ja natürlich! Aber woher sollen wir ein Auto bekommen?«
»Ich kann vielleicht eins besorgen«, sagte Barbro.
Sie ging ebenso lautlos, wie sie gekommen war.
Was spielte das für eine Rolle, ob wir ein Auto hatten? Wir durften ja doch nicht raus.
»Ich werde verrückt!«, schrie ich und schlug mit der Faust gegen den Türrahmen.

Die Psychologin rief an. Ich durfte in das Hauptgebäude gehen, um den Anruf entgegenzunehmen.
»Wie ist es bei Ihnen?«, fragte sie unbekümmert.
»Furchtbar«, sagte ich.
»Wie geht es Ihnen?«, fragte sie.
»Schrecklich schlecht!«, sagte ich und brach in Tränen aus. »Ich will nach Hause! Ich will hier nicht sitzen. Der ganze Wald macht mich noch verrückt!«
»Es ist doch nur vorübergehend«, sagte die Psychologin.
»Halten Sie durch, Mia! Ich komme Sie bald besuchen.«

Eines Abends bekamen wir das Auto, einen blauen Toyota Corolla. Es war ein Leihwagen, offiziell von der Pension angemietet, doch er stand uns zur Verfügung, falls etwas geschah. Er wurde vom Sozialdienst unserer Heimatgemeinde bezahlt und stand auf dem Parkplatz jenseits des Zaunes. Anders dankte Barbro für die Hilfe. Sobald sie gegangen war, eilte ich zu Anders, packte ihn am Arm und sagte aufgeregt:
»Komm! Wir fahren nach Hause! Schnell, ehe sie es sich anders überlegen.«
Anders schien erst protestieren zu wollen, doch dann glomm ein Licht in seinen Augen auf.
»Wir wären vor Mitternacht dort! Wir könnten in unserem eigenen Bett liegen!«, sagte ich.
»Ich würde morgen in die Firma fahren und den Abschluss kontrollieren können«, meinte Anders.
»Ja, die Blumen müssen sicher auch gegossen werden!«
»Aber die Kindersitze, was ist mit denen? Sind die noch im Auto der Psychologin?«
Wir verstummten, lächelten einander an. Dann erlosch Anders' Blick, er sah zu Boden.
»Es geht nicht, Mia«, sagte er.
»Natürlich geht es!«, sagte ich aufgeregt, packte ihn an den Armen. »Wir sind vor Mitternacht zu Hause!«

Er machte sich frei, strich mir über die Wange.
»Denk an die Konsequenzen«, sagte er.
»Ich will nach Hause!«, schrie ich. »Ich will nicht in diesem schrecklichen Haus mitten im Niemandsland hocken!«
»Und die Kinder?«, fragte Anders hart. »Sollen wir darauf warten, dass er versucht, ihnen die Kehle durchzuschneiden?«
Ich machte auf dem Absatz kehrt und ging hinein.
In dieser Nacht machte Emma zum ersten Mal seit über einem Jahr ins Bett.
»Ist nicht schlimm«, sagte Anders und strich dem Mädchen über den Kopf, aber es reagierte nicht.
Zwei Wochen vergingen. Das Auto stand da draußen. Manchmal ging ich auf dem Weg zum Speisesaal daran vorbei und strich mit der Hand über den kalten, glänzenden Lack.
»Mia«, rief Barbro mahnend. »Was haben Sie vor?«
»Wer ist sie eigentlich?«, flüsterte Anders. »Unsere Gefängniswärterin?«
Wir bekamen Griebenwurst. Griebenwurst und Bratkartoffeln in Kupferkesseln auf dem Warmhaltetisch.

Eines Nachts wurde ich wach und ging auf Toilette. Ehe ich wieder ins Bett hinaufkletterte, stellte ich mich ans Fenster und sah in die schwarze Nacht hinaus.
»Mia?«
Ich erstarrte. Wer war das? Die Kinder schliefen. Robins ruhige Atemzüge vermischten sich mit den federleichten von Emma. Anders' Arm hing über die Bettkante.
»Mia!«
Ich erschrak. Jemand rief nach mir! Ich ging langsam zur Tür und öffnete sie einen Spalt weit.
»Mia, wo bist du?«
Das kam von unten. Wer konnte das sein? Ich ging zur

Treppe und drückte die Schwingtüren auf. Dort unten war es pechschwarz.
»Mia!«
Jetzt erkannte ich die Stimme! Es war Marianne!
»Ich komme!«, rief ich. »Ich bin schon unterwegs!«
»Mia, wir warten auf dich!«, rief sie.
Ihre Stimme klang jetzt kräftiger. Ich stolperte vorwärts, strauchelte und fiel die letzten vier Stufen hinunter. Mein Knie stieß gegen etwas, es tat weh.
»Ich bin hier!«, rief ich. »Warte auf mich, ich komme!«
Ich stand auf und ging durch weitere Schwingtüren. Der Boden neigte sich, erst zur einen Seite, dann zur anderen. Ich fiel wieder hin.
»Mia?«
Die Stimme war nun weiter entfernt. Ich hielt inne, horchte, atmete keuchend.
»Warte!«, schrie ich. »Marianne. Geh nicht!«
»Mia ...«
Jetzt kam es von oben. Ich starrte zur Decke, sah aber nichts, nur Dunkelheit. Sie hatte mich verlassen, hatte mich in all dem Schwarzen zurückgelassen.
»Mia ...«
Ich schrie.
Licht. Ich schloss die Augen. Das Licht blendete mich.
»Mia, was ist denn los?«
Eine andere Stimme, die von Anders. Ich öffnete die Augen. Er beugte sich über mich.
»Mia, meine Güte, was hast du denn da unten gemacht?«
Er klang beunruhigt. Ich schloss wieder die Augen. Wo war ich?
»Sie hat gerufen«, sagte ich.
»Wer denn?«, fragte er verwirrt.
»Marianne«, flüsterte ich.
»Marianne?«, fragte Anders verblüfft. »Aber sie ist doch tot.«

Ich öffnete die Augen wieder, starrte in die Lampe.
»Ich weiß«, sagte ich.
Anders antwortete nicht. Ich wandte den Blick von der Lampe ab, schwarze Flecken tanzten vor meinen Augen.
»Was ist denn bloß los mit mir? Werde ich verrückt?«
Ich klammerte mich an meinen Mann.
»Hilf mir, Anders. Hilf mir!«

Die Psychologin und Lasse, der Fahrer, kamen am Nachmittag in Kloten an. Ich lag auf dem Bett und hörte die Schwingtüren quietschen.
»Hallo, Mia«, sagte die Psychologin in unser Zimmer hinein, aber ich antwortete nicht. Sie gingen ins Fernsehzimmer. Ich drehte das Gesicht zur Wand, wollte nichts hören. Vielleicht schlief ich auch ein wenig ein, denn meine nächste Erinnerung war, dass Anders neben mir stand.
»Mia, die Psychologin will mit dir reden.«
»Das ist mir egal«, sagte ich. »Sie hat mich hierher gebracht.«
»Mia«, bat Anders.
Mühsam stand ich auf und ging ins Fernsehzimmer. Die Psychologin erhob sich aus dem Sessel.
»Liebe Mia, wie geht es Ihnen?«, fragte sie und kam auf mich zu.
Ich schluckte, wollte weinen.
»Schlecht«, flüsterte ich. »Es geht mir sehr schlecht. Emma geht es auch furchtbar schlecht, sie ist sicherlich genauso traurig wie ich. Ich will nach Hause. Nichts kann schlimmer sein als das hier.«
»Es geht nicht, das wissen Sie doch«, sagte die Psychologin geduldig. »Er wird Sie töten.«
»Vielleicht gibt er auf«, sagte ich. »Vielleicht sieht er ein, dass sein Verhalten falsch war, und lässt uns in Ruhe!«
Ich wurde eifrig, versuchte sie zu überreden.
»Vielleicht können wir es ihm klar machen!«, sagte ich.

»Wenn er das gemeinsame Sorgerecht für Emma bekommt, dann lässt er uns sicher in Ruhe, ganz sicher! Davon bin ich fest überzeugt! Er würde uns nie etwas zuleide tun!«
Die Psychologin, Lasse und Anders sahen mich an. Es wurde sehr still, als ich ausgeredet hatte.
»Wir haben das alles sehr gründlich besprochen«, sagte die Psychologin. »Ich habe mit allen zuständigen Instanzen gesprochen, ehe beschlossen werden konnte, dass Sie wegfahren sollten. Sowohl der Provinziallandtag als auch der Sozialdienst und die Polizei stehen hinter dem Beschluss. Es war die einzige Möglichkeit, Ihr Leben zu erhalten.«
»Das ist doch kein Leben!«, sagte ich aufgebracht. »Das ist eine Gefängnisstrafe!«
»Sie sind hier in Sicherheit«, erwiderte die Psychologin.
Ich stand auf.
»In Sicherheit? Wir sitzen in Isolationshaft! Nein, warten Sie, es wäre noch menschlicher, im Gefängnis zu sitzen, denn da würden die Angehörigen wenigstens wissen, wo man ist!«
Ich ging um den Tisch herum und starrte die Psychologin an, die mit gefalteten Händen auf dem niedrigen Sofa saß, die Beine zusammengepresst und mit diesem verständnisvollen Psychologenausdruck im Gesicht.
»Nein, das stimmt nicht, Mia.«
»Glotzen Sie mich nicht so an!«, schrie ich. »Sie haben mich doch in diese Scheiße hier gebracht!«
Die Psychologin war bestürzt, der mitleidsvolle Gesichtsausdruck fiel von ihr ab.
»Aber bitte, Mia ...«
»Bitte hier und bitte da!«, schrie ich und ging rückwärts in Richtung auf unser Zimmer. »Sie sind schuld! Tun Sie jetzt nicht, als wäre das nicht so!«
Ich rannte in unser Zimmer und schlug die Tür hinter mir zu. Anders war eine Sekunde später bei mir.

»Jetzt hör aber auf«, sagte er streng. »Es ist verdammt noch mal nicht die Schuld der Psychologin, dass du dir ein Kind mit einem gottverdammten Idioten angeschafft hast!«
Ich schlug ihn ins Gesicht.
»Raus hier«, zischte ich. »Du musst nicht eine Sekunde länger bleiben. Pack dein Zeug und verschwinde! Bitte schön!«
Er packte meine Handgelenke und kam ganz nah an mein Gesicht.
»Verdammt gute Idee, Mia«, sagte er. »Vielleicht mache ich das ja!«
Er ließ mich los, machte auf dem Absatz kehrt und ging aus dem Zimmer.
»Hau bloß ab!«, schrie ich hinter ihm her. »Geh zum Teufel! Du musst hier nicht in der Scheiße sitzen, nur weil ich das mache. Denn ich bin ja schuld, oder? Das geschieht mir nur recht, oder?«
Ich sank auf dem Fußboden zusammen und zitterte vor Weinen. Die Psychologin kam herein, trippelte vorsichtig mit ihren Stiefeletten zu mir und beugte sich über mich.
»Hier, Mia«, sagte sie und hielt mir zwei leuchtend rote Tabletten hin. »Nehmen Sie die hier, dann geht es Ihnen gleich viel besser.«
Ich schlug gegen ihre Hand, so dass die Tabletten davonflogen.
»Glauben Sie, ich begreife nichts?«, schrie ich. »Glauben Sie, dass ich Psychopharmaka nicht erkenne, wenn ich sie sehe?«
Mit einer Kraft, von der ich nicht wusste, dass ich sie besaß, kam ich wieder auf die Beine, ging ganz nah an die Psychologin heran und brachte sie dazu, zur Tür zurückzuweichen.
»Eins sollen Sie wissen«, sagte ich und atmete schwer.

»Nicht ich bin krank, sondern diese verdammte Pension!«
Ich packte sie an ihrem schicken Kleid.
»Oben auf dem Dachboden gehen Leute spazieren«, flüsterte ich. »Tote Frauen rufen von unten nach mir. Emma ist stumm geworden, sie spricht nicht mehr. Und Sie wollen mir Psychopharmaka geben!«
Ich ließ den Aufschlag ihres Sakkos los, warf den Kopf in den Nacken und lachte hysterisch.
»Ich bin in der Hölle gelandet!«, brüllte ich. »Der Teufel sitzt auf dem Fensterbrett und lacht mich aus!«
Ich war mit dem Rücken gegen eine Wand gestoßen und rollte meinen Kopf von einer Seite auf die andere.
»Es ist Heiligabend in der Hölle!«, kreischte ich und merkte, dass ich langsam an der Wand herabglitt. Die Stimme der Psychologin kam von weit her. Jemand hob mich hoch, jemand weinte, vielleicht war ich das.
»Helfen Sie mir, die Tabletten in sie reinzubekommen ...«
Jemand drückte mir etwas in den Mund, das ich auszuspucken versuchte, aber es ging nicht. Jemand führte ein Glas Wasser an meinen Mund. Ich spuckte, fluchte, schluckte.
»Jetzt schläft sie bis morgen«, sagte die Psychologin.

Es war dunkel in unserem Zimmer, aber das machte nichts. Ich schwamm in meinem Bett, atmete langsam und ruhig, drehte mich um. Mein Körper war so schwer: schwere Arme, schwere Beine. Ich rollte mich unter der Decke zusammen. Wie gemütlich.
Ich horchte auf die Atemzüge der Kinder unter mir. Sie waren so schön. Alles war so gut, wir hatten es so schön. Gern hätte ich ein wenig vor mich hin gesummt. Kurz darauf schlief ich wieder.
Es war ein Gefühl, an das ich mich lange erinnern sollte.

Ich dämmerte den ganzen Vormittag in meinem Bett vor mich hin. Gegen Mittag kam die Psychologin ins Zimmer.
»Glauben Sie, dass Sie einen Moment aufstehen können, Mia? Ich möchte Ihnen etwas geben ...«
Ich setzte mich ihr gegenüber und versuchte die Dosen auf dem Couchtisch mit dem Blick zu fixieren.
»Hören Sie jetzt gut zu, es ist wichtig!«, sagte die Psychologin.
Sie nahm die erste Dose in die Hand, öffnete sie und schüttete einige rote Pillen heraus. Sie sahen genauso aus wie die, die sie mir gegeben hatte. War das gestern gewesen?
»Das hier ist Nozinan, 25 Milligramm«, erklärte sie. »Es ist ein Medikament, das Sie gut schlafen lässt, aber auch gegen Unruhe und Angstzustände hilft. Davon können Sie jeden Abend eine nehmen, wenn Sie schlecht schlafen. Hören Sie mich, Mia? Eine am Abend, wenn Sie schlecht schlafen.«
Sie schüttete die Pillen in die Dose zurück und nahm die nächste.
»Das hier ist Sobril, 10 Milligramm«, sagte sie.
Die Tabletten waren rund, weiß, flach und hatten eine Ritze in der Mitte.
»Das hilft gegen Angst und Unruhe«, sagte die Psychologin. »Es dämpft die Spannungen im zentralen Nervensystem. Sie entspannen sich und werden ruhig. Nehmen Sie eine oder zwei, wenn Sie unruhig oder traurig sind. Es dauert eine Stunde, ehe die Tabletten wirken, nehmen Sie also nicht zu früh noch weitere.«
»Nicht zu früh«, sagte ich.
»Eine Nozinan am Abend«, sagte die Psychologin und schüttelte die eine Dose. »Und eine oder zwei Sobril, wenn Sie traurig sind«, fuhr sie fort und schüttelte die andere.
»Zwei, wenn ich traurig bin«, sagte ich.
Anders begleitete die Psychologin und Lasse zum Auto,

ich blieb im Zimmer. 100 rote Pillen waren in der einen Dose und 250 weiße in der anderen. Es würden bald sehr viel weniger sein.

Mit den Tablettenschachteln in Reichweite glitt ich bald in einen Sobrilnebel. Ich erinnerte mich noch an das Gefühl, als ich in jener ersten Nacht aufgewacht war. Es war mir so gut gegangen, ich war so ruhig und zufrieden gewesen, war im Bett geschwommen, hatte so schön geatmet. Dieses Gefühl wollte ich wieder zurückhaben, aber es wollte sich nicht mehr einstellen.
Ich weinte. Ich war traurig, verwirrt, stand unter Tabletten, und mir war schwindlig.
»Hör auf, die verdammten Tabletten in dich hineinzustopfen«, schimpfte Anders. »Davon wird es nicht besser, das weißt du doch!«
Ich antwortete nicht, sondern weinte nur und schob die ganze Verantwortung für die Kinder Anders zu und schwebte in meinem Nebel aus Psychopharmaka.

Es war furchtbar kalt draußen. Der Heizkörper in unserem Zimmer wurde glühend heiß. Es brauste in den Wasserleitungen, knarrte und knirschte in dem alten Holzhaus. Die Schwingtüren schlugen, obwohl niemand hindurchging.
»Das sind die alten Holzfäller«, sagte ich zu Anders. »Sie sind hier, um sich zu erholen.«
Anders sah mich erstaunt an.
»Du redest Blödsinn, Mia«, sagte er.
Manchmal, wenn ich nachts aufwachte, glaubte ich mich in dem unterirdischen Zimmer in Berits Keller zu befinden.
»Sie müssen Ihr ganzes Leben hier verbringen«, sagte ich im Traum zu Herrn G. »Sie kommen hier nie wieder heraus.«
Wir hätten längst wieder zu Hause sein sollen. Wie lange

waren wir schon in Kloten? Ein Monat? Fünf Wochen? Sie vermissten uns sicher zu Hause. Sisse und die Kinder gingen an unserem Haus vorbei und spähten in die dunklen, vergitterten Fenster hinein.

»Sicher kommen sie bald, Kajsa«, würde Sisse zu den Kindern sagen. »Morgen sind sie bestimmt wieder zu Hause, du wirst schon sehen. Dann können wir zu Emma gehen und mit ihr spielen.«

Aber wir würden nicht kommen. Meine Mutter würde die Blumen gießen und mein Vater anfangen, Stecklinge zu ziehen, um sie im Frühjahr in unsere Beete pflanzen zu können. Er würde unseren Apfelbaum beschneiden, den Kiesweg harken, vielleicht den Zaun streichen.

»Sie wollten doch nur zwei Wochen wegbleiben«, würden sie zueinander sagen. »Wo können sie nur sein? Warum lassen sie nichts von sich hören? Wissen sie nicht, dass wir uns Sorgen machen?«

Die Kälte kroch in das Haus. Ich nahm eine Tablette mehr, zwei Tabletten mehr. Wie war das noch, zwei rote oder zwei weiße? Ich nahm zur Sicherheit noch zwei. Die Schwingtüren knallten, die Treppen knarrten.

Weit weg hörte ich Anders mit Robin spielen, erkannte die Titelmelodie eines Fernsehprogramms. Ich schwankte, Emma kam auf mich zu.

»Emma pemma«, sagte ich und hielt mich an der Wand fest, aber es war keine Wand, es war die Schwingtür. Ich fiel auf den Treppenabsatz und schlug mir den Kopf. Es war kalt, eiskalt. Emma sah mich an. Auf meiner Augenbraue wurde es klebrig nass. Die Dunkelheit quoll zum Fenster hinein. Auf der anderen Seite des Sees glommen ein paar Lichter.

»Ich werde nach Hause fahren«, sagte ich, aber man hörte mich nicht.

Ich nahm noch zwei Pillen, dann noch zwei, dann drei und noch mal sieben.

»Ich will nicht mehr hier sein«, sagte ich zu der Dunkelheit.
»Ich werde jetzt nach Hause fahren. Jetzt will ich nicht mehr hier sein.«
Ich weinte ein wenig.
»Jetzt komme ich«, sagte ich und nahm alles, was noch in der Dose war.
Ich ging auf die Treppe hinaus. Dann ging ich nicht mehr, ich flog. Ich schwebte graziös die Treppe hinunter, am Münztelefon vorbei, und öffnete die Tür – wie leicht sie aufglitt. Ich lachte. Das war so schön! So warm und schön! Und da stand das Auto, in dem ich noch nie gesessen hatte! Ich schwebte zum Fahrersitz. Endlich wieder Frieden! Ich lachte erleichtert. Wie einfach das war! Man musste nur wegfahren, durch den Wald, vorbei an allen Häusern, bis nach Hause.
»Jetzt komme ich!«, rief ich.

Anders fand mich auf dem Parkplatz, ich lag direkt neben dem Auto, trug eine Trainingshose und ein T-Shirt und war barfuß. Er trug mich ins Badezimmer in der oberen Etage, suchte Kleingeld zusammen und rief vom Münztelefon neben der Tür aus Barbro an.
Sie riet ihm, nicht den Notdienst anzurufen, denn dann würde unser Versteck bekannt werden, aber sie kannte einen Arzt, der uns helfen würde, Doktor A. Selbst heute noch träume ich gelegentlich von seinem Gesicht, das sich über mich beugt. Er steckt seine Finger ganz tief in meinen Hals. Dann wache ich immer auf und muss mich übergeben.
Sie duschten mich mit kaltem Wasser ab. Ich schrie und wehrte mich. Dann zogen sie mir trockene Kleider an. Die ganze Zeit schlug mich der Arzt auf die Wangen. Anschließend fingen sie an zu gehen, hin und her im Korridor. Ich weinte, wollte schlafen, die Beine gaben unter mir

nach. Anders und der Arzt zogen mich hoch und zwangen mich, vor- und zurückzugehen, hin und her.
»Sie darf nicht schlafen«, sagte der Arzt.
Dann gingen sie die Treppe mit mir hinunter. Als es Morgen wurde, durfte ich eine Weile hinausgehen. Ich fror, weinte, wollte schlafen.
»Jetzt ist die Krise vorüber«, sagte Doktor A.

Ich wachte auf. Draußen war es dunkel. Anders saß am Fußende meines Bettes, den Kopf in die Hände gestützt. Seine Schultern zuckten. Er weinte. Es war das erste Mal, dass ich meinen Mann weinen sah.
»Anders«, versuchte ich zu sagen, aber meine Stimme war nur ein Krächzen.
Erstaunt sah er auf. Wahrscheinlich hatte er schon lange dort gesessen.
»Es tut mir Leid«, flüsterte ich und streckte die Arme nach ihm aus.
Er zog mich an sich und weinte in mein Haar.
»Geliebte Mia«, flüsterte er. »Ich dachte, du würdest mich verlassen!«
Weinend wiegten wir einander. Zum ersten Mal ließen wir unsere Trauer und Verzweiflung gemeinsam heraus, saßen lange da und redeten miteinander, im Grunde zum ersten Mal, seit wir unser Zuhause verlassen hatten.
»Ich kann jetzt nicht noch mehr weinen«, sagte ich. »Entweder ich reiße mich zusammen, oder ich gehe unter.«
Mein Mann umarmte mich, küsste mich aufs Haar und flüsterte:
»Er wird unsere Familie nicht zerstören. Wir haben fast alles zurückgelassen, aber wir haben immer noch uns und die Kinder.«
»Am schlimmsten ist es für die Menschen, die wir zu Hause zurückgelassen haben«, sagte ich.

»Es ist nicht für immer, vergiss das nicht!«, sagte Anders.
»Sie müssen krank sein vor Sorge um uns.«
»Sie werden es verstehen«, sagte Anders beruhigend. »Es ist für alle anstrengend, aber dafür wird es später besser werden.«
Ich bin froh, dass ich damals nicht wusste, wie lange es dauern würde, denn sonst hätte ich es bestimmt nicht geschafft. Doch in dieser sternenklaren, eiskalten Nacht saßen wir dicht nebeneinander in dem hundert Jahre alten Holzhaus und sprachen über die Zukunft.
»Wir werden es schaffen, Mia«, sagte Anders. »Wir werden zusammenhalten. Ich liebe dich.«
»Ich liebe dich auch«, flüsterte ich.
Am Tag danach spülte ich die Sobriltabletten, die noch übrig waren, die Toilette hinunter. Es ging mir furchtbar schlecht, aber ich schwor mir, nie wieder Psychopharmaka zu nehmen.
Und diesen Schwur habe ich nie gebrochen.

Die Überdosis war ein Wendepunkt. In dieser Nacht beschloss ich zu überleben. Er würde unsere Familie nicht kaputtmachen. Ich akzeptierte auch zum ersten Mal, dass wir versteckt lebten, denn es bedeutete nicht, dass er gesiegt hatte – im Gegenteil. Er hatte verloren. So versuchte ich zu denken, und ganz allmählich begannen wir für unsere neue, unnatürliche Lebenssituation Verantwortung zu übernehmen.
Natürlich waren wir immer noch durch das Ausgangsverbot und andere Instruktionen gelähmt, aber wir fingen an, selbst zu bestimmen, was wir tun würden und was mit uns geschah. Es war der Anfang eines langen Prozesses voll kleiner Schritte, aber er kam in Gang, und zwar schon am nächsten Tag. Gleich nachdem Barbro nach Hause gefahren war, sagte ich zu Anders:
»Wir hauen ab!«

Erst sah er erschrocken aus.
»Mia, wir haben doch darüber geredet, dass wir nicht nach Hause fahren werden.«
»Nein, nein«, sagte ich. »Nicht nach Hause, wir hauen nur ab und fahren ein wenig in der Gegend herum. Das macht doch wohl nichts! Warum sollen wir hier herumlungern? Wir können doch eine kleine Tour mit dem Auto machen. Das merkt doch keiner!«
»Wohin sollen wir fahren?«, fragte Anders, nachdem er das träge, kalte Auto mühevoll auf dem Parkplatz gewendet hatte.
»Keine Ahnung«, sagte ich. »Nach rechts oder nach links.«
Er bog Richtung Skinnskatteberg ab.
Über eine Stunde fuhren wir auf Nebenstraßen in Västmanland und Süddalarna herum. Am Ende hatten wir keine Ahnung mehr, wo wir waren, aber irgendwie war das auch egal. Wir lachten bloß. Dann kamen wir plötzlich auf eine asphaltierte Straße, die etwas breiter war als die anderen.
»Wir fragen mal, wo wir sind«, sagte Anders.
Wir hielten auf einem Parkplatz bei zwei größeren Häusern.
»Das sieht so ähnlich aus wie der Sävernäshof, aber viel schöner«, sagte ich.
Aus den Fenstern des neueren Gebäudes fiel einladendes Licht nach draußen. Ich ging zum Haupteingang, klopfte und fand mich in einem hellen und luftigen Restaurant wieder.
Ein Mann und eine Frau deckten gerade die Tische.
»Sie sind im Waldheim Björsjö«, sagte sie. »Nach Kloten ist es nicht weit, nur zwanzig Kilometer. Am besten, Sie nehmen die kleinen Straßen über Malingsbo.«
Eine Viertelstunde später waren wir wieder auf dem Sävernäshof.

Am nächsten Tag kam Barbro nicht in die Pension. Wir warteten vergebens auf Frühstück und Mittagessen.
»Egal«, sagte Anders. »Wir fahren irgendwohin und holen uns einen Hamburger.«
Wir fuhren nach Kopparberg und kauften Pizza. Robin aß mit gutem Appetit, Emma jedoch nicht. Ich drückte die Pizza klein, vermischte sie mit Milch und stopfte die Bissen in ihren Mund. Einen Teil schluckte sie herunter, der Rest fiel ihr wieder aus dem Mund und auf den Fußboden.
»Wir müssen zum Arzt mit ihr«, sagte ich. »So kann es nicht weitergehen. Sie isst nicht und spricht nicht.«

Barbro kam immer seltener in die Pension. Manchmal schloss sie sogar die Tür zum Speisesaal ab. Dann setzten wir uns ins Auto und fuhren zu einem Restaurant oder Grill. Sonst konnten wir selbst in die Küche gehen und nach etwas zu essen suchen.
Einmal stand ich gerade in der Küche und machte ein paar Brote, als der Speisesaal plötzlich voller Leute war. Ich wusste nicht, was ich tun sollte. Barbro war ja nicht da. Dann wurde die Tür geöffnet, und zwei Männer kamen herein, ein älterer Herr und König Carl Gustaf! Ich traute meinen Augen nicht. Erst hörte ich tote Frauen im Erdgeschoss rufen, dann kam der König in die Küche, als ich gerade Stullen schmierte!
»Wir haben ein Mittagessen für Seine Majestät König Carl Gustaf bestellt«, sagte der ältere Mann. »Wollen Sie etwa sagen, dass wir nichts zu essen bekommen können?«
»Es tut mir Leid«, sagte ich. »Ich wohne hier nur. Ich warte auch auf das Essen.«
»Gibt es hier ein Telefon?«, fragte der Herr ungehalten.
Ich zeigte auf das Telefon. Der Mann wählte eine Nummer.
»Waldheim Björsjö? Ja, hier ist Direktor P. von der Forstverwaltung, guten Tag. Ich stehe hier gerade am Sävernäs-

hof mit Seiner Majestät König Carl Gustaf. Wir waren auf der Jagd und sollten hier etwas essen, haben aber soeben erfahren, dass das Restaurant geschlossen ist. Können Sie etwas zu essen für unsere Gruppe zum Gutshof Kloten schicken? Sofort? Wunderbar! Bis dann.«
Die Gesellschaft brach auf, und ich blieb mit meinen Broten zurück. Schon wieder das Waldheim Björsjö!
»Lass uns fragen, ob wir nicht dahin ziehen können!«, sagte ich zu Anders. »Da ist es viel schöner, und es scheint auch alles besser in Schuss zu sein.«
»Okay«, meinte Anders. »Wir reden mit der Psychologin darüber, wenn sie das nächste Mal herkommt.«
Tags darauf tauchte Barbro wieder in der Pension auf.
»Gestern war der König hier«, sagte ich beim Frühstück.
»Ich weiß«, erwiderte sie kurz angebunden.
Sie wandte sich schnell um und ging zur Küche. Einen Moment später kam sie wieder zurück.
»Ich muss jetzt los«, sagte sie. »Im Kühlschrank liegen zwei Kilo Rinderfilet, Mia. Es war für den König. Sie können es essen, wenn Sie wollen.«
Ich machte das Rinderfilet des Königs mit Farmerkartoffeln und einem knackigen grünen Salat, den Anders in Kopparberg holte. Es war das beste Essen, das wir in der ganzen Zeit auf dem Sävernäshof bekamen, wahrlich ein königliches Mahl.
Manchmal scherzen wir heute darüber.
»Weißt du noch, wie wir das Filet des Königs gegessen haben?«, sage ich dann zu Anders.

Zwei Männer kamen und begannen, im Restaurant Wände abzureißen, zu streichen und zu tapezieren.
»Wollen Sie renovieren?«, fragte Anders.
»Nein«, sagte Barbro. »Ich werde verkaufen.«
Sie kam immer seltener in die Pension, seit die neuen Besitzer angefangen hatten, sich dort einzurichten. Wahr-

scheinlich fand sie, dass sie nach siebzehn Jahren ihren Teil geleistet hatte, und ich konnte ihr da keinen Vorwurf machen.
Die neuen Besitzer, ein junger Mann und sein Großvater, stellten alles auf den Kopf, so dass wir immer öfter mit dem Auto wegfuhren. Wir wollten in die verschiedenen Ortschaften fahren und einkaufen.
»Wir müssen irgendwie an unser Geld auf der Bank kommen«, sagte Anders. »Aber wie wollen wir das anstellen, ohne dass die Abhebungen zurückverfolgt werden können?«
Ich dachte einen Moment nach, rief vom Wandtelefon in der Küche aus meinen alten Arbeitgeber an und sprach mit einer Kollegin in meinem Alter, die mir nahe stand. Eine halbe Stunde später hatten wir ein geheimes Bankkonto, auf dem nicht zurückverfolgt werden konnte, wo die Abbuchungen vorgenommen wurden.
Wir hatten tatsächlich noch ein wenig Geld auf unseren Gehaltskonten. Während unserer Abwesenheit war das Krankengeld von der Versicherung eingegangen. Natürlich bekamen wir beide nur sehr wenig, aber es reichte, um davon leben zu können.

Die Psychologin und Lasse kamen Ende März wieder in die Pension.
»Und, geht es Ihnen jetzt besser hier, nachdem alles ruhiger geworden ist?«
»Im Gegenteil«, meinte Anders. »Es wird immer schlimmer. Barbro hat das kleine Restaurant, das sie noch betrieb, aufgegeben, seit die neuen Besitzer hier alle Tapeten runtergerissen haben.«
»Wir möchten umziehen«, sagte ich. »Ins Waldheim Björsjö.«
»Tut mir Leid«, erwiderte die Psychologin. »Wir dürfen nicht noch mehr Leute in die Sache hineinziehen. Sie leben

versteckt und sollten eigentlich gar keinen Kontakt zur Außenwelt haben.«
»Emma geht es so schlecht«, sagte ich. »Sie spricht überhaupt nicht mehr und isst fast gar nichts. Sie muss zu einem Arzt.«
»Das geht auch nicht«, sagte die Psychologin. »Wir können nicht die Behörden in einem anderen Verwaltungsbezirk für die Krankenversorgung aufkommen lassen, weil dadurch Ihr Aufenthaltsort offenbar würde.«
»Wer bezahlt eigentlich dafür, dass wir hier eingesperrt sind?«, fragte Anders wütend.
»Die Rechnung geht an den Provinziallandtag in Ihrem Heimatkreis. Sie wird über mich bezahlt, es gibt also niemanden außer mir, der weiß, wo Sie sind. Dann ersetzt der Sozialdienst in Ihrer Heimatgemeinde dem Provinziallandtag die Auslagen.«
»Heißt das, dass auch unser Sozialdienst nicht weiß, wo wir sind?«, fragte ich.
»So ist es«, sagte die Psychologin.
Ich neigte den Kopf und dachte an Mona. Auch sie fragte sich sicher, wohin wir verschwunden waren.
»Wie kann es angehen, dass die bezahlen, wenn sie nicht einmal wissen, wo wir sind?«, fragte Anders.
»Sie werden nach Paragraph 6 des Sozialdienstgesetzes verborgen. Das Recht auf Beistand umfasst auch die Unterbringung an einem geheimen Ort.«
»Kann Emmas Arztrechnung in einem anderen Bezirk dann nicht auch unter diesen Paragraphen fallen?«, fragte Anders.
»Tut mir Leid«, sagte die Psychologin.
Da stand ich mit Emma auf dem Arm auf.
»Dann entschuldigen Sie mich bitte, aber ich glaube, wir haben genug geredet«, sagte ich und ging in unser Zimmer.
Blöde Kuh!, dachte ich wütend.

Am 1. April übernahmen Großvater und Enkel den Sävernäshof. Von dem Tag an bekamen wir überhaupt kein Essen mehr. Am 2. April hatten wir genug. Mit Barbros Hilfe gelang es uns, die Psychologin davon zu überzeugen, dass wir hier nicht länger wohnen konnten.
Als wir gerade wegfahren wollten, pinkelte Emma auf den Teppich im Flur. Es war das dritte Mal an einem Tag. Wir hatten bald nichts mehr anzuziehen für sie. Ich setzte mich mit dem Mädchen auf dem Schoß aufs Bett. Sie war so leicht wie ein kleiner Vogel.
»Mein Liebling«, sagte ich, und meine Augen füllten sich mit Tränen. »Werde gesund, Liebes.«

19

Am Vormittag des 4. April kamen wir zum Waldheim Björsjö. Der Unterschied zum Sävernäshof konnte nicht größer sein. Nun verstand ich, wie sich Familie G. gefühlt hatte, als sie nach den Monaten in dem unterirdischen Raum in den Herrensitz gekommen war.
Das Paar, das ich ein paar Wochen zuvor nach dem Weg gefragt hatte, begrüßte uns an der Tür.
»Herzlich willkommen«, sagten sie.
Sie hießen Birgit und Holger.
Wir würden über der Restaurantküche wohnen, wo es eine große, helle Wohnung mit einem Flur und drei Zimmern gab.
»Es gibt keine Küche, Sie dürfen also die Restaurantküche benutzen, wenn Sie Ihr Essen selbst kochen wollen«, sagte Birgit. »Ansonsten haben wir mittags und abends geöffnet, und natürlich können Sie gern auch im Restaurant essen.«
Als die Tür sich hinter ihr schloss und wir wieder allein waren, umarmten wir uns.
»Was für ein Unterschied«, sagte Anders und sah sich über meinen Kopf hinweg um.
Linker Hand lag ein großes Wohnzimmer. Wir drehten eine Runde durch die kleinen Schlafzimmer und legten in einem die Reisetaschen ab. Als wir gerade ins Restaurant hinuntergehen wollten, hatte Emma wieder in die Hose gemacht.
»Nein, Liebling«, sagte ich und hockte mich neben sie.
»Hast du es nicht auf die Toilette geschafft?«

Sie reagierte nicht.
»Wir müssen ihr wieder Windeln anziehen«, sagte Anders. Ich wandte mich schnell um, damit Anders meine Tränen nicht sah, ging ins Badezimmer und holte eine von Robins Pampers. Sie passten, so dünn und klein war Emma geworden.
»Mamas Liebling«, flüsterte ich und wiegte sie. »Mamas Liebling, jetzt wird es besser. Jetzt wird alles gut, sollst mal sehen.«

Am Nachmittag schauten wir uns zusammen mit Birgit und Holger die Anlage an.
»Wir haben den Hof von der staatlichen Forstverwaltung gepachtet«, erzählte Birgit. »Ihr gehört fast alles hier in der Gegend.«
Der Speisesaal war hell, sauber und gemütlich.
»Denken Sie, dass Sie hier eine Weile wohnen können?«, fragte Birgit.
»Es ist traumhaft«, sagte ich.
Am Nachmittag sorgten wir dafür, dass das Waldheim Björsjö unseren Leihwagen übernahm.
»Ich will nie wieder etwas mit dem Sävernäshof zu tun haben«, bestimmte ich.

Am Abend ging Anders in einem kleinen Laden, ungefähr hundert Meter entfernt, Lebensmittel einkaufen. Er kaufte Schokoladenkuchen, die Abendzeitungen und ein Paket Kekse.
»Hier, Emma«, sagte ich und hielt ihr die Süßigkeiten hin. Sie verzog keine Miene, nahm aber einen der Kekse.
»Wir müssen sie dazu bringen, dass sie wieder isst und redet«, sagte ich. »Sie entgleitet uns völlig!«
Von dem Tag an verwendeten wir all unsere Energie darauf, Emma anzuregen. Jeden Morgen planten wir, was wir während des Tages machen würden, welche Bücher wir

ihr vorlesen, welche Bilder wir malen würden. Wir gaben unserem Tag Struktur, um nicht verrückt zu werden.
Wir fuhren nach Ludvika und kauften Farbstifte, Papier, Fingerfarben, Wasserfarben, Seidenpapier, Kleber und Pailletten. Wir kauften Puppen, Autos, Flugzeuge, Züge mit Schienen und weiche Bären. Wir schafften einen Kassettenrekorder an und Kassetten mit all den bekannten Kinderliedern. Dann saßen wir mit den Kindern in der Wohnung und sangen, malten, klebten, schnippelten und schmusten.
Robin sang fröhlich mit und füllte Blatt um Blatt. Er entwickelte sich schnell. Emma hingegen hörte nicht, was wir sagten.
»Sieh mal, Emma, jetzt nehme ich einen roten Stift«, sagte ich und malte auf das Papier. »Eine Blume, eine Rose! Magst du Rosen, Emma? Die riechen so gut, nicht wahr? Soll ich noch eine malen?«
Das Mädchen sah uns nicht, verzog keine Miene, so als würde man gegen eine Wand anreden.
»Jetzt nehme ich einen blauen Stift. Ich denke, ich male ein Auto. Sieh mal, Emma, es ist ein Toyota Corolla geworden, genau wie unser neuer, schöner Wagen. Morgen fahren wir ein wenig umher. Dann musst du dich anschnallen. Sollen wir auch einen Traktor malen?«
Wir versuchten jeden Tag ein wenig hinauszugehen. Auf der Rückseite des Restaurants lag eine Minigolfbahn, wo wir so viel spielen durften, wie wir wollten. Robin lief immer sicherer auf seinen eigenen Beinen. Dafür lag jetzt Emma im Wagen.
»Das Gras hat angefangen zu wachsen, siehst du, Emma?«, sagten wir. »Bald kommen die Blumen, dann pflücken wir einen richtig großen Strauß, hast du dazu Lust?«
Wenn die Kinder abends im Bett lagen, weinte ich, bis ich einschlief.

Eines Tages machten wir etwas ganz Verbotenes. Wir fuhren nach Grängesberg, einem Ort, der ungefähr zehn Kilometer nördlich von Kopparberg liegt. Dort kannten wir nämlich eine Familie, die aus demselben Ort in Norrland stammte wie Anders und kurze Zeit auch in unserer Stadt gelebt hatte.
»Ich habe sie früher mal besucht«, sagte Anders, als er von der Hauptstraße abbog und durch den Ort fuhr.
Wir saßen eine Weile im Auto und sahen zu dem Haus.
»Sollen wir reingehen?«, fragte ich.
Anders zögerte.
»Wie gut kennst du sie?«, fragte ich.
Er entschied.
»Gut genug, um mal auf einen Kaffee reinzuschauen, wenn ich zufällig in der Gegend bin!«, sagte er. »Kommt, Kinder!«
Die Familie war erstaunt, als wir klingelten.
»Kommt rein«, sagte die Frau. »Was für eine Überraschung!«
»Was führt euch denn hierher?«, fragte der Mann.
Anders lachte ein wenig nervös.
»Wir wohnen zurzeit selbst in der Nähe«, sagte er.
»Hast du hier einen Job bekommen?«, fragte die Frau.
»Eh, nein, nicht direkt«, meinte Anders.
Sie verstummten. Anders und ich sahen uns an. Vielleicht war es doch keine gute Idee gewesen.
»Kommt, jetzt trinken wir Kaffee!«, sagte die Frau fröhlich. »Schließlich kriegt man nicht alle Tage solchen Besuch!«
Wir sahen uns die Wohnung an, bewunderten die Aussicht, schauten uns alte Fotoalben an. Sie hatten Bilder von Emma und mir zu Hause in unserer alten Dreizimmerwohnung.
»Warum seid ihr da eigentlich weggezogen?«, fragte die Frau plötzlich.

Anders und ich wechselten einen Blick. Dann sagte Anders, wie es war:
»Wir wurden von Mias ehemaligem Verlobten verfolgt. Alle meinten, es sei besser, wenn wir eine Weile wegfahren würden, bis sich zu Hause alles wieder beruhigt hätte ...«
Der Mann starrte mich an.
»Aber«, sagte er. »Ich wusste gar nicht, dass dein Ex-Verlobter so gewalttätig ist!«
Ich stockte.
»Kennst du ihn?«, fragte ich.
Der Mann wand sich ein wenig.
»Mehr oder weniger, alle wissen ja, wer er ist.«
»Wie auch immer«, unterbrach ihn die Frau, »ich finde, es ist doch nett, dass ihr ausgerechnet hierher vor ihm geflohen seid. Möchte noch jemand einen Kaffee?«
Anders und ich streckten unsere Tassen gleichzeitig vor.

Emma ging es nicht besser. Sie hatte schon drei Monate kein Wort mehr gesagt und fast nichts gegessen. Nicht einmal Eis interessierte sie. Das Einzige, was sie von selbst aß, waren Kekse. Wir hatten immer eine Schale davon im Wohnzimmer stehen, so dass sie sich bedienen konnte.
Jedes Mal, wenn wir Robin ein Eis oder Obst gaben, bekam Emma dasselbe. Sie rührte nie etwas an, aber wir taten, als würden wir es nicht merken. Zu jeder Mahlzeit legten wir auch für sie eine kleine Portion bereit. Dann zwang ich teelöffelweise etwas Wasser oder Kartoffelbrei in sie hinein.
»Sie muss zu einem Arzt«, sagte ich zu der Psychologin, als sie anrief.
»Ich verstehe ja, dass Sie sich Sorgen machen, Mia, aber das geht nicht«, antwortete die Psychologin.
Ich fing an zu weinen.
»Aber sie entgleitet uns! Ein Kind, das stumm geworden ist, braucht doch Hilfe!«

»Das geht nicht. Sie leben versteckt.«
»Aber es kann doch nicht der Sinn der Sache sein, dass wir daran sterben!«, schrie ich. »Was hat es für einen Sinn zu leben, wenn wir daran sterben?«
»Sie dürfen keinen Kontakt zum Provinziallandtag aufnahmen«, sagte die Psychologin. »Wenn Sie das tun, war alles vergebens! Dann haben Sie Ihren Aufenthaltsort preisgegeben!«
Ich weinte verzweifelt.

Manchmal fuhren wir weg und kauften ein. Robin war aus den Kleidern herausgewachsen, die wir im Januar eingepackt hatten, und wir kauften ihm neue: Latzhosen, Gummistiefel, nette kleine Tennispullover und ein kariertes Flanellhemd in Größe 90.
Obwohl Emma alles egal zu sein schien, kaufte ich ihr neue Kleider, schöne Strumpfhosen mit Spitzen und glänzende Lacksandalen. Früher hatte sie an so etwas immer Spaß gehabt. Jeden Tag zog ich ihr die schönen Kleider über die Windeln und erzählte ihr ganz ruhig, was ich ihr alles anzog.
Sie war so mager geworden, dass sie blaue Flecken bekam, sowie sie sich an irgendetwas stieß.
Im Juni waren wir häufiger unterwegs und kauften uns selbst ein paar Sommersachen. Emma bekam einen eigenen Kinderwagen, aus dem sie nicht mehr herauswollte, sondern sich in einen Dämmerzustand schaukelte.
Abends sahen wir fern. Ich glaube, ich las kein einziges Buch in der ganzen Zeit.

Eines Abends musste ich selbst für uns kochen, weil das Restaurant schon geschlossen war. Es machte Spaß, die professionelle Ausrüstung in der schönen Restaurantküche benutzen zu dürfen. Ich hatte gerade vier Hamburger fertig, als es an der Tür zum Restaurant klopfte. Draußen stand eine Familie, ein elegant gekleideter Mann, seine Frau und zwei Kinder.

»Das Restaurant ist leider geschlossen«, sagte ich.

»Das macht nichts«, sagte der Mann fröhlich und streckte mir die Hand entgegen. »Ich heiße P. und bin der Chef der staatlichen Forstverwaltung in Stockholm. Wir wollen hier ein paar Tage wohnen, meine Familie und ich.«

»Kommen Sie herein«, sagte ich. »Ich wohne selbst hier. Sind Sie den ganzen Weg von Stockholm gekommen? Da müssen Sie ja hungrig sein! Ich habe gerade ein paar Hamburger gebraten, möchten Sie die haben?«

»Danke, das ist sehr freundlich«, sagte der Mann. »Aber wir können auch nach Kopparberg fahren und dort etwas essen.«

Ich sah, dass eines der Kinder seinen Vater in die Seite knuffte.

»Die Kinder können die Hamburger essen, dann brate ich uns ein paar Steaks. Mögt ihr Pommes?«, fragte ich die Kinder.

Auf ihren Gesichtern breitete sich ein hungriges Lächeln aus.

Wir aßen mit dem Chef der Forstverwaltung und seiner Frau sehr nett zu Abend.

»Sie müssen die Frau sein, die hier unter so besonderen Umständen lebt«, sagte der Chef, als wir jeder mit einem Kaffee auf dem Sofa saßen.

Ich zögerte einen Moment.

»Birgit hat mir ganz kurz von ihren Gästen erzählt«, sagte er. »Aber keine Sorge, ich werde Ihr Geheimnis nicht weitertragen«, fügte er hinzu.

»Es stimmt«, sagte ich daraufhin. »Wir verstecken uns vor einem Mann, der versucht hat, uns zu ermorden.«

»Wie furchtbar«, sagte er.

Die Familie wohnte für den Rest der Woche im Waldheim Björsjö. Die Frau und ich freundeten uns schnell an. Es

war schade, dass sie so bald wieder nach Hause fahren mussten.
»Eins wollte ich Ihnen noch sagen, Mia«, sagte der Chef, als er am Auto stand. »Sollten Sie jemals Probleme haben, können Sie mich jederzeit anrufen. Ich werde alles tun, was in meiner Macht steht, um Ihnen zu helfen.«
»Danke«, sagte ich, »das werde ich nicht vergessen.«

Eines Tages besuchten wir noch einmal die Familie in Grängesberg.
»Wie schön, euch zu sehen!«, sagte die Frau und setzte Kaffee auf.
»Ja, wirklich«, sagte der Mann herzlich. »Dass ihr so weit fahrt, nur um uns zu besuchen. Ist es nicht beschwerlich, nur für einen Kaffee hierher zu kommen? Ihr müsst doch wahrscheinlich ziemlich weit fahren, oder?«
Anders und ich sahen uns an.
»Warum hat dein Ex-Verlobter dich eigentlich verfolgt?«, fragte er.
Ich antwortete nicht.
»Es muss anstrengend sein, sich zu verstecken. Und teuer!«, sagte er. »Obwohl ihr vielleicht etwas Billiges gefunden habt. Was gibt es denn Billiges hier in der Nähe?«
Wir setzten uns auf das Sofa.
»Uns wird das Geld etwas knapp, jetzt, wo ich arbeitslos bin«, fuhr der Mann fort. »Aber vielleicht kommen wir trotzdem klar. Könnt ihr uns nicht was empfehlen? Irgendwas, das nicht so weit weg ist?«
Ich erhob mich wieder.
»Tausend Dank für den Kaffee, aber jetzt müssen wir weiter«, sagte ich.
Der Mann war bestürzt.
»Schon?«, sagte er. »Bleibt sitzen. Nehmt noch einen Kaffee!«

»Nein, danke. Es war sehr gut. Vielen Dank«, sagte ich zu der Frau.
Wir beeilten uns, aus der Wohnung zu kommen.
»Mann, wie unangenehm«, sagte ich, als wir im Auto saßen und weiterfuhren.
»Was für ein neugieriger Typ er geworden ist«, sagte Anders.
Dann dachten wir nicht mehr an das Paar aus Grängesberg.

Mittsommer kam. Ich stand am Fenster und sah die Sonne aufgehen. Zu Hause hätten wir den Tag mit meinen Eltern und unseren Freunden verbracht, hätten auf der Veranda gesessen, die Papa gebaut hatte, und Hering mit Sahnesoße und neuen Kartoffeln gegessen. Wir hätten das Erdbeerbeet auf der Suche nach den ersten reifen Beeren des Sommers durchforstet, Blumen für Kränze gepflückt, und Emma und Robin hätten an der Sommerhütte meiner Eltern um den Mittsommerbaum getanzt. Bis zum späten Abend hätten wir geplaudert und über das Wasser gesehen.
Stattdessen stand ich allein im großen Zimmer über der Restaurantküche der Forstverwaltung in Björsjö. Ich atmete auf die Scheibe, sah die Landschaft hinter dem Nebel verschwinden, der sich auf das Glas legte, und wusste, was ich zu tun hatte.
Ich rannte die hundert Meter bis zum Laden, der natürlich geschlossen war. Aber ich wollte nicht ins Geschäft, sondern zur Telefonzelle auf der Rückseite. Mit zitternden Händen wählte ich die Telefonnummer meiner Eltern. Meine Mutter ging an den Apparat.
»Hallo, ich bin es«, sagte ich.
Daraufhin legte sie auf! Ich starrte den Hörer an. Fünf Monate lang hatte sie jeden Tag auf meinen Anruf gewartet, und als er endlich kam, war sie so erstaunt, dass sie auflegte.

Ich warf weitere Kronenstücke ein und rief noch mal an.
»Ich bin es, Mama.«
Mindestens fünf Minuten weinte sie einfach in den Hörer, ohne etwas zu sagen. Ich fing auch an zu weinen.
»Wo bist du?«, fragte sie am Ende.
»Das kann ich nicht sagen«, antwortete ich.
Sie weinte noch mehr.
»Ist Papa zu Hause?«, fragte ich.
»Nein, er hat Vormittagsschicht. Ich warte auf ihn. Wir wollen hinaus zur Hütte.«
Sie weinte noch mehr. Ich konnte nichts mehr sagen, weil ich einen Kloß im Hals hatte.
»Wie geht es euch?«, brachte sie schließlich hervor.
»Gut«, sagte ich. »Es geht uns gut.«
Ich warf die letzte Krone ein.
»Wann kommt ihr nach Hause?«
Tuuut. Tuuut. Tuuut.
Das Geld war alle.
»Tschüss, Mama, ich rufe noch mal an ...«
Die Leitung war tot. Lange blieb ich mit dem Hörer in der Hand stehen und weinte. Anders sah gleich, dass irgendetwas nicht stimmte, als ich in die Wohnung zurückkam.
»Ich habe meine Mutter angerufen«, sagte ich.

Als die Kinder eingeschlafen waren, saßen Anders und ich vor dem Fernseher, aber es kam nichts Gescheites.
»Wahrscheinlich sitzt kein Mensch am Mittsommerabend vor dem Fernseher«, meinte Anders.
Ich stand auf, öffnete das Fenster und atmete die kühle Abendluft ein.
»Wir können so nicht weitermachen!«, sagte ich. »Ich will nach Hause! Ich will nach Hause zu meinen Eltern, zu meiner Schwester und meinem Haus!«
Anders nahm mich in den Arm.

»Und dann du und die Kinder, die ihr nichts Böses getan habt!«, fuhr ich fort. »Was ist das für ein Leben? Was ist das für ein Leben, das ich euch aufgezwungen habe? Ihr hättet leben können wie alle anderen! Es ist alles meine Schuld! Ich hätte ihn anzeigen sollen, hätte dafür sorgen müssen, dass er ausgewiesen wird, dass er ins Gefängnis kommt – und nicht wir!«
»Schsch«, sagte Anders und küsste mich. »Mia, ich liebe dich, ich will nicht, dass wir auseinander gehen.«
»Aber du hättest ein normales Leben haben können!«
»Er wird unsere Familie nicht zerstören können«, sagte Anders ruhig. »Ich liebe dich über alles auf der Welt. Es gibt nichts, was das ändern könnte.«
»Was habe ich getan, um so geschlagen zu werden?«, schrie ich. »Warum gerade ich? Wie konnte ausgerechnet mir das passieren? Mein Gott! Wie bin ich in diesen Albtraum geraten?«
Ich riss mich los und rannte in die Mittsommernacht hinaus.
»Du bist ungerecht!«, schrie ich Gott zu. »Du hast uns in die Hölle geworfen! Anstatt uns aus der alten zu retten, haben wir eine neue bekommen! Warum? Was haben wir dir getan?«
Ich bekam keine Antwort. Oder vielleicht bekam ich sie ja doch. Denn wenige Tage später wurden die Türen zu unserer alten Hölle weit aufgestoßen.

Am Dienstag nach Mittsommer hatte der Alltag uns wieder. Wir frühstückten im Restaurant, spielten Minigolf, malten, lasen ein Buch und gingen wieder hinunter, um Mittag zu essen.
Wir setzten uns an unseren angestammten Tisch gleich neben der Küche. Schon bald würde das Restaurant voller Zivildienstleistender sein, die ihren Dienst bei der Forstverwaltung absolvierten. Die beiden Söhne von Birgit und

Holger bedienten an den Tischen. Das Essen kam ebenso wie die Zivis. Der Geräuschpegel im Lokal stieg.
»Möchtest du ein Fleischbällchen, Emma?«
Sie reagierte nicht. Ich machte das Fleischbällchen zu Brei, gab etwas Milch dazu und stopfte ihr die Masse in den Mund. Robin nahm eine Tomatenecke aus der Salatschale.
»Nicht mit den Fingern, Kerlchen! Nimm eine Gabel ...«
Dann waren sie da. Wir sahen sie nicht kommen. Ich merkte nur, dass jemand an unserem Tisch stand, und sah auf. Sie waren zu dritt.
»Du verdammtes Luder, hier versteckst du dich also.«
Alles Blut wich aus meinem Gesicht. Es war Ali. Jemand machte sich hinter seinem Rücken los, trat zwei Schritte vor und boxte Anders.
»Verdammter Hurenbock!«
Samir. Den Dritten hatte ich noch nie gesehen. Jetzt ist alles aus, fuhr es mir durch den Kopf. Jetzt sterben wir. Der Geräuschpegel stieg, explodierte in meinem Kopf.
»Töten, töten, wir sind gekommen, um euch die Kehlen durchzuschneiden«, schrie Ali, fuhr sich mit der Hand über die Kehle und riss an meinem Arm.
Ich schwankte zur Seite, schüttete ein Glas Wasser um. Wenn sie nur nicht die Kinder bekamen ...
»Wir sollen dich von ihm grüßen. Du untreues Stück, du Satansluder ...«
Sein Gesicht war unmittelbar vor meinem.
»Hilfe«, sagte ich, doch das war kaum zu hören.
Plötzlich ließ Ali mich los, fiel gegen den Tisch, der hinter unserem stand und landete mit erstauntem Blick auf einem Stuhl. Jemand musste ihn zurückgezogen haben.
»Brauchen Sie Hilfe?«
Zehn Zivildienstleistende bildeten einen Kreis um unseren Tisch. Es rauschte in meinem Kopf, und mein Herz schlug, so dass ich kaum hörte, was sie sagten.

»Hilfe«, sagte ich. »Helfen Sie uns, wir müssen hier weg.«
Samir versuchte einen der Zivildienstleistenden zu schlagen, doch sie fingen seine Faust einfach vorher ab.
»Hört mal«, sagte einer mit Brille zu den dreien, »jetzt verschwindet ihr augenblicklich von hier. Was ist denn das für eine Art, hier reinzuplatzen und Streit anzufangen mit Leuten, die hier friedlich sitzen und essen?«
Die drei Männer zogen sich zum Ausgang zurück. Dort blieben sie stehen, eine Wand aus Hass.
»Schnell«, sagte der junge Mann mit der Brille. »Wir gehen durch die Küche.«
Ich riss Robin aus seinem Kinderstuhl, Anders hob Emma hoch. Die Stimmen hallten in meinem Kopf wider. Töten, töten.
Die Schwingtüren zur Küche wurden aufgeworfen, und ich rutschte ein wenig auf dem Küchenfußboden, Robin weinte, es roch nach Fritteuse und Spülmittel, die Zivildienstleistenden bildeten eine Mauer zwischen ihnen und uns, ihre Schuhe donnerten auf dem gekachelten Fußboden.
Die Treppe zu unserer Wohnung türmte sich vor mir auf. Birgit sah uns erstaunt an.
»Wir müssen packen«, sagte ich. »Sie haben uns gefunden. Wir müssen weg.«
Ich flog die Treppe hinauf, Anders an meiner Seite. Gemeinsam rafften wir alles zusammen, was uns gehörte, und verpackten es in Taschen und Kartons. Auf dem Fußboden lagen noch die Zeichnungen vom Vormittag zum Trocknen. Ich fegte sie unter den Esstisch, sammelte Stifte, Wasserfarben, Pinsel und Pailletten ein und füllte Tüte um Tüte mit Kuscheltieren, Puppen, Lastautos und Brioglesien.
»Kleider sind fertig«, sagte Anders.
»Sachen auch«, sagte ich.
»Aber ... wo sollen wir denn hin?«, fragte Anders an der Tür, und wir starrten uns an.

»Ja, also, ich kenne einen Ort in der Nähe von Falun«, sagte einer der Zivis. »Er heißt Birgittahof und ist ganz ähnlich wie dieser hier ...«
Die jungen Männer begleiteten uns die Treppe hinunter und trugen die Tüten mit Spielsachen und die Reisetaschen. Wir nahmen den Hinterausgang und schlichen an der Rückseite des Hauses zur Garage, in der unser Leihwagen stand.
»Folgen Sie uns«, rief ein Zivildienstleistender vom Auto der Forstverwaltung aus.
Ali, Samir und der dritte Mann waren nirgends zu sehen. Ich drehte mich um, als Anders das Auto nach links, in Richtung Ludvika und Grängesberg, rollen ließ. Wir kreuzten die 65 in Richtung Ludvika und bogen links ab nach Gubbo. Dort blieben wir am Straßenrand stehen und warteten lange, um zu sehen, ob uns jemand folgte. Dann fuhren wir weiter.
Das Einzige, was ich denken konnte, während der Wald an meinem Autofenster vorbeirauschte und ein Gewässer das andere ablöste, war:
Wie hatten sie uns finden können?
Wer hatte uns verraten?

20

Der Birgittahof lag auf einer Halbinsel, ungefähr zehn Kilometer vor Falun an der 266 in Richtung Hedemora. Ähnlich wie der Sävernäshof und das Waldheim Björsjö bestand er aus einem Restaurantgebäude, einem Anbau und einem Parkplatz. Wir bekamen etwas zu essen, das man für uns warm gehalten hatte. Ich fütterte Emma mit Zucker und Wasser. Als wir zu unserem Zimmer gehen wollten, gaben die Beine unter ihr nach.
»Soll ich dich tragen, Liebes?«, fragte Anders.
Es war für lange Zeit das letzte Mal, dass sie gelaufen war. Sie hatte nicht mehr die Kraft dazu.
Fernsehzimmer, gemeinsame Dusche und Toilette. Ich sah mir alles an, atmete heftig, kämpfte gegen die Panik an. Es würde gehen. Wir würden überleben.
»Unser Restaurant schließt um 14 Uhr«, sagte der Besitzer.
»Wann öffnen Sie zum Abendessen?«, fragte Anders.
»Wir servieren kein Abendessen.«
Wir gingen zum Restaurantgebäude und riefen die Psychologin an. Anders sprach zuerst mit ihr, erzählte, dass sie uns gefunden und wir den Aufenthaltsort gewechselt hatten. Dann gaben wir dem Besitzer den Hörer, damit er mit der Psychologin die Kostenfrage klären konnte.
Am Abend wurde Robin quengelig. Er war es nicht gewohnt, ohne Abendessen ins Bett zu gehen. Wir gaben ihm Wasser und Kekse. Schließlich fiel er in einen unruhigen Schlaf. Emma schlief mit dem Daumen im Mund.
Wir setzten uns ins Fernsehzimmer. Die Nachrichten lie-

fen. Die nächsten Tage würden warm und sonnig werden. Da sprach Anders aus, was in meinem Kopf kreiste, seit wir Björsjö verlassen hatten:
»Wie konnten sie uns finden? Begreifst du das?«
»Nein«, sagte ich. »Aber es muss eine logische Erklärung dafür geben. Sie können schließlich nicht durch ganz Schweden gefahren und in jeden Speisesaal gegangen sein.«
Wir sahen uns an. Im Hintergrund begann die Sportschau.
»Irgendjemand hat geredet«, sagte ich.
»Wie sollen wir rauskriegen, wer es war?«, fragte Anders.
»Die Ausschlussmethode«, meinte ich. »Wer weiß alles, wo wir sind?«
»Die Psychologin«, sagte Anders.
»Lasse, der Fahrer«, sagte ich.
»Barbro und Ulf«, meinte Anders. »Birgit und Holger und ihre Söhne.«
»Der Chef der Forstverwaltung und seine Frau.«
»Der Arzt, der dir nach der Überdosis geholfen hat.«
»Der Autoverleih«, meinte ich. »Und die Frau, die unser Bankkonto eingerichtet hat.«
»Das sind zu viele«, sagte Anders. »Wie sollen wir nur rauskriegen, wer ihm was erzählt hat?«
»Du hast eins vergessen«, sagte ich. »Wer uns verraten hat, musste wissen, wer uns verfolgt, sonst hätten sie ja niemanden, dem sie etwas erzählen könnten.«
Wir sahen uns an und dachten angestrengt nach.
»Da fällt mir nur die Psychologin ein«, sagte ich, »und die können wir ausschließen.«
»Noch etwas«, sagte Anders. »Warum ist er nicht selbst gekommen? Und warum ist er nicht schon lange gekommen?«
»Vielleicht wusste er nicht genau, wo wir sind. Dann haben sie sich aufgeteilt und an verschiedenen Orten gesucht.«

»Wer weiß denn ungefähr, wo wir sind?«
Ich sah in Anders' Augen, dass wir gleichzeitig darauf kamen.
»Mein Gott«, sagte Anders.
»Dein Kumpel in Grängesberg«, sagte ich.
Anders stand abrupt auf, ging zum Fenster und starrte hinaus.
»Dieser Teufel!«, schrie er und schlug mit der Hand auf den Fensterrahmen. »Er hat uns verkauft!«
»Er war arbeitslos und wollte Urlaub machen«, sagte ich ironisch. »Hoffentlich hat er es schön!«
»Aber wir kommen doch aus demselben Dorf!«, sagte Anders empört. »Wie kann man nur jemanden verkaufen, mit dem man aufgewachsen ist?«
»Ich weiß es nicht«, sagte ich. »Aber so muss es gewesen sein.«
Am Tag darauf riefen wir die Psychologin an.
»Das hier geht nicht«, sagte ich. »Wir müssen einen anderen Ort finden.«
»Da kann man nichts machen«, sagte die Psychologin. »Wir haben schon viel zu viele Menschen in die Sache eingeweiht. Jetzt müssen Sie dort bleiben.«
»Emma braucht einen Arzt!«, sagte ich wütend. »Sie sollten sie mal sehen! Inzwischen kann sie nicht mal mehr laufen!«
Ich fing an zu weinen.
»Wir haben darüber doch schon gesprochen, Mia«, sagte die Psychologin.
»Sie stirbt!«, schrie ich.
»Tut mir Leid«, sagte die Psychologin, »aber jetzt habe ich einen Patienten. Wir können später noch mal reden ...«
Ich warf den Hörer auf.

Zwei Wochen wohnten wir in dem engen Zimmer auf dem Birgittahof. Ich rief überall an und schaffte es

schließlich, ein anderes Zimmer zu finden, im Frauenhaus von Borlänge.
»Wie viele sind Sie?«, fragte die Frau am Apparat.
»Vier Personen, meine Familie und ich«, sagte ich.
Die Frau öffnete mit einem Lächeln.
»Willkommen, kommen Sie herein«, sagte sie, erstarrte dann jedoch. Sie hatte Anders erblickt, der mit Emma auf dem Arm die Treppe heraufkam.
»Das hier ist ein Frauenhaus«, sagte die Frau in der Tür.
»Wir nehmen keine Männer auf.«
»Aber ... Sie haben doch gesagt, dass meine Familie und ich willkommen seien!«
»Ich dachte, Sie hätten drei Kinder«, sagte die Frau.
Am Ende durften wir reinkommen. Wieder einmal stellten wir die Psychologin vor vollendete Tatsachen. Sie protestierte nicht mehr.
Den Rest des Julis verbrachten wir in einem Zimmer in Borlänge. Wir kochten unser Essen selbst oder zusammen mit dem Personal. Wir gingen niemals aus, das Personal kaufte für uns ein.
Ende Juli rief ich in Stockholm an.
»Mia Eriksson, Waldheim Björsjö«, sagte ich. »Ich hätte gern den Chef der Forstverwaltung gesprochen.«
Es dauerte ein paar Sekunden, dann hatte ich ihn in der Leitung.
»Mia, wie nett! Wie geht es Ihnen?«
Gott sei Dank, er hatte mich nicht vergessen!
»Nicht so gut«, antwortete ich.
Wir bekamen Zugang zu einer Kate außerhalb von Skinnskatteberg, die der Forstverwaltung gehörte und direkt an einem See lag. Sie wurde nicht benutzt, war aber komplett mit Möbeln, Küchengerät und Fernseher ausgestattet. Das Einzige, was fehlte, war ein Staubsauger.
Alles wäre gut gewesen, wenn es Emma nicht so schlecht gegangen wäre. Sie konnte kein Wasser mehr zu sich neh-

men. Jeden Teelöffel, den ich ihr einflößte, erbrach sie sofort wieder. Ihre Lippen waren gesprungen. Ich schmierte sie mit Vaseline ein, tropfte Wasser von einem Lappen in ihren Mund und weinte furchtbar an Anders' Schulter.
»Jetzt stirbt sie!«
»Nein«, sagte Anders energisch. »Das tut sie nicht. Es gibt noch einen Ausweg.«
Ich starrte ihn an.
»Der Arzt, der dir nach der Überdosis geholfen hat, Doktor A. Ich habe seine Nummer aufbewahrt.«
Der Doktor kam noch am selben Abend. Ich erkannte sein Gesicht aus meinen Albträumen wieder.
Das Mädchen lag halb bewusstlos auf einem Sofa im Wohnzimmer. Der Arzt befühlte ihre Lippen, hob ihre Augenlider hoch und sagte:
»Sie ist ausgetrocknet. Sie muss sofort eingeliefert und an einen Tropf gelegt werden.«
Ich fing wieder an zu weinen.
»Aber das dürfen wir nicht! Die Psychologin hat erklärt, wir dürften keinen Kontakt mit dem Provinziallandtag aufnehmen!«
»Wie heißt diese Psychologin?«, fragte der Arzt streng. »Sie kann nicht ganz bei Trost sein! Dieses Kind ist auf dem besten Weg zu sterben!«
»Was sollen wir tun?«
»Wir fahren sofort. Nehmen Sie alles mit, was Sie brauchen. Sie können im Krankenhaus wohnen. Und was diese Psychologin betrifft, so werde ich sie bei der Ärztekammer anzeigen. Sie wird ihre Approbation verlieren.«
»Nein, bitte nicht«, bat ich. »Wir sind ihr völlig ausgeliefert. Tun Sie das nicht!«
Wir fuhren viele Stunden. Wald, Äcker, Wiesen, Dörfer und Häuser. Irgendwann begriff ich, wohin wir fuhren: in das Krankenhaus, in dem Frau G. vor mehr als fünf Jahren heimlich ihr Kind zur Welt gebracht hatte!

Wie in Trance ging ich durch den Tunnel zwischen Parkplatz und Krankenhaus. Der Kreis hatte sich geschlossen. Die Unterwelt sah gleich aus, von wo man auch kam. Die Flüchtlinge, die sich vor den Behörden verbargen, die Behörden, die sich vor den Flüchtlingen verbargen. Überall hingen dieselben grauen Rohre unter der Decke. Mir war, als hätte ich jedes Gefühl für die Realität verloren. Das darf ich nicht, dachte ich. Ich darf nicht verrückt werden. Emma braucht mich. Kein Tunnel ist endlos.
Ein Arzt und eine Krankenschwester begrüßten uns in der Kinderabteilung.
»Ich heiße B.«, sagte der Arzt in der Tür. »Ich bin ein Freund von A.«
Die Krankenschwester reichte mir die Hand und lächelte.
»Ich bin die Frau von B.«, sagte sie. »Wir haben ein Zimmer für Emma vorbereitet.«
Emma bekam ein eigenes Zimmer. Es wurde sofort ein Tropf am Fuß angelegt und Puls, Blutdruck und ein paar andere Dinge untersucht.
»Wird sie es schaffen?«, flüsterte ich.
»Es wird nicht leicht werden«, antwortete der Arzt.
Ich weinte.
»Ruhen Sie sich aus«, sagte der Arzt. »Es ist spät. Schwester B. wird Sie zu einem Übernachtungszimmer bringen.«
»Ich bleibe hier«, sagte ich schnell und trocknete meine Tränen.
Ich übernachtete in einem zusätzlichen Bett. Einmal stündlich wurde mein Schlaf unterbrochen, weil Schwester B. hereinkam und Emma Puls und Blutdruck maß. Das Mädchen reagierte nicht.
Am Morgen versammelten wir uns um Emmas Bett. Robin setzten wir ans Fußende, Anders ging Eis kaufen. Ich las ein Buch nach dem anderen. Als Anders zurückkam, legten wir das eine Eis vor Emma hin und gaben das an-

dere Robin, wie wir es immer gemacht hatten. Dann sangen wir Kinderlieder. Robin machte richtig gut mit, aber Emma zeigte keine Reaktion.
Mittags aßen wir auf der Station. Emma bekam einen eigenen Teller. Dann malten wir Fische, Elefanten und Löwen, die im Dschungel wohnen. Wir malten Himmel, Sonnen, Blumen und Autos.
Einmal in der Stunde kam Doktor A. und kontrollierte Emmas Tropf oder wechselte den Infusionsbeutel aus. Er notierte sich alles in einem kleinen Buch, das das einzige Krankenblatt war, das über sie geführt wurde.
»Sollen wir das Lied von Ida singen? Was meinst du, Emma?«
Obwohl sie nicht antwortete, begann ich zu singen:
»Kleine Katze, kleine Katze, kleine, süße Katze.
Weißt du was, weißt du was?
Nachts, da ist es dunkel ...«

Ein endloser Tag folgte dem anderen. Ich schlief neben Emma in dem Krankenhaus in Mittelschweden, der Sommer ging zu Ende, und es wurde Herbst, aber Emma ging es nicht besser. Eines Abends bat uns Doktor A. in ein kleines Büro.
»Was gibt es?«, fragte ich beunruhigt. »Ist etwas passiert?«
»Nein«, sagte er und seufzte. »Das ist ja gerade das Problem. Emma kann nicht länger hier so liegen. Wir müssen schnellstens Kontakt zu ihr bekommen.«
»Aber was haben wir denn falsch gemacht?«, fragte ich.
Der Arzt sah mich ernst an.
»Sie haben nichts falsch gemacht, im Gegenteil. Weil Sie sich weigern aufzugeben, lebt sie noch. Wer wie ich mit Flüchtlingskindern arbeitet, sieht oft genau diese Symptome.«
Er setzte sich hinter einen großen Schreibtisch.

»Kinder, die lange Zeit in Isolation leben, wenden sich oft nach innen und werden depressiv und selbstzerstörerisch. Sie essen nicht mehr, sie sprechen nicht mehr – das ist typisch. Manche reagieren sich ab und werden aggressiv, andere werden regressiv und geraten an den Rand einer Psychose. Diese Kinder haben täglich Schreikrämpfe und kommunizieren nur noch mit Phantasiefiguren.«
Er sortierte etwas in einen Ordner.
»Durch den Tropf hat Emma die Flüssigkeit wiederbekommen, die sie verloren hat. Jetzt muss sie auch ihren Lebenswillen wieder finden, sonst stirbt sie«, sagte er.
Ich schluckte, wollte nicht wieder anfangen zu weinen.
»Gibt es etwas oder jemanden zu Hause, den Emma mehr als alles andere lieb hatte?«, fragte Doktor A. »Etwas, das ihr den Wunsch vermitteln könnte, wieder dazuzugehören?«
Anders und ich sahen uns an.
Doktor A. erklärte:
»Ein Spielzeug, ein Haustier, ein Verwandter, ein Freund ...«
»Kajsa«, flüsterte ich.

Sisse hob beim fünften Klingeln ab.
»Erschreck dich nicht«, sagte ich. »Ich bin es. Mia.«
Ein Keuchen war zu hören.
»Entschuldige, dass ich so lange nichts von mir habe hören lassen«, sagte ich langsam und deutlich.
»Mia, bist du es wirklich?«
»Ja, Sisse, ich bin es, und ich habe leider keine guten Nachrichten. Sisse, Emma ist krank. Sie liegt im Dämmerzustand, wir kriegen keinen Kontakt zu ihr ...«
Sisse fing an zu weinen.
»Sisse«, sagte ich etwas lauter. »Hör mir zu! Emma ist krank. Die Ärzte glauben, dass deine Tochter die Einzige ist, die ihr helfen kann. Wir sind in X. Die Ärzte haben ge-

fragt, ob ihr mit Kajsa zu uns ins Krankenhaus kommen könnt.«
Sisse weinte nur. Ich musste schlucken.
»Sisse, glaubst du, dass ihr zum Krankenhaus kommen könnt? Es ist weit.«
»Natürlich«, flüsterte Sisse. »Wann sollen wir kommen? Sofort?«

Am nächsten Morgen saß die ganze Familie auf dem Bett und frühstückte um Emma herum. Das Mädchen lag zusammengerollt wie ein kleines Vögelchen da: ausgemergelt, kreideweiß, der Mund ein wenig offen.
Dann wurde vorsichtig die Tür geöffnet, und ein sommersprossiges kleines Gesicht lugte herein, gefolgt von einem Blumenstrauß, einer Pralinenschachtel und einem großen goldfarbenen Paket.
»Kajsa«, sagte ich glücklich und ging zur Tür.
Ich hob das Mädchen hoch und umarmte es fest. Wie schwer sie war! So hätte Emma sich natürlich auch anfühlen sollen.
»Sisse, oh, mein Gott, Sisse ...«
Wir umarmten uns lange.
Kajsa ging direkt auf Emma zu, tätschelte ihr die Wange und sagte:
»Hallo, Emma, Schwester Kajsa ist da!«
Ich musste trotz der Tränen lachen. Dann erblickte Sisse Emma. Sie schrak zusammen, als hätte sie einen Schlag bekommen.
»Großer Gott«, flüsterte sie, die Tränen schossen ihr in die Augen, und sie schlug die Hand vor den Mund. Ihr Blick begegnete meinem.
»Großer Gott, Mia, es tut mir Leid«, sagte sie, drehte sich um und lief hinaus.
Ich nahm ihr das nicht übel, denn Emma so zu sehen musste ein schrecklicher Schock sein.

»Sieh mal, wer gekommen ist, um dich zu besuchen. Kajsa ist hier. Sie will, dass ihr rausgeht und spielt. Hast du Lust dazu? Oder sollen wir erst etwas lesen und singen?«
»Emma kann bestimmt nicht so viel machen, oder, Emma?«, fragte Kajsa. »Wir können etwas lesen.«
Gott sei Dank war Kajsa da!
»Ja«, sagte ich und lächelte. »Wir lesen.«
Nachmittags kam Doktor B. Er hatte die Schlüssel zu der Hütte dabei, in der Sisse und ihre Familie wohnen sollten, ein herrliches Haus mit acht Betten in einem wunderschönen Erholungsgebiet vor der Stadt. Nach ein paar Tagen durften wir alle dorthin ziehen, auch Emma.
Es war September geworden. Das Laub an den Bäumen wurde gelb und rot. Wir waren sehr viel draußen, und die Kinder spielten und rannten herum. Emma war in ihrem Wagen dabei. Damit sie sich nicht bei jeder Bewegung einen blauen Fleck holte, hatten wir eine dicke Matratze hineingelegt.
»Du kannst noch nicht so viel machen, weil du ja krank warst«, erklärte Kajsa Emma. »Aber bald wirst du gesund, und dann spielen wir riesig lange.«
Sisse und ich sprachen über alles, was zu Hause geschehen war, seit wir weggegangen waren.
»Helena erwartet wieder ein Kind«, sagte Sisse.
»Wollen wir hoffen, dass es diesmal ein Junge wird«, sagte ich ironisch.
»Was ist mit meinem Ex-Verlobten, was treibt er so?«
Sisse verdrehte die Augen.
»Was glaubst du? Er ist noch einmal im Gefängnis gewesen, und zwar für einen Monat, weil er ohne Führerschein gefahren ist und versucht hat, Nahrungsmittel aus Dänemark einzuschmuggeln. Vor nicht allzu langer Zeit hat er mit seinen Kumpels in einem Uhrengeschäft jede Menge Sachen gestohlen. Der Besitzer hat sie bemerkt, traute sich aber nicht, sie anzuzeigen. Man erzählt sich, dass er und

seine Freunde nachts rumfahren und Benzin aus den Autos abzapfen. Außerdem tanken sie umsonst an der Tankstelle, irgendwie haben sie rausbekommen, wie man den Tankautomaten austricksen kann.«
Sisse und ihre Familie zeigten uns Fotos von ihrem neuen Haus, einem Neubau direkt vor der Stadt. Wir sprachen über unsere Kinder und darüber, wer sich hatte scheiden lassen, wer geheiratet und Kinder bekommen hatte oder weggezogen war. Aber wir sprachen fast nie über uns und wie es uns ergangen war. Ich konnte es einfach nicht, und Sisse wollte es auch nicht unbedingt hören.
Jeden dritten Tag mussten wir mit dem Mädchen ins Krankenhaus fahren, wo sie dann den Tag über an den Tropf kam. Kajsa kam mit und redete unausgesetzt auf ihre stumme Freundin ein.
»Es passiert gar nichts! Emma hat keine Miene verzogen, kein Wort gesagt und nichts gegessen, seit Kajsa hergekommen ist!«, sagte ich zu Doktor B., als die letzte Woche anbrach, in der Sisse und ihre Familie noch bei uns sein würden.
Wir standen vor Emmas Zimmer. Ich kam mir so dumm vor, weil ich Sisse und ihre Familie völlig umsonst hergebeten hatte.
»Wir haben Ihnen nichts versprochen«, sagte der Arzt.
»Wir fanden nur, man sollte es probieren, aber es war nicht sicher, dass es klappen würde.«
»Was machen wir denn jetzt?«, fragte ich verzweifelt.
»Soll sie etwa den Rest ihres Lebens so daliegen?«
Der Arzt sah mich ernst an.
»Ich weiß es wirklich nicht«, sagte er.
Im selben Moment wurde die Tür von Emmas Zimmer aufgestoßen. Kajsa stand da, mit einem leeren Glas in der Hand.
»Können wir noch etwas Wasser kriegen? Emma hat so einen Durst«, sagte sie.

Wir sahen das Mädchen verwirrt an.
»Emma hat so lange nichts getrunken, dass alles Wasser gleich weg war.«
Wir rannten zu Emma. Das Mädchen sah uns mit klarem und wachem Blick an und zeigte schwach auf das Wasserglas in Kajsas Hand.
»Hat sie etwas getrunken?«, fragte der Arzt.
»Ja, und ich habe ihr mit dem Strohhalm geholfen«, sagte Kajsa.
Ich trat näher und sah dem Mädchen in die Augen. Zum ersten Mal in all den Monaten begegnete sie meinem Blick.
»Natürlich kriegst du Wasser, Emma«, sagte ich. »Kajsa und der Doktor holen es für dich.«
Ich nahm das Kind in den Arm, damit es meine Tränen nicht sah. Diesmal weinte ich Freudentränen.
»Jetzt wirst du gesund, mein Emmakind«, flüsterte ich. »Jetzt wirst du gesund!«

Von diesem Tag an musste Emma nicht mehr im Krankenhaus liegen. Langsam, aber sicher kehrte sie ins Leben zurück. In der ersten Woche bekam sie nur Brühe und Saft, dann dehnten wir die Diät auf püriertes Obst und Gemüse aus. Erst aß sie ganz kleine Portionen, Teelöffel, dann Esslöffel. Sie sprach nicht, aber ihre Augen waren klar und aufmerksam.
»Sollen wir noch eine Geschichte lesen, Liebes?«
Sie antwortete nicht, hörte aber aufmerksam zu.
Doktor B. rief uns in sein Büro, nachdem er Emma zum letzten Mal untersucht hatte.
»Das Mädchen ist wieder zu uns zurückgekehrt. Das ist Ihr Verdienst«, sagte er und sah Anders und mich ernst an. »Sie haben niemals aufgegeben, und das war der Hauptgrund dafür, dass sie zurückgekommen ist. Ihre kleine Freundin hat dann den entscheidenden Durchbruch

ermöglicht. Jetzt müssen Sie dafür sorgen, dass sie auch den Rest des Weges gehen kann und wieder anfängt, zu laufen und zu sprechen.
»Wie können wir das?«, fragte Anders.
»Machen Sie so weiter, wie Sie es die ganze Zeit getan haben«, sagte Doktor B. »Lesen Sie, malen Sie, stimulieren und aktivieren Sie. Dann wird nach und nach alles kommen.«
»Das ist nicht so leicht, wenn man so lebt wie wir«, sagte ich leise.
»Nein, ich weiß«, sagte der Arzt. »Wenn Sie hier weggehen, dann versuchen Sie, eine kreative, positive Umgebung zu finden. Aktivieren Sie das Mädchen, so gut Sie können. Sie muss einfach ein bisschen Spaß haben! Da ist noch etwas ...«
Er ging zum Bücherregal und nahm das kleine Büchlein heraus, in das er alles über Emmas Krankheit geschrieben hatte.
»Das können Sie mitnehmen«, sagte er.
Ich nahm das Buch in die Hand. Es fühlte sich so schwer an wie ein Stein. Das war Emmas Krankheit, zwischen zwei Buchumschläge gepresst.
»Danke für alles«, sagte ich und ergriff die Hand des Arztes, als wir gingen.

Wir setzten uns mit der Psychologin in Verbindung und berichteten, was der Arzt gesagt hatte.
»Wir wollen nach Gillersklack fahren«, sagte ich.
Das war ein Erholungspark, an dem wir vorbeigefahren waren, als wir in der Gegend unterwegs gewesen waren. Der Park lag ungeheuer schön an einem Berghang, nördlich von Kopparberg, hatte schöne Hütten und eine große Rezeptionsanlage mit einem eleganten Restaurant und einem Hallenbad.
Die Psychologin protestierte nicht mehr.

»Natürlich, das geht«, sagte sie. »Aber bleiben Sie im Haus!«

Nachdem Sisse mit ihrer Familie abgereist war, kehrten wir nach Dalarna zurück. Wir kamen nachmittags in Gillersklack an, mieteten uns in dem Hüttendorf ein und bekamen Hütte Nummer 4. Es war ein topmodernes Häuschen mit großem Wohnzimmer, Küche und zwei Schlafzimmern.
»Sieh mal, Emma, hier werden wir Spaß haben!«, sagte ich begeistert.
Das Mädchen folgte mir interessiert mit dem Blick.
»Jetzt gehen wir raus!«, sagte ich.
Die Aussicht reichte kilometerweit. Die Berge in der Ferne verschwanden in einem bläulichen Schimmer. Die herbstlich dunkle Landschaft wurde von einigen goldschimmernden Espen erhellt.
Sisse und Henrik waren jetzt wieder zu Hause, arbeiteten, kauften im Supermarkt ein, brachten die Kinder zur Tagesstätte und besuchten ihre Nachbarn. Ich sog die feuchte Luft ein und schaute über die Landschaft, die bald in die nachmittägliche Dunkelheit des Spätherbstes eingehüllt sein würde. Wieder kam mir alles unwirklich vor. Ich hatte das Gefühl, unsichtbar zu sein. Das Einzige, was man sehen konnte, war der Atem, der aus meinem Mund kam. Ich fröstelte.
»Jetzt gehen wir rein, Kinder.«
Wir machten ein Feuer im offenen Kamin, ein großes Feuer mit viel Zeitung und dicken Holzscheiten. Als es richtig gut brannte, holte ich ein kleines Buch aus meiner Manteltasche, legte es auf das Feuer und sah zu, wie es von den Flammen verzehrt wurde und in Rauch aufging, um nie wieder zurückzukehren: das Journal über Emmas Krankheit.

Bald würden die Kinder Geburtstag haben. Wir kauften einen Puppenwagen und eine sprechende Puppe für Emma. Robin bekam ein ferngesteuertes Auto. Außerdem kauften wir große Luftmatratzen in der Form von Krokodilen.
»Das wird Spaß machen im Schwimmbad«, sagte Anders. In Kopparberg kauften wir alles, was man sonst noch für ein Geburtstagsfest brauchte. Wir hängten Ballons auf, legten eine lustige Tischdecke auf den Tisch, ließen Luftschlangen regnen und die Luftrüssel ertönen. Wir sangen laut und fröhlich und aßen Torte, bis uns schlecht wurde. Dann machten wir alle Geschenke auf. Das Geschenkpapier bedeckte bald den ganzen Fußboden. Es war ein richtiges Kinderfest. Das Einzige, was fehlte, waren die Gäste. Emma und ich badeten jeden Tag. Sie lag auf dem Krokodil und ließ sich von mir im Pool herumziehen. Ich übte mit ihr im Wasser, hob sie hoch, beugte ihre Beine und versuchte sie dazu zu bringen, sich auf der Wasseroberfläche zu bewegen. Das klappte zwar nicht, aber dem Mädchen machte das Üben Spaß, was wir daran erkannten, dass sie nach drei Wochen in Gillersklack wieder anfing zu laufen.
Zunächst ging es ziemlich schlecht. Sie sah aus wie ein Baby, das eben gelernt hatte zu stehen. Sie schwankte, stolperte, fiel hin. Manchmal bekam ich Angst. Sie erinnerte mich an die Unfallopfer, die ich im Fernsehen gesehen hatte. Außerdem tat sie sich ein paar Mal richtig weh, aber sie weinte nie.
»Kann es sein, dass sie irgendwelche Hirnschäden davongetragen hat?«, fragte ich Anders beunruhigt.
Dann begann sie wieder Kontakt zu uns aufzunehmen. Sie kam zu mir, kroch auf meinen Schoß und nahm ein Buch in die Hand. Als sie das zum ersten Mal tat, musste ich vor Rührung weinen.
»Mein kleines Mädchen«, flüsterte ich und küsste ihr schwarzes Haar.

An einem regnerischen Tag Ende Oktober saßen wir im Wohnzimmer und bastelten. Ich klebte für Robin einen Zug, Gleise, Güterwagen und eine Dampflok. Emma hatte einen Filzstift und ein weißes Blatt bekommen. Sie malte etwas planlos Striche und sagte plötzlich: »Mama.«
Ich ließ die Schere fallen und starrte das Kind an. Sie begegnete meinem Blick und lächelte. Mein Herz pochte, und ich wollte aufspringen und laut schreien: »Sie redet!« Stattdessen fing ich an, gleichzeitig zu weinen und zu lachen. Vorsichtig, um sie nicht zu erschrecken, nahm ich sie in die Arme.
»Mein Liebling«, sagte ich. »Wie schön, dass du wieder mit uns reden willst. Und was du Schönes gemalt hast! Sind das Blumen oder ist das Gras?«
Anders kam und fragte, was los sei.
»Sie hat geredet«, sagte ich. »Sie hat Mama gesagt.«

Wir mussten nach etwas Neuem suchen. Die Zeit in Gillersklack war bald vorbei.
»Ich denke, Sie sollten zum Sävernäshof zurückkehren«, sagte die Psychologin am Telefon.
»Nein«, sagte ich. »Niemals. Wie lange sollen wir denn noch in schäbigen Hotels wohnen? Drei Monate haben Sie gesagt! Dann würden Sie eine andere Lösung gefunden haben, hieß es! Wir haben gedacht, Sie wüssten, was sie tun. Deshalb haben wir alles gemacht, was Sie gesagt haben!«
»Wir können einen Plan aufstellen.«
»Haben Sie das noch nicht gemacht? Sie hatten doch gesagt, dass Sie das gleich tun würden! Was kostet es eigentlich, uns so zu unterhalten? Die Rechnungen müssen doch schon in die Hunderttausende gehen! Und was hat uns das geholfen?«
Ich lachte kalt.
»Ich werde mit der Gemeinde reden«, sagte die Psychologin. »Wohin werden Sie jetzt gehen?«

»Wir melden uns«, sagte ich und legte auf.
Anders und ich überlegten, wo wir als Nächstes hingehen sollten.
»Waldheim Björsjö«, sagte ich.
»Da haben sie uns doch schon mal gefunden!«, meinte Anders.
»Gerade deswegen«, sagte ich. »Dann werden sie da doch sicher nicht noch einmal suchen, oder?«
Ende Oktober fuhren wir dorthin und bekamen ein kleines Zimmer im Anbau, das natürlich nicht so nett war wie die schöne Dreizimmerwohnung, die wir vorher gehabt hatten.
»Es wird trotzdem gehen«, sagte Anders. »Ich gehe einkaufen. Brauchst du etwas?«
Ich schüttelte den Kopf.

Emma fand mit jedem Tag etwas mehr von ihrer Sprache wieder. Aber ich fand, dass sie undeutlich redete, schlechter als vor einem Jahr.
»Das gibt sich schon wieder«, meinte Anders.
»Ich hoffe, du hast Recht«, sagte ich.
Sie bewegte sich weiterhin ungelenk, lief gegen Wände, setzte sich neben Stühle und ließ Sachen fallen. Wir ließen sie im Freien üben, aber das Wetter lud nicht gerade zu Spaziergängen ein.
»Glaubst du, dass sie einen bleibenden Schaden erlitten hat?«, fragte ich Anders.
Dann fiel der erste Schnee. Die Psychologin und Lasse kamen herauf. Wir hatten sie ein halbes Jahr nicht gesehen.
»Hier ist der Plan«, sagte sie und hielt uns eine maschinengeschriebene Seite hin.
Ich beugte mich vor und las das Papier gemeinsam mit Anders. Es bestand aus drei Punkten, drei Möglichkeiten für unsere Zukunft. Die erste lautete, dass wir nach Hause ziehen sollten.

»Das können wir gleich streichen«, sagte die Psychologin. Die zweite lautete, dass wir selbst eine Gemeinde innerhalb Schwedens aussuchen sollten, in der wir leben wollten.
»Das wäre denkbar«, sagte sie.
Die dritte Alternative war, dass wir emigrieren sollten. Der Sozialdienst würde unsere Reise ohne Rückfahrkarte bezahlen.
»Ich glaube, das ist das einzig Vernünftige«, sagte die Psychologin.
Sie breitete einen Stapel Papiere auf dem Couchtisch aus.
»Ich habe alles mitgebracht, was man braucht, um sich in Australien oder in den USA niederzulassen. Hier haben Sie alles, lesen Sie es durch und entscheiden Sie, was Ihnen am besten erscheint.«
Sie faltete die Hände, beugte sich vor und sah uns in die Augen.
»Meines Erachtens ist das die einzige Möglichkeit für Sie«, sagte sie. »Sie müssen ins Ausland gehen. In Schweden werden Sie nie wieder in Sicherheit leben können.«
Anders und ich sahen uns an.
»Wir werden darüber nachdenken«, sagte Anders.
»Und noch etwas«, sagte die Psychologin. »Ich werde aufhören.«
Wir starrten sie an.
»Aber ...«, sagte ich. »Und wir? Was wird dann aus uns?«
»Sehen Sie diese Papiere gründlich durch und teilen Sie mir Ihren Entschluss mit«, sagte sie. »Bis Mitte Dezember bin ich noch in der Klinik zu erreichen.«

Am Abend lagen wir ganz dicht beieinander und flüsterten in der Dunkelheit.
»Sie hat Recht«, sagte Anders. »Wir werden in Schweden niemals in Sicherheit leben können.«

Ich antwortete nicht. Hatte ich denn noch nicht genug Opfer gebracht? Sollte ich wirklich nicht nur mein Haus, meine Heimatstadt, meine Freunde, Verwandten und Eltern verlieren, sondern auch noch mein Land?
»Ich will nicht wegziehen«, sagte ich. »Ich will zurück in mein Haus.«
Trotzdem lasen wir die Informationsbroschüren für eine Immigration nach Australien durch, aber es war sehr viel komplizierter, als die Psychologin angedeutet hatte.
Eine Möglichkeit bestand darin, dass man einen Verwandten in Australien hatte, der sich bereit erklärte, einem den Aufenthalt für mindestens zwölf Monate zu finanzieren. Die nächste Möglichkeit war, dass der Beruf, den man hatte, auf der besonderen »Priority Occupation List« über Berufe stand, in denen die australische Gesellschaft Fachkräfte benötigte. Ein schneller Blick auf diese Liste, und auch diese Möglichkeit konnte abgehakt werden.
Die dritte Möglichkeit war, einen ungeheuer komplizierten Punktetest zu absolvieren, mit dem festgestellt werden sollte, ob man andere Qualifikationen besaß, die einen für eine Einwanderung nach Australien interessant machen konnten. So bekam man 75 Punkte, wenn man eine Firma besaß, die in den letzten drei Jahren mindestens fünf Millionen australische Dollar umgesetzt hatte. Die Mindestvoraussetzung, um für eine Einwanderung in Frage zu kommen, waren 90 Punkte. Anders seufzte.
»Das wird nichts«, sagte er.
Wir konzentrierten uns auf die USA.
Eine Möglichkeit war, sich eine Anstellung in den USA zu besorgen, die kein amerikanischer Mitbürger anstreben würde oder ausüben könnte. Die Papiere von der amerikanischen Botschaft in Stockholm machten deutlich, dass die Botschaft einem nicht dabei behilflich sein konnte, eine solche Anstellung zu bekommen, das musste man schon selbst erledigen. Der Arbeitgeber würde dann bei

den amerikanischen Einwanderungsbehörden und beim amerikanischen Arbeitsministerium einen Antrag stellen, ehe man angestellt werden und somit eine Aufenthaltsgenehmigung erhalten konnte.

»Kannst du streichen«, sagte Anders.

Die nächste Möglichkeit war, Student oder Austauschschüler zu werden.

»Man muss in einem Austauschprogramm für Studenten oder Berufe sein. Man darf sich nicht die ganze Zeit in den USA aufhalten, auch wenn man ein Visum bekommt.«

»Streichen«, sagte ich.

»Man kann eine Aufenthalts- oder Arbeitsgenehmigung bekommen, wenn man einen Vater, eine Mutter, eine Schwester, einen Bruder oder ein erwachsenes Kind hat, die Amerikaner sind.«

»Streichen.«

»Returning Residents, die früher ständig in den USA gelebt haben und nach mehr als einem Jahr im Ausland zurückkommen wollen.«

»Streichen!«

»Priority Workers, außerordentliche Professoren oder Forscher, Künstler, Geschäftsleute mit internationaler Anerkennung ...«

»Streichen!«

»Special Immigrants, Missionare oder Angestellte bei bestimmten internationalen Organisationen ...«

»Streichen!«

»Investoren, die eine Firma aufmachen können, die mindestens zehn arbeitslose amerikanische Mitbürger einstellen und mindestens eine Million US-Dollar investieren kann ...«

Anders legte die Papiere auf seinen Schoß.

»Die Psychologin weiß nicht, wovon sie redet«, sagte er. »Das sind keine Möglichkeiten, aus denen wir auswählen können!«

»Nein«, sagte ich. »Und das ist alles, was sie herausbekommen hat. Und jetzt hört sie auf und lässt uns sitzen. Wir werden keine Hilfe von ihr oder von irgendwelchen anderen Behörden bekommen, wenn es darum geht wegzukommen.«
Ich sprang auf.
»Immer muss ich mich um alles kümmern!«, schrie ich. »Ich hätte diesen Idioten anzeigen müssen, der mich umbringen wollte, ich hätte meine Eltern vor ihm schützen sollen, ich hätte dafür sorgen müssen, dass er ausgewiesen wird. Und jetzt müssen wir uns plötzlich selbst aus dieser Scheiße holen, in die uns diese Idiotin von Psychologin geritten hat! Nicht genug, dass sie versucht hat, Emma umzubringen, jetzt lässt sie uns auch noch im Stich! Verdammte Scheiße!«
Anders nahm mich in den Arm.
»Die Psychologin und die kommunalen Behörden wollten nur das Beste, als sie uns weggeschickt haben.«
»Ja, aber das ist gründlich schief gegangen!«, kreischte ich und wollte mich aus seinem Arm befreien, aber er hielt mich fest.
»Stimmt«, sagte er. »Vielleicht müssen wir uns aus dieser Sache allein befreien. Dann ist es eben so. Wir schaffen das, Mia. Wir haben doch schon alles andere geschafft.«
»Warum muss nur alles so schwer sein?«, fragte ich. »Warum können wir nicht weiter in unserem schönen Haus wohnen und sehen, wie unsere Kinder dort aufwachsen?«
Dennoch begriff ich, dass wir uns jetzt nur noch auf uns selbst verlassen konnten. Keiner von denen, die uns weggeschickt hatten, würde die Verantwortung dafür übernehmen, dass wir überlebten. Als die Psychologin nach Hause gefahren war, ging ich zum Lebensmittelladen und rief bei meiner alten Arbeitsstelle an und sprach lange mit meiner früheren Kollegin, die mir schon mit dem gehei-

men Bankkonto geholfen hatte. Dann rief ich meine Eltern an.
»Ich möchte, dass ihr nach Stockholm kommt«, sagte ich. »Ich habe eine Wohnung besorgt, in der wir uns treffen können.«
Ich nannte meinen Eltern ein Datum Anfang Dezember.
»Wir kommen«, sagte mein Vater.

Ende November verließen wir das Waldheim Björsjö wieder. Der Schnee hatte die Landschaft in eine Weihnachtskarte verwandelt. Wir fuhren zu einer kleinen Pension in Lindesnäs, fünfzehn Kilometer südlich von Nås. Die Schneewehen waren meterhoch.
»Das muss ein Ende haben«, sagte ich. »Die Psychologin hat Recht, wir müssen auswandern.«
Langsam, vorsichtig und unter strenger Geheimhaltung begann ich an alten Fäden zu ziehen. Sobald ich die Möglichkeit hatte, ungestört zu telefonieren, nahm ich alte Kontakte wieder auf und entstaubte ein Netzwerk, das ich sechs, sieben Jahre nicht benutzt hatte.
Zu Beginn der Achtzigerjahre hatte ich mehrere Jahre täglich mit Menschen gearbeitet, die in unser Land geflohen waren. Ich lernte bei dieser Arbeit Menschen auf allen Stufen des gesellschaftlichen Lebens und in allen möglichen Organisationen kennen und erfuhr dabei, dass die Welt nicht sehr groß war.
Ich fand es selbstverständlich, dass Menschen, die in ihren Heimatländern verfolgt wurden, zu uns kommen und ein neues Leben beginnen durften, und hatte Hunderte von Menschen kennen gelernt, die vor Tod und Terror geflohen waren. Und doch wäre es mir nie in den Sinn gekommen, dass ich selbst einmal von etwas Derartigem betroffen sein könnte. Ich hielt es für selbstverständlich, dass ich immer in Nachbarschaft zu meinen Eltern wohnen würde und mich immer und überall ohne Angst würde be-

wegen können. Dem war nicht mehr so, und da konnte ich genauso gut die Konsequenzen daraus ziehen.
Das Böse sieht immer gleich aus, ganz egal, wie es organisiert ist. Es kann politisch motiviert sein wie in Argentinien oder der Türkei, einen kriminellen Hintergrund haben wie die Mafia auf Sizilien oder blind sein wie das, was mich getroffen hatte. Ich musste fliehen, und ich war weder die Erste noch die Letzte, der es so erging. Kein Psychologe und keine Behörde hatte Familie G. geholfen, nach Schweden zu kommen. Ihr Schicksal hatte in ihrer eigenen Hand gelegen, meines lag bei mir.
Manchmal konnten wir einander vielleicht helfen, wir bedrohten Menschen in der ganzen Welt. Ich telefonierte, drängte, argumentierte und erklärte. Es gab Möglichkeiten, sich im Ausland aufzuhalten, das kristallisierte sich allmählich heraus. Man konnte emigrieren, ohne dass jemand es merkte. Ich telefonierte, bekam Broschüren zugeschickt, schrieb an Botschaften und Konsulate. In der ganzen Welt gibt es Organisationen, die Menschen in Not helfen. Es gibt Netzwerke, die Menschen in der ganzen Welt verstecken, und Möglichkeiten, australische Punktetests und amerikanische Einwanderungsbehörden zu umgehen.
»Ich glaube, dass es gehen wird«, sagte ich zu Anders. »Aber es wird Zeit brauchen.«

An den Sternen, die am Fenster des Gemeinschaftsraums in der kleinen Pension in Lindesnäs aufgehängt wurden, erkannten wir, dass die Adventszeit begonnen hatte. Wieder einmal rief ich den Chef der staatlichen Forstverwaltung in Stockholm an. Er versprach, uns bis Weihnachten eine Hütte zu besorgen.
In der zweiten Dezemberwoche verließen wir Näs und fuhren nach Stockholm. Meine Eltern und meine kleine Schwester waren schon da. Sie mussten in aller Herrgottsfrühe von zu Hause weggefahren sein. Es war fast unwirk-

lich, sie wieder zu sehen. Sie sahen genauso aus, wie ich sie in Erinnerung hatte, und doch irgendwie anders. Ihre Augen waren klarer, trauriger, ihr Haar dünner, ihre Gesichter deutlicher. Am Anfang weinten wir nur. Wir umarmten uns, und meine Eltern hielten mich fest, als glaubten sie, ich würde mich wieder in Luft auflösen und verschwinden. Dann umarmten sie ihre Enkelkinder, küssten sie, streichelten sie, lachten und weinten, so dass die Kinder ganz verwirrt wurden. Sie holten Berge mit Geschenken heraus, alles, was die Kinder bekommen hätten, als sie Geburtstag hatten, und alles andere, was sie zu Weihnachten kriegen würden, wurde jetzt herausgekramt.
»Sieh mal, Mama, eine Barbie«, rief Emma.
»Ja, wie schön!«
»Und der Paradieshof, Mama! Der ist für die Ponys! Die Ponys wohnen da, Mama!«
»Zug, tuff, tuff, tuff«, sagte Robin zu seinen Briogleisen.
Wir lachten über ihre Freude.
Meine Schwester machte Kaffee und holte Kuchen heraus. Während sie aufdeckte, sah ich mich in der Küche um. Sie war exklusiv eingerichtet und luxuriös ausgestattet.
»Was ist denn das eigentlich für eine Wohnung?«, fragte mein Vater.
»Es ist die Repräsentationswohnung der Bank«, erklärte ich. »Ich habe sie für zwei Tage geliehen.«
»Aber ...«, sagte meine Mutter, »wie war das möglich?«
Ich lächelte sie an.
»Das meiste lässt sich organisieren, Mama«, sagte ich nur.
Nach einer Weile durften die Kinder vom Tisch aufstehen und mit ihrem neuen Spielzeug spielen. Anders und mein Vater gingen mit ihnen.
»Wie ist es euch ergangen, Mia?«, fragte meine Mutter und sah mich forschend an.
»Ganz gut, Mama«, sagte ich und lächelte sie an. »Wie war es denn bei euch?«

»Ja, also, Papa hat im Sommer einen Zaun um die Veranda gezogen. Wir haben zwei Obstbäume gepflanzt, eine Kirsche, die Stella heißt, und eine neue Birnensorte, die Göteborg heißt.«
»Wie schön!«, sagte ich. »Ich freue mich schon darauf, sie zu probieren ...«
Meine Mutter sah zu Boden. Wir wechselten schnell das Thema.
»Steht das Haus noch? Seht ihr danach?«
»Oh, ja«, sagte sie. »Wir gehen mehrmals in der Woche dorthin. Ich habe deine Blumen im Frühjahr umgesetzt.«
»War das denn nötig?«, fragte ich. »Das habe ich doch erst voriges Jahr gemacht!«
»Na ja«, sagte meine Mutter, »wir hatten im Sommer so schöne Petunien auf den Beeten. Papa hat den ganzen Sommer zwei Mal die Woche den Rasen gemäht. Ihr hattet den schönsten Garten im ganzen Viertel.«
Ich fing wieder an zu weinen.
»Aber nicht doch, Mia, das wollte ich nicht«, sagte sie.
Ich trocknete die Tränen.
»Entschuldige«, murmelte ich. »Ich sehne mich nur manchmal so schrecklich nach euch.«

Am nächsten Tag aßen wir in einem kleinen Chinalokal zu Mittag, ehe es an der Zeit war, sich zu trennen. Wir brachten meine Eltern zu ihrem Auto.
»Fahr vorsichtig«, sagte ich zu meinem Vater.
Wir winkten hinter dem Auto her, das hinter einem Bus verschwand.
»Du hast ihnen nicht gesagt, wo wir wohnen, oder?«, fragte Anders.
Ich schüttelte den Kopf.
»Du hast auch nichts davon erzählt, dass Emma krank war, oder?«

Die Tränen rannen mir die Wangen herab, ich schüttelte wieder den Kopf.
»Ich habe gar nichts darüber gesagt, wie es uns geht«, sagte ich. »Sie sollen damit nicht auch noch belastet werden. Sie werden langsam alt, ich möchte ihnen wenigstens einen Teil der Sorgen ersparen.«

Als wir in die Pension bei Näs zurückkamen, musste ich feststellen, dass wir kein Geld mehr auf unseren Gehaltskonten hatten. Ich rief bei der Versicherung an und fragte, was mit dem Krankengeld sei.
»Sie bekommen kein Krankengeld mehr. Die Psychologin hat Sie gesundgeschrieben«, meinte der zuständige Sachbearbeiter.
»Das kann nicht sein«, sagte ich.
Ich rief sie unverzüglich an. Sie klang ziemlich abweisend.
»Ja, ich höre jetzt auf. Ich kann die Verantwortung für Sie nicht mehr übernehmen.«
»Und was sollen wir machen?«, fragte ich. »Sie haben doch gesagt, dass wir nicht vor die Tür gehen dürfen.«
»Sie werden wohl anfangen müssen zu arbeiten«, sagte sie.
Ich traute meinen Ohren nicht!
»Wie bitte? Sie haben mir doch geraten, meine Arbeitsstelle zu verlassen!«
»Dann werden Sie wohl umziehen müssen«, sagte sie.
War das der Mensch, der uns angewiesen hatte, niemals nach draußen zu gehen? War das die Ärztin, die uns gezwungen hatte, in den Untergrund zu gehen?
»Wohin denn?«, schrie ich. »Sollen wir etwa wieder nach Hause gehen?«
»Nein, das können Sie nicht«, erwiderte die Psychologin. »Ich denke, Sie sollten auswandern.«
Ich dachte angestrengt nach. Warum verhielt sie sich so? Plötzlich musste ich an Doktor A. denken, den Arzt, der

mir und Emma geholfen hatte. Ich erinnerte mich daran, wie empört er gewesen war, als er hörte, dass die Psychologin von Emmas Krankheit gewusst, aber nichts unternommen hatte. War es möglich, dass er die Psychologin bei der Ärztekammer angezeigt hatte? Hatte er mit jemandem über unseren Fall gesprochen? Vielleicht mit seinem Vorgesetzten? Warf sie deshalb plötzlich alles hin und verschwand?
»Na gut«, sagte ich in den Hörer. »Sie haben wirklich ganze Arbeit geleistet. Superklasse, Scheißgut. Danke für alles.«
Ich legte auf, ohne ihre Antwort abzuwarten.

»Vielleicht können wir doch nach Hause gehen«, sagte ich. »Das Haus steht ja noch.«
»Jetzt denk mal nach«, sagte Anders. »Was, glaubst du, würde passieren, wenn du ihm auf der Straße begegnest? Indem wir verschwunden sind, haben wir ihn furchtbar gedemütigt. Du weißt doch, dass sie nach uns suchen. Er würde dich oder Emma umbringen, sowie er die Gelegenheit dazu bekäme.«
»Aber wie sollen wir versteckt leben, wenn die Psychologin nicht mehr mitmacht?«, fragte ich.
»Dass sie nicht mehr dabei ist, macht eigentlich nichts«, sagte Anders. »Sie hat doch nicht den Beschluss gefasst, dass wir weg sollten, sondern sich nur um das Praktische gekümmert. Sie bezahlt die ganze Sache doch nicht, sondern die Rechnungen sind nur über sie gelaufen.«
»Die Gemeinde hat alles bezahlt«, sagte ich nachdenklich.
»Es muss jemanden im Sozialdienst geben, der den Beschluss gefasst hat, dass wir verschwinden sollen.«
»Die Vorsitzende des Sozialdienstes«, sagte Anders.
Am nächsten Morgen rief ich sie an.
»Sie dürfen nicht nach Hause kommen, unter keinen Umständen!«, sagte sie streng. »Dass die Psychologin aufhört, ändert daran gar nichts. Wir machen weiter wie bisher.«

Wir mussten selbst klarkommen.
Schlimmer konnte das auch nicht werden.

In den folgenden Tagen redeten wir viel. Was sollte aus uns werden? Was wollten wir? Was konnten wir schaffen? Ein Vorfall mit Emma machte uns klar, dass wir immer noch auf die Hilfe eines Psychologen angewiesen waren.
Wir machten uns in der kleinen Pension nicht die Mühe, unsere Sachen aus den Taschen zu räumen. Unsere Kleider lagen in den Reisetaschen, die wir unter die Betten geschoben hatten. Anscheinend hatte Emma in ihnen gekramt. Wir hatten nicht gesehen, wie es passierte, doch plötzlich hatte das Mädchen es geschafft, sich eines von Anders' alten Taschentüchern um ihren Hals zu knüpfen. Anders sah es zuerst.
»Mia, mein Gott!«, schrie er. »Komm schnell!«
Emma lag auf dem Fußboden. Ihr Gesicht war ganz blau. Bis heute weiß ich nicht, wie sie es geschafft hat, jedenfalls war es ihr gelungen, das Tuch so fest um ihren Hals zu ziehen, dass sie fast ohnmächtig wurde. Ich schrie. Anders zerrte an dem Tuch, was den Doppelknoten aber nur noch fester machte.
»Ich kriege ihn nicht auf! Mia, schnell, hol eine Schere!«
Ich lief in Panik herum. Schere, Schere, wo war die Schere? Mein Necessaire, darin war ein Taschenmesser! Ich warf mich über das Bett, riss das Necessaire auf, da!
Schnell gab ich Anders das Messer. Er drehte das Mädchen um, steckte die Schneide in ihrem Nacken unter das Tuch, schnitt und riss. Die Haut des Mädchens wurde aufgerieben, aber wir hatten keine andere Wahl. Endlich bekam er das Tuch los. Ein röchelnder Laut erklang aus der Kehle der Kleinen.
»Atmen, Emma, atmen!«, rief ich.
Anders blies Luft in ihre Lungen, aber das war eigentlich

nicht nötig, denn sie atmete selbst und weinte bald. Ich hielt sie im Arm und tröstete sie.
»Mein Liebes, du hast uns ja solche Angst gemacht! Das darfst du nie wieder tun.«
Doch sie tat es. Wir versuchten alles zu verstecken, womit sie sich verletzen könnte, doch manchmal gelang uns das nicht. Einmal versuchte sie, Robin mit meinem Halstuch zu erwürgen. Ein anderes Mal erhängte sie sich fast an Anders' Gürtel. All das machte uns klar, dass wir es ganz ohne fremde Hilfe nicht schaffen würden. Nachdem wir fast ein Jahr lang versteckt gelebt hatten, waren wir alle innerlich zerschlissen.

Mitte Dezember rief ich das Psychiatrische Landeskrankenhaus Säter an und bat, mit einem Psychologen sprechen zu dürfen. Ich wurde mit einer Frau verbunden, Psychiaterin D.
»Ich werde Ihnen nicht sagen, wie ich heiße«, begann ich das Gespräch. »Und ich werde Ihnen nicht sagen, wo ich wohne. Ich habe ein Problem, das mir eine Ihrer Kolleginnen eingebrockt hat.«
Sie war erstaunt, aber nicht unfreundlich.
»Wie kann ich Ihnen helfen?«, fragte sie vorsichtig.
»Wie kann ich wissen, dass Sie mir wirklich helfen können?«, fragte ich. »Wer sind Sie? Was für eine Ausbildung haben Sie? Warum sollte ich Ihnen vertrauen können?«
Sie zögerte einen Moment, dann berichtete sie mir von ihrer Ausbildung und ihrem derzeitigen Arbeitsplatz in Säter.
»Ich werde mich wieder melden«, sagte ich.
Dann rief ich den Sozialdienst an und überprüfte ihre Angaben. Danach fragte ich bei der Ärztekammer an, ob sie jemals wegen irgendwelcher Fehler angezeigt oder gekündigt worden war, was nicht der Fall war. Schließlich nahm ich noch Kontakt zur Beschwerdestelle des Provinzial-

landtags auf, an den sich Patienten wenden können, die meinen, von Ärzten misshandelt worden zu sein. Sie alle hatten nichts Negatives über die Psychiaterin D. gehört.
Erst dann rief ich noch einmal in Säter an und machte einen Termin aus. Die ganze Familie durfte Mitte Januar kommen.

Wir verließen die kleine Pension in Lindesnäs und zogen in eine braune Holzhütte, die der Chef der staatlichen Forstverwaltung für uns aufgetrieben hatte. Sie lag in Nyfors, mitten im Wald.
»Sie sieht aus wie ein Pfefferkuchenhaus!«, sagte Emma, als wir sie erreichten.
Sie hatte Recht. Der Schnee lag wie Puderzucker um das pfefferkuchenbraune Häuschen. Im Fenster hing ein Adventsstern. Anders und ich umarmten uns.
»Das wird schön, hier Weihnachten zu feiern!«

Wir teilten unsere Zeit in Tage, Stunden und Minuten ein, die um jeden Preis gefüllt werden mussten. Emma durfte nicht wieder in sich selbst versinken. Manchmal glitt ihr Blick weg, manchmal rührte sie das Essen nicht an. Dann wurde mir eiskalt, ich hatte Todesangst. Ruhig und unbeirrt lasen, malten, sangen oder spielten wir weiter, wenn das passierte. Nach ein paar Stunden, höchstens einem Tag, kehrte sie wieder zu uns zurück.
Wir fuhren nach Kopparberg und Skinnskatteberg und kauften Weihnachtsessen ein.
»Wo sollen wir die Weihnachtsgeschenke kaufen?«, fragte ich.
Wir nahmen die Karte heraus und schauten, welche Städte es in der Umgebung gab. Nach einigem Überlegen entschieden wir uns für Västerås. Wir unternahmen einen richtigen Tagesausflug und spazierten den ganzen Tag in der Stadt herum. Es war herrlich, sich wieder mal auf

großen Straßen und Plätzen zu bewegen. Alle Schaufenster waren weihnachtlich geschmückt, in den Geschäften herrschte chaotisches Gedränge, überall wurden Weihnachtslieder gespielt.
Anders kaufte einen Wintermantel, ich etwas Unterwäsche. Für Emma besorgten wir ein Barbiehaus und Skier; einen Lenkschlitten und einen Duplozug für Robin. Die Kinder schliefen auf dem Heimweg im Auto ein.
Am Tag vor Heiligabend stand plötzlich ein grünes Auto von der Forstverwaltung vor unserer Hütte. Auf dem Dach war eine kleine Tanne festgezurrt. Zwei Männer sprangen heraus.
»Frohe Weihnachten allerseits«, riefen sie.
Wir traten auf die Veranda.
»Wir haben hier ein kleines Weihnachtsgeschenk«, sagte einer der Männer. »Einen Weihnachtsbaum von der Forstverwaltung! Bitte schön!«

Wir feierten Weihnachten, wie wir es zu Hause immer getan hatten. Wir schmückten den Weihnachtsbaum mit der neuen elektrischen Lichterkette aus Kopparberg, spielten Weihnachtslieder auf dem Kassettenrekorder und stellten für die Weihnachtswichtel einen Teller Grütze raus. Mittags machten wir ein großes Weihnachtsessen mit Buffet und Vorspeisen. Dann sahen wir um drei Uhr die üblichen Zeichentrickfilme im Fernsehen und fingen an, auf den Weihnachtsmann zu warten.
»Ich werde mal rausgehen und aufpassen, dass er mit seinem Schlitten nicht vorbeifährt«, meinte ich.
»Ich will mitkommen!«, sagte Emma.
»Nein, warte du mal hier«, beeilte sich Anders zu sagen.
»Wir stellen uns ans Fenster und halten Ausschau.«
Sie stellten sich an das Fenster, das zur Rückseite des Hauses hinausging. Ich zog mir Anders' große Stiefel an, ging in die Dunkelheit hinaus, öffnete den Kofferraum unseres

Autos und holte den Sack mit den Weihnachtsgeschenken heraus. Dann zog ich mir den neuen Wintermantel von Anders an und setzte eine rote Mütze und die Weihnachtsmannmaske auf. Stapf, stapf, stapf, konnte man meine schweren Schritte auf der Veranda hören. Ich bollerte an die Tür.
»Herein!«, hörte ich Anders.
Daraufhin öffnete ich die Tür, stampfte mir umständlich den Schnee ab und sagte:
»Guten Abend, guten Abend allerseits!«
Emma starrte mich mit riesigen schwarzen Augen an. Sie hatte den Zeigefinger im Mund und hielt Anders an der Hand. Robin sah mich erstaunt an.
»Gibt es hier ein paar brave Kinder?«, fragte ich.
Emma nahm den Finger aus dem Mund.
»Ja, ich!«, sagte sie eifrig. »Und mein kleiner Bruder auch, wir sind ganz brav …«
»Wie schön, denn die Weihnachtswichtel haben dieses Jahr sooo viele Sachen für euch gemacht!«, sagte ich und zog die Tür hinter mir zu.
»Möchte der Weihnachtsmann sich nicht setzen?«, fragte Anders.
»Jaaa, danke«, antwortete ich und seufzte. »Mein armer alter Rücken …«
»Der Weihnachtsmann hat sicher furchtbar viel zu tun an Heiligabend, nicht wahr?«, fragte Anders und stellte mir einen Küchenstuhl hin.
Ich sank auf den Stuhl und nickte.
»Ja, ja, ja, und es gibt keine bezahlten Überstunden«, sagte ich.
Anders konnte sich ein Lachen kaum verbeißen. Ich machte den Sack mit den Geschenken auf, nahm ein Paket heraus und las feierlich:
»Für Emma, von Mama und Papa, frohe Weihnachten, Liebes! Wer ist Emma? Gibt es so jemanden hier?«

»Das bin ich!«, sagte Emma mit großen Augen und hob eine Hand.
»Na denn, bitte schön und frohe Weihnachten!«
Ich gab ihr das Paket. Langsam kam sie auf mich zu und ließ die Weihnachtsmannmaske dabei nicht aus den Augen. Dann streckte sie sich, riss das Geschenk an sich, lief zurück und versteckte sich hinter Anders. Ich lachte leise. Sie war einfach zu süß!
»Und dann haben wir hier ein Paket für Mama Mia, gibt es so jemanden hier?«, fragte ich.
»Sie ist kurz rausgegangen«, sagte Anders. »Ich kann ihr Paket so lange nehmen.«
Und dann folgte eine ganze Reihe von Paketen für die Kinder. Robin traute sich nicht, allein zum Weihnachtsmann zu gehen, Anders musste ihn begleiten. Als der Sack leer war, stand ich auf.
»Ja, dann auf Wiedersehen bis zum nächsten Jahr.«
»Dann bis nächstes Jahr und frohe Weihnachten!«, sagte Anders.
Die Kinder merkten kaum, dass ich ging. Sie waren vollauf mit den Paketen beschäftigt.
»Wo warst du denn, Mia?«, fragte Anders unschuldig, als ich wieder hereinkam.
»Ich habe eine Zeitung gekauft«, antwortete ich.
»Mama, Mama, der Weihnachtsmann war hier!«, rief Emma und lief auf mich zu.
Ich fing das Mädchen auf und hob sie auf den Arm.
»Nein, was du nicht sagst! Soll das heißen, dass ich ihn verpasst habe? Wie ärgerlich!«
»Wir haben aber doch Mamas Paket aufbewahrt, nicht wahr, Emma?«
Das Mädchen machte sich los, rutschte auf den Boden und lief zu Anders.
»Ich habe ganz viele Geschenke bekommen, Mama, sieh mal! Ein Barbiehaus!«

»Nicht möglich!«, sagte ich.
»Und weißt du was, Mama?«, fragte Emma. »Der Weihnachtsmann hatte dieselbe Armbanduhr wie du!«

Am ersten Weihnachtstag fuhr ich zu einer Telefonzelle und rief meine Eltern an. Meine Mutter ging ran.
»Frohe Weihnachten, Mama!«
»Frohe Weihnachten«, sagte sie.
»Wie geht es euch?«
Sie zögerte.
»Geht so«, sagte sie.
»Was ist denn?«, fragte ich.
Sie brach in Tränen aus.
»Es macht keinen Spaß, wenn ihr nicht hier seid!«
Ich schluckte.
»Natürlich müsst ihr Weihnachten feiern, auch wenn wir weg sind! Das tut ihr doch wohl, oder? Mama, ihr habt doch wohl ein Weihnachtsbuffet gehabt und einen Tannenbaum?«
»Nein«, schluchzte sie. »Das hat doch keinen Sinn mehr.«
»Lass mich mit Papa reden«, sagte ich.
Mein Vater kam ans Telefon.
»Papa, du musst einen Tannenbaum kaufen!«, sagte ich. »Ihr müsst doch Weihnachten feiern!«
»Es wird nie wieder so sein wie früher«, sagte er.
»Ihr müsst es wenigstens versuchen!«, sagte ich. »Das müssen wir alle!«
»Er verfolgt uns«, sagte mein Vater. »Kurz vor Weihnachten war ich auf einem Treffen in Borås, Mama war auch mit. Er fuhr den ganzen Weg hinter uns her, bis nach Borås und zurück«, sagte Papa.
»Das kann ja wohl nicht wahr sein!«, flüsterte ich.
»Sei wachsam, Mia!«, sagte mein Vater.
Dann war das Geld alle.

Zwischen den Jahren durften die Kinder rausgehen und im Schnee ihre Weihnachtsgeschenke ausprobieren. Emma war mit den Skiern nicht sonderlich erfolgreich, aber Robin fand den Lenkschlitten sehr lustig. Die meiste Zeit verbrachten wir drinnen. Nicht nur, weil wir dazu gezwungen waren, sondern auch, weil es so kalt war.

Wir blieben über Neujahr in dem Pfefferkuchenhaus in Nyfors. Die Silvesternacht war sternenklar. Die Kinder durften aufbleiben und *Dinner for one* anschauen. Emma fand es lustig, als der alte Butler über den Tigerkopf stolperte. Dann half ich den Kindern beim Zähneputzen. Robin wollte wie immer den Mund nicht aufmachen. Als ich die kleinen Zähne endlich einigermaßen sauber gekriegt hatte, konnte Anders sie ins Bett bringen.

Ich betrachtete noch eine Weile mein Gesicht im Badezimmerspiegel. Manchmal hatte ich den Eindruck, meine Haare würden grau werden. Instinktiv befühlte ich die blonden Locken. Sie müssten grau und störrisch sein. Plötzlich sah ich die Veränderung in den Augen, die meinem Blick im Spiegel begegneten. Sie sahen anders aus als die Augen, die ich gehabt hatte, als ich vor einem Jahr meine Heimatstadt verlassen hatte. Es waren die Augen einer alten Frau. Ich sah zu Boden, machte das Licht aus und verließ das Badezimmer.

Um Mitternacht stießen wir mit Cidre an – natürlich hatten wir vergessen, Sekt zu kaufen. Dann machten wir die Tür auf, um nachzuschauen, ob wir ein Feuerwerk würden sehen können. Wir horchten lange und spähten zum dunklen Nachthimmel hinauf. Kein Laut war zu hören, kein Licht zu sehen. Anders legte den Arm um mich und zog mich an sich.

»1991«, sagte Anders. »Das wird ein gutes Jahr, du wirst schon sehen.«

Und das wurde es auch, trotz allem.

Am zweiten Januar verließen wir Nyfors und zogen in die Pension Solliden in Falun. Wir stellten einen Plan auf, welche Bücher wir lesen würden, welche Zeichnungen gemacht werden mussten, welche Lieder gesungen werden sollten.
»Ich halte es nicht mehr aus«, sagte ich. »Ich kann auf Dauer nicht auf sieben Quadratmetern leben.«
Wieder rief ich meinen Freund, den Chef der Forstverwaltung an. Wieder versprach er, uns zu helfen.

Dann kam der Tag, an dem wir den Termin bei Psychiaterin D. hatten. Die Ärztin war gut und direkt. Sie half uns sehr und war uns die Stütze, die eine gute Psychiaterin sein sollte. Sie kümmerte sich nicht um die praktischen Dinge um uns herum, weil sie den Eindruck hatte, als würden wir das selbst am besten regeln. Bis wir Schweden verließen, blieben wir in Kontakt zu ihr. Bevor wir nach der ersten Begegnung wegfuhren, schrieb sie uns beide krank.

Mitte Januar bekamen wir eine neue Hütte über die Forstverwaltung. Es war ein kleiner Hof, sechs Kilometer vor Malingsbo, der Brotorp hieß.
Hinter der Hütte erstreckte sich ein großer See, der jetzt natürlich zugefroren und meterhoch mit Schnee bedeckt war.
»Da fangen wir am besten gleich an zu schaufeln«, sagte ich.
Wir mussten uns zur Veranda durchkämpfen und froren alle, bis wir fertig waren. Im Haus war es nicht viel wärmer.
»Siehst du irgendwelche Heizkörper?«, rief Anders aus der kleinen Küche.
»Ja, hier im Wohnzimmer ist einer«, rief ich zurück.
»Wir müssen ein ordentliches Feuer machen«, sagte Anders.

Neben dem Kamin im Wohnzimmer war ein Stapel mit trockenem Holz. Anders bekam schnell ein Feuer in Gang. Wir breiteten Laken, Kissen, Decken und Bettbezüge vor dem Feuer aus, damit die Sachen nicht so feuchtkalt sein würden, wenn wir ins Bett gingen. Das waren sie trotzdem. Wir schliefen in unseren Kleidern.
Der Hof war sehr zugig. Es gab Strom und fließendes Wasser, aber keinen Fernseher, also kauften wir uns einen. Im Untergeschoss waren das Wohnzimmer, die Küche und ein kleines Badezimmer. Oben gab es zwei Schlafzimmer. Trotz allem war es natürlich viel besser, als in einer Pension zu wohnen, jedenfalls bis wir die Mäuse entdeckten.
Als Erstes fiel mir auf, dass jemand vom Obst in der Obstschale aß. Ich schimpfte ein wenig mit Emma. Da sie nicht widersprach, ging ich davon aus, dass sie es gewesen war. Doch es ging immer weiter. Ständig lagen die Schalen in kleinen Haufen auf dem Tisch.
»Das sind Mäuse«, sagte Anders.
Ich erschrak.
»Das kann doch nicht sein! Die können doch nicht auf den Couchtisch und in die Obstschale klettern.«
»Die kommen überallhin«, meinte Anders. »Wir müssen eine Mausefalle kaufen.«
Gesagt, getan. Wir kauften eine Falle, die wir in den Schrank unter der Spüle stellten, ehe wir ins Bett gingen. Wir kamen nicht einmal die Treppe hinauf, ehe die Falle auch schon zuschlug.
»Bingo«, sagte Anders.
Wir gingen wieder in die Küche hinunter und zogen die Falle heraus. Die Maus darin war so riesig, dass die Falle fast nicht ausgereicht hätte.
»Iiiih – nimm sie weg!«, kreischte ich.
»Nun mal ruhig, sie ist ja tot«, sagte Anders und streckte die Hand aus, um nach ihr zu greifen.

»Nein!«, schrie ich. »Zieh Handschuhe an, du kannst krank werden!«
»Du hast eine Woche lang von denselben Äpfeln gegessen wie dieser Kerl hier«, erinnerte mich Anders.
»Hör auf, sonst muss ich kotzen«, erwiderte ich.
»Die sind wir auf jeden Fall los«, meinte Anders.
Aber es ging weiter.
»Es gibt noch mehr Mäuse hier«, sagte ich.
»Fahren Sie zum Landhandel in Nyfors und kaufen Sie auf unsere Kosten so viele Mausefallen, wie Sie wollen«, sagten die Leute bei der Forstverwaltung.
An jenem Abend stellten wir die Mausefallen an verschiedenen taktisch günstigen Stellen im Haus auf. Am Morgen kontrollierten wir sie. In allen Fallen lagen tote Mäuse. Ihre Rücken waren gebrochen, das Blut hatte die ganzen Fallen verschmiert.
»Gott, wie eklig!«, jammerte ich.
Drei Fallen waren leer, die auf der Treppe und die unter den Betten der Kinder. Anders trug die Mäuseleichen nach draußen und warf sie auf unseren neu eingerichteten Mäusefriedhof hinter dem Schuppen.
Wir lernten schnell, wo sich das Ungeziefer aufhielt. Sie trauten sich nie in die obere Etage, so dass wir die Fallen dort und auf der Treppe wegnehmen konnten. Die Tiere gelangten über den Schrank unter der Spüle ins Haus. Jeden Abend stellten wir zehn Fallen auf. Die meisten waren am anderen Morgen zugeschnappt.
Als der Haufen hinter dem Haus zu einer Pyramide angewachsen war, sagte Anders:
»Die müssen da unten eine Großstadt haben.«

Wenn wir nicht gerade auf Mäusejagd gingen, versuchten wir so normal wie möglich zu leben, lasen und malten. Manchmal waren wir draußen, aber nicht oft. Es war zu kalt, und da wir das Haus nie richtig warm bekamen, war

es nicht gut, sich im Schnee durchfrieren zu lassen. Nachts schliefen wir eng umschlungen, mit langen Unterhosen und doppelten Decken.
Als wir nach Nyfors fahren wollten, um noch mehr Fallen zu kaufen, fiel mein Blick auf eine Birne, die auf dem Armaturenbrett lag. Jemand hatte daran geknabbert. Vor dem Handschuhfach lag ein kleiner Haufen Schalen. Ich schrie auf.
»Sie sind im Auto! Wir haben Mäuse im Auto!«
»Nun reg dich mal nicht auf!«, sagte Anders. »Mäuse mögen überall reinkommen, aber nicht in Autos!«
»Wir müssen im Auto Fallen aufstellen!«, sagte ich. »Du wirst sehen, dass ich Recht habe!«
Und ich hatte Recht. Wir fingen acht Mäuse in unserem neuen Toyota Camry, die meisten im Kofferraum und auf dem Rücksitz.

Es war Ende Januar. Seit einem Jahr lebten wir nun versteckt. Unsere Situation hatte sich nicht verbessert, im Gegenteil. Wir waren ebenso weit von einem echten Zuhause entfernt wie damals, als wir unser Haus verließen. Wir saßen in unserem elften Versteck in zwölf Monaten.
Während die Mäusepopulation unter der Spüle langsam ausgedünnt wurde, fuhren wir fort, unsere Zukunft zu planen. Ich saß oft da und las den Plan, den die Psychologin und der Sozialdienst aufgestellt hatten. Drei Alternativen, wie wir unser Leben leben könnten. Nach Hause gehen. Undenkbar. In eine andere Gemeinde in Schweden ziehen. Vielleicht möglich. Ins Ausland gehen. Die beste Lösung, aber gleichzeitig am schwierigsten zu bewerkstelligen.
»Sollen wir nicht doch versuchen, uns irgendwo in Schweden niederzulassen?«
Wir besprachen die Sache mit der Vorsitzenden des Sozialdienstes. Sie stand dieser Möglichkeit durchaus positiv ge-

genüber. Anscheinend hatte man darüber in unserer Heimatstadt schon eingehend diskutiert. Sie hatte sogar einen Vorschlag, der möglich machen sollte, dass wir uns, wie sie sagte, frei außerhalb des Hauses bewegen könnten.
Ihr Angebot tötete den letzten Funken Vertrauen in den Sozialdienst.
»Ich finde, Sie sollten sich einer plastischen Operation unterziehen«, sagte die Vorsitzende. »Wenn Sie wollen, bezahlt die Gemeinde die Operationen, so dass Sie alle ein neues Gesicht bekommen, die ganze Familie. Auch die Kinder. Vielleicht kann man Emmas Haare ja blond färben.«
Ich dachte, ich würde in Ohnmacht fallen, und musste mich in der Telefonzelle hinsetzen.
»Ist Ihnen klar, was Sie da sagen?«, fragte ich matt. »Soll das heißen, dass wir uns zu jemand anders machen lassen sollen? Emma ist fast gestorben, weil man ihr das Zuhause weggenommen hat! Sollen wir ihr jetzt auch noch das Gesicht wegnehmen? Was glauben Sie eigentlich? Sie wissen ja nicht, wovon Sie reden!«
Ich schrie in den Hörer.
»Warum quälen Sie uns so? Sie wollen doch nur eins, dass wir sterben! Das wäre doch das Einfachste, oder? Dann ist das Problem schließlich aus der Welt!«
Ich knallte den Hörer auf die Gabel und weinte heftig.
Die Psychiaterin traute ihren Ohren nicht, als ich ihr von dem Vorschlag berichtete.
»Das kann sie doch nicht ernst gemeint haben«, sagte sie skeptisch.
»Und ob«, erwiderte ich. »Sie sagte es, als wäre es das große Los.«
»Also, erst einmal kann man ein kleines Kind, das noch wächst, keiner plastischen Operation unterziehen«, sagte die Ärztin. »Zum anderen wäre es für Emmas Psyche tödlich. Wie konnte sie nur auf eine solche Idee kommen?«
»Sie meinen es gut«, sagte Anders. »Das haben sie die

ganze Zeit getan. Sie haben zwar den Willen, aber nicht die Fähigkeit, uns zu helfen.«

Ich bemühte weiter meine ausländischen Kontakte. Telefonierte, schrieb, forschte, grub. Am Ende kristallisierte sich ein weit entferntes Land immer mehr heraus. Für dieses Land sprach die Tatsache, dass wir dort problemlos einreisen könnten. Irgendwann würden wir dort vielleicht auch arbeiten und Anders sogar eine neue Firma gründen können.
Eine andere Voraussetzung, die das Land erfüllte, war ein umfassender Visumzwang. Mit seinem kriminellen Hintergrund würde man ihn niemals einreisen lassen. Außerdem hatte das Land ein gutes Klima und einen akzeptablen Lebensstandard. Das große Problem waren die Sprache und die Wohnung. Wir konnten kein Wort der Sprache und würden ein Haus oder eine Wohnung kaufen müssen. Aber wir würden dort wohnen und uns einrichten können, sagten meine Kontakte.
»Wir können das als letzten Ausweg in der Hinterhand haben«, sagte ich.
Anfang März entschieden wir uns trotz allem dafür, weiterhin in Schweden zu wohnen. Der Verlust unseres Heimatlandes erschien uns so schwer, dass wir bereit waren, erst die anderen Auswege in Betracht zu ziehen.
»Wohin sollen wir ziehen?«, fragte Anders.
»Ist das nicht egal?«, fragte ich. »Warum nehmen wir nicht das, was am nächsten liegt, Smedjebacken?«
Noch einmal musste ich zu meinem alten Sozialdienst Kontakt aufnehmen. An einem sonnigen Tag im März trafen wir uns mit zwei Sozialbeamten aus meiner Heimatgemeinde im Waldheim Björsjö. Dann fuhren wir zusammen mit ihnen in das Rathaus von Smedjebacken, wo uns ein Beamter erwartete. Der Sozialdienst in Smedjebacken wurde über unsere ganze Geschichte in Kenntnis gesetzt,

und es wurde beschlossen, dass wir in ihrer Gemeinde eine Wohnung bekommen würden und Emma in der Psychiatrischen Landesklinik in Ludvika behandelt werden sollte.
»Das klingt gut«, sagte Anders.
In der dritten Märzwoche mussten wir Brotorp verlassen. Jemand von der Forstverwaltung brauchte das Haus. Wir bekamen einen anderen Hof, der gleich daneben lag. Er hieß Knekttorp und war bedeutend einfacher. Es gab kein fließendes Wasser, aber Strom und einen Schwarzweißfernseher.
»Jetzt ist es nur noch für kurze Zeit, Mia«, sagte Anders, um mich zu trösten.
Knekttorp wurde unser zwölftes und letztes Versteck in diesem Jahr. In den Wochen, die wir dort wohnten, schmolz der Schnee, und die Sonne wurde immer wärmer.
»Bald ist es vorbei, Mia«, sagte Anders.

Unsere Wohnung in Smedjebacken hatte drei Zimmer und ungefähr achtzig Quadratmeter. Sie lag im zweiten Stock eines Mietshauses aus den Sechzigerjahren; die Adresse lautete Västansjö 9A.
»Endlich ein Zuhause! Ist das nicht ein gutes Gefühl, Mia?«, fragte der Beamte vom Sozialdienst.
»Ja, schon«, sagte ich.
Aber so gut war es eben doch nicht, weil es einfach nicht wie mein Haus daheim war.
Meine Eltern waren überglücklich, als ich anrief und ihnen erzählte, dass wir uns eine Wohnung in Smedjebacken besorgt hatten.
»Endlich können wir euch ganz normal besuchen!«, sagte meine Mutter.
Ich zögerte, denn ich wollte sie nicht enttäuschen.
»Wir leben immer noch versteckt, Mama«, sagte ich.
»Wir werden weiterhin ganz streng geheim halten müssen, wo wir wohnen und was wir machen, und viel im

Haus sein müssen. Ihr könnt gern herkommen und uns besuchen, aber dann müsst ihr sehr sorgfältig darauf achten, dass euch niemand folgt.«
»Dann könnt ihr also nicht herkommen, nicht einmal zu Weihnachten?«
»Nein, Mama«, sagte ich sanft.
Wir fuhren nach Borlänge und kauften ein paar Möbel: Betten, einen Küchentisch, vier Stühle und eine Lampe. Meine Eltern brachten mit einem Anhänger unsere liebsten Sachen aus dem alten Haus; das weiße Ledersofa, das Bücherregal und die Hochzeitsgeschenke, die noch heil waren.
»Seid ihr sicher, dass euch niemand verfolgt hat?«, fragte ich meinen Vater.
»Wir haben mehrmals angehalten«, erwiderte er.
Gemeinsam trugen wir ein paar Kartons hinauf, die meine Mutter bei mir zu Hause gepackt hatte.
»Ich habe die Rollläden heruntergelassen, so dass sie nicht sehen konnten, dass ich etwas einpacke«, sagte sie.
Es waren einige Kristallgläser, ein halbes Dutzend Kaffeetassen, ein paar Teller und zwei Besteckschubladen. Wir sortierten alles in die Schränke meiner neuen Küche. Niemand von uns beachtete Emma weiter, als sie hereinkam und anfing, in den Kartons zu wühlen. Ich hatte gerade die Gläser abgestellt, als ich sah, dass sie das Messer an ihren Hals hielt. Ihr Blick war leer und schwarz. Ich erstarrte, konnte mich nicht rühren.
»Emma«, flüsterte ich. »Liebling, leg das Messer weg.«
»Was ist denn?«, fragte meine Mutter.
Im selben Moment nahm Emma das Messer von ihrer Kehle und schleuderte es durch den Raum. Es traf meine Mutter am Bein. Danach erinnere ich mich nur noch an ein großes Durcheinander. Meine Mutter schrie, ich schrie und warf mich auf das Mädchen und nahm es in meine Arme.

»Liebling, was machst du denn?«
Sie reagierte nicht, war unnahbar. Ich schluckte und zwang mich, ruhig zu klingen, wiegte das Mädchen im Arm.
»Mamas liebes Mädchen, meine Kleine.«
Dann legte sie ihre Arme um mich und fing an, leise zu weinen. Von diesem Tag an versteckten wir auch alle Messer. Wenn sie es schaffte, ein Messer in die Hand zu bekommen, bedrohte sie damit immer sich selbst oder jemand anders. Die Psychologen haben es uns so erklärt, dass sie ausprobiert, wie weit man gehen kann. Sie erinnert sich an den Überfall durch ihren Vater, obwohl sie so klein war, als es passierte. Selbst zu drohen ist ihre Methode, das Trauma zu bearbeiten und darüber hinwegzukommen.

Wir beantragten, die Identität wechseln zu können. Es war ein seltsames Gefühl, sich neue Namen auszudenken.
»Wie willst du heißen?«, fragte ich Anders.
»Cäsar Napoleon«, sagte er, und wir mussten furchtbar lachen.
»Und du?«, fragte er.
»Greta Garbo«, antwortete ich.
Dann fing ich an zu weinen.
»Ich will Mia Eriksson heißen«, sagte ich.
Es endete damit, dass Anders alle Namen aussuchte. Ich konnte mich nicht entscheiden.
Rein praktisch gesehen gab es eine ganze Reihe von Schutzmaßnahmen, die wir vornehmen konnten, um zu verbergen, dass wir nach Smedjebacken gezogen waren. Am 1. Juli 1991 wurde eine völlig neue Möglichkeit in Schweden eingeführt, die man Restschreibung nennt. Das bedeutet, dass eine Person oder eine Familie als wohnhaft in einer Gemeinde eingetragen wird, obwohl man an einen völlig anderen Ort gezogen ist. Wir waren unter den

Allerersten in Schweden, die im Mai 1991, noch ehe es sie wirklich gab, von dieser neuen Methode Gebrauch machten.
Wir erhielten neue, zufällig ausgewählte Personennummern. Wir bekamen niemals Post nach Hause, sondern hatten ein Postfach. Unsere neue Personennummer wurde im Register mit Geheimhaltung belegt. Die Wohnung hatten wir nicht unter unserem Namen gemietet, den Telefonanschluss ebenso wenig, die Nummer war geheim.
»Vielleicht tragen wir hier Eulen nach Athen«, sagte ich.
»Möglicherweise hat er längst aufgegeben.«
Das hatte er nicht.

An einem der ersten Tage, nachdem das neue Telefon installiert worden war, rief eine Frau vom Sozialdienst an.
»Die Polizei in Ihrer Heimatgemeinde hat sich bei Ihrem alten Sozialdienst nach Ihnen erkundigt«, sagte sie.
»Ach ja?«, sagte ich erstaunt. »Was wollten sie?«
»Ich weiß es nicht«, sagte die Frau. »Sie sollen Kommissar T. anrufen und nachfragen.«
Den Namen kannte ich nicht. Was könnte er von mir wollen?

»Wie schön, dass Sie anrufen, Maria«, sagte der Kommissar. »Ich habe einen anonymen Anruf erhalten, der Sie betrifft.«
Mein Herz pochte.
»Worum geht es?«, fragte ich.
»Eine Frau rief bei uns an«, sagte der Kommissar. »Sie sprach ohne Akzent und fragte, ob ich Kontakt zu Ihnen hätte. Ich sagte, ich wüsste nicht, wo Sie seien. Sie gab nicht auf, sondern meinte, dass Sie Ihnen unbedingt eine Nachricht zukommen lassen müsse.«
Mir wurde ein wenig schwindlig. Der Kommissar fuhr fort.

»Sie sagte Folgendes, ich lese Ihnen meine Aufzeichnungen vor: ›Richten Sie Mia aus, dass sie auf der Hut sein muss. Sie suchen nach ihr und nach den Kindern. Es werden Bilder von ihr und von Emma verbreitet. Einmal haben sie Geld bezahlt, um herauszubekommen, wo sie sich aufhält. Ein Mann in Grängesberg hat zehntausend Kronen dafür bekommen, dass er ihnen verraten hat, wo sie ungefähr war. Sie wollen die ganze Familie erschießen, wenn sie sie finden.‹ Das hat sie gesagt.«
Ich musste mich auf den Fußboden setzen. Das ganze Haus rotierte um mich.
»Wissen Sie, wer da angerufen haben könnte?«, fragte der Polizeibeamte.
»Ja«, sagte ich. »Ich weiß, wer angerufen hat.«
Helena.

Wir bekamen einen Termin in der Kinderpsychiatrie in Ludvika, um Emma untersuchen zu lassen. Ich erzählte alles haarklein, über unsere Flucht, Emmas Krankheit, dass sie immer noch schlecht sprach, die seltsamen Bewegungen, ihre Versuche, sich selbst und andere zu verletzen, meine Sorge darüber, dass sie vielleicht bleibende Schäden davongetragen haben könnte.
Die Kinderpsychologin meinte, das Mädchen solle eine Reihe von Tests absolvieren, deren Namen mir nichts sagten: Ericas Sandkastentest, Machover-Erinnerungstest, Spiq-Motoriktest und noch ein paar andere. Ein Allgemeinmediziner sollte konsultiert werden, um festzustellen, ob körperliche Schäden vorlagen.
Wir mussten Emma mit den Ärzten allein lassen.
»Sollen wir ein wenig rausgehen?«, fragte ich.
»Robin schläft gerade«, meinte Anders und nahm sich eine Angelzeitschrift aus dem Regal im Wartezimmer. »Geh du nur, wir warten hier.«
Es war warm, die Sonne schien. Ich hielt mein wintermü-

des Gesicht ins Licht. Die Krokusse vor der Klinik blühten, und kein Verrückter kam und riss sie aus der Erde.
Ich setzte meine Sonnenbrille auf und stopfte meine Haare unter eine Mütze. Jetzt würde mich niemand erkennen. Langsam ging ich die Fußgängerzone hinunter. Nach ein paar Minuten war ich in der Haupteinkaufsstraße. Ich ging auf ein großes Kaufhaus zu. Wenn ich schon mal hier war, konnte ich auch gleich ein paar Besorgungen erledigen. Als ich gerade hineingehen wollte, fiel mein Blick auf eine kleine schwarzhaarige Frau, die aus dem Geschäft herauskam. Sie kam mir irgendwie bekannt vor. Ich ging hinein, nahm mir einen roten Einkaufskorb – und da fiel es mir ein!
Mein Gott, es war Frau G.! Ich warf den Korb weg, rannte aus dem Laden und schaute mich nach der Frau um.
»Frau G.!«, rief ich. »Hallo, Frau G., warten Sie!«
Ich rannte hinter ihr her, wich einem Kinderwagen aus und holte sie ein. Die Frau war stehen geblieben und sah erstaunt auf.
»Frau G.!«, sagte ich herzlich. »Was für eine Überraschung! Was machen Sie hier?«
Die Frau sah mich verständnislos an. Plötzlich wurde mir klar, wie komisch ich aussehen musste. Schnell riss ich die Brille und die Mütze herunter.
»Ich bin es, Mia Eriksson!«, sagte ich.
Die Frau sah mich an, als hätte sie einen Geist gesehen. Dann breitete sich ein sonniges Lachen auf ihrem Gesicht aus.
»Mia!«, rief sie und umarmte mich. »Mia, unser rettender Engel! Das ist aber lange her! Was für ein Glück, welche Freude!«
Wir umarmten uns und redeten beide gleichzeitig.
»Kommen Sie«, sagte Frau G. »Wir trinken einen Kaffee!«

»Einen schnellen«, sagte ich. »Meine Familie wartet.«
»Jetzt erzählen Sie mal«, sagte ich zu Frau G., als wir beide einen Kaffee vor uns hatten. »Wie geht es Ihnen?«
Sie lächelte ein wenig wehmütig.
»Es geht uns gut«, sagte sie. »Die Aufenthaltsgenehmigung war unsere Rettung. Meine Kinder haben trotz allem die Chance auf ein neues Leben bekommen.«
»Gefällt es Ihnen in Schweden?«, fragte ich.
Sie sah zu Boden.
»Es ist schön hier«, sagte sie. »Meine Kinder haben es sehr gut, aber es ist nicht wie zu Hause. Wir überlegen, ob wir wieder zurückgehen.«
»Ehrlich?«, platzte ich heraus. »Können Sie das denn?«
Sie lächelte wieder.
»Ja, das Erstaunliche ist, dass wir das heute können. Das hätten wir nie für möglich gehalten. Aber eine Sache hat mich das Leben gelehrt, Mia Eriksson: Nichts dauert ewig.«
Ich sah in ihre Augen und erkannte plötzlich etwas darin. Ich sah mich selbst, ich spürte den wachsamen Blick, ich sah die Augen einer alten Frau.
»Es kommt darauf an, dass man sich einrichtet, dass man es gut hat«, sagte Frau G. »Man muss den Ehrgeiz fahren lassen und sich an das Leben anpassen. Nichts ist gerecht, aber keine Ungerechtigkeit ist von Bestand. Sehen Sie doch nur, wie sich die Welt um uns verändert hat, seit wir uns das letzte Mal gesehen haben! Der Kalte Krieg ist vorüber. Der Eiserne Vorhang ist gefallen. Die Apartheid wird verschwinden. Augusto Pinochet hat das Amt des Präsidenten an Patricio Aylwin abgegeben …«
Wir tranken unseren Kaffee.
»Und wie geht es Ihnen?«, fragte sie. »Was hat Sie hierher geführt, nach Ludvika?«
»Das Leben«, sagte ich und lächelte. »Aber jetzt muss ich gehen. Es war schön, Sie wieder zu sehen.«

Wir verabschiedeten uns auf der Straße. Ich wusste, dass ich sie nie mehr sehen würde.

Die Kinderpsychologin hatte keine guten Nachrichten für uns, als ich in die Klinik zurückkam.
»Man kann die Tests mit Emma nicht durchführen, sie ist in zu schlechter Verfassung«, sagte sie. »Da würden wir keine Ergebnisse bekommen. Sie muss in Freiheit leben können, ehe wir überhaupt in Erwägung ziehen können, ihren psychischen Zustand zu beurteilen.«
Ich schluckte die Tränen hinunter.
»Wie soll das gehen?«, fragte ich leise. »Wie soll sie in Freiheit leben können, wenn wir die ganze Zeit versteckt sind?«
Ich saß eine Weile schweigend da und spürte den Blick der Psychologin.
»Es gibt einen Ort«, sagte ich. »Ein Land weit weg.«
»Wenn das Mädchen da offen leben kann, wäre das eine gute Alternative«, sagte sie.
Wir besprachen die Sache mit den Ärzten und den Leuten vom Sozialdienst.
»Was sind die praktischen Schwierigkeiten?«, fragte L. vom Sozialdienst.
»Die Wohnung«, sagte ich. »Das ist das Einzige. Der Rest ist organisiert. Wir bekommen sogar ärztliche und psychologische Hilfe für Emma.«
Sie sah mich ungläubig an.
»Ist das wirklich so leicht?«
Ich lächelte ein wenig.
»Nicht richtig, aber alles andere ist bereits erledigt. Wir haben sogar schon ein Haus, in dem wir wohnen können, aber wir müssen acht Monatsmieten im Voraus auslegen. Das Geld haben wir nicht.«
Sie dachte nach.
»Ich werde sehen, was ich tun kann«, sagte sie. »So lange können Sie hier in Smedjebacken wohnen bleiben.«

Wir richteten unsere neue Wohnung ein. Es fehlten tausend kleine Dinge, an die man nie denkt, ehe sie einem fehlen: Lampen, Duschvorhänge, Messbecher, Kaffeemaschine, Durchschlag, Natron, Teppiche und Gardinen.
»Wir müssten mal einkaufen fahren«, sagte Anders.
»Nach Västerås!«, rief ich. »Weißt du noch, wie wir an Weihnachten dort eingekauft haben? Das war so nett!«
Wir standen früh auf, um den ganzen Tag in der Stadt verbringen zu können. Als Anders das Auto anließ, sagte Emma:
»Ziehen wir jetzt um, Mama?«
Ich strich dem Mädchen über die Wange.
»Nein, Liebling, wir gehen nur ein wenig einkaufen.«
Wir parkten im ersten Stock des Parkhauses im Kaufhaus.
»Sollen wir erst kurz durch die Stadt gehen, ehe wir ins Kaufhaus gehen?«, fragte Anders.
Der Markt war in vollem Gange. Emma entdeckte einen Stand mit Rüschenkleidern und wollte unbedingt eines haben. Wir mussten lange diskutieren, ehe wir sie von dort wegbekamen.
»Spielsachen«, sagte Robin und zeigte auf ein großes Spielzeuggeschäft. »Da sind Autos! Und Züge!«
»Du bekommst ein Spielzeug, wenn wir nach Hause fahren«, versprach ich dem Jungen.
Anders wollte noch einmal in den Laden gehen, wo er seinen Wintermantel gekauft hatte. Wir warteten draußen. Emma kletterte auf eine Bühne, die in der Mitte der Fußgängerzone aufgebaut war. Die Leute, die an ihr vorbeigingen, lächelten und winkten ihr zu.
Anders kam mit einer neuen Jacke heraus.
»Sollen wir weitergehen?«
Wir schlenderten durch die Stadt, gingen an einem Kino vorbei, schauten, welche Filme gerade liefen, und kauften hier und da ein paar Sonderangebote ein.
»Ich will ein Eis, Mama«, sagte Robin.

Emma musste auf die Toilette, also liehen sie und ich uns den Schlüssel aus und gingen auf die Kundentoilette, die eine Treppe tiefer war. Danach schaute ich mir eine Vitrine mit Glassachen an.

»Sieh mal, wie schön!«, sagte ich zu Anders.

Ich zeigte ihm die bemalten Vasen, die ich in einer Zeitungsanzeige gesehen hatte.

»Die da sind doch schön. Ich bin all das Kristall langsam leid«, sagte ich.

Anders ging weiter, und ich fuhr mit Robin im Wagen auf die Rolltreppe zu. Ich hörte sie, noch bevor ich sie sah, ihre Stimmen waren wie ein Echo aus der Hölle, dieses teuflische »Töten, töten, töten«. Die Geräusche verzerrten sich. Am ganzen Körper brach mir der Schweiß aus.

»Anders!«, schrie ich voller Panik. »Anders, sie sind hier!«

Jetzt sah ich sie. Sie kamen von den Rolltreppen, vier nebeneinander. Ali. Samir. Zwei, die ich noch nie gesehen hatte.

»Töten, töten – jetzt wirst du sterben, du Luder!«

Der erste Schlag warf mich in einen Stand voller Daunenhosen. Ich fiel fast über den Kinderwagen, konnte mich aber auf den Beinen halten.

»Du verdammtes Luder, wir sollen dir Grüße von deinem Mann bestellen«, schrie Ali.

Ich hielt mich an dem Ständer fest, war wieder im Gleichgewicht.

»Hurenbock«, sagte Samir kalt und schlug Anders. Er kam immer näher und beugte sich plötzlich zu Emma herab.

»Kleine Hure«, sagte er. »Dir werden wir die Kehle durchschneiden.«

Ich bekam keine Luft mehr, versuchte zu schreien, konnte aber nicht.

»Hilfe!«, versuchte ich zu sagen, brachte jedoch keinen Laut heraus. »Hilfe, sie tun meiner Tochter weh!«

Ali versetzte mir einen weiteren Schlag, packte Robins Wagen und wandte sich den beiden unbekannten Männern zu.
»Und hier ist der andere Hurenbock, der kleine. Sollen wir ihn in Stücke schneiden, was meint ihr?«
Plötzlich brachen alle Dämme. Ich schrie laut und gellend, schrie um mein Leben, um das Leben meiner Kinder, bis ein Mann in grüner Uniform vom Sicherheitsdienst mich am Arm nahm.
»Kommen Sie«, sagte er. »Ich weiß einen anderen Weg nach draußen.«
Die vier dunklen Männer zogen sich langsam zum Ausgang Richtung Marktplatz zurück. Sie blieben alle vier nebeneinander an der Vitrine mit den schönen Glassachen stehen. Der Sicherheitsbeamte geleitete uns schnell in die andere Richtung davon. Meine Knie zitterten so sehr, dass ich kaum laufen konnte.
»Wie unangenehm!«, sagte der Wachmann und warf einen Blick über die Schulter zu den Männern.
Ich konnte nicht antworten, denn meine Zähne klapperten zu sehr. Der Mann zog uns an der Konfektionsabteilung vorbei und hin zum Kundendienst und dem Schuhmacher.
»Es gibt noch mehr Ausgänge«, sagte er und drückte auf den Fahrstuhlknopf.
Die Türen glitten auf. Wir beeilten uns hineinzukommen. Langsam gingen die Türen wieder zu. Der Wachmann drückte auf den obersten Knopf.
»Man kann über das Dach gehen«, sagte er.
Der Fahrstuhl fuhr nach oben. Wie konnten sie uns finden?
»So, hier«, sagte der Wachmann.
Die Türen öffneten sich. Wir gingen hinaus und standen in einem Fahrstuhlschacht aus Glas und Beton.
»Wo haben Sie Ihr Auto?«, fragte der Mann.

»Im Parkhaus«, antwortete Anders.
»Kommen Sie«, sagte der Wachmann.
Wir eilten über das Dach des Kaufhauses. Das Licht war blendend hell. Ein großes Dach lag schräg links, kleine Mansarden schauten aus den Ziegeln. Dahinter konnte man den Turm des Doms von Västerås sehen.
»Geradeaus«, rief der Wachmann.
Hausdächer, Schornsteine, Antennen und Fahnenstangen sausten vorbei. Wir liefen zwischen einigen geparkten Autos hin und her. Das war die oberste Etage des Parkhauses.
»Ich denke, es ist am besten, wenn Sie in der Garage nach unten laufen«, sagte der Wachmann. »Kommen Sie jetzt allein klar?«
Ich nickte, ohne langsamer zu werden. Wir liefen denselben Weg hinunter, den auch die Autos fuhren, rannten zu unserem Auto auf der ersten Etage und fuhren aus der Stadt hinaus. Im Auto weinte ich den ganzen Weg bis zur E 18 Richtung Oslo.
»Verdammte Scheiße«, sagte Anders. »Wie konnten sie uns nur finden?«
»Ich weiß nicht, ich begreife das nicht ...«
Anders fuhr schnell, wechselte andauernd die Spur. Wir fuhren von der Autobahn ab und nach Norden Richtung Ramnäs. In Haråker blieben wir stehen, warteten, horchten und fuhren weiter. Sie folgten uns nicht.
»Ich habe kein Spielzeug bekommen«, sagte Robin.

Während das erste Grün des Frühlings am Autofenster vorbeihuschte, breitete sich in mir eine eigentümliche Ruhe aus. Ich schaffte es einfach nicht mehr, Angst zu haben und erschrocken zu sein. Es hatte keinen Sinn. Er würde niemals aufhören, nach uns zu suchen. Das begriff ich jetzt.
Endlich sah ich den Tatsachen ins Auge. Das machte mich

ein wenig traurig, aber gleichzeitig war ich gefasst und ruhig. Es war nur eine Frage der Zeit, bis er uns in Smedjebacken ausfindig machen würde. Wir konnten entweder in unserer Wohnung sitzen und warten, bis er kam, oder wir lösten die Sache endgültig. Es gab nur eine Möglichkeit. Es gab keinen anderen Ausweg.
»Du weißt, was wir tun müssen, oder?«, sagte ich zu Anders.
Er nickte nur und wandte den Blick nicht von der Straße.

Noch am selben Tag fingen wir an zu packen. Ich rief die Frau vom Sozialdienst an und sagte:
»Es gibt nicht mehr viel zu diskutieren«, sagte ich. »Können Sie das Geld für die Wohnung besorgen?«
»Ja«, sagte sie. »Das kann ich.«
Wir kauften die Tickets über ein Reisebüro in einer anderen Stadt. Dann sprachen wir mit den Kindern.
»Wir werden weit wegfahren, in einem Flugzeug«, sagte Anders.
»An einen Ort, wo es viele Kinder gibt und wo man so viel draußen spielen darf, wie man will«, fügte ich hinzu.
»Gibt es da Züge?«, fragte Robin.
»Ja, vielleicht«, sagte Anders. »Auf jeden Fall kannst du all deine Züge mitnehmen.«
»Darf man baden?«, fragte Emma.
»Da bin ich ziemlich sicher«, sagte ich. »Du und ich, wir können zusammen schwimmen, wie wäre das?«
Das Mädchen kroch zufrieden auf meinen Schoß.
»Wir werden zusammen schwimmen gehen, wenn wir mit dem Flugzeug geflogen sind«, sagte sie.
Danach waren die Kinder vollkommen einverstanden damit, auszuwandern. Wir versuchten ihnen zu erklären, dass sie die Sprache nicht sprechen und daher zu Anfang nicht verstehen würden, was die anderen Kinder sagten. Vielleicht waren sie zu klein, um zu verstehen, was das be-

deutete, jedenfalls minderte es ihre Begeisterung nicht. An den letzten Tagen in Schweden sagten sie die ganze Zeit:
»Wann fahren wir?«
Wir fuhren nach Falun und kauften Reisetaschen und neue Kleider. Die Psychologin betonte, wie wichtig es sein würde, dass alle alten Spielsachen, Fotos und Bilder der Kinder mit in das neue Land kamen. Emma und Robin hüpften vergnügt, während wir alle Puppen, Autos und Züge einpackten.
»Wann fahren wir? Wann fahren wir?«
»Bald«, sagten wir.
Schließlich rief ich meine Eltern an. Mein Vater ging ans Telefon.
»Wir werden wegfahren«, sagte ich.
Er begriff sofort, war kurz still und fragte dann:
»Wie lange?«
»Lange«, antwortete ich.
»Wie weit?«
»Weit.«
Er fing leise an zu weinen.
»Mir war das immer klar«, sagte er. »Er gibt nie auf. Er verfolgt uns immer noch mit dem Auto. So wie vorige Woche. Ich hatte einen Termin in Västerås, und er fuhr die ganze Strecke hinter mir her.«
Daher also.
»Papa«, sagte ich, »könnt ihr noch mal nach Stockholm kommen und euch mit uns treffen, ehe wir fahren?«
»Wann fahrt ihr?«
»Am Montag.«
»Ich muss arbeiten«, sagte er. »Mama kann vielleicht.«
Ich verstand ihn. Er würde es nicht aushalten.
»Komm, wenn du kannst«, sagte ich.

»Sie müssen irgendwann zurückkommen«, sagte die Beamtin vom Sozialdienst in Smedjebacken. »Das Sorge-

recht für Emma ist noch nicht geklärt. Ihre Wohnung wird für Sie bereitstehen.«
Der Sozialdienst zu Hause tat dasselbe.
»Ihr Haus wird für Sie da sein«, versprach man uns. »Fahren Sie und kommen Sie zurück, wann immer Sie wollen.«
Wir schlossen unsere Wohnung ab, packten die letzten Sachen ins Auto und fuhren davon. Wir waren wirklich ungeheuer erleichtert. Emma und Robin jubelten vor Freude.
»Werden wir heute noch draußen spielen?«, fragte Emma zum zehnten Mal.
Ich fuhr ihr durch das Haar, lachte und antwortete wie immer:
»Ja, jeden Tag, alle Tage! Dort gibt es Wiesen und Spielplätze und ganz viele Kinder!«
Am Sonntagabend waren wir in Stockholm in der Repräsentationswohnung der Bank. Wir räumten alles aus dem Auto, was uns gehörte. Die Leihfirma würde es auf dem Parkplatz abholen. Nach einer Stunde kamen meine Mutter und meine Schwester. Sie weinten, kaum dass wir die Tür geöffnet hatten.
»Mama«, sagte ich, »sei nicht traurig. Denk an die Kinder! Es ist das Beste für die Kinder.«
Meine Mutter nickte und schnäuzte sich.
»Es ist nur so schwer zu akzeptieren«, sagte sie, »dass er euch für immer von uns trennen kann.«
Ich umarmte sie.
»Ich weiß«, sagte ich. »Das ist nicht gerecht.«
Später gingen wir aus und aßen in einem italienischen Restaurant, das La Famiglia hieß. Nachdem wir den Nachtisch gegessen und den Kaffee ausgetrunken hatten, gingen wir zurück, um die Kinder schlafen zu legen, aber es war schwer, sie zum Einschlafen zu bringen.
»Fahren wir morgen, Mama?«, fragte Emma wieder und wieder.
»Ja, mein Mädchen, schlaf jetzt!«

Dann saßen wir lange zusammen und unterhielten uns. Wir sagten nichts Besonderes an jenem letzten Abend in Schweden. Wir redeten über die Sommerhütte meiner Eltern, das neue Haus von Sisse, über alte Freunde und darüber, dass mein Vater dabei war, die Küche neu zu tapezieren. Als wir gute Nacht sagten, fing meine Mutter wieder an zu weinen.

Am Morgen räumten wir auf und packten unsere Sachen in die Necessaires. Das nächste Mal würden wir sie in unserem neuen Land benutzen. Wir nahmen ein Taxi zur Abflughalle nach Arlanda. Meine Mutter und meine Schwester kamen in ihrem Auto nach.

Es würde ein schöner Tag werden. Die Sonne brannte bereits blendend weiß vom Himmel herab, und der Chrom an allen Autos, die uns begegneten, glänzte. Ich war ganz ruhig. Es war so leicht zu atmen.

»Wir haben noch viel Zeit«, sagte Anders und sah auf die Uhr.

Wir checkten unser Gepäck ein und gingen frühstücken. Ich bestellte Tee und ein Krabbenbrot, meine Mutter nahm nur einen Kaffee. Die Kinder wollten unbedingt Kuchen. Ich zwang ihnen Käsebrote auf.

Dann ließ sich der Abschied nicht länger hinauszögern. Unser Flugzeug war startbereit. Meine Mutter und meine kleine Schwester begleiteten uns bis zur Passkontrolle. Beide weinten.

»Es wird alles gut«, sagte ich beruhigend. »Seid nicht traurig! Wir kommen zurück.«

Wir lachten und winkten, als wir die Sicherheitskontrolle passierten.

Die Sonne brannte auf die Landebahnen. Wir bummelten durch die Taxfree-Läden, kauften aber nichts. Dann wurde unser Flug aufgerufen. Emma und Robin rannten gemeinsam den langen Tunnel zum Flugzeug hinunter. Die Stewardess begrüßte uns und brachte Spielzeug für Emma

und Robin. Wir schnallten uns an, das Flugzeug hob ab, der Kapitän zählte Flugzeiten auf.
»Mama, die Autos sehen aus wie Ameisen«, sagte Robin.
Es war der 19. Mai 1991.

Zu allen Zeiten sind Menschen auf der Flucht vor dem Bösen, vor Gewalt und vor Tod gewesen. Ich war nicht die Erste und sicher auch nicht die Letzte. Von anderen unterschied mich vielleicht, dass ich so privilegiert war. Nur wenige Flüchtlinge auf der Welt hatten das Glück.
Einerseits konnte ich problemlos mein eigenes Land verlassen, andererseits gab es ein Land, das mich aufnahm. Ich war immer schon der Meinung gewesen, dass Schweden Flüchtlinge aufnehmen sollte, aber jetzt machte ich am eigenen Leib die Erfahrung, wie wichtig das war. Ich sah meine wunderbaren Kinder, die mit ihren Plastikflugzeugen spielten. Sie würden es gut haben. Sie würden in einer Kultur aufwachsen, die völlig anders war als meine eigene. Aber sie würden frei sein, spielen, rumrennen, tanzen, in Ruhe eine Ausbildung machen und sich in Frieden verlieben können.
Was hatte Frau G. noch gesagt?
»Eine Sache hat mich das Leben gelehrt: Nichts dauert ewig!«
Eines Tages würden wir vielleicht zurückkommen können. Eines Tages würden Männer wie er vielleicht den Wahnsinn ihres Tuns einsehen. Eines Tages würde die Gesellschaft vielleicht ihn strafen wollen und nicht uns. Natürlich hatte der Hass uns aus unserem Land vertrieben, doch der Hass hatte nicht gesiegt.
Ich sah den Mann an, der neben mir saß, meinen Ehemann, der gerade in einem Hochglanzmagazin mit Anzeigen für Spirituosen und mit englischsprachigen Artikeln blätterte. Er hätte in Schweden bleiben können, wenn er »Tschüss, Mia« gesagt hätte. Das hatte er nicht getan. Er

war bei mir geblieben. Es gab etwas, das stärker war als der Hass.
Während der Himmel sich unter uns öffnete, breitete sich eine seltsame Wärme in mir aus, wuchs und wurde zu einem Lächeln, das ich nicht unterdrücken konnte. Ich lächelte und lächelte, bis mir die Tränen in die Augen stiegen. Anders strich mir über die Wange und fragte:
»Bist du traurig?«
Ich küsste seine Hand, lächelte ihn an und sagte:
»Nein, ganz und gar nicht. Im Gegenteil!«
Wir werden frei sein!
Die Zukunft gehört uns!

Epilog

Nach einem halben Jahr im Ausland kehrte Familie Eriksson 1991 nach Schweden zurück, da der Streit um das Sorgerecht für Emma noch nicht geklärt war. Im Mai 1992 beschloss das Amtsgericht in Maria Erikssons Heimatstadt, dass das alleinige Sorgerecht für das Mädchen der Mutter zufallen sollte. Ein Besuchsrecht für den Vater war nicht vorgesehen. Gegen diesen Beschluss wurde keine Berufung eingelegt.
Familie Eriksson lebte daraufhin noch weitere drei Jahre versteckt in Schweden. Zwei Mal wurde sie von Marias Ex-Verlobtem und seinen Freunden entdeckt und musste weiterfliehen.
Letzten Endes legte das Kammergericht fest, dass Familie Eriksson Schweden verlassen müsse, um ein normales Leben führen zu können. Danach emigrierte die Familie für immer.

Maria Erikssons Familie lebt heute mit neuer Identität in einem Land auf einem anderen Erdteil. Sie haben ein eigenes Haus in einem bürgerlichen Viertel vor einer größeren Stadt.
Emma und Robin gehen in die Schule. Ihre Eingewöhnung in ein normales Leben mit Schule und Klassenkameraden ist unerwartet gut verlaufen. Beide Kinder haben sich zu sehr guten Schülern entwickelt, vor allem Emma. Nach dem ersten Schuljahr in ihrem neuen Land hatte sie in fast jedem Fach die besten Noten.
Die ganze Familie war gezwungen, eine völlig neue Spra-

che zu lernen, was den Kindern am leichtesten fiel. Nach nur zwei Monaten konnten sie sich sowohl in ihrer neuen Sprache als auch auf Englisch verständlich machen. Zu Hause sprechen sie jedoch immer Schwedisch miteinander.

Marias ehemaliger Verlobter, Emmas Vater, wohnt immer noch in Marias Heimatstadt. Zwischen 1986 und 1994 wurde er drei Mal wegen fünfzehn verschiedener Delikte verurteilt.

Der Mann ist unter anderem wegen Diebstahl, Betrug, Selbstjustiz, Fahren ohne Fahrerlaubnis, Schmuggel, Körperverletzung verurteilt worden. Er wurde fünf Mal zu meist kurzen Gefängnisstrafen verurteilt. Einem Auszug aus dem Kriminalregister lässt sich entnehmen, dass der Mann zwei Mal, und zwar 1987 und 1989, großen gerichtspsychologischen Untersuchungen unterzogen wurde.

Liest man die Gerichtsakten, entsteht das Bild eines notorischen Kleinverbrechers, eines Anführers einer Gruppe junger kriegsgeschädigter Männer, die kein Schwedisch sprechen, nicht arbeiten und keinen Platz in der schwedischen Gesellschaft gefunden haben. Sie leben am Rande der Gemeinschaft, halten sich mit Kleinkriminalität über Wasser und schaffen sich ihre eigenen Gesetze.

Doch das erschütterndste Dokument in den Gerichtsakten in Marias Heimatstadt ist der Antrag auf Überprüfung eines Sachverhalts durch den Staatsanwalt. Dieser klagt den Mann an, weil er seine neue Ehefrau misshandelt habe. In der Anklageschrift heißt es, dass der Mann seine Frau in der gemeinsamen Wohnung misshandelt habe, sie auf den Kopf und ins Gesicht geschlagen habe, so dass sie zu Boden gefallen sei. Danach habe er sie auf den Rücken geschlagen. Sie habe geblutet.

Etwas später am selben Tag habe er seine Ehefrau wiederum misshandelt, diesmal in einer anderen Wohnung,

habe sie wieder ins Gesicht und auf den Kopf geschlagen. Daraufhin sei die Frau ins Frauenhaus geflohen – in das weiße Haus mit den Kachelöfen. Zwei Tage später habe der Mann sie gefunden und im Frauenhaus misshandelt.
Bei der Gerichtsverhandlung nahm die Frau alles zurück, was sie vorher ausgesagt hatte. Sie sagte aus, der Mann sei lediglich gemein zu ihr gewesen. Er habe ihr niemals wehgetan, sie habe keine Angst vor ihm.

Als das Buch »Mia. Ein Leben im Versteck« im Frühjahr 1995 fertig war, stand der Mann gerade zum achtzehnten Mal vor Gericht.
Wie lange soll das noch weitergehen? Wessen Aufgabe ist es, ihm Einhalt zu gebieten – die der Gesellschaft oder die der verschreckten, bedrohten, gejagten und versteckten Frauen?

An dich, die du geschlagen worden bist

Was mir und meiner Familie widerfahren ist, sollte keinem anderen Menschen geschehen müssen.
Deshalb haben wir dieses Buch geschrieben.
Zwar haben meine Kinder, mein Mann und ich es geschafft und leben heute gut, aber der Preis war sehr hoch. Es hätte vieles anders laufen können, wenn wir selbst und die Behörden anders gehandelt hätten.
Zusammen mit der Wissenschaftlerin und Autorin Elsa Bolin haben Liza Marklund und ich ein paar Ratschläge für dich zusammengestellt, die du von deinem Mann geschlagen und gedemütigt worden bist:

☐ *Zu allererst – es ist niemals deine Schuld!*
Du befindest dich in einem Prozess, den die Wissenschaftler den Normalisierungsprozess der Gewalt nennen. Das ist ein Zustand, vergleichbar den Mechanismen bei Folter.
Du nimmst alle Schuld auf dich, alles, was du erzählst, kommt dir wie Verrat vor. Du wirst jede Anzeige bereuen und alles zurücknehmen, was du gesagt hast. Du wirst glauben, dass alles deine Schuld ist.
Das ist ganz normal. Unter Misshandlung oder Bedrohung zu leben ist wie eine Gehirnwäsche.

☐ *Geh zum Frauenhaus.*
Die Nummer steht im Telefonbuch oder ist im Sozial- oder Jugendamt zu erfragen.
Die Leute dort werden dir helfen, wenn du Reue oder

Schuldgefühle hast, und sie werden dich trösten. Du bekommst Schutz und Hilfe beim Kontakt zu Behörden. Vor allem wird man dir dort glauben.

☐ *Geh beim ersten Schlag.*
Glaube ihm nicht, wenn er sagt, dass er es nie wieder tun wird. Du kannst ihn mit deiner Liebe nicht heilen.

☐ *Schreibe Tagebuch!*
In einem Polizeiverhör werden misshandelte Frauen oft als unklar erlebt. Sie erinnern sich nicht, ob der Tritt an den Kopf am Donnerstag oder am Freitag erfolgte, ob der Schlag in den Magen sie morgens oder abends traf.
Wenn Misshandlungen, Drohungen und Übergriffe zum täglichen Brot werden, geschieht es leicht, dass alles zusammenfließt. Deshalb ist es wichtig, dass du alle Übergriffe dokumentierst.
Schreibe sie auf, Tag für Tag. Nimm alle telefonischen Drohungen auf, zum Beispiel mit einem gewöhnlichen Anrufbeantworter.
Geh immer zu einem Arzt, wenn du verletzt wirst, und bitte den Arzt, einen Bericht zu schreiben und Fotos zu machen.

☐ *Zeige ihn an.*
Ich weiß, das ist nicht leicht, doch im Frauenhaus wird man dir helfen. Fordere einen juristischen Beistand für die Gerichtsverhandlung an. Sei offen und direkt Polizei und Staatsanwaltschaft gegenüber.
Wenn du schon früher einmal Anzeige erstattet und sie dann wieder zurückgenommen hast, erzähle, warum das so war.
Verlange, dass man dir glaubt. Steh dazu, dass du früher einmal gelogen hast. Fordere vom Staatsanwalt, dass er ein Besuchsverbot ausspricht. Das bedeu-

tet, dass der Mann ein Verbrechen begeht, wenn er sich dir nähert.
Versuche diesmal standhaft zu bleiben. Wenn du es nicht schaffst, versuche es wieder!

☐ *Das Problem ist nicht gelöst, nur weil du gehst.*
Misshandlung von Frauen hat mit Macht zu tun. Wenn du gehst, hat er die Macht über dich verloren. Es wird ihm schwer fallen, das zu akzeptieren.
Sorge dafür, dass du so lange von der Polizei geschützt wirst. Bitte die Polizei um Hilfe, sie hat besondere Alarmsysteme für bedrohte Frauen.

☐ *Lass die Behörden nicht über dich bestimmen.*
Es ist dein Leben. Du musst selbst die Kontrolle darüber haben.
Wenn du wegziehen musst, dann tu es, lass aber nicht die Behörden darüber bestimmen. In meinem Fall wollten alle nur das Beste, trotzdem ging es furchtbar schief. Das soll dir nicht passieren. Verlasse dich nicht auf das Gesetz und die Behörden, aber verlange von ihnen, dass sie ihre Arbeit machen.
Als mein Fall vor Gericht kam, sagte ein Jurist, dass so etwas eigentlich in Schweden nicht passieren könne, da wir in einem Rechtsstaat lebten. Sie sollen es dir beweisen!

Schließlich darfst du eines nicht vergessen:
Mit einem Mann zu leben, der dich schlägt, heißt, mit dem Tod zu leben.

Ich wünsche dir alles Gute für dein Leben,
Mia Eriksson